出中国记

乘桴崛起

海外十国考察及策论

周雷 著

上海社会科学院出版社

序言

自人类学成为独立之学术，已逾百年，从僻壤穷陬至通都大邑，从文化大义到萤火之明，人类学之目光无所不及，终历数代之演进，浸浸乎有郁勃之势；无论参悟治国方略，抑或揆诸社会因袭，均可视为学科翘楚。

人类学之于中国，非象牙塔品玩之物，乃格物致知之学。追忆20世纪我中华蒙难之际，人类学为知识精英引入，作为拯国于倒悬之学问，察多艰民生之工具。自学科引入中国之肇始，人类学已有品类英华之趣，关怀民瘼之情，西南中国之学人解剖社会、研究乡村、梳理文化谱系，耀后世以煌煌之学；此中尤值得称道者，西南之魁阁学术也，其学人之雅量高致，学问之勤勉谨严，学风之沉郁高华，至今可以比较最好的学术。

虽若此，迄20世纪50年代以来，人类学遭遇最为惨怛之变故，以至于数十年之间，人类学因西洋毒草之附会，其名见革，其学遭断，其研究混同于民俗、人口之学。然人类学学科之体大虑周终未被时局所误，即便阴晦之时，仍可发挥资治之功。所以，一旦时势改变，风气渐开，人类学又如春草朝阳，成为革除时弊之学问；但终因多舛之运命，国内学科分类森严之壁垒，学人之青黄不接，人类学发展失之宽泛，失之系统，失之深切，成为漂泊之洞察。

当今世事，波云诡谲，中国虽播名海外，然沟壑蹎踣亦屡现于前；因全球运势，我辈同胞得转徙各处，纵横八极，世所谓中华之崛起；故有此书之名：出中国记。

吾人不材，虽常游山泽，漫观鱼鸟，流连于西人庙堂、博馆、学宇之间，皆为道尽途穷之私意自试，浮观浅察，所著之论，旨在抛砖。

古人云：道不行，乘桴浮于海。方今东西之争，文明颉颃，实为大道之不行，才有此奔波徙迤。西化百年，“东方”之现代化，失魂落魄之余，尚未找寻未来之肉身。学人之道，在解禽鹿于驯育，不思丰草，而志在长林；不在嗜牙慧臭腐，养鸾雏以死鼠。我辈环望宇内，纵观遐宙，积跬步之学，嚣尘之思，盼终可转于沟壑也。

故此，我辈当联合中华之学术菁英，与国外同侪戮力同心，精研根本问题，创制中华学人之学术，广涉海外西学之华，丰富思考之方法，砥砺经世致用之学问，使之成良善公共政策之根基。

是为“乘桴崛起”学术之计划。

戊子年七月周雷草于昆明篆塘

甲午年腊月改于上海蓬荜堂

目 录

下篇　“动察”海外：策论设计

上　篇

“静观”中国：海外情势解析

第一部分

从西南中国跨（湄公）河入海：东南亚社会解读

第一章

亲密的边界：西南中国里的世界

不仅是我个人，许多人在孩童时期以及成年之后的个体记忆都与某种气味相连，但是直到非常晚近的时候，我才开始意识到，有关感官的体认有可能成为一种“亲密边界”。它微妙地界定着某种人群和族群关系，甚至可以成为一种更为深层的认知分类栅格和符号。

从 2004 年到 2009 年，我在云南进行田野工作和生活的期间，接触到了人类学和民族学有关族群和跨文化、跨边境的多种讨论。其中在主题各异的研究和族群日常互动经验中，我逐渐体会到感官型知觉可能比那些基于文化表征、地理区域、体质人类学特征、语言学证据、政治管治考量、族群认同所标志的人群界限和族群划分更有解释力，因此我开始重新反思自己在西南的田野经历，对一些具有关联性的证据进行细致分析。我试图通过这种研究来暗示一种跨文化、跨族群、人类学研究的身体转向和认知转向。

一、族以味聚，人以觉分：感官王国的复杂元素

2011 年 4 月我在和云南德宏当地景颇族朋友吃饭时，他在酒饭间隙教我用味觉来区分不同的民族。他告诉我当地人的顺口溜：辣山头（山头指景颇族）、酸摆夷（傣族）、苦傈僳（傈僳族，许多食物有苦凉特质）、臭崩龙（德昂族，德昂族喜欢吃臭臭的东西，某些食物具有臭豆腐的臭味）、甜汉人（汉族）。反思这些人种归类，其中有关味觉、嗅觉的感官线索往往具有更为重要的标志和边界意义，而非传统民族学分析中，有关种族和族群所代表的地理区域、文化特征、语言特征和人种学证据。

2008 年到 2009 年，我在伦敦求学期间，觉察到有关边界的另一种“视觉分

类”：有一次在伦敦政治经济学院的咖啡馆，我和秘鲁的同学聊天，他提到南美文化与器物和云南对应物的相似性，尤其是一些和身体亲密的纺织品和日常织物，而且他认为我长得颇像印第安人。这个闲聊让我想起，近几年来，因为个人的颠沛流离，认识了很多人，与这些天南地北的朋友聊天时常从彼此的人种和国籍展开，我在伦敦密集的跨文化交往和之后的泰国田野中，被认为是如下“人种”：墨西哥混血、藏族人、佤族、傣族、纳西族、泰国人、越南人、蒙古人、马来西亚人、新加坡人、美国华裔、印度尼西亚人、阿拉伯人、穆斯林、缅甸人、缅北的克伦族人。

2004 年到 2008 年，我以特稿记者的身份服务于某中国官方媒体，包括云南、西藏、四川等地在内的西南地区是我的主要采访和写作区域；而 2006 年开始的人类学博士研究，使我更为频繁地访问大理、西双版纳、滇池、德钦等民族区域。这一时期的味觉等感官经历和记忆最近引发了我的注意，我开始思考一种更为深层的跨边界认知线索。这段经历的另外独特性在于，因为作为一个外来人进入云南，我可以了解外省人、西南其他区域、云南族群内部、云南官场、中国主流媒体界、海外学术界等多元主体对云南、西南、我群、他者的各种描述和认知。除了文献阅读，很多认知的细节是在各种吃饭、聊天、喝酒的非正式、相对松弛的场景展开，因此多了一些“亲密性”。

2007 年 6—7 月，我对云南文山壮族苗族自治州进行跨国边境互动的考察[①]，主要是研究云南跨国边境人口的非正常流动和跨国犯罪。在抵达当地时，当地的政府向导首先将我带到一个当地最有特色的餐馆里，吃狗肉火锅和米线（以下描述可能给动物权益人士带来不安）。滚烫的火锅里煮着切成小块的狗肉，里面放着各种当地香料，在起锅之前，招待的主人向伙计要来一碗狗油，也就是切成小片的皮下脂肪，下锅之后迅速在浓汤表面形成一层清亮的油脂；随后，主人再在客人面前摆上一碗切碎的韭菜，将熬制的肉汤浇于其上。浓汤下肚之后，再把米线、辣椒等调料调制成第二碗辣油浮在表面的狗肉米线。这虽然是云南人待客的常见方式，但是已经涉及了划分边界的一个重要象征物——米线和狗肉。在云南与缅甸、越南、老挝、泰国（文化意义上的接壤，西双版纳为例）的接壤地带，基本上存在一个“米线味觉共和国”，作为一种中国饮食南北交汇的产物，“米线味觉共和国”联系了南亚、东南亚、中南半岛以及贵州肠旺粉味觉区、福建沙县米粉味觉区、广西桂林米粉味觉区、广东米粉味觉区等多元地带。这种从

① 周雷：《点击边境“跨国互动”》，《瞭望》2007 年第 31 期。

民俗上可上溯宋代的米缆，还在滇中玉溪、蒙自一带形成了定义云南味觉文化的重要象征物过桥米线。

追求现代化和国际化的云南通过过桥米线以及麦当劳化的桥香园连锁，试图建构一种味觉意义上的现代化象征物，将过桥米线与考取功名的科举文化以及注重进补的男权文化结合，将烫品杂拌与西餐分食、素食主义等西方饮食营养学结合，发展成280元甚至更昂贵的豪华米线套餐并伴之“吉鑫宴舞”（昆明当地企业“创造”的一种消费蛮邦进贡、衣着暴露女性、夷地风物的饮食奇观），汤料和烫品也采用更为昂贵的食材，如珍稀菌类、虫草、海鲜，普通的“吞云吸风”式的进食过程甚至引入类似茶道的程序和杯碟设计，成为带有土风、蛮夷献贡、风物志、土司享宴特征的“米线道”、“米线全席”，使得过桥米线不仅是一种贩夫走卒的果腹之物，也成为一种在国宴、状元楼中消费的“皇家麦当劳”。“米线共和国”的“味觉国民”通过这一感官共识，通过状元、进士、举人等官宦科层文化的充分渲染，对其文化内涵的挖掘与附会，在官民互动和企业运作中，传递一种中国特色的全球化信息。

一个主体/群体选择在什么地方待客或聚餐往往可以揭示主客彼此身份的理解（perception），同时因为食物和食物的呈现，多需要一种空间和材料作为媒介，因此也可以看出这种聚餐不是一个简单的摄取营养过程，而渗透着一种主体理性和客体投射情感（sense and sensibility），米线就是一种经典案例。它从日常性的西南饮食被提炼出来，并通过云南政府的边缘中心化运作，在各种南亚、东南亚、大湄公河次区域、泛亚等政治场合推出，成为一种味觉身份（gustotopic identity）和感官交往符码（social referencing code）。在作为调查记者工作的四年，我曾经多次参加云南当地政府的宴请晚会，东道主自豪且学究般地教授客人该如何把眼前二十余碟生食材，放进面盆大小的鸡汤锅里，同时通过讲授过桥米线各种食材繁复的准备过程，以及米线背后的科举故事（妻子为了照顾在外苦读、谋取功名丈夫的日常吃食，想出了先熬出滚烫鸡汤，然后加入米线的办法；这个故事进而被商业开发成秀才米线、举人米线、进士米线和状元米线）。

这种对于米线的自豪并不是一致对外的食物名片，即使在“族群内部”米线也被当作一种具有阶层性和身份性的食物使用。例如云南政治系统在组织各种团拜会、针对媒体的答谢会和表彰会上，也使用过桥米线来连缀酒席，同时辅以各种穿插于觥筹交错之间的歌舞和表演。

在云南省城，米线的“皇家化”是通过加入珍贵食材，甚至是鲍鱼等海鲜；而在云南地方，当地升格米线的方式则是通过加入山珍、野味、菌类等食材，将其从一种日常食物转化为待客食物。同时，云南围绕着这种地方特产，形成了特殊的族群食物，地方精心锤炼自己的特产，并非一种经济学考虑，当地的政府宣传部门往往以民族和文化标志的态度来打造本土的民族食物。

这一“味觉文化复兴”过程中同时伴随着城市化过程对地方的“规整”和“消解”。以云南德宏傣族景颇族自治州为例，这里的景颇族、傣族、阿昌族、德昂族、佤族等民族往往有一种以食用野菜为特征的地方饮食系统。这些带有苦凉、轻微毒性的凉菜和植物实际上有一定的医疗用途，对于解决西南地质、气候、水源等“瘴疠”因素可能对身体的损害有一定作用。但是由于大量经济作物的引入，许多传统的植物空间被蚕食，当地生活也伴随着一种饮食生活方式的“城市化”，他们开始食用许多与城市郊区类似的饮食，采用一种城市化的烹饪方式，一些产自城市的甜品开始大量进入农村。除了一些食材的特殊，有些城镇化的民族地区，其饮食基本上和城市化的饮食同质。这时候，能保持当地味觉民族和族群特质的就是这些根深蒂固的民族食物（ethno-food）和味觉共同体（republic of tastes 或者 gustatory autonomy）。

二、都市束缚的中国（Urban-bound China）：城市化语境下的味觉互动

当下，和中国其他地方类似，云南正进行着一场超级城市的建造革命，它带来了城市景观的巨变，同时也影响了中国城市系统的历史传统和社会现实。在这场革命中，中国许多城市至少从视觉上着手，建造一种由代价高昂的地铁系统、密集高楼大厦、分化严重的人群聚居区等“城市零件”构成的巨型城市。从有形的城市外壳来分析，中国城市的建造逻辑体现的是一种“电子集成电路”思维，即每一种城市构件的营建更多考虑的是一种经济目的，中国城市也因此成为一种“经济体量效果集成器”，中国城市和城市化真正考虑柔软的、心理的、人类学细节的地方，就在于各个地方相对封闭、相对开放，亲密又排他的感官王国和味觉自治区。

在中国机械化、电子化、数字化的城市化革命当中，城市从“味觉上”开始为一种国际化的“甜味味蕾”提供空间和时间，围绕星巴克、上岛咖啡、COSTA、麦当劳、肯德基等欧美“泛甜味饮食”进行城市空间的营造。在饮食上，中国的城市

白领，除了偶尔接受西南菜系的酸辣刺激，开始学习一种以国际营养学知识武装的生活方式，佐以会所及健身中心的体能训练，从味觉上拥抱一种现代性和城市生活。

说到星巴克，2010 年 12 月，我参与了一个国际咨询组织，与德国、希腊等地的生态学者一道，为云南的普洱市提供生态茶园的改良方案。其间我给当地的官员约 300 人分享与生态经济有关的国际传播问题。在讨论期间，我了解到云南普洱有两个令当地激动的发展机会：一个是用雀巢咖啡的条状手撕速溶咖啡的形式重新开发一种“普洱茶珍”，将多元形态的茶叶转化为标准化的粉状颗粒，以适应各种场合的快餐速溶消费；另一个是引入星巴克集团，为这个国际化品牌提供咖啡原材料，将生产于云南的咖啡豆供给在国内城市化过程中迅速扩张的星巴克咖啡。在当地的产业设计人员眼中，这种产业是革命性的变化，也是当地获得的一个经典全球化标志，但是伴随着这种后现代食品工业的勃兴，当地多元、丰富、个性化、家庭化、民族土风、特产式的生态图景将得到彻底改变，当地从生态意义上变成一个城市化“绿色产品”的生产车间。普洱这个城市的名字，原本是在 2007 年由思茅这一名字变化而来，当时为的是抓住中国城市阶层中兴起的普洱茶消费热潮，当地政府希望通过“正名”（普洱之源）来获得最大的经济效应。由此可见，西南的“味觉格局”，不仅是个生理性、个体性、文化性的咀嚼过程，而且与政治运作、经济诉求、国际化际遇等观念有关。“味觉”在西南表现出浓厚的行政性和管治性特征。我们因此应该分析谁定义了西南中国的味觉形态，谁是“味觉共和国”的脑中枢操纵者。

我们可以发现，在这种城市生活中，需要大量甜味的饮食，如豆浆、油条、牛奶、蛋糕、豆沙包、发糕、饼干、冰激凌、麦当劳甜品、红豆粥、奶茶……因此，中国的城市化过程在味蕾上，需要大量的糖。“甜汉人”在甜味的意义上，和所谓的“西方人”经常重合，可以看作“为西作伥”，很多对中国地方、本真、土著、本土产生统摄作用的物事，往往是通过穿着“汉服”的“西方人”模式进行的，在“甜汉人”这个身份衣服下，夹杂着各种不同的“现代和全球”灵魂，而在这一过程中，中国的西南客观成为中国这种城市化的糖能量提供基地。当然除了甘蔗的蔗糖，甜菜等植物所提供的糖原料也是来源之一。

2010 年到 2011 年，我对云南德宏傣族景颇族自治区的甘蔗产区进行几次考察，发现了一个遥远少数民族村寨的农业经济与中国城市化的味觉联系。这里世代居住着多种跨境而居的民族，因为信息、文化、历史、经济、政治等意义上的相对弱势，他们在现代城市化过程中成为相对的弱者，某种程度上，在味觉等感官系统上得到相互对冲和抵消。

一方面，由于糖厂利润很高，当地存在一个“甜味联盟”，企业通过正常税赋，政府通过硬性摊派的方式，将甘蔗的种植面积尽可能扩大，以获得稳定低价的糖原料，政府因此也可以获得丰厚的利润和利税返还，所以一些并不适合种植甘蔗的区域也被统一换上了这种植物。

与大都市客居的“农民工”相对，这里的乡野开始出现城市化工厂的“工人农”，中国语境中，农民不再生活在被乡村土地束缚的中国(earthbound China)而是生活在被都市和感官束缚的中国(urban-bound and “tongue-tied” China)。澳洲坚果、香料烟草、核桃、甘蔗、大棚蔬菜，只要是城市化所需要的植物，这里都不惜代价提供，不管这种需求是否真正合理，这些通过行政命令和科学知识引入的植物带来了重要的生计和自然环境改变。

在我所考察的景颇族和傣族村落，许多村民告诉我，村子里近些年来出现许多问题，其中最为重要的是水危机。很多家庭没有干净水源。以往的村落依靠山泉蓄积，然后通过管道输入家庭院落，但由于山区的植被不断摧毁，山泉开始减少，许多村落开始挖井。我揭开井盖发现，许多井连井壁都没有处理，是黄泥壁，已经深到 10 多米；但是经调查发现，在雨季期间，水面可以接近井口，直接可以从井中手提取水。环顾村落是连片的甘蔗地，都是在近些年引入的经济作物。

村民告诉我，种植甘蔗需要大量的化肥，每年每亩的施用量大概 250 千克，此外是一年三四次的农药施用，由于经济作物的持续性和依赖性，植物和土地形成一种上瘾式的化肥需求关系，化肥和农药越用越多，不然甘蔗生长受影响。通过雨季和漫灌，这些农药和化肥开始渗入地下水系统，成为雨季涌上井口的饮用水，部分旱季年份，有些村民的井水已经喝起来有咸味。访谈中村医介绍，这一带出现大量的高血压、糖尿病、腹泻等病例，有些与用水卫生问题有关，有些则和生活方式改变，特别是城镇化造成的饮食习惯改变有关。

三、感官王国的内在结构：西南夷、宦官、第三亚欧大陆桥和越南妓女

行文至此，有关西南的身份区隔和亲密边界，读者至少可以看出两种“群己界限”模式：一种是我们所熟知的鸟瞰分析式(通过历时和客体观照模式)，另一

种则是感官王国模式，现象学主体外观模式——基于官能、发乎情、止于感受、易于感受、难以言传的个体感官集束（conclave of individual senses）。以下我将通过对比文献、史实、时事、世情逸事、田野考察等内容，来对这两种模式进行解释。

很大程度上，云南和昆明被中原意义的中国一直视为一个化外之区，这是一个西南夷建立的蛮夷帝国，在封闭、自为、自在的区域中缓慢移动的一块大陆。其中生活的人，似乎具备更强的部族、聚落、寨民、野夫的色彩。这种长时间历史向度之下的西南观其实已经成为某种认知模式，制约着外来者，也制约着生活在西南区域的本地人。对于古滇国日常生活细节最好的观照有一种途径，那就是观察晋宁石寨山的古滇国青铜博物馆，尤其是观察当地的出土日常器皿（以烹煮蒸为主的器皿）可能支持的某种"味觉模式"以及背后支撑的感官王国。结合对滇池周边大量出土的滇池海螺"贝丘遗址"的发现①，我们可以还原一个以"海产品"（昆阳海）为主食之一的地方性饮食系统，辅以大量的动物性饮食。这种饮食或许就是与"弯列儿"式饮食有关（昆明的"陆地人"，把那些生活在滇池——古称古俄罗多海或昆阳海——周边的渔民和半耕半渔人群，蔑称为弯列儿，大意是弓腰驼背的土人）。滇池周边的动物性饮食来源，研究滇池的学者何明提出了一些可能证据："滇池流域的低纬度、高海拔的地理特征和主要河流的南北走向，为热带季风顺沿河谷伸入提供了条件，从而形成明显的植被纬向变化，植物种类繁多，亚类多样。自然植被为滇青岗林、元江栲林等亚热带常绿阔叶林，次生植被为云南松和华山松……'滇'国时期，滇池流域的气候属于亚热带雨林气候，植被茂密，加之有水域广阔的滇池，为丰富多样的生物的生息繁衍提供了优裕的条件……石寨山等地出土的青铜器上有关生物图像约有40种，主要有虎、豹、熊、狼、野猪、狐狸、牛、羊、马、猪、鹿、兔、狗、猴、蛇、穿山甲、水獭、鸽、鹈鹕、鸳鸯、鹰、鹞、燕、鹦鹉、乌鸦、麻雀、枭、鸡、雉、鱼、虾、蛙、鼠、蜥蜴、孔雀、蜜蜂、甲虫等。"②与此同时，成书早于李时珍《本草纲目》的《滇南本草》，其中所记载的滇池周边植物性资源，便是当地土著食疗饮食的基本来源，而这几种食物来源的组合，基本

---

① 300万年前的古滇池水面积为1 260平方千米，相当于现在滇池面积的4倍；蓄水846亿立方米，水位比现在高出100米左右；湖面北起松华坝，南迄晋宁十里铺；较现在湖面高出10米的古湖岸线，在官渡、呈贡、晋宁以及昆阳中邑村等地环湖公路一线。据史料推算，唐宋时期滇池水位大约在1 890米，水域面积为510.1平方千米；滇池南北长49千米，库容为18.5亿立方米，昆明市区东南西三面被水浸，形成董家湾、螺蛳湾、潘家湾等犬牙交错的"海湾"。摘自：昆池千顷浩溟濛，浴日滔天气量洪——自然篇，http://www.dianchi.gov.cn，提取日期：2008年4月12日。作者略有删改。

② 何明：《历史时期滇池流域的经济开发与生态环境变迁》，博士论文，第12—17页。

上构成“西南夷味觉共和国”的根基，即使现在到云南各地旅游，这些组合、经典食材、烹饪方式、进食方式仍然存在。那么现在的问题是，在现有的昆明现代化模式，这里人的味蕾和感官发生了何种进化？西南的味觉格局(gustotopic schemata)存在何种内在构建规律？

我在昆明生活了近四年，如果不说远，仅仅还原一座民国城池，我居住的地方叫篆塘，也就是滇池经大观楼连接到昆明护城河的码头区域。这里曾经停泊许多船只，有昆明周边的货品在此聚集。从这里可以登船上岸，也可以顺着护城河进入城墙围拢的昆明城。在我居住地方的一箭之隔，曾经有座堂皇的弥勒寺。那里生活的人以摆渡为生，是半农半渔的村民。有趣的是，现在弥勒寺仍然存在，但是大殿早已不存，已经成为一个深夹在城中村魔方似的建筑中的小构件，小小的红门挡着，只有一位老太太守着，时不时来添点烛火，里面供着小型的造像和挂符。距此二三百米之遥，就是昆明的新财富中心，金马碧鸡商业区。早期具有天象测量功能的金马碧鸡坊早已被拆毁，代之以琉璃焕彩钢筋混凝土的新构件。2013 年，弥勒寺的城中村被彻底拆除，隐藏在缠绕街巷中的各种廉价、辛辣、刺激性饮食(平民饮食)也随之消失[①]。

在篆塘路、新闻路一带，这里的统治性饮食为米线、秦妈火锅、狗肉、宣威杀猪菜、烤豆腐、傣味、个旧鸡脚、创库的老房子云南土菜；而公交一两站之隔的金马坊、顺城、南屏街一带，是一个西式餐店和传统云南食物的混合区，这里的星巴克入驻，一度还造成了当地的文化事件，当地人争相品尝现代化的味觉成果。原来的南屏街一带，为经典云南小吃的一条街，也就是靠佐料蘸水勾味的土豆、米线、烤豆腐、鱼肉的家常饮食，现在这条街为了升级，原来的街边饮食被酒吧、购物、步行街、台湾式小吃摊和饮食城模式所替换。昆明当地人所理解的昆明“夜生活”之都——昆都，则演绎了另一个经典版本的感官王国：色情嫖娼吧、酒水迪吧、荤话慢摇吧、扑克麻将茶社等社交场所，配合武汉精武鸭脖、壮阳药、补阳广东海鲜、粥疗、台湾式奶茶饮品区、浓烈烧烤大排档等。与之相比，传统的靠近滇池的填海造田地带，因为不断建起的高端“高尚楼盘”、高尔夫会所、精油 spa、南亚风情园、滇池春天度假酒店、列侬溪谷等新兴城区，逐渐发展成为昆明版的新天地和上海衡山路酒吧区混合体。

艾芜曾这样写 20 世纪三四十年代的昆明：昆明这座城市，躲在斜阳里，仿

---

① 周雷：《人类之城：中国的生态认知反思》，北京理工大学出版社 2012 年版。

佛发着寂寞的微笑。汪曾祺和他的同伴，在翠湖的茶楼里喝酒，然后将算钱的盘子从后窗扔进九龙池。产生这种旅游文学、边疆闲适文化、云南十八怪土风的饮食系统和感官文化已经发生了巨大改变，这类具有标志意义的西南和昆明感官王国和"味觉共和国"早已作古，但是，西南夷的心理阴影和西南夷后人的硬气，以及"新夷民"的原籍文化暗示，这三股势力造成了许多昆明城市的"社会学地壳"的隆起、变化。宦官郑和以及他的海上传奇就是另外一个例证。这个伴随昆明都市化过程中的新造传奇，勾勒出了西南中国城市化过程中试图攀附的味觉精神气质(gustotopic ethos)。

我去过晋宁——也就是郑和故里——多次，采访他的后人，寻访他的家族旧迹和纪念冢。郑和虽然海上事功非凡，但是在西南中国的晋宁，他仅仅是个符号，除此之外没有太多社会沉淀和现实意义。

我一直认为从某种程度上，滇池这个当地人所说的昆阳海，一度生活着渔业为主的"海民"，他们是昆阳海上的航海者，而这些人在昆阳海上的生活，配合遥远的彝族本土部族神话，联通了一些古滇自然地理的神秘和不确定性。我甚至一度在滇池周边的村落寻找郑和的"海上文献"：一个滇池周边长大的人，最终率领世界最为浩大的船队远征，仿佛向外太空漫溯，伴随着一个不断强大的明朝帝国——一个极为完整的成人礼故事。有没有世情小说、话本、童谣、神话将这些东西写入，成为一个影响和塑造封闭西南的海上文献？

很显然，这种历史记忆结合上述三种西南夷心理，成为现在"新云南人"的某种思维模式：他们认为自己应该在开放、融合、区域化、全球化的泛亚、东北亚、东南亚、南亚、印度洋、太平洋区域，营造一个虚拟的出海口和海上之城，而郑和的事功，恰好契合了崛起的和平意象，同时也加载了家族、部族、区域史等重要心理模块，成为西南夷国际化和中心化的最理想方式。

我在昆明生活的几年，当地的政府一直试图用超级国际化架构来构建一个"西南观"。第三亚欧大陆桥，就是另一个明证。它虚拟构建着一条可以从深圳一直延续到阿姆斯特丹的大陆桥，穿越几片大陆，进入欧洲的核心，云南和西南因此成为核心而非边缘化的夷地。

通过这个心理架构，当地人应对的是民族/族群，能动性/压制性，我群/他者，汉/非汉，中央/地方，自我殖民/国家扩张，标准化/典籍化，汉化/夷化等二元分类，试图通过现实的时空维度，造成一个从西南直接过渡到国际核心的开敞空间。

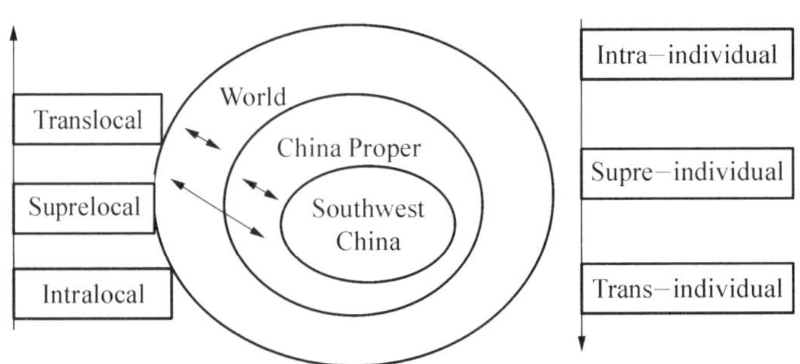

图 1-1　西南观：认知阐释的同心圆和双向路径

在《清朝与早期现代世界的联系：18 世纪中国的民族志和地图》(*Qing connections to the early modern world: ethnography and cartography in eighteenth-century China*)中，霍斯特德勒(Hostetler)提出了一种新观点，用以解释当时处在颓败中的清朝。他认为刻板印象中腐败、昏庸、无能、内守、僵化的清朝，"其实是世界上最大、最有力量的中心，直至 18 世纪末，一直和世界其他强力保持大量互动，并试图不为所控"(Hostetler, 2000: 661-62)。霍斯特德勒对于清朝的重新定位，首先是出于对 20 世纪五六十年代费正清等人传统研究的不满足，他认为这一时期的研究浸淫了马克斯·韦伯和马克思的影响，将中国视为一种缺乏内在变革动力的静态文明(Hostetler, 2000: 628)。通过广泛征引当地官文文献、苗书、清朝地方志和地图，他认为这些文献都是通过亲身观察而记录下来的，并且具有明显的管治动机："在静态的中国，有一种日益复杂的分类系统已经产生，对应的是强调测量、精度、客观描述的认知论"(Hostetler, 2000: 632-33)。

我认为，当我们将西南中国视为一种历史和文化特殊对象的时候，应该注意到，其实这种阐释观和认知论存在一种内置的"西南观"认知框架。从阐释学的意义上，西南中国不仅是一种"东方"田野区域，而是一个居于三维宇宙认知系统中的节点。作为一种历史特殊性(historical specificity)，"西南观"应该视为一种在时间和空间象限中不断摆动的动态平衡，被跨当地(translocal)、超当地(suprelocal)、当地内域(intralocal)的操演性力量(performative)所控制，并呈现出独特的叙述程式(narrative expressivities)。

具体到"味觉共和国"的讨论，"西南观"的内在认知模式与最新的味觉自然科学发现不谋而合，那便是 one taste, one cell class(某一个特定的味觉细胞只感受特定的味觉的编码规律，在本文语境，可以理解为“味觉背后存在细胞科层”“社会族群”也通过一群一味蕾的规律，衍生出城市形态意义上的“味觉共和国”和身份认同意义上的“味觉共同体”。不同族群、社会形态、发展形态的味觉图示也不断进行对话，形成一种动态且形态化的社会味觉图）①。

来自美国哥伦比亚大学、美国国立卫生研究院和加州大学的研究人员利用一种新型技术首次绘制出了老鼠大脑中的“味觉地图”，揭示出脑部控制甜味、咸味、苦味、鲜味的感受区域。基于对不同味觉物质刺激下的小鼠脑部细胞反应观察的结果，研究人员在大脑中找到了“四个完全独立的热点区域”，囊括了细胞对甜味、苦味、咸味和鲜味的反应。这一研究成果于 2011 年 9 月 2 日在线发表在《科学》(Science)杂志上。

要理解一个区域的“味觉共和国形态”(社会学、人类学、政治学等细节)，作为一个民族志书写者和人类学家，他/她必须要经由一个跨当地、超当地、当地内域的空间阈限，同时体验与之相对应的解释学层次和可能性，这种阈限式的状态(hermeneutic liminal states)，主要涉及个体内部(intra-individual)、超个体(supre-individual)、跨个体(trans-individual)三个不同层次。通过这种认知模式，我们可以更好理解关于人类学西南文献的内在意义和生成程式，不管是西方人类学家还是东方本土学者生产的文本。在这种情境下的写文化过程是基于上述模式的三维宇宙认知阐释。当人类学家将自己空降到(parachuted)这个东方(oriental，不仅是地理和方位的东方，还是阐释学、宇宙观、认知论意义上的东方)田野时，他们开始分析西南中国独特的历史和文化特殊性，同时依照垂直和水平象限，将自己置于一种呈系统的认知框限和解释场域当中，即所谓的东/西

① A Gustotopic Map of Taste Qualities in the Mammalian Brain，Xiaoke Chen et al. Science：333，1262(2011). 这篇文章的核心发现是对哺乳动物大脑中的味觉地图的首次勾勒，它提到尽管人类体验的食物有各种不同的味道，但是只有五种味觉被认为是能被舌头细胞所感知：甜、咸、苦、酸、鲜。味觉有重要的生存意义。鲜味感受器对味精和其他氨基酸有反应，其存在可能是为了发现有价值的蛋白质丰富的食品。在过去的研究中 Zuker 曾证实人类的味蕾包含了能感受各种不同味道的味觉细胞，而每一个细胞则只负责识别其中一种味道。味蕾分布于整个舌头，因而舌头的每一个部分都能辨别各种基本味道。由此揭示出 one taste，one cell class，即某一个特定的味觉细胞只感受特定的味觉的编码规律。根据《科学》杂志这篇文章的发现，生物的六种基本感觉：视觉、听觉、触觉、嗅觉、味觉、平衡觉(visual，auditory，tactile，olfactory，gustatory and balance)，前三种都已经在皮层发现了在空间上精确的地形组成式细胞群组(topographically organized cell cluster)，即所谓的视网膜、张力、躯体特定区的脑皮质地图(“retinotopic”，“tonotopic” and “somatotopic” cortical map)，此为哺乳动物的初级味觉皮层(即岛叶 insular)“gustotopic Map”的第一次发现。它对本文的提示是：基于感官的边界觉知和亲密感受，在个体和族群身上体现之后，又如何在认知上集成？换句话说，哪些认知中枢味觉地图支配了个体/群体的认知行为，进而形成现实的味觉共同体或感官王国？

田野语境当中(Western/Oriental scenarios)，并在这个框架之下，研究如下关键词的场域意义(contextual meanings)：国族(nationalities)/族性(ethnos)，能动性(agency)/压制(dominion)，我们(us)/他者(them)，汉(Han)/非汉(non-Han)，中心(center)/边缘(margin)，自我殖民(self-colonizing)/国族扩张(nationalistic expansion)，标准化(standardization)/典籍化(codification)，汉化(sinicization)/夷狄化(barbarize)，经典(classics)/口语实践(verbal performance)，仪式化的魂魄(ritualized souls)/野鬼(wild ghosts)等。通过这种关系上的疏离(dissociation)和距离上的解散(distantiation)，人类学家可以不断超越物理性时空，扁平和抻拉边界性位置(topos)和场域(locales)，并不断生成与时间密切相关的知识几何和阐释学意义的西南观。这里所说的 topos 属于特定时刻之特定物体，它有位置、地方、处所的含义，而不是空间。“西南观”的语境中，感官王国的定义模式在于，每个个体基于其感官和觉知去理解自己的位置和地方，而这些觉知的衍生规律，依照一觉一阶层(one cell, one taste class)的规律，不同的 topos 在产生之后，形成了某种形态学模式(topological pattern)，这也就是感官王国的真义，也就是这个意义上 topos 不是共同背景，而是各物体的边界。

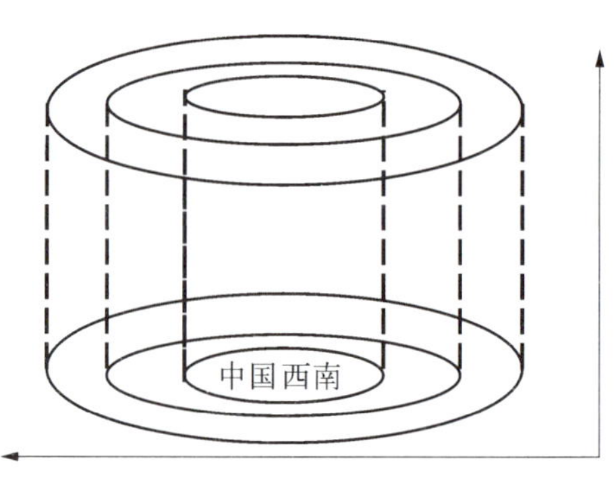

图 1-2 中国西南

书写西南：垂直和水平的阐释学分析

个体依据感觉、感官、觉知的模式，像是从“感官洞穴”中(垂直过程)，觉知一个外在的世界和异己分类，这是一种咀嚼过程，而不是静态分析和分类过程，即所谓的 catalogue and reference。“中原人”素来嘲笑西南人“井底观天”“杞人忧天”“夜郎自大”，但正是这种“多感官认知牢笼”(multi-sensory dungeon)，造就了“西南人”一种独特的边界感和主体王国感。对于感官王国的“国民”而言，他们觉察亲密和隔膜的方式是《吕氏春秋》式的：尝一脟肉而知一镬之味，一鼎之调(水平过程)。正是在这个意义上，我们可以理解，现代的西南地区为何如此醉心雕琢自己的味觉形象和感官形象，只有统治好个体/地方的感官，才能达到“治文化大省，如烹小鲜”的效果，而中国古训“民以食为天”，这在政治人类学意义上的初始，民众就将自己的味蕾和感官呈于天了，余下的事情变得简单，王者称王，首先要管理好各种藏于口腔的舌头，它们既静默又背反。

布鲁姆提到，当思考中国西南文献的必要性和内在动机时，需要关注三种背景："中国发生的具体事实，处在西方、学术之外的世界，作为整体的学术世界和人类学世界，中国研究仅为其中的一部分"（Blum，2002：1297）。笔者认为，从以上分析我们应该这样看待缪格勒（Mueggler）《野鬼时代》背后的阐释学努力，他实际上研究的是一种精神地理，或者说思维的属地性（situatedness of mind），他关注文化的特殊性以及因此而产生的独特叙述程式和文类，通过使用Lolop'o，也就是他最主要的报告人的叙述，他将其转化为一种口语注释（verbal exegesis），而关于死者的仪式，则成为一种融合类（syncretic）并且具有时序的操演性文本（performance act），这时反对迷信的社会运动，则是一种潜意识的国家力量干涉，所有的这些力量共同构筑了一种基于西南的独特时间、空间、文本、表现方式（expressivity）的程式体系。

发生在云南和中国西南的国际化、全球化、宇宙化，以及同时进行的本土文明典籍化、人种学的"雅利安"式叙述或者文学的博尔赫斯式叙述尝试（将滇池建构成"滇中海"），某种程度上都是一种以西南独特时间、空间、文本、表现方式、口述、神话、压制的感官王国复活。

当我们再次思考西南观、西南社会文献、本土味蕾精神气质、"味觉共和国"之间的内在联系时，可以通过上述证据来理解西南观在不同场域中的呈现，及其内在构建规律。

以泛亚铁路和东南亚和南亚跨经济体国际大通道为例，我们将这一区域的政治管治格局和族群形态视为一个鲜活、具体、具有能动性的味蕾细胞（cell），每个味蕾（个体和集体意义）都试图实现自己的一种味觉表达和形态学铺陈。这种内生的味觉表达，从一开始就被外在力量构建，同时也和不同的味觉表达（gustotopic expressivities）形成互文，因而表现出特殊的味觉地图模式（gustotopic map）。泛亚铁路和国际大通道，作为一种"味觉记忆"，它首先联系的是法国殖民滇越铁路、早期现代化、西南联大式"文艺复兴"记忆，同时也是一种"历史性味觉现实"。

从地理具象来看，以红河边的河口为例，红河流到云南红河州形成了一条界河，过河是越南的老街和沙巴，河流的这边是中国河口。河口残留了许多知青农场，本地的主要经济依靠橡胶种植。因为滇越米轨铁路在这里进入越南，直接西贡，所以河口也是个国际贸易关口。随着云南对国际化和区域整合等概念的着迷，这里的米轨铁路将代之以泛亚铁路，具有百年历史的法国殖民时期滇越铁路，于是以另一种形式，塑造这个区域的政治地理和经济版图。在与河口当地的干部接触时（在其他地方也类似），他们让外来人理解本地国际性和独特性的重要方式就是去体味当地瑶族、汉族、赫蒙、苗族的饮食如何在中越互动、法国殖民、中越各自的城市化和现代化背景中，形成的“味觉共和国”。

同时，河口对于云南人和部分外地人来说，其声名来自当地奇特而稍显嚣张的性产业。一座边贸城里集中了200多名越南妓女，一楼售卖的是各种越南农产品和手工品，二楼和三楼是多个小隔间，里面集中了大量“自愿”卖春的越南性工作者。价格极为低廉，20元一次。光顾这里的客人，不仅有当地人、昆明人，还有许多是外地人，甚至台湾人和日本人。

这座被当地人称为“三层楼”的国际妓院是另一个典型的“味觉共和国”症候表征，它让人看到各种社会学意义的细胞，如何通过味觉科层（one cell, one taste）表达出来的味觉之网，以及在这种味觉表达过程中，历史、记忆、现实、未来通过各种政治中枢所传达出的特殊味觉、听觉、嗅觉、触觉“口音”。

这座边贸城的三楼有多个国际组织进驻，为这里的性工作者提供各种健康服务，政府卫生部门对这里也有详细登记。对老板的采访让我了解到，这些越南小姐从事的是政府征税的营生，纳税的类别是娱乐业。

对于河口当地人来说，这些性生意让整个城市有人气的基础。每天有大量越南人用改装的超大板车把各种中国日常生活用品和水果，大到电器，小到卫生纸，整车整车往老街和越南南部输送。更多的性旅游和性观光游客，支撑了这里的宾馆住宿业和餐饮业，进而让这里升级的国际公路可以承载更多的物流、人流、信息流。

好大喜功的国际通道建设和国际化超级概念，让当地人忽略这片区域的真正内涵和历史独特性。事实上，河口另外一种价值在于百年滇越铁路的连接点，在这个历史关节点上，人们可以进一步思考当地的瑶族文化、大围山国家自然保护区、民国革命遗产的意义。

一种被现有政治管治语言所统摄的味觉干扰，使得本地大量的味觉可能丢失或遮蔽了，在格局和形态意义上，中国西南是一个被政治术语、威权话语、国际际遇、味觉饕餮定义的味觉帝国，无论是个体、超个体、跨个体的味觉表达都要从属于一种味觉形态；但是在这种刚性、结构化、整饬的味觉结构中，涌动着的是各种多元、内生、个体化、群落化的味觉生态表达，依照“一群一觉、一（个）体一味、杂滋多味、沆瀣串味”逻辑表达的味觉混乱和视觉斑斓（城市形态、生活形态）。

最后我用一则感觉人类学式的觉知混声（fusion）来结尾，以形象化本文的感官王国讨论。

2007 年夏，我在河口进行一项题为性旅游的政治象征的考察，我在热气腾腾的小城里汗流浃背，在弥散着各种味道的菜市场中穿行，沿路陈列的是各种供给本地居民和越南边民的小商品货铺，街巷墙壁随处可见中文和越南文书写的购买枪支、迷药的涂鸦，以及治疗各种性病的广告。进入妓院"三层楼"，楼下带着绿色越南式头盔的越南小贩兜售他手里的越南尼龙绳便携摇床，一楼卖性用品和越南特产的商贩从浸泡了各种动物生殖器的药酒陈列和各种形状的硅胶自慰器矩阵中，慵懒地打量进来的各种人群。一楼和二楼楼梯夹层狭小的空间，缩着一个卖越南特色凉粉的摊贩，机械性地兜售各种味道浓烈的凉拌粉。二楼以上，"回"字形的建筑，各色妓院小包间门口，都站着香水味道浓烈的妓女或老鸨，宣传自己小姐的姿色和性价比。在我进入其中一家，与妓院老板谈话的间隙，来了两个外地人，他们被越南小姐领进小隔间，拉上帘子，其间有轻微的声音，偶尔有震动传递到我坐的沙发。几分钟过后，越南姑娘用两只手指夹着一张钞票，递给老板，随后其中一个男子从隔间走出，喝了老板递上的一杯冰水，和在沙发上与我同坐的男子下楼。

第二天清晨，我从出租房出来到街上散步，走到河口连接老街的铁路大桥，从对面越南的山林里传来一阵无歌词的清唱，像是喇叭里发出的，持续了几个小时，幽怨而凄婉，让我想起前一天访谈隔间里越南妓女的眼神。

从法国历史记忆到 2010 年的现实，很遥远，有时令人绝望，隔着颤巍巍、行将废弃的米轨铁路，铺张设计的蒙自新城，区域国际大通道的硬体公路，庸俗城市化，还有跨国、跨文化、跨经济体的妓院三层楼。

黄昏时分的三层楼楼下，一群光着上身的本地人和外地人吞咽着热气腾腾的狗肉壮阳米线、越南米粉、烤腰子。我吃完米线后，走过几个街角进入一个由小商场改装成的大型网吧，和当地的年轻人一起上网，隔着几排的电脑桌，有人用外扩式喇叭播放色情电影，各种呻吟在大厅里扩散。这时候，河口边贸入口的多条街上，早市中越蔬果贸易被遗弃的水果堆，开始发酵，全城能闻到一股酸味。

这让我回到近年来一直思考的主题：城市化和全球化尝起来是什么味道？（what urbanization tastes like?）

第二章

族群与文化范型

——从泰国看东南亚国家的传播机制

对于东南亚一带复杂而多元的少数民族和多孔漫漶的国家疆界，许多人类学者都意识到研究这一对象的必要性，以至于一段时间以来，人类学者对于该区域的跨文化、跨境、跨国研究蔚为大观，积累了一大批跨境生成的民族志序列。以个人经历为例，笔者从 2007 年开始参加泰国诗琳通公主人类学研究中心开展的为期四年的湄公河跨边境文化民族志（Mekong Ethnographies of Cross-border Cultures，MECC）项目，该项目邀请华盛顿大学的知名人类学家查尔斯·凯亚斯（Charles Keyes）作为学科主持人，其间还邀请研究老挝的专家格朗特·伊文思（Grant Evans）、东南亚研究专家菲利普·赫什（Philip Hirsch）、哈佛知名宗教人类学者斯丹利·坦比亚（Stanley Tambiah）等人为项目评议人，项目开展期间召集了中国、泰国、缅甸、越南、老挝、柬埔寨等多个国家的研究者进行合作研究，指向湄公河区域的跨境问题，具体涉及稻作文化、缅甸难民、越南妓女、高地人的织品、跨国婚姻、跨境贸易、西双版纳的僧侣朝圣等主题①。

在一次会议中，凯亚斯作了一场基调演讲，他最为重要的观点在于指出东南亚的国家疆域形态是个相当晚近的产物，而在更早的时期，东南亚彼此接壤的多个国家拥有相当多孔、开放、流动的边界，也就是边界这个概念在许多居于其中的土著来说完全是个无意之物。随着这一区域民族国家的形成，以及跨国利益集团的介入和政治动员，逐渐形成一个动态、高效、深刻、复杂的边界再造和身份归属回归。从多达 10 次的项目中期会议、频繁的日常讨论和文献阅读中，笔者

---

① 有关佐米雅概念的检讨，笔者曾以述评形式《非治之治　逃逸之艺——评詹姆斯·斯科特的〈不被统治的艺术〉》发表在《中国人类学评论》2012 年第 20 辑。

还了解到,有关东南亚的研究存在一个复杂的学术网络,其中包括澳洲高校针对湄公河、东南亚、中国云南等地理区域单位的长期跟踪研究,英美学者在东南亚宗教、政治、历史等问题的持续研究,围绕巴厘岛斗鸡、长颈人、泰北克伦人、所罗门岛的原始人群(proto-people)、菲律宾的低地人、缅甸掸邦的政治制度等主题,已经衍生出政治人类学、旅游人类学、宗教人类学、认知人类学等多方面的基础经典文献。

与之相对应或者补充,东南亚诸国本土的研究者也倾向于用自己的民族志知识和地方文献来攀附西方人类学及相关社会科学文献,以最终形成了一种前“佐米雅”(Pre-Zomia)的认知版图。

东南亚云谲波诡的政治形势和民族矛盾,加上各国内部深刻、复杂,有时甚至是无解的内在矛盾,借助于这些非主流文献和另类研究,开始生成一种学术上的政纲和意见。这也就决定了,“佐米雅”充满挑战、疑问、悖反的思维框架必然受到东南亚国家知识阶层的关注,甚至是某种好感。应该注意到,联合国教科文组织这类机构在近 20 年以来的非物质文化、民族文化、文化遗产、物质文化历史意义定位其实都对应着一种人类学的知识贡献和转型。此次,佐米雅概念的出现,绝对不是一个开始,它在一定程度上,是一次学术意义上的“水落石出”。

这种描述在此试图表明,此次斯科特“佐米雅”(Zomia)概念的提出,某种程度应该视为一种学术版本的 iPhone6 推出,正是因为西方学术网络和知识生产体系对于东南亚题材的高强度、高密度、高频度的研究,一批学者开始自我反思基于庞大东南亚人类学学术数据库而生成的分析框架、学科范型、区域框限和概念设定的局限性,试图通过重新找到一个书写政治史、区域史、全球史的可能性,从另一个角度去理解这里的政治框架、族群共生、国家管治、书写史、文明的规训、国家空间,但是这种颇具启思性的观点并不能表明,该区域的本土研究者继续按照一种历时研究惯性去理解自己的惯常生活(longue durée)。某种程度上,这是西方学者“南辕之后的北辙”,重新回到历史已有的向度①。

---

① 学者布鲁姆(Blum)曾经引述郝瑞(Harrell)的话,认为对中国西南的研究具有某种跨国的对话性质,无论是外来者还是本土人都可以相互分享,并就本土知识的意义进行讨论。按照布鲁姆的观点,“总的来说,少数民族是研究中国的前提文本(pretext),正如包雅士(*Franz Boas*)的学生在一个世纪以前,每个人都分配了一个本土对象……同样,中国的人类学家专注于少数民族的分类,其中特别专注西南,尤其是云南。具体参见,Blum, Susan D. *Margins and Centers: A Decade of Publishing on China's Ethnic Minorities*. The Journal of Asian Studies 61, no. 4 (November 2002): 1287 - 1310.

一、“佐米雅”地理背后的媒介意义

两个城市之间怎么走？似乎是一个简单的几何题目——两点之间直线最短。可是现实中并不是如此。从中国昆明到泰国清迈至少有四种走法：第一种，从中国昆明飞泰国曼谷再转清迈；第二种，从中国昆明直飞泰国清迈；第三种，从中国昆明飞到西双版纳，再通过昆曼公路，坐车到磨憨口岸，出境进入老挝，转车过老挝，进入泰国清孔，再坐车进入泰国清迈；第四种，从中国昆明飞到西双版纳，乘坐游轮经过金三角，进入泰国清盛，再乘车由泰国美赛进入清迈。

第一种交通方式，是目前最为通行的版本，但事实上因为泰国清迈在北，曼谷在南，这种飞法，就像是从北京飞昆明的时候，先飞到西双版纳，再从西双版纳往北飞，飞到昆明。它呈现了一个事实，在目前的飞行密度和旅游热度之下，泰国曼谷的购物游、人妖游、宗教游以及芭提雅的海滩游，仍然是中国人的首选，它象征着中国大众游客眼中泰国风景的精华，因此也造就了现有航线的密度，航空公司因此牺牲了效率和低碳考虑，形成现有常见的飞行格局。

从中国昆明其实可以直飞泰国清迈，当然航班的数量要少很多，并且曾经停止过航线，甚至泰国清迈和中国西双版纳都有过班机。我的一个泰国朋友告诉我，泰国清迈飞中国西双版纳的飞机太小，太简陋，几乎把她的苦胆都要给抖出来。在我做田野调查期间，泰国小鹰航空公司于 2011 年 6 月 1 日正式启动了有规律的航班，但是要在泰国清莱经停。2008 年，当我在西双版纳进行一项生态问题的调查时，一个朋友告诉我，为了维持中国西双版纳和泰国清迈的直飞航班，当地的州长亲自跑到泰国清迈去游说，试图守住并扩大两个城市的航空往来。

第三种方式我在 2010 年 5 月尝试了一次，从中国西双版纳到磨憨的公路曲折而漫长，在景洪发车的国际班车，晃晃悠悠并不准时，等到了磨憨之后，可以委托当地的导游或者司机，现场办老挝签证，经过老挝会晒，划船再进入泰国清孔，等到了清孔之后，再坐一天的车，进入泰国清迈。

第四种游船的方式，最为耗时，但也是最有情调和旅游韵味的线路。可以沿着澜沧江向下，一路经过老挝琅勃拉邦，进入神秘的金三角，再通过公路衔接进入泰国清迈。在水流丰沛的季节，两岸风光旖旎，可以观赏澜沧江边的丛林和街景，目睹太阳升起。

2010—2012 年，在泰国田野调查期间，我曾经在"国际河流网站"看到一张湄公河水电开发的地图，在这张地图上呈现各类即将或已经上马的水电站。这让我意识到，在"佐米雅"区域，许多地理的认知并非绝对意义上的山川地理，而是一种被构建的"明显现实的危险"，也就是自然风物在社会属性方面的框限，有些地方人们在心理上把它看作另一种"地理情境"，这些因为社会、文化、历史、民族、政治等复杂原因而生成的"观念地理疆域"，已经呈现出一种独特的认知属性，可以视为一种"心灵地理"。许多现实世界的冲突甚至流血事件，往往不是一个群体跨越了地理标示路线，而是跨越了心理地域疆域，在湄公河区域、中国西南、中缅边境、泰北和缅甸北部等"佐米雅"区域，存在许多隐形的心理边界和势力"习惯线"。

这里需要说明的是，除非是真正的骨灰级驴友或者沧桑游客，大多数中国人和泰国人经这个地理连接的互访，往往是通过飞机来完成的，能够同时尝试过四种交通方式的人应该十分罕见，但是这个区域地理上的相似性、接近性，民族构成和互动的混生和糅合，历史文化的相互孽生，生存空间的相互重叠，日常生活的寻常和相似性，往往正是通过这种肉身的真正行走才能体察出来。

否则，大部分中国的游客和虚拟认知者，通常是通过网络搜索工具，键入"清迈"两个字，然后屏幕里跳出这样一个解释：

清迈，是泰国第二大城市，是清迈府的首府，也是泰国北部政治、经济、文化的中心，其发达程度仅次于首都曼谷。面积 17.5 平方千米，人口 18 万人。市内风景秀丽，遍植花草，尤以玫瑰花最为著名，有"北国玫瑰"的雅称。泰国清迈的天然环境优美，平均海拔 300 米，是泰国的高原城市，气候凉爽，是著名的避暑胜地。泰国清迈曾长期作为泰王国的首都，至今仍保留着很多珍贵的历史和文化遗迹。城区内代表着泰北灿烂历史文化的古老寺庙，同时，泰国清迈的丝绸、纺织品等也著称于世，每年都有大批丝绸、纺织品出口，是泰国制造业的重要支柱[①]。

泰国人同样通过谷歌搜索工具[②]，键入"Kunming"，跳出另一种解释。

我们可以发现，在介绍昆明的时候，从文本意义上，它与泰国清迈十分相

① http://baike.baidu.com/view/103874.htm. 百科是学术界略有不屑的数据来源，但是对于公众来说，百科和搜索引擎的知识某种程度塑造了他们的知识版图和认知路径。

② 当然不是通过搬家到香港的谷歌，而是真正的"完整谷歌"。

似，尤其在文字层面的意蕴上，相比较“北国玫瑰”（在中国，北国作为地理名词使用，如“北国风光，千里冰封”和日本歌曲《北国之春》），这则谷歌搜索虽然没有翻译出昆明在中文语境的常用名“春城”，但是的确提及了它是位于云贵高原，曾经是“二战”时期的一个中心，美国的空军基地，尤其是描述昆明城位于滇池的北部，四周为寺庙、湖泊、石灰岩山峦所围绕。这种描述，如果发生在没有亲身经历和行走过的虚拟认知者看来，将会有什么后果？我在这里的描述，其实试图进行一种暗示，对于中国人来说，许多人因为没有亲身的行走经验和本土生存经验，他们有时很难将文字、图片和电视描绘的一种西南、澜沧江、湄公河、下云南、上清迈整合起来，形成一种接续不断、接近“真实”(authentic)的认知模板。

上述几种交通方式在实际操作中的困扰、阻隔、不顺畅，其实对应着国际政治和国际传播层面的多重假想镜像和联合体，即通过泛亚铁路、东南亚高铁网络、昆曼高速公路、澜湄河国际航道、东盟、大湄公河次区域、南亚、东南亚、第三亚欧大陆桥、南方丝绸之路、孟中印缅机制等政治和经济架构和设计联系起来的“地理想象体”。

需要注意的是，在泰国北部和中国西南这两个地理区域进行彼此的认知形构时，往往基于的不是冗长而拖沓的水路、飞机、公路网络，而是一种理想化、扁平化、预设型的心理地理和虚拟国际景观，正是这种认知的不对位，造成了许多传播方面的事件和不均衡。当然，这种描述并不是否定这个区域在物理上、地理上和事实上的一体和联系格局，只是这种联系和一体具体到了何种程度，牵一发而动全身的“蝴蝶效应”到底有多强，其实并没有人们想象的那样。这里所作的努力，是试图让人们从自己的思维框限中解放出来，重新观察和理解这个区域的知识共建、知识场域形变，乃至具体的民间真实互动和国际政治动态。

在此，我们需要注意数字化生存时代的认知逻辑。现在的这个全球化和数字化的世界：无根、无由、分裂、区隔、孤立、去地域化(deterritorialized)。

理念、经济、信息、技术的聚合已经彻底改变了世界体系的路径和社会的结构，使得传统的民族志写作出现许多问题，一种新的赛博民族志书写可能开始到来。

首先，我们应当思考从人类学角度，这个世界，作为一个研究对象究竟发生了何种变化？全球化、虚拟现实、赛博空间究竟有没有对人类学研究产生了本质的影响？新的民族志书写情境是否彻底否定了传统民族志的书写价值？如果赛博人类学是一个理所当然的词汇，它是否蕴含着一种新的方法论模式，我们是否要从阐释学意义上重新审视电子田野地点？

在阿帕杜莱看来，当今的世界发生了几大变化，至少可以概括为如下几个方面：第一，新秩序的互动以及秩序变革力量的多重性，其中包括文化实践以及相互的主动抵制；第二，新的技术爆炸时代到来，影响了运输和信息领域，产生了多重复杂的影响，世界进入一种新的毗邻状态，即使是那些遥不可及的人群和地域；第三，我们所居住的世界是精神分裂式的，包括印刷资本主义在内的许多媒介样式已经生产了一个“麦克卢汉式的全球村”，同时生产了一种地域消失的传播样态；第四，当今世界最为重要的问题是文化同质化与文化异质化的冲突，为了分析这种现象，需要使用五种“图景”（scapes）——民族图景、媒介图景、技术图景、金融图景、理念图景[①]。

在本文作者看来，虚拟现实、赛博社会、互联网社会，预示着一种全球化和分裂的世界图景，这些数字化世界的崛起和发展并不仅仅是精神分裂式的，同时还有乌戈尔（Woolgar）所说的异托邦阶层化、开放、非线性、自我管治、反思性的特点。作为技术图景一部分的赛博空间，某种意义上为其他的“图景”赋予了一种权力。赛博空间本身也是一种权力形式，它象征了全球化彼此联系的各个地域，同时将现实世界裂变成比特、互联网、多用户牢笼（Multi-User Dungeon，一种早期集群在线互动方式）和虚拟空间，在它同质化这个世界的同时，也使得世界呈现一种数字化的异态。

我们从中国昆明和泰国清迈两个城市在网络社会的呈现，现实环境的使用以及物理意义上的真实联系可以觉察出，当我们试图分析一种知识的形构和相互构建过程时，必须意识到，从认知的层面来说，计算机、网络、数字化生存和人体的“数字肉身化”等因素已经极大影响了当下社会的认知图景。网络社会给我带来的启示，不仅是提示我们要多关注虚拟的文本和远距离互联网传播事件，最为关键的是揭示了当下社会存在新的认知逻辑：哲学意义上的真、伪、类真、非真即伪，在虚拟环境和虚拟认知过程中发生了更为复杂的变化，形成了更为复杂的变体。

---

① Appadurai, Arjun. *Modernity at Large: Cultural Dimensions of Globalization*. Minneapolis: University of Minnesota Press, Public Worlds, Vol. 1. 1996. Pp. 28 - 32.

二、"佐米雅"背后的媒介社会空间：以泰北社会结构为例的宏观分析

1999年在荷兰阿姆斯特丹举办的国际泰国研究论坛上，会议主办者设立了一个主题：泰国是一个公民社会吗？当时学者樱井义秀(Sakurai Yoshihide)提出一个观点，泰国的公民社会兴起，其主要的时间分水岭是1997年金融风暴，当时大批学者抨击政治腐败和社会贿赂，以及因此导致的泰国生计急剧恶化；与此同时，泰国的传统文化、佛教传统、王室所信奉的旨在创建自由社会的新社会哲学以及泰国中产阶层的兴起都对公民社会的发展起到重要作用①。

铃木规之(Suzuki Noriyuki)提到，虽然公民社会是一个西方概念，但是在泰国有个相似的概念，即村落"公民社会"(Prachakhom)，还有一个与西方概念对应的公民社会(Prangchasangkhom，该概念比Prachakhom更新)，所谓泰国的本土公民社会(civil society)概念，它指的是当地一些自发形成的村落互助组织，这是一种自下而上的结构；另一种模式是自上而下，即由政府和外界力量构建的民间草根组织。铃木规之的研究地点位于泰国东北部孔敬(Khonkaen)省的团邦(Tambol Thungpong)，他在讨论中屡次提到，只要通过恰当的组织和提升，本土的村落公民社会(Prachakhom)还是可以变成公民社会(Civil Society)，也就是说泰国本土的互助和组织联络，成为西方公民社会的初级形式，或者为一种组织意义上的蝶蛹形态②。

在泰国公民社会的概念组合上，存在几个不同的分类，如次级区域公民社会(prachakhom tambon，tambon的意思就是次级行政区域sub-district，类似于县镇)，区域公民社会(prachakhom amphur，amphur就指的是泰国的7个地区行政规划，也就是district)，省级公民社会(prachakhom changwat，即省的区划，相当于province)。从这些描述我们可以意识到，泰国在不同的行政区划中存在不同的民主余地和民主动机，也因此存在不同的民主和异见力量。

在泰北社会，村落存在许多自助和自发联络组织，这种传统和泰国社会的tham bun传统有关，也就是对佛教的赕佛传统，这种自发捐赠多与个人有关，

---

① Sakurai Yoshihide, Somsak Srisontisuk. (ed.) *Regional Development in Northeast Thailand and the Formation of Thai Civil Society*, Khon Kaen: Khon Kaen Univ. Pr. 2003. P. viii.

② 同上，第19页。

鲜有集体和组织化的赕佛，因此它本身不可能成为公民社会的构成要素；但是一些泰北农村存在一些公共储蓄组织和团体，例如在素林省(Surin)的农孔村(Nong Kong)，当地有一种基金会叫职业发展诚实基金(ngan kong thun patthana achipsacha)，成立于2000年，专门针对穷人进行资助，对象有纺织、畜牧业、渔业等项目，另一种基金叫贫穷应对基金(kong thun kaekai panha kwam yakchon，它的简称为 ko ko ko cho，类似一种小额贷款机制)，此外，2001—2002年泰国总理他信许诺对每个行政村(administrative village)提供100万泰铢发展基金①。

在泰国清迈田野调查期间，我发现无论是在清迈城区还是在一些北部山区村落，当地都有持续媒介使用的习惯，电视很多时候是当作伴随声音，长时间播放。这方面还有一些系统的研究案例，例如日本学者在研究农孔村统计过，当地村民的电视使用率为93%，收音机为42.2%，报纸使用为46.1%②。

伴随着泰国公民社会的兴起，尤其是社会下层的力量增强，这种变化的大背景是泰国王室、军队、新兴中产阶层在政治力量上的相与颉颃，在这一过程中，"发展"(development)这个词汇成了一种意识形态，表达出了专注民本、遏制特权和腐败的新型政治诉求和社会组织共识，它在泰语中被表达为帕塔那(phattana)，1957年当泰国总理沙立·他那叻(Sarit Thanarat)通过政变推翻颂堪(Phibun Songkhram)统治的时候，他把帕塔那(phattana)表述为一种导向西方发展和社会变革的政治意识形态，并直接将这个词语作为他的政纲口号；当时的泰国政府，基于民族国家、佛教传统和式微中的王室力量这一现实，试图通过革命(patiwat)建立一种父系式的政府管治形态。在当时的媒介术语中，统治者被称为老爹(Sarit，具体来说就是 Father Phoo Sarit)，公民被鼓励用一种挚诚之心(one heart，也就是泰语中的 Saamakkhitham)来对国家的发展作出贡献③。

(一) 泰国媒介人类学网络的知识范型："发展"话语的由来

应该注意到，所谓的"发展"一词，作为一种概念，它更多与西方的思想和社

---

① Sakurai Yoshihide, Somsak Srisontisuk. (ed.) *Regional Development in Northeast Thailand and the Formation of Thai Civil Society*, Khon Kaen: Khon Kaen Univ. Pr. 2003. Pp. 122-124.

② 同上，第127页。

③ 同上，第58页。

会系统密切相关，在《发展的终结》[1]一书中，帕菲特对发展的现代、后现代理论缘起进行了框架描述，同时研究了发展中的话语、权力、知识、主体，探讨一种最低暴力程度的发展模式。他通过细致描述解释了为什么我们现在的生活和思维方式和那些遥远的过去有关。

和帕菲特想象的一样，要理解现在的问题，必须沿着时间逆溯去历史中寻找，他认为要理解发展的谱系，必须回到古希腊的传统，因为那些古典时期的哲学家与现在的思想密切相关，尽管从表面上看拥有与现在思想家截然不同的世界观和哲学观，他们将自然视为一种统一整体，具有自在的神圣性，人和诸神都是自然秩序的一部分[2]。正如我们在西方博物馆陈列的油画和壁画中可以看到的宇宙秩序：自然的风物具有宗教神性，植物具有基督教意味，比如基督佩戴在头顶的荆棘，在英国的国家美术馆，大量宗教壁画的许多细节除了描绘圣迹，就在油画中点缀各种植物，尤其是各种具名的鲜花。鲜花的花丛和丰饶之角(cornucopia)，也是一种宗教的祭献，是宗教神性体现的一部分。《圣经》中描写一块神眷顾的土地，会说是流奶与蜜之地。在西方绘画的一种重要画种——静物油画中，画家实际上在静物中寻找一种稳定的宇宙秩序，各种静物的明暗构成一个空间丰富的时间体系，虽然画的是橘子、苹果和水瓶，但内涵仍然是稳定不变的神的秩序，行于水上的神迹。同时对静物的探索，尤其是结构和空间关系的经验更直接用到宗教的人物绘画中。在古希腊，人们用“cosmos”这个词表示宇宙，将物理自然、道德和审美价值观整合成一个秩序井然和统一整体。逻各斯(logos)的存在意味着万物皆可被人所理解的(intelligible)，人们因此可以获得真知，此为人类知识的基础[3]。

不久这种秩序井然的有机自然开始分崩离析，犹太基督教(Judaeo-Christian)创制了一种无中生有的神，将这种神祇与宇宙分离开来。上帝被视为存在于这个世界上，不仅通过基督这一中介呈现，而且被看成是逻各斯的人体肉身。在帕菲特看来，这是非常重要的认识论和宇宙观转变，因为在这种解释体系中上帝成为人类获得真知的控制者，我们所研究的自然界和人类社会如果正确，是因为它与神的创造物和创造意念相吻合。宗教哲学家阿奎那(Thomas

---

① Trevor Parfitt. *The End of Development: Modernity, Post-Modernity and Development*. London, Sterling, Virginia: Pluto Press. 2002.

② 同上，第13页。

③ 同上，第14页。

Aquinas)于是认为既然世界是上帝创造的,那么对自然世界的实证探究是获得一般性真知的关键。但是问题接踵而来,人类实证探究不仅带来符合神的秩序的知识,也对传统宗教信仰的某些核心、基础、终极的问题带来冲击,最为典型的就是哥白尼的天文学革命①。

帕菲特认为,伴随着自然的去神圣化(desacralization),紧接着是培根式的科学主义和理性主义兴起,这些思想家认为如果上帝不能保证他将一般性的真理呈现于自然当中,自然充满假象和幻象,获取真知的任务就落在孤立的研究者身上。法国的蒙田等人通过他们的研究体现了这种来自哲学领域的怀疑主义发展。笛卡儿受其启发,开始使用怀疑作为一切研究方法的基础。在他看来,任何可疑的事物都不是事实,即使是亲身经历的事情,因为那可能是幻象,于是也诞生了他最为人所知的名言:我思故我在(cogito ergo sum),在对"cogito"的研究中他构建了思考主体和人类知识的基础②。

然而,笛卡儿式的怀疑主义并非彻底的理性主义,为了解决这种矛盾,康德借助于彻底的自治性(autonomous)理论主体来建构一种知识,至此神的世界从人类的知识探究中远离,甚至成为一种对立物,人的思维成为纯粹理性批判,人类从此不再向任何客体和神获得帮助,但是对于康德而言,在怀疑这一寻求真知的内核力量的同时,还应该维护牛顿等科学家已经获得知识的权威。他认为人们不仅体验这个世界,关键是在体验之前其思维被一种先入知识(a priori)所塑形。这些知识包括时间、空间、物质、因果、质量和关联③。

帕菲特指出,笛卡儿和康德等人的出现,不仅是一种哲学研究的逐渐深入和进化,这个时期的思想转型预示着未来现代性思想的萌芽。笛卡儿等人理解的"自然的神圣性消失"(desanctification)直接和马克斯·韦伯的去魅(disenchantment)理论相关。

帕菲特通过对埃斯科巴的发展理论进行阐述,试图构建他对发展、现代、权力、知识的新理论,并进而对后现代理论进行批判。在他看来,后现代理论是对现代性框架中的元理论(metatheory,宏大叙述),原典主义(foundationalism,详

---

① Trevor Parfitt. *The End of Development: Modernity, Post-Modernity and Development*. London, Sterling, Virginia: Pluto Press. 2002. p. 14.

② 同上,第15页。

③ 同上,第17页。

尽而无可辩驳的理论叙述)，主客体关系进行批判和驳诘[①]。利奥塔(Lyotard)反对元理论中历史的宏大叙述(grand narratives)因为这使得这些一般性的统摄知识对其他旁系知识的潜抑。利奥塔认为没有人曾经看见一个社会。没有人曾经看见一个开始，一个结束。没有人曾看见一个世界。这样一来，我们怎么可能拥有一种康德式的感知性直觉呢？

帕菲特认为，后发展(Post-Development)理论的主要内容是将发展作为一种话语的分析，埃斯科巴(Escobar)为其中的代表，他以福柯的话语理论建构了自己的体系，通过分析话语中的动态(dynamics)以及社会现实呈现(representation)中的权力，勾勒出了一种话语秩序，它在产制可获通过的(permissible)存在和思维模式的同时，对其他形式进行压制和资格剥夺(disqualify)[②]。我们可以看出，这是自笛卡儿式思想革命以降，康德式自由批判个体，对其思想本身的自我阐释和自我批判，在批判自己对象的同时，使得自己的思维方法转化为一个遮蔽性、宰制性的被批判主体。帕菲特引述了埃斯科巴对发展的看法，“发展并不是发现问题及解决问题的知识产制过程，而是建构一种欠发达地区自己所知，旁人所标示和强加的空间。发展话语源于对多种历史因素的混流合成，其中包括西方社会在赢得市场之后，将其他地区转换成一种工业原料基地等因素，第三世界国家的人被建构成需要成人护佑和引领的孩童。要分析发展话语应该注重工业化、技术、贸易、文化变迁、现代化等因素，同时需要建构像世界银行、国家规划局、大学的发展研究中心等体制机构；但是发展话语不仅是这些元素的简单拼接，而是这些主体、利益关系、组织机构、实践行为基于一种权力网络的体系化”[③]。

在19世纪末期，泰国的东北部存在一个蒙通伊森(Monthom Isan)的统治架构，这个区域之前又被称为蒙通老豪(Monthom Lao Hhao)，每个城镇也就是被中国傣族翻译成勐(Muang)的行政区划中，都有一个老(Lao)的地主头人，随后这些地方性的头人权力被泰国国家政权褫夺，免除了他们对强制性劳力和税负的权力。正是因为这个原因，泰国的东北部现在仍被经常称为伊森(Isan)，他们说着自己的语言，宗教传统和文化习俗也和泰国其他地方的农民迥异，一度他们

① Trevor Parfitt. *The End of Development: Modernity, Post-Modernity and Development*. London, Sterling, Virginia: Pluto Press. 2002. p. 21.

② 同上，第28页。

③ 同上，第28—29页。

奔走迁徙，可以随意游耕，通过雨水灌溉的稻作系统和山地经济作物的生计方式在泰国高地独立生存。1965 年，因为这些区域的势力，国家增强了自己的行政存在，例如成立国家秩序管理中心（National Order Maintenance Headquarters），帮助抵御周边国家的渗透，以及本土的反抗和叛乱，使用国防部的预算来发展这些遥远的区域，内务部（Ministry of Interior）的福利局（Welfare Bureau）开始实行自助村落计划（self-support Village）。1975 年，国家投入 25 亿泰铢用于农村发展，创造新的工作岗位；1980 年，同样的投入发展到 35 亿泰铢[①]。

在泰国田野调查期间，笔者对泰国清迈大学可持续发展研究中心主任查扬（Chayan）教授进行了访谈，他提到，泰北知识精英在历史上就在泰国公民社会发展的过程起到重要作用，例如历史上的午夜大学（The Midnight University）以及午夜大学网站，因为他们一场高调的反军政府运动，当局将其镇压；2006 年 9 月 26 日，伴随着这一知名网站（www. midnightuniv. org）的关闭，1 500 篇为公众免费享用的学者文章突然消失了［根据查询 2006 年《国家》杂志（*Nation*）所得到的数据］。在最早期，泰国的非政府组织运动与国外基金会的资助相关，在 1976 年，大批国际基金会和非政府组织资助泰国和柬埔寨边境的难民，同时对这一区域的赤贫泰国农民进行资助，20 世纪七八十年代，泰国的民主运动和学生运动开始兴起，一些学生在遭到镇压之后，转入泰北山区隐藏起来，在 20 世纪 70 年代末，政府又通过了一项赦免令，对学生不作追究，随后这些转入公开状态的前学生运动和革命行动派更倾向于成立新的农村非政府组织来实现自己的政治主张，开展一系列公民运动。在之后的政治更迭中，非政府组织的政治作用逐日彰显，例如在 1992 年的大选中，阿南（Anand）政府所执掌的选举监督委员会（Election Oversight Commission）与大批活跃的非政府组织发生了密切互动。

（二）“西方”知识形构下的泰国民间治理结构和传统思维形态

学者樱井义秀提到了泰国东北部非政府组织的九种类别：**泰国东北部农业网络委员会**（Northeast Thailand Agricultural Network Committee）、**资源和环境类**、**当地居民组织**（Residents Groups）、**女性服饰和手工艺组织**（也就是所谓的攀迈——Panmai 组织，泰语中 Panmai 意味着纺织野生蚕丝的纺轮，泰国北部村

---

① Sakurai Yoshihide, Somsak Srisontisuk. (ed.) *Regional Development in Northeast Thailand and the Formation of Thai Civil Society*, Khon Kaen: Khon Kaen Univ. Pr. 2003. Pp. 59 - 60.

落的这类生计组织由另外一种非政府组织提供资助，即恰当技术组织——ATA，Appropriate Technology Association；虽然是与农村生计有关，这类组织其实也起到妇女赋权的作用，他们让当地的妇女对自己在传统农事中织染、卷线、养蚕中的社会角色保有更为自豪的态度；为了强化妇女在经济方面的力量，20 世纪 80 年代末，当地成立了攀迈小组，让妇女处理管理和产品营销方面的事务）、**农村工业和产业组织**。例如泰国东北部农业发展协会（Northeast Thailand Rural Development Association），该协会成立于 1992 年，它的资助 80%来自拯救孩子组织挪威项目（Save the Children Norway Program），另外 20%的经费来自社区援助组织（Community Aid Abroad）、**人权组织**、**贫民窟组织**、**儿童事务**、**艾滋病事务组织**。

在泰国北部社会，除了这些有形的民间组织和动员，另一种力量为虚拟的——互联网和网络村落运动。泰国"第一次上网"为 1987 年，起自亚洲技术学院（Asian Institute of Technology）与澳大利亚的互联网连接，随后一系列网络发展的里程碑在泰国得到实现：

1995 年，第一家商业互联网服务提供商（Internet Service Provider）出现；1989 年，国家电子和计算机技术中心成立（National Electronics and Computer Technology Center）。自从该机构成立，1997—2000 年，泰国政府投入 42 亿泰铢用于发展信息基础设施，促进电子贸易、电子服务和电子政府的实现。从行政架构上，泰国被划分为 7 个地区（region），76 个省（province），7 255 个次级区域（sub-district），69 866 个村落。（出自 2000 年的国家数据办公室统计数据。）这一时期的电子运动，与电子东盟计划（e-ASEAN initiative）和第八个国家经济和社会发展计划（National Economic and Social Development Plan）密切相关。具体执行这些电子计划的机构是互联网 Tambon 机制（即英文的 county，县镇），以及次级区域管理组织（Sub-district Administrative Organization）。

县镇（tambon）不仅是一种行政概念，在笔者看来，它甚至可以理解成一种公民社会的心理认知边界，例如，一个人可以感觉自己和他人属于一个县镇（tambon），尽管没有和其他人参与具体的行为；同时，也可以参与了具体的行为，但是仍然感觉自己不属于一个县镇（tambon）公民社会。对于政府和非政府组织而言，县镇（tambon）对他们来说，更像一个行政工作单位，例如他信在他的首席执行官（CEO）式政治时代，政府提出的"一区一产品"的概念（One Tambon，One Product）。

经过这一时期的发展，泰国北部的村落，至少从理论上拥有一种接触国际和全球的能力（互联网的英语语言障碍影响了当地网络效果的落地和外界延展），在不同村落的次级区域管理组织之间已经形成了相互联系的网络，每个区域的职业群体可以利用这个电子网络销售自己社区和村落的有形产品；村落的公民也可以通过电子渠道对管理过程形成监督，促进了电子政府的开放和透明性[①]。

学者铃木规之在研究了泰国北部村落的公民社会之后，通过分析年龄、性别、教育水平、社区地位、居住年限、家庭成员构成、年收入、家庭成员收入构成、土地拥有权、土地转租等复杂因素，总结了泰北社会公民社会的常规组建模式[②]。

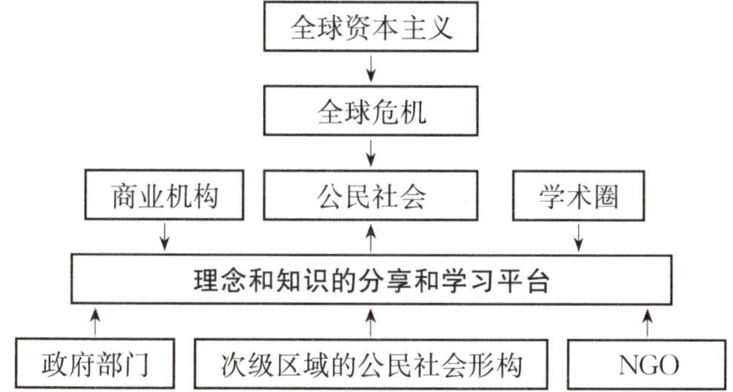

图2-1　学者铃木规之总结的泰国公民社会形构示意图

他把泰国北部社会的村落公民社会构建放在一个大的全球化背景和全球经济危机的语境之下，强调这种社会形变背后的外力构建因素。在许多学者看来，泰国社会仍然具有一种阶层结构（strata），由家庭、亲属、家支、村落、国家构成，在当地人看来，社会是基于个体关系的衍生和延伸，而这种人际的个体关系的交往原则就是所谓的给予—付出式的礼尚往来系统；在更大的社区范围内，塑造当地人交往逻辑的还有一个泛化的地方背景如佛教传统、家庭概念、部族、泛神信仰等复杂因素。

在樱井义秀看来，东南亚社会当中有一种弥漫的赞助者—客户关系机制、社会圈子、亲信主义（cronyism）和小规模社会交际网络，这种人际关系拥有不同的社会交往逻辑，无论是在政治、经济领域还是在日常生活中都有体现，这种我群（our group）概念经常被认为是对西方概念的公民社会造成挑战[③]。

樱井义秀所提到的社会圈子与亲信主义和泰国人的互助观念有关（泰语为

---

① Sakurai Yoshihide, Somsak Srisontisuk. (ed.) *Regional Development in Northeast Thailand and the Formation of Thai Civil Society*, Khon Kaen: Khon Kaen Univ. Pr. 2003. Pp. 141－142.

② Noriyuki Suzuki, Somsak Srisontisuk. 2008. (ed.) *Civil Society Movement and Development in Northeast Thailand*. Khon Kaen University Book Center. p. 74.

③ Sakurai Yoshihide, Somsak Srisontisuk. (ed.) *Regional Development in Northeast Thailand and the Formation of Thai Civil Society*, Khon Kaen: Khon Kaen Univ. Pr. 2003. p. 80.

chuai kan)，而且只有真正使用和连续存在的日常习惯才能被用来理解泰国的社群观念和社会组织结构，这种实用观念即泰语所说的 laeo tae。

泰国社会的佛教传统是理解泰国媒介现象的重要因素，这是不争的事实，有关这个问题的研究应该单辟章节深入展开，这里限于篇幅和研究主题，仅作简略引述：

泰国人所信奉的小乘佛教中强调四种终极而崇高的境界(brahma vihara)，爱的良善(metta)，同情所属(karuna)，共感的愉悦(mudita)，对世人的宽宏(upekkha)。对于泰国北部社会的农民来说，甚至包括知识阶层，社会是一个报、德、功绩的循环系统，统治者也经常用婆罗门教和佛教来使自己的管治合法化。从古代开始，泰国农民就相信一种精神意义上的泛神系统(phi，以及 sayiasat 这种泛神主义)，四种教义圣训(dhammas)被广泛信奉，这包括分享感(dana)、蒙恩口述(piyavaca)，建设性的行动(atthacariya)以及众生平等(samanattata)[①]。

当然，我们不能把泰国农民当作民间的哲学家和神学家，他们的日常生活逻辑往往很简单，就是通过报、因果、功德、赕佛的方式，形成一个相对封闭社区的交换循环。通过这些循环人际方式，他们试图获得一种真正的平静生活(khwam yu di kin di)[②]。

在佐藤康之(Yasuyuki)看来，对非政府组织来说，尤其是公民社会的外来组建者来说，佛教传统某种程度上是当地的文化底板和内在秩序，正是在这种环境和传承之下，泰国国民的性格基本上被理解成乐天的(sanuk)，强调现世的价值，泛神主义，时间概念的短半径；他们在长时段维度上难以合作，每个社区是一个相对自治的系统，有着自己的政治秩序、原生文化、社会和教育体系，当地人依托各种人际网络生发出各种派别(factionalism)[③]。

三、结语：泰国社会媒介人类学意义上的“M 型结构”

根据以上“佐米雅”的新认知范型(来自媒介人类学、政治人类学的视角)，发

① Sato Yasuyuki. The Thai-Khmer Village: Community, Family, Ritual, and Civil Society in Northeast Thailand. Niigata University. 2005. p. 230.

② 同上，第 23—231 页。

③ Sato Yasuyuki. The Thai-Khmer Village: Community, Family, Ritual, and Civil Society in Northeast Thailand. Niigata University. p. 233.

展和治理作为一种核心话语，泰国王权社会的近现代和宗教世俗化，泰国媒介现代化和民间组织细密化的综合分析，我们可以发现，如果要对泰国这类东南亚社会的传媒语境进行理解，传统传播议程、媒介主体、创新扩散、国家治理、媒介权利、社会阶层分析的路径已经不能满足要求，在上述研究细节之外，还应当增加更多媒介人类学有关认知、族群、思想史、宗教人类学、元概念等方面的研究，以最大限度理解这一社会（在媒介人类学环节）发生的融合性、过程性、交互性、动态性等复杂因素。

泰国社会的媒介形态、权力形态和知识形态，时常是通过一个基于族群、乡野，同时勾连全球化、西方范型的 M 型框架进行的，造成这个架构的 M 形马鞍式塌陷的重要原因，是遭到内因和外力变形的宗教、政治、王权、族群社会等因素，不断与外界力量、自身议题博弈互动的结果。

这一点在分析泰国的环境治理和民间抗争就非常明显，许多民间的自救和回应往往都连着一大批国际网络，并通过间接资助环境抗争、民族权利、公民权、难民权益、生物和文化多样性等社区项目主题展开，最终这些议题展开和活动进入非常广阔的民族、文化、历史场域当中。例如笔者在分析泰国北部社会的民间组织和国际组织活动时，发现他们的首要任务是培养公民社会的先锋者和意见表达者（civil society advocates），并非常强调多国、多民族背景的重要性，不少国际项目的人员在历年活动之下已经形成一个包括 23 种区域语言的多语音格局。这些大部分都是“佐米雅”语言：布劳（Brao），缅甸语（Burmese），柬埔寨语（Cambodian），中文（Chinese），嘉莱（Jarai），卡维（Kavet），高棉克戎（Khmer Krom），克木（Khmu），格楞族（Krueng），老挝（Lao），傈僳（Lisu），蒙族（Mon），纳西（Naxi），德昂（Palaung），普泰（Phu Thai），普米（Pumi），掸邦（Shan），泰叻（Tai Lue），坦蓬（Tampuen），泰语（Thai），藏语（Tibetan）和越南语（Vietnamese）。

仔细分析活动所涉及的国际组织网络，经常出现的多为如下机构：帕尔斯基金（Perls Foundation），开放社会（Open Society Institute），弗兰克尔家族基金（Frankel Family Foundation），一神论—普遍主义者服务委员会（Unitarian Universalist Service Committee），福特基金会（Ford Foundation），食物保护与健康基金（Conservation Food & Health Foundation），国际可可组织（International Cocoa Organization），国际河流（International Rivers），TERRA（一家泰国国际自然保护网站，分享自然环境方面的视频和资料，这个缩略语的

全称为 Towards Ecological Recovery and Regional Alliance，意思是迈向生态恢复和区域联合)，国际问责项目(International Accountability Project)，湄公观察(Mekong Watch)，NGO Forum on the ADB(针对亚洲开发银行的非政府组织论坛，亚洲开放银行这个机构，在很多语境之下是个负面词汇，因为大量的亚洲开发银行项目，只是照顾了资本的利益，没有很好平衡当地人和自然的保护，造成了大量环境灾难，在泰北的环保圈，一本小册子颇为流行，名字叫《ADB 灾难速览》)。

在这一意义上，以泰国为例的东南亚社会的 Media 一词的 M 字母已经出现了范式改变，它不再是一种媒介、媒材、媒体形式的 M，而是一种知识、观念、范型、权力格局、概念意义的 M 形媒介网络(M-Media Network)。

第三章

缅甸媒体对华传播的“改革语境”和“红外政治”①

缅甸，中国的近邻，似乎中国人应该天然熟悉，然而因为媒体、学术研究、官民互动的诸多缺憾，中国受众事实上对它了解甚少。仅从两个名词，就可以看出：有多少中国人知道，“中国”在缅语里的名称တရုတ်（发音 deh yout，得莠）据信是自တရုပ်转变而来的，与“奸诈之人”的发音相似。

中缅两国自古以来就建立了经贸关系，然而由于当时中国较为发达，相对于缅甸人更谙经贸之道，缅甸人因此在贸易中吃亏较多，因此私下称呼中国商人为တရုပ်，即奸诈之人，后来该名称使用越加广泛，而在缅语中形成了对中国和中国人的固定称呼。因此，在民族主义较重的缅甸人心中，中国人一直都是要从缅甸人身上榨取利益的“奸商”。这多少与中国人的文化理解中，将自己看成天朝大国，生意“厚往薄来”，类似缅甸的小国，多为争利的“蕞尔小国”等民间描述相悖。

另外，还有“胞波”一词，ပေါက်ဖော်（胞波）即一母同胞之意。这是中国官方文件和官僚会见时常用的名词。中国官方喜欢在多种场合和许多“第三世界”国家以兄弟相称，事实上这个名词早名存实亡，有的国家名亦不存。“胞波”一词在官方话语中是中缅两国人民对彼此的昵称，表示彼此是同胞。该词确实来源于民间，但现在除了在两国领导人会见时会提到外，已基本绝迹于民间了。

可以想象，如果企业家和投资者，以“胞波”一词来形容中国和缅甸民众之间的关系，不知不觉中使用了一个过期或“宣传化”的词汇，想必并不能造成什么亲密感，这或许从一个侧面反映出中缅两国人民友好关系的转变。通过分析缅甸原文的媒体报道、媒介事件和与中国有关的传播案例，本文试图在理解国际媒

---

① 本章的撰写得到毕业于复旦大学的缅甸籍留学生亨凯的帮助。他通晓缅甸语和汉语，在本研究框架和设计之下，他对缅甸媒体进行分析。在此特别致谢。

体，尤其是与中国有密切关联和历史联系的国际媒体，贡献一些新数据和新视角，以期待彼此之间的沟通能够更顺畅，双边的政策、族群、媒体互动能够有更多的社会学、人类学细节。

一、缅甸媒体格局的近期剧变——后“解禁”时期的媒体自由时代

缅甸于 2012 年 8 月 20 日宣布取消有关政治与宗教方面的出版物提前送交审查的制度。这标志着该国实施了近 50 年的 1962 年书报审查制度至此寿终正寝。这是缅甸民主改革进程中的一个重要里程。然而，此举是缅甸政府自主释放出改革的善意还是国内媒体同仁齐心努力的结果？通过这次改革，缅甸媒体出版是否就真正获得了言论自由？而这份自由是否就真的将把缅甸带入一个全新的民主时代？缅甸报禁解除将开启一个新的激变时代，各类国内外传媒体和新媒体传播将陆续进入封闭的缅甸，对于在缅甸有着长期投资和合作的中国投资者和政务人员，应该对这一转变特别敏感，及时转变自己的说话方式。

（一）缅甸报禁解除：量变引发质变

缅甸并非一夜之间放开言论。事实上这个过程极为复杂，在严密的计划之下有序进行。1962 年，由于社会动荡，奈温将军夺取政权建立军人政府后，就将全国的媒体都收归国有，并出台了 1962 年书报审查制度，所有出版物都须经过审查部门严格的审查批准后，方能合法出版。1988 年缅甸爆发全国性学潮，随后建立的新军人政府依然继续采用前政府的书报审查制度。与旧军政府不同之处在于，新军人政府于 20 世纪 90 年代，放开报禁，在依然严格的审查制度下允许私人开办周报和杂志。2008 年新宪法通过全民公决。2010 年举办全国大选。首个民选政府于 2011 年 3 月上台以来，缅甸就已在认真策划对媒体言论进行新一轮的大改革。

2011 年主管新闻出版的宣传部就定下了媒体出版体制改革的三项计划。首先是分 5 个阶段逐步取消对媒体出版的审查。第一阶段，2011 年 6 月取消对文艺、健康、儿童、技术、体育类书报的审查；第二阶段，2011 年 12 月取消经济与法制类书报的审查；第三阶段，2012 年 3 月取消教育类书报的审查；第四阶段，2012 年 3 月取消对小说的审查；第五阶段，2012 年 8 月成立传媒核心理事会，并

取消对政治和宗教类书报以及音乐作品的审查。新成立的传媒核心理事会将取代原文字审查局,对出版物进行事后监督。其次是撤销1962年的出版法,并出台符合时代的传媒出版法。最后是将官方媒体改造成“公共服务”型媒体。为了实现这两项工作,宣传部官员不仅出访欧洲取经,甚至与曾经的“敌对媒体”VOA和DVB进行技术合作。

(二)在有限解禁中争取更多的自由

自宣传部开始逐步放宽言论后,缅甸媒体的议程设置开始出现转变。此前,由于出版前需经过政府严格的审查,缅甸媒体对政府方面的报道不论正面或负面都尽可能不触碰,解禁之后仍将有“杯弓蛇影”的效应。

在宣传部逐步实施放宽言论的过程中,就有3家媒体因为各自的一篇报道而被相关部门告上了法庭。首先是《现代》周报由于刊登了《期待小路能修好》,而被相关城市的建设部以诽谤罪告上法庭。后来由该报登报道歉而和解。其次是《声音》周报刊登了《查知一些部级单位有上千万的贪污》而遭矿产部同样以诽谤罪告上法庭,并于2012年8月初受到宣传部无限期停刊的处罚。最后是《抓拍》周报刊登了《谁应为国有媒体过错负责》一文,而遭到政府以更大的罪名“煽动罪”告上法庭,周报同样被无限期停刊。

然而政府接二连三地对媒体的打压,引发了其他媒体的抗议。许多媒体纷纷刊登文章,呼吁政府恢复上述两家媒体的出版权、批评政府行为不符合民主规范,并组织游行示威表示抗议。迫于压力,两家媒体虽然至今面临着法律诉讼,但宣传部已恢复了两家媒体的出版权。

在转型期间,如果政府的改革立场不坚定,没有一套全面、系统、明确的改革政策,那么在改革的过程中,就会容易引起社会抗争。当政府面对来自社会的反对意见时,只会出现两种情况:或以社会动荡不安为由放弃改革倒退回专制社会,这是最坏的选择;或顺从民意,与社会妥协。所幸缅甸政府选择了后者。这一方面体现了缅甸转型的决心,一方面也暴露了政府在政策的摇摆并使政府在转型的主导地位,沦为相对被动的地位。

缅甸媒体很好地利用了政府所逐步给予的有限的自由,对政府进行监督,争取自己的合法利益。媒体改革议程虽在政府的主导之下,但媒体常常会抓住机会反守为攻,对政府施加有力的舆论,对政策产生决定性的影响,从而使改革的步伐和结果最大化。

（三）舆论严于“安内”但宽于“攘外”

在国内媒体获得解放之前，缅甸已提前放开了对网络的限制并大力发展通信行业。此前，缅甸对所有的境外社交网站和博客网站以及西方媒体门户网站都进行屏蔽。网速也非常缓慢。手机通信很不发达，民众需缴纳巨额才能获得一个手机号。随着最近几年的发展，手机已逐渐普遍化，开放网禁的同时，网速也有所改善。这完全改变了缅甸民众的言论方式。

如最近在缅甸西部发生的“外来”罗兴伽人（Rohingya，“罗兴伽”一说来源于缅甸若开邦的古代名称 Rohang，而 Rohang 又来源于阿拉伯语词 Raham——意为同情；另一种说法是“罗兴伽”在缅语中意为“从古老村庄来的老虎”[①]）和佛教族群的冲突中，缅甸网民们不断在网上（如 Facebook）发布宣扬种族歧视的言论，并在社会上产生影响，将事件带入更复杂和严重的局面。新闻媒体不仅没有能引导舆论，相反受到网民的影响，盲从于“公共舆论”之后。骚乱发生时，部分媒体起初还提倡民族和解，互相包容等和平理念，但随着公众反罗兴伽人的情绪日益激化，媒体也开始出现反对罗兴伽人的言论。

骚乱初期，缅甸主流媒体《声音》周报、《十一新闻》周报等都在第一时间在显著版面发表了有关的声明，表示种族之间的矛盾不利于民主改革进程，呼吁民族之间互相理解尊重，随后也报道了昂山素季在访问泰国期间，就此事在当地会见了穆斯林人，以及有关缅族人应照顾其他少数族群的言论。然而这些媒体连同昂山素季，都遭到网民普遍的强烈批评。众多网民也发表许多穆斯林焚烧房屋的照片（有真有假，有的照片竟然用中国藏区地震死难的照片冒充，只因地震死者旁站着僧侣），各种种族侵略的阴谋论如“20 孩子计划”（即一个穆斯林家庭生育 20 名孩子，以增加其族群人口、挤压原住民族）。

在社会转型过程中，处于大变革的环境之下，当出现重大社会事件时，就很容易滋生出极端的民族主义。报禁的解除，在发挥真正建设性意义的自由效应，

---

① 一般认为，罗兴伽人是阿拉伯穆斯林、阿富汗人、摩尔人、波斯人、土耳其人和孟加拉人等的直接后裔，在若开邦居住的历史已经超过了 1 300 年，他们大都从海上来到若开，在与当地人的长期混居中发展成为今天的罗兴伽人，但是缅甸国内对罗兴伽人的来源和进入缅甸的时间有不同的看法，如若开族人认为罗兴伽人是英国殖民统治时期才迁移过来的，还有学者认为罗兴伽人是吉大港人和若开族土著的后裔。目前缅甸最大的罗兴伽人反政府武装——若开罗兴伽民族组织（ARNO）则坚决声称罗兴伽人不是在英国殖民统治时期才来到缅甸定居。资料来源：李晨阳，《被遗忘的罗兴伽人》，云南东南亚研究网，http://www.ynuseas.cn/xxx.asp? id=556。

促进民主自由的缅甸之前，它首先将通过不断宽松的国际舆论网络，形成对外国在缅势力的强力批判。

若开邦的所在地就是中缅油气管道的重要一站，在这种复杂的民族纷争中，中国的企业和政府如果在这一问题上含糊其辞，没有态度和立场，必然引发当地舆论的“群殴”。中国在缅甸的许多投资项目都处在民族、宗教、部族、环境比较敏感的区域，一旦中国举止和言论不当，将引发缅甸媒体舆论的星火燎原，中国尤其应该在缅甸媒体激变的过程中找到自己新的说话方式和舆论应对模式。

二、缅甸主流媒体内容分析——后“解禁”缅甸媒体的“改革语境”

为进一步勾勒缅甸媒体的媒体、经济外交和国际政治属性，帮助国际受众更好地了解缅甸媒体的构建能力和传播能力，笔者与缅甸研究者合作[①]，对缅甸 5 个主流媒体进行了细致分析：包括缅甸官方报纸《缅甸之光》、缅甸商务部周报《商务》，以及 3 份私营周报《七日新闻》、《十一新闻》、《声音》周报等主流媒体。研究内容主要是针对这些缅文媒体的头版报道进行内容分析，时间限定在 2012 年 4 月至 7 月，同时比较缅甸在解禁前的跟踪研究，分析了昂山素季上台之后的缅甸媒体出现了哪些深刻变化。

研究初步发现，缅甸这一时期的报道有一种强烈的变革和改革语境，许多国际新闻和本地新闻报道，都是在这种“改革语境”中得到报道，由于解禁前后尤其是缅甸国内民主派和军政府政治力量的戏剧性对比，缅甸国内的“改革脚本”和“国民议程”也经常发生变化。本研究认为，正是这些变动剧烈的“改革脚本”和“改革语境”，决定了许多与中国有关的国际新闻的报道规律和批判尺度。由于国内新闻同行、企业界、政治界对缅甸国内政治形势、媒体动局的细节关注不够，尤其是对缅甸本地语言、本地族群内部传播、本土部族、不同政治族群、国际活跃力量的不熟悉，造成了许多中缅传播负面效果案例。

与此同时，当缅甸发生剧烈变革的当下，由于中缅在国家层面、民间组织、媒

---

① 2012 年 9—12 月，笔者与缅甸籍华人研究者亨凯进行了合作研究，对缅甸当地的媒体内容进行细读，并专访部分媒体管理者和民间意见领袖，该项媒体内容研究获得了零点国际研究院的资助，特此致谢。

体层面、跨境族群互动、经济互动等方面的路径依赖和互动范式僵化，中国将越发陷入一种自己所不熟知、于自己不利的“新缅甸丛林”当中。

（一）《缅甸之光》头版分析

缅甸目前共有 4 份全国性官方日报，分别是 Myanmar Ahlin(《缅甸之光》)、Kyaymon(《镜报》)英文版 New Light of Myanmar(《缅甸新光报》)以及 2011 年 4 月由军方新出版的 Myawade(《妙瓦底》)。《缅甸之光》报创办于 1914 年英殖民时期，是缅甸历史最悠久的报纸，创办初期由于参与宣传与支持独立运动，而在缅甸民众心中建立了威信。20 世纪 60 年代被收归国有后，成为官方最主要的喉舌。《镜报》与《缅甸新光报》以及军方所属《妙瓦底》的报道内容都与《缅甸之光》报保持一致。因此《缅甸之光》报的言论，最能反映出缅甸官方媒体的立场，某种意义上是缅甸的“《人民日报》”。

不过，《缅甸之光》的编辑方针并非以内容为本，而是“官本报道”。不论头版、封底还是内页，所有内容均以新闻涉及官员的重要性，而决定报道的规格。头版内容分为两种：内务与外事。前者包括领导人活动、国会活动、法律条文与政府通告，后者为领导人出访和外宾来访。因此，《缅甸之光》并不能反映出民意，但从上可看出缅甸的官情。

根据统计，《缅甸之光》报头版内容在“内务”部分涉及 17 个主题共 112 篇。而在“外事”上报道了 74 次与 15 个国家与国际组织的外事活动。

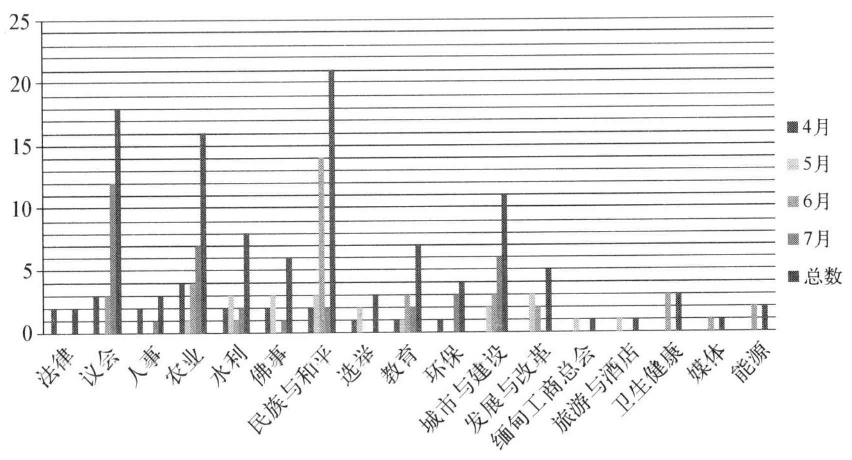

图 3-1 《缅甸之光》报“内务”报道统计

从以上的统计来看，可看出实现民族和解是缅甸政府的主要政治议题。议会作为2010年选举后的产物，在缅甸政治改革中扮演了非常重要的角色，而农业发展、城市建设与水利（含水电）是缅甸政府工作的三大重心。

缅甸的四项经济发展目标的第一项就是“以农业为基础，建立工业发展国家”。缅甸是世界第二大豆类出口国、世界主要大米出口国之一，然而农业技术并不发达，靠的是良好的气候与土地资源，因此政府非常注重提高和引进农业先进技术。

缅甸于2008年迁都至内比都，因此内比都的城市建设还有很大的空间，而作为旧首都的仰光和中部大城市曼德勒的城市管理规划也亟待改善。例如：仰光的公路建设与公共交通（大巴破旧不足，无地铁）就非常欢迎外企投资，而通过“百年规划、长远思考、与民亲善”的策略，日本很好地把握了这个机遇。

此外，缅甸电力严重不足，随着工业的发展，特别是在炎热无雨的旱季，仰光的各个工业区以及住宅都无法获得充足电力提供，因此电力领域今后也是外企投资的一个重点领域。不过，自从密松水坝遭遇抵制事件发生后，中国在缅甸的电力投资已经进退维谷，“进”容易被理解为死守独裁军政府关系遗产，淹没生态地，离散原住民；“退”则意味着，中缅传统的基于国家外交和民间掸邦地方武装互动关系的“硬空间”和“封闭红利”被系统让渡，缅甸民主派的“去中国化”策略得以实现。

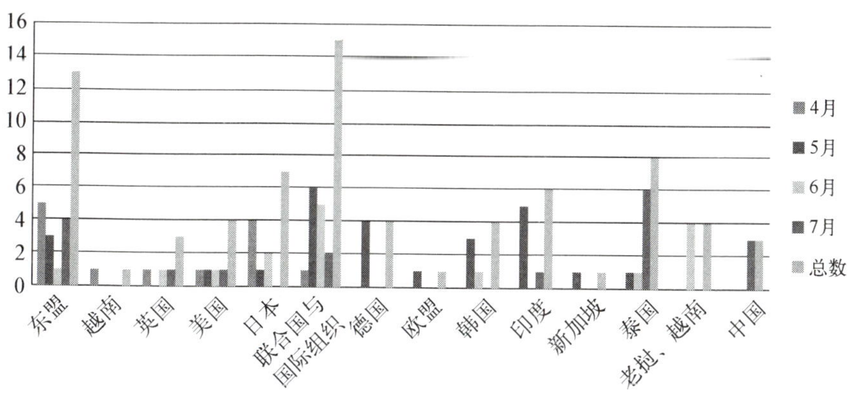

图3-2 《缅甸之光》报涉外报道统计

缅甸是东盟成员国，在缅甸的贸易中东盟占最大份额，再加上2013年缅甸举办东南亚运动会，2015年将成为东盟轮值主席国，并全面加入中国-东盟自贸区，因此这段时期在缅甸领导人的外事活动中，与东盟的互动最为密切，它也标志着后军政府时期，第一波缅甸国际化黄金时代的到来。

其次，由于缅甸向民主社会的转型，获得了国际的认可，许多国际组织纷纷表示愿意重新与缅甸进行对话，恢复与缅甸的合作和对缅甸的援助，因此缅甸与包括联合国在内的各种国际组织的联系大增。

在国别的联系中，泰国、日本、印度居前三名。自从 2011 年密松事件发生后，泰、日、印三国明显加强了与缅甸在政治和经济上的合作，特别是扩大了投资合作，涵盖水电、油气、金融、经济特区建设等领域。在缅甸未来的投资市场上，此三国将是中国最大的竞争对手，而且竞争从一开始，就混合了经济、政治、国际空间、文化认同等多种因素。在这一情势下，如果中国不系统检讨自己在中南半岛、湄公河次区域、南亚、东南亚、东盟地区的国别战略和区域战略，中国将在这一区域立刻面临政治冲击、经济挑战的各种变数。

（二）《商务》周报头版分析

《商务》周报(Commerce)是缅甸商务部出版的、国内唯一一份提供商贸新闻和分析的周报。该报 4 月至 7 月期间，共出版了 16 期，头版以索引方式呈现了 80 篇文章，共涉及了 22 个主题和 11 个国家。作为世界第二大豆类出口国与世界主要大米出口国之一的缅甸，其商贸主要集中在以大米与豆类出口业为主的农业上。因此该报关注最多的也是大米和豆类市场的新闻。

泰国、印度、东盟和中国是出现次数最多的国家和地区。与缅甸大米贸易有竞争关系同时也是缅甸最大贸易伙伴国的泰国出现最多，而缅甸豆类出口的最

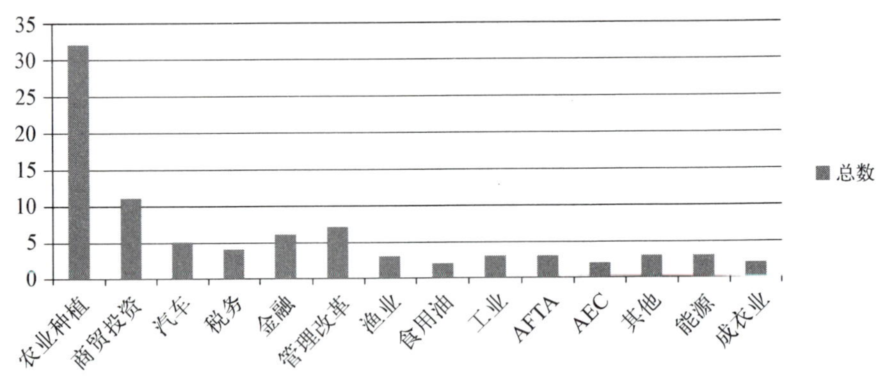

图 3－3 《商务》周报头版内容统计

大市场印度居于第二位。缅甸是东盟成员国，东盟-中国自贸区、东盟经济共同体进程等议题使东盟出现率也比较高。中国虽作为缅甸的最大投资国以及第二大贸易伙伴国，但投资集中于石油与天然气、水电等领域，贸易项目多元化，但农产品方面较少，因此出现次数位居第四位。

该报第12—25期的头条文章《如何与龙共舞》，对与中国经济的发展以及缅甸的对策进行了分析。这也是该报唯一一篇头版文章上探讨与外国的贸易策略。

文章分为三部分：第一，作为龙的中国不仅会下地（吸取能源资源）还会飞天（向世界市场扩展）；第二，亚洲、欧洲等地市场都已充斥着中国制造，作为东盟新成员国CLMV4国，将于2015年（AFTA）与中国面对面竞争；第三、缅甸对华出口不应随机而行，而是从寻找出口产品到打入市场，要先进行一整套的市场研究，打响"缅甸制造"的概念。该文章应是足以代表目前普遍缅甸民众对中国经济的看法。这里面透露着对"中国威胁"的担忧。但文章并未指出很具体的策略，来与中国竞争。

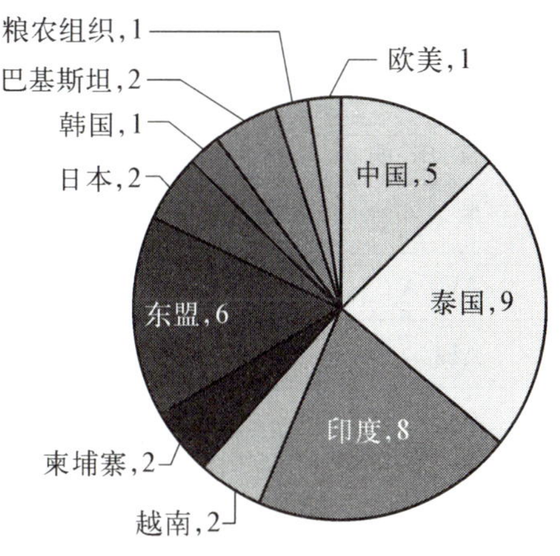

图3-4　《商务》周报头版内容统计

表3-1

涉及主题	分类	次数	总数
农业	大米	10	32
	豆类	13	
	玉米	1	
	芒果	1	
	橡胶	1	
	橡树	1	
	甘蔗	2	
	其他	3	

（续表）

涉及主题	分类	次数	总数
商贸投资			11
汽车			5
税务			4
金融	美元	4	6
	黄金	2	
管理改革			7
渔业			3
食用油			2
工业			3
AFTA			3
AEC			2
其他			3
能源			3
成衣业			2
		22	86

由于长达半世纪的军政府统治期间，中国与缅甸保持了持续的互动，此番民主浪潮来临，相对缅甸来说，中国在政治范式的借鉴意义，政治意义上的潜在威胁，经济意义上的持续性互补，文化意义上的彼此联系等命题上，都出现了重大变化。缅甸在很短时间内，出现了 50 年以来未有之大变局，有许多国际资源和生存路径第一次摆到它面前。这也使得它系统反思“改革语境”中的中国意义。

某种程度上，缅甸会像中国 20 世纪六七十年代反思苏联模式一样反思中国，会像中国在尼克松访华之后那样，思考奥巴马和希拉里访问后的缅甸“国际空间营造”和“新缅中关系”。而在现实层面，缅甸这一局势的变化，并没有在中国的政治、经济、文化、传播整体战略层面产生系统和有效的反应。

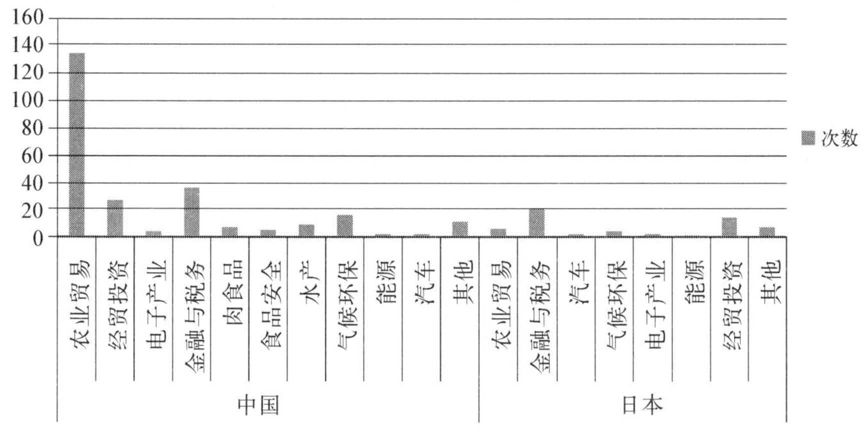

图 3-5　《商务》周报中日报道内容统计

(三)《十一新闻》周报头版分析

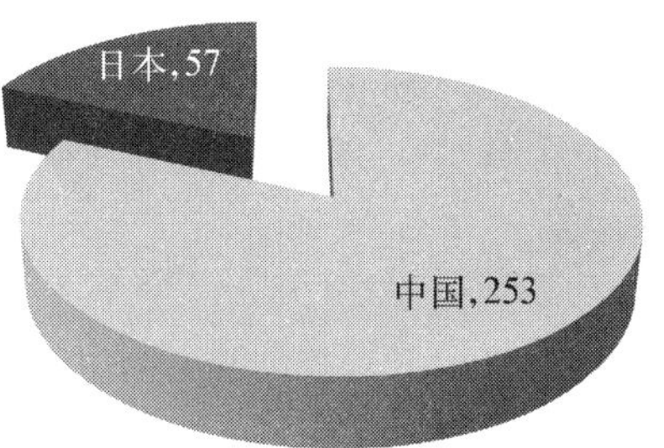

图 3-6　《商务》周报中日报道内容统计

《十一新闻》(Weekly Eleven News)是缅甸最大的私营媒体集团 Eleven Media Group 所属一份周报,同时也是语言较偏激、敢言、推崇自由主义的媒体,对华一直有偏见。该媒体已于近期(在新闻审查制度取消前)与泰国的 National Multimedia Group 达成战略合作协议,并且是缅甸国内首个公开宣布要办日报与电视的私营媒体。目前除了《十一新闻》周报外还有一份时事周报和两份体育周报。

该报 4—7 月内,出版了 15 期,其内容涉及 18 个主题,共有 86 篇报道。报道涉及外国、地区与国际组织 8 个;有关昂山素季的报道 8 篇。统计如下:

《十一新闻》头版大多数内容与其他媒体大致相同,稍微不同的是,其 4 个月来最为关注的主题是:国内外的经贸投资(13 篇)、投资法(7 篇)等有关经济发展的议题。其对外国投资持欢迎开放的态度,这从它特别关注投资法立法进展问题就可看出。

不过,对那些于环境有影响的投资项目以及受到地方民众反对的投资项目,该媒体都会坚决地、旗帜鲜明地反对。如以泰国为主要投资方的土瓦(图瓦)经济特区建设项目,该项目位于缅甸南部、面向印度洋的港口城市土瓦,总投资将超过 100 亿美元，是迄今为止泰国对缅最大的投资，也是缅甸新政府时期，最大规模的外国投资。该项目如顺利完成投资与建设，泰国很有可能将重新成为缅甸第一大投资国，中国是在 2011—2012 年度才超越泰国成为对缅投资最多的国家。

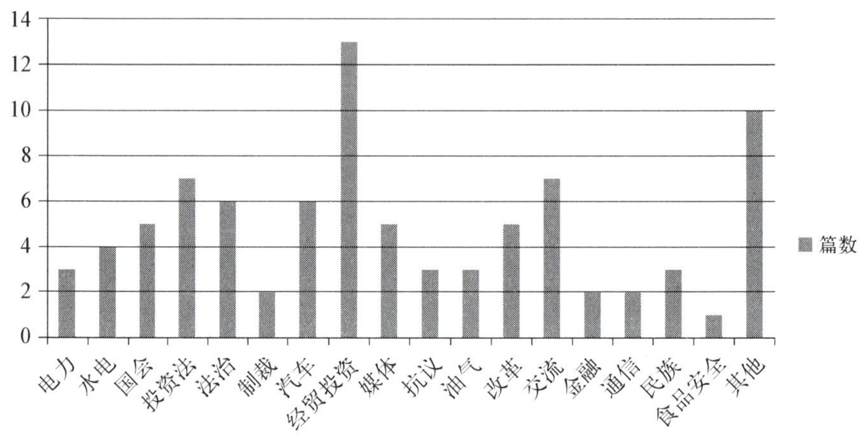

图 3-7 《十一新闻》周报头版内容统计

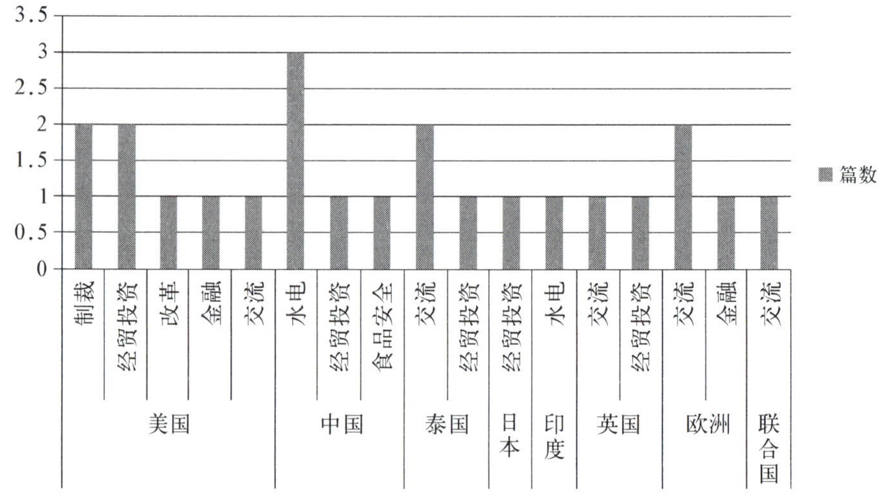

图 3-8 《十一新闻》头版涉及国家与内容统计

土瓦项目的生态影响调查 EIA 和社会影响调查 SIA 完成后，该报报道称根据这两项报道，土瓦项目对社会的影响远胜于对生态环境的影响，并指出，由于生存受到影响，当地居民对此保持反对与担忧。

另外，该媒体对电力紧缺问题也比较关注，批评缅甸过度向邻国出口电力，导致国内电力紧缺，影响缅甸在国际上的形象。

2011年9月密松大坝事件中，该报对密松进行了最严厉和密集的报道，是导致密松项目搁置的主力。事后也一直关注着密松地区的动态。这4个月内就有密松方面的3篇报道。独家报道《发现CPI和缅甸的Asia World公司依然在密松地区活动》的新闻，在社会引起很大关注，迫使时任第一电力部长、克钦邦政府首长等出面澄清。中国如欲重启密松项目，必须先过《十一新闻》这一关。

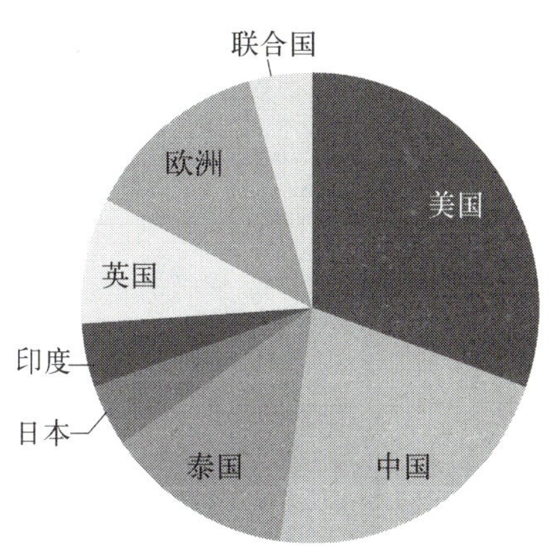

图3-9　《十一新闻》周报头版涉及国家比例

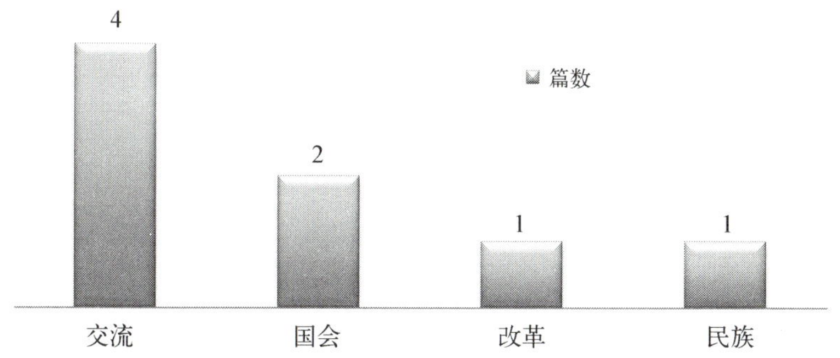

图3-10　《十一新闻》周报头版涉及昂山素季报道统计

其在昂山素季泰国之旅的报道中，就特别在头条标题引用昂山素季的言论，被理解为影射中国：不欢迎有可能助长贪污腐败出现的投资项目，如果投资项目不公开透明，未来将会遇到问题。

（四）《声音》周报头版分析

《声音》周报（The Voice）是缅甸著名的、影响力最大的新闻周刊之一。该报同时也是缅甸唯一一个关注政治社会改革的民间智库Myanmar Egress的成员。目前该报总编辑为新成立的缅甸媒体协会秘书。报纸特点侧重于评论。由于曾报道政府多个部门贪污上亿缅币的消息，而被矿产部告上法庭，目前尚未结案。4 月至 7 月间,《声音》共出版了 17 期周刊。其头版报道共有 119 篇报道，涉及主题 23 个;涉及国家和国际组织 13 个;涉及昂山素季的报道 10 次。统计数据如下：

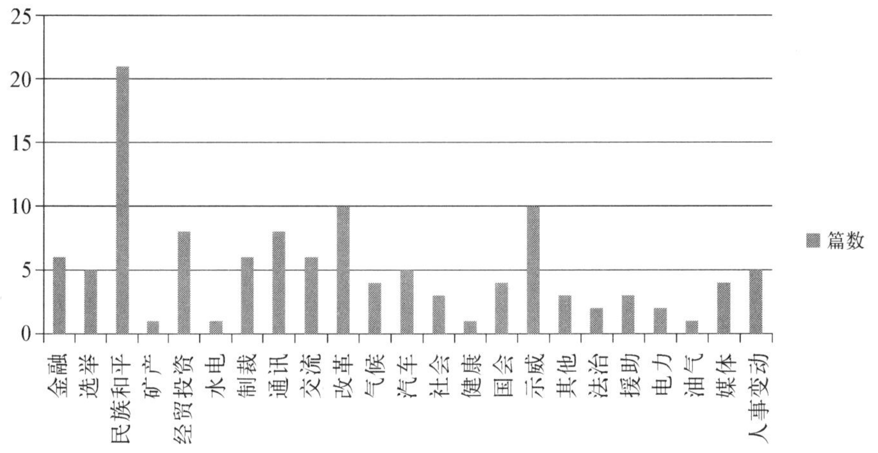

图 3-11 《声音》周报头版内容统计

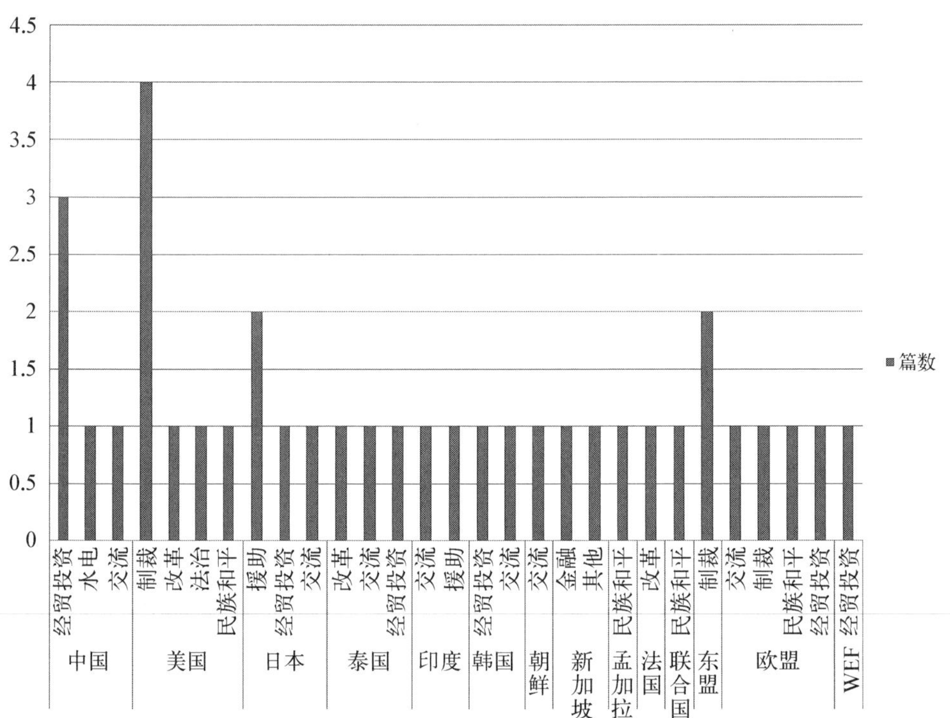

图 3-12 《声音》周报头版涉及国家与内容统计

根据统计,《声音》周报最关注的3个议题是:民族和解(21篇)、改革(10篇)与示威(10篇)。缅甸自2011年以来,政府和北部的KIA/KIO(克钦独立军/组织)就引发了战争,战火至今尚未平息。虽然战争规模不大,且局限于克钦邦的特定地区,对主要城市都不会造成影响,但中国对缅甸能源领域的大型投资,多数位于少数民族地区,因此为保证投资安全,中资企业必须对缅甸民族问题有深刻的了解。

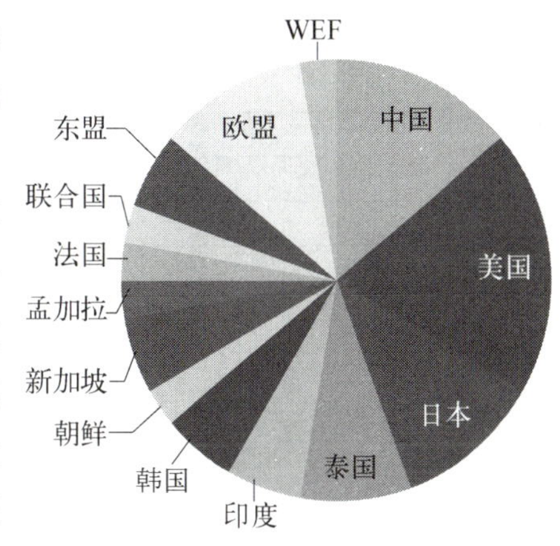

图3-13 《声音》周报头版涉及国家比例

由于正处于一个大转型的时期,因此“改革”一词常常出现在报刊之上,而也正因为处于一个从军人独裁社会过渡到民主社会的初步阶段,因此社会上也常常爆发各种示威抗议活动。抗议的内容只有两种:工资问题与土地征收问题。不过,这是转型初期的必经阶段,随着改革的深进,前述社会矛盾将会逐渐平息、得到解决。

经济方面,《声音》最关注的三个议题是:手机通信、汽车、金融货币。缅甸的手机通讯业近年来开始发展起来。5年前,申请一个手机号码,需300万缅币(近3万人民币)。随着通信技术的发展,手机价格开始下降、大众化。目前手机号码价格已降至20万缅币。然后随着开放网禁(可自由浏览Facebook和异见网站),网络以及手机网络也成为人家关注的问题。

这一技术变化,也预示着未来的缅甸媒体,将出现新一波的互联网和掌上媒体浪潮,它不仅是商机,也会在政治、经济、传播、社会层面发生深远的影响。

另外,在金融货币上也有很大的改革。首先,使美元与缅元的汇率市场化,之前缅甸存在着不合理的官方汇率和民间的市场汇率。其次,允许缅甸公民合法拥有美元等。

在上述23个头版报道主题中也常涉及其他国家和国际组织。被提及最多的三个国家是:美国(7次)、中国(5次)和日本(4次),而涉及这三个国家的报道内容是很不一样的。美国几乎全是政治方面的报道:对缅经济制裁的削减、对缅甸改革的肯定以及缅甸的民族和解问题和法治问题。

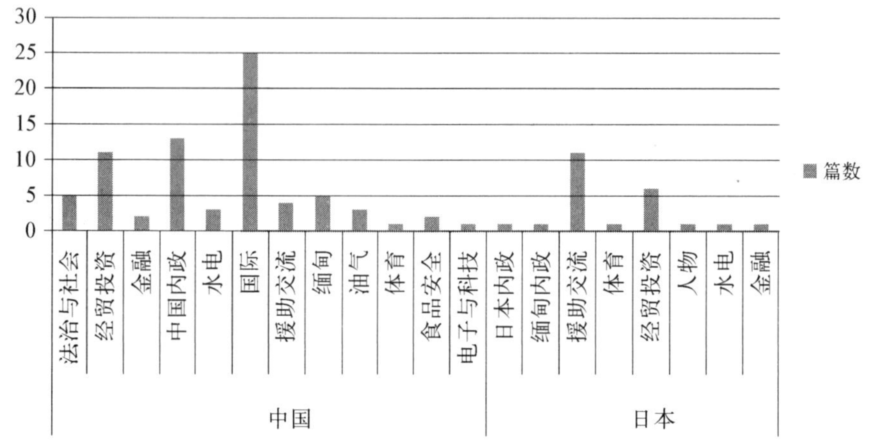

图 3-14 《声音》周报中日报道内容统计

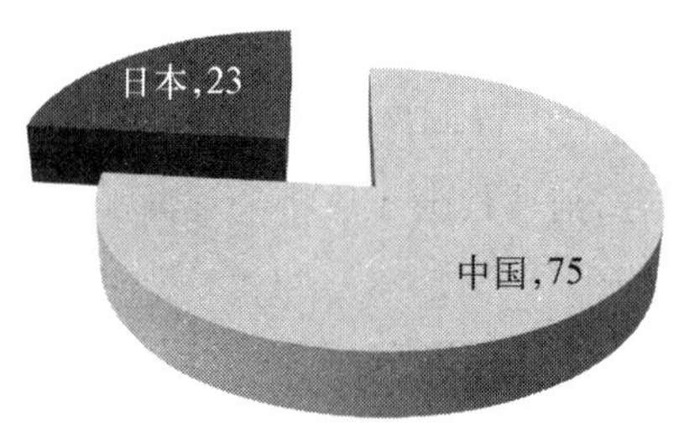

图 3-15 《声音》周报中日报道内容统计

中国方面的报道却都未涉及政治，全是经济问题：经贸投资、水电与交流。水电问题即密松项目问题，缅甸民众和媒体对密松项目非常反对。当时社会上出现密松项目在总统宣布在任内搁置后依然暗中继续的传言，克钦邦政府于是出来澄清说，密松项目“绝对没有重启”。另外有关中国“交流”的报道是指，中国在缅甸第二大经济城市曼德勒开设公关办公室的报道。这虽然说明，中国开始注意到加强与缅甸民众交流的重要性，但如果“非官方”的交流，效果会更好。

该媒体针对日本方面的报道主要聚焦与日本对缅甸的援助（所谓的援助实际上多数是“带有援助意义的投资”）。这些“援助”也是日本在缅拥有较高声誉的一个原因。

昂山素季向来是“亲西方”派的，因此许多中国投资者担心，昂山素季进入国会后，是否会对中资企业在缅甸的投资产生影响。不过，从昂山素季当选后这 4 个月来看，尚没有明显表现。在这期间昂山素季的言论，丝毫未涉及经济议题，更多是国内改革和民族问题，而且，昂山素季进入国会不久，就被选为国会“实现法治与稳定委员会”主席，其未来的工作也都将专注于国内的法治问题。

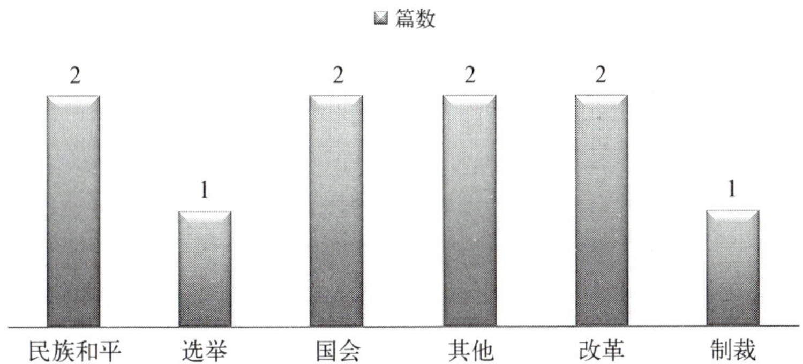

图 3－16 《声音》周报头版涉及昂山素季报道统计

（五）《七日新闻》周报头版分析

《七日新闻》(7days)是个对华态度相对温和的媒体，也是至今为止唯一一家专访了中国驻缅大使的缅甸媒体。该周报 4—7 月内共出版了 14 期，头版报道共 68 篇，涉及 15 个主题；涉及国家、地区与国际组织 9 个，涉及昂山素季的报道 6 次。统计内容如下：

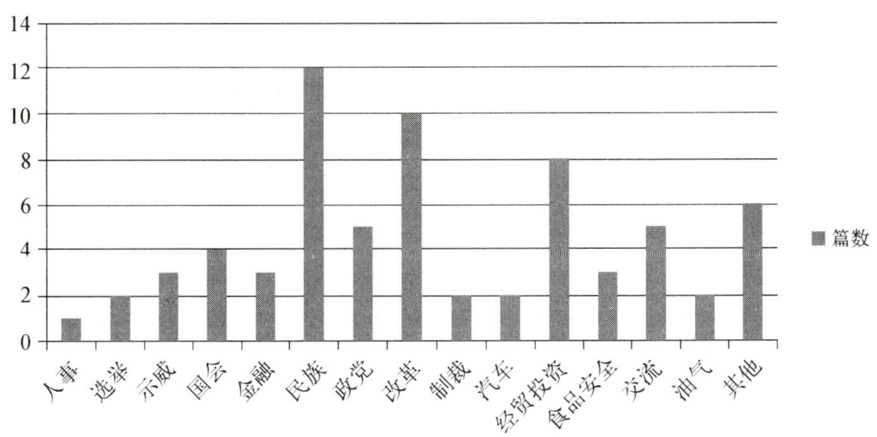

图 3－17 《七日新闻》周报头版内容统计

表 3－2

主　题	篇　数	内　容　说　明
人事	1	国防总司令上将升任副大将
选举	2	昂山素季补选、补选特别报道索引

（续表）

主　题	篇　数	内　容　说　明
示威	3	缺电问题、工资问题
国会	4	国会相关报道
金融	3	货币改革变化
民族	12	克钦战争、若开穆斯林问题
政党	5	政党（不包括 NLD）相关报道
改革	10	国内改革政策
制裁	2	美国解除经济制裁
汽车	2	汽车进口问题
经贸投资	8	国内外（外国为主）的商贸投资
食品安全	3	中国地沟油与零食问题
交流	5	昂山素季出访、中国大使与美国大使接受专访
油气	2	中缅油气管道赔偿问题、泰国投资天然气电厂
其他	6	教育、健康、体育等

《七日新闻》关注的议题与其他媒体相差不大，即民族（12 篇）、改革（10 篇）和经贸投资（8 篇）。对抗议示威方面议题的关注相对其他媒体较少，仅 3 篇。

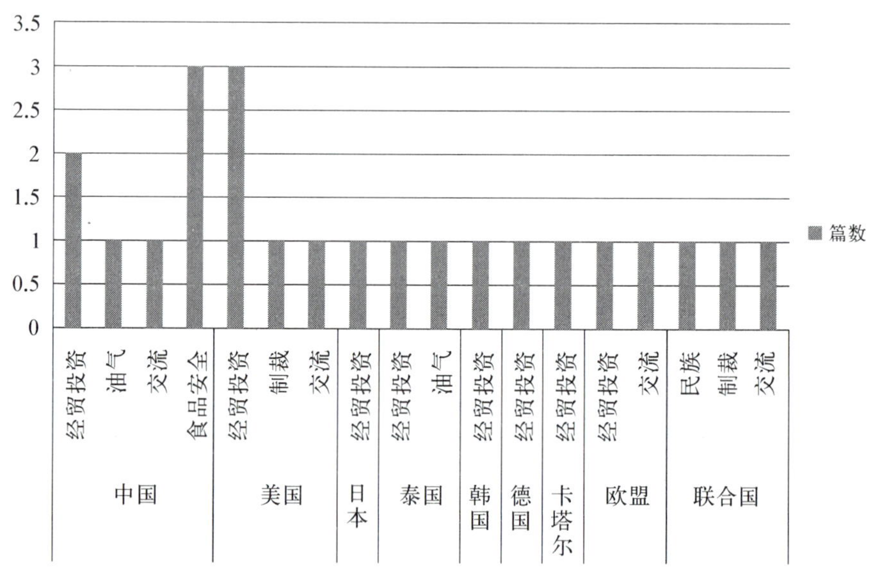

图 3－18　《七日新闻》周报头版涉及国家与内容统计

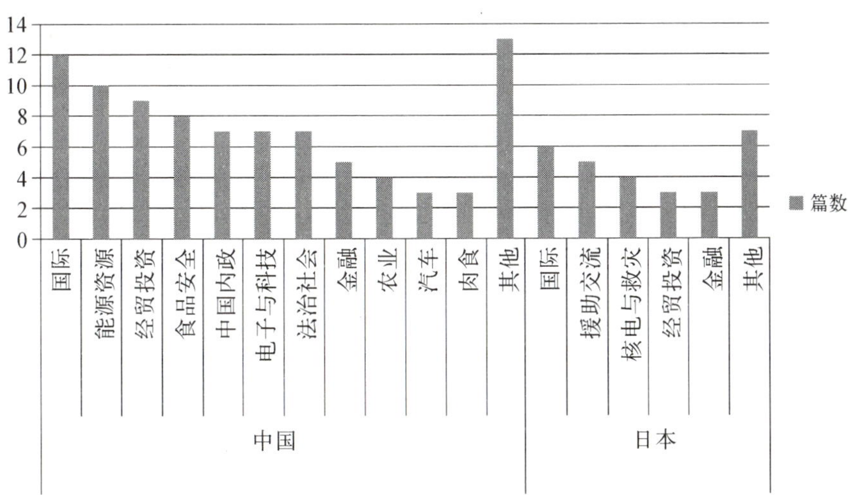

图 3-19　《七日新闻》周报中日报道内容统计

《七日新闻》头版涉及的国家中，中国最多(7 篇)、其次是美国(5 篇)、泰国(2 篇)而日本仅为(1 篇)。在涉及外国的报道中，《七日新闻》的特色是专访了中国大使和美国大使，特别是对中国大使的专访是缅甸媒体中的独家专访。

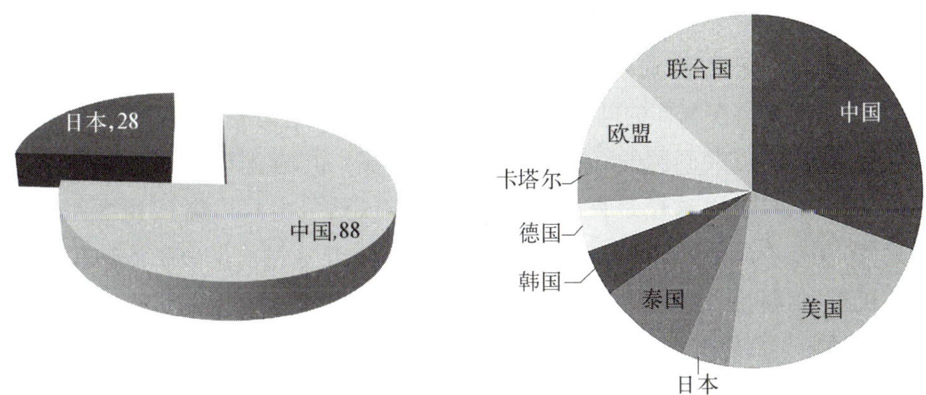

图 3-20　《七日新闻》周报中日报道内容统计

图 3-21　《七日新闻》周报头版涉及国家

专访中主要谈论了中国对缅援助、中国对缅投资以及密松大坝的问题。从记者的提问中可以了解目前缅甸大众对中国的普遍看法。对缅甸消除对华偏见应有一定的作用。

1. 中国对缅援助如何让民众受益？大使回答：中国对缅援助确实是在"政

府之间”进行，但不仅中缅如此，缅印、缅日、缅-东盟等都是如此，这是国际惯例。这并不是指中国对缅的援助民众无法享受得到。中国为缅甸修建了许多大桥、公路等。这些公路、大桥并非是政府专用的。除了基础设施外，中国对缅在2008年风灾后也提供了许多人道主义援助。

2. 中国对缅投资只看重自己的利益？大使回答：中国与外国特别是发展中国家进行贸易投资合作时都本着平等、双赢的立场。“中国对缅的任何投资项目，都不可能对缅甸产生负面影响！”

3. 密松大坝问题？大使说明：该项目是由缅方向中国提出的。承认和理解当地一部分人的担忧。应认真了解问题并解决他人的担忧。中方在缅方政府批准前，不可能单方面重启，但这不意味着中方不愿尽快重启。此事不仅使中企造成巨大的经济损失，对缅甸在国际的信誉也有影响。

4. 缺电游行是否威慑到中国？缅甸缺电问题，与中国毫无关系。缅甸各地因缺电发生游行的事实证明，缅甸需要发展更多的水电厂。

从中可看出，大部分缅甸人对华看法是：中国虽长期援助缅甸，但好处只有政府享受到，与民众无关；中国对缅甸的投资，向来只注重自己的利益，缅甸遭到剥削；密松大坝是中国剥削缅甸的其中一个项目，在被总统宣布搁置项目后，中国可能在暗中继续运行；缅甸缺电是因为，诸如密松等项目，都把电力传送到中国了，中国是罪魁祸首（而事实上，虽然中国和缅甸的电力资源分配方案，大头是流向中国，但是留在缅甸的电力，已经是缅甸现有全国电力的几倍）。

另一方面，有关泰国的2篇报道中，其中之一为《泰国将在缅建天然气发电厂向缅甸供电》。这也是首个由外资建设的天然气电厂。电厂自缅甸购买天然气，并在泰国发电，再传回缅甸的土瓦地区。当地目前是由私人使用柴油发电机发电，每度440—580缅币，而泰方天然气电厂将只收每度250缅币。项目预计2年后完成，届时将能实现当地24小时供电。这样的运营模式，在缅甸的媒体、政经和知识界颇为认可，觉得这才是负责任、非剥削的国际投资模式。

三、主案例分析：中缅油气管道抵抗声浪背后的“红外政治”

中国在南亚、东南亚以及地域更远的经济和政治存在正遭遇三种挑战：非律宾、越南、印度式的直接领土争端和势力挑战，湄公河惨案为代表的准军事、低烈度黑帮模式，再就是瑞地油气运动和密松水坝式的“万家诉讼”联合抵制模式。在这一部分中，本文将通过人类学田野调查的一线数据，结合传播案例，勾勒出“改革语境”中的中缅媒体互动，出现了“红外政治”模式。所谓的“红外政治”，指的是像“红外线”一样，虽然不直观，但是无所不在的政治抵抗和政治话题卷入。除了一些显性的政治主题，中国在包括南海、南亚、东南亚一带的许多经济活动、文化活动都被理解成一种政治意图和泛政治主题，并且通过国际组织、国际媒体、地方权益表达群体、政治团体的彼此网络联系，形成一种具有强势影响力的“红外政治”模式。

图 3 - 22　（图片来源：泰国环保组织发给笔者的工作邮件）

詹姆斯·斯科特在研究“弱者的武器”时，使用了红外政治这一概念，它被用来指称意识形态隐藏的文本，不仅是一种话语、姿态和象征性表达，也是实践的，依据这些沉默、匿名的代表农民的阶级斗争形式，它超出了政治活动光谱的范围，因此也被成为红外政治（infra-politics），它有助于理解底层群体难以捉摸的政治行为和复杂情境中的权力关系。

（一）抵制运动的发起和信息对比

2012 年 3 月 1 日，凤凰网报道：约 100 名缅甸籍人士，周四在泰国的缅甸人使馆示威，要求停止由中国主导的中缅油气管道建设工程。这则短新闻标注了简短的新闻背景：中缅油气管道是中国连接中东与非洲的输油气管道的重要组成部分；未来 30 年，预计中国将投入超过 290 亿美元资金，上月在缅甸伊洛瓦底江的关键穿越工程已宣告成功。

中国媒体对中国缅甸油气管道的媒体报道多为行业报纸的只言片语。

往往是在事态爆发的阶段，才出现大量的报道和在线讨论，鲜有持续连贯的研究和报道，指向问题的解决。

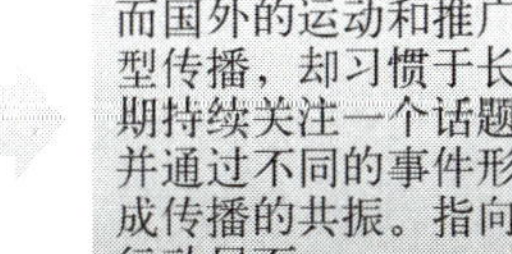

图 3 - 23

在另一头的中国，中缅油气管道项目在以“匀速和加速度”前进，在这过程中充满祥和，中国的环保主义者正面对重庆的小南海水电工程、云南的三年连旱、武汉的自来水污染、北京的PM2.5空气颗粒污染、上海康桥地区儿童血铅超标等新闻疲于奔命——在中国，无数的新增“新闻”和传统“痼疾”时刻占据着中国人的信息处理神经中枢。

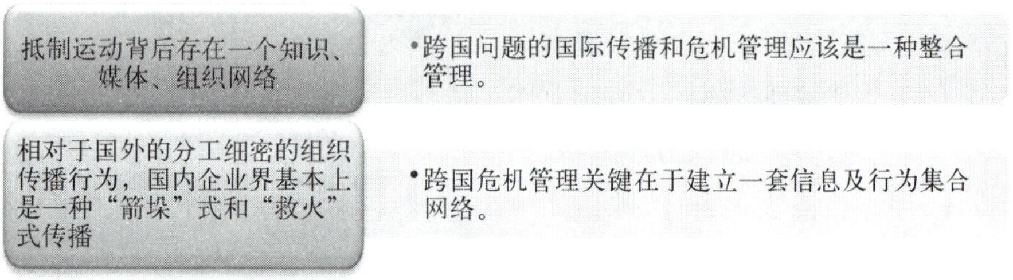

抵制运动背后存在一个知识、媒体、组织网络	•跨国问题的国际传播和危机管理应该是一种整合管理。
相对于国外的分工细密的组织传播行为，国内企业界基本上是一种“箭垛”式和“救火”式传播	•跨国危机管理关键在于建立一套信息及行为集合网络。

图3-24

中缅油气管道的项目地之一云南，2012年2月24日上午，云南省副省长和段琪带领云南省发改委、工信委、国土厅、林业厅、环保厅、建设厅、水利厅、商务厅、能源局、中缅油气办及昆明市、安宁市相关政府部门人员，专题协调解决中缅油气和云南成品油管道及炼化基地建设项目的有关问题。

在云南，中缅油气管道穿越地之一为大理博南山，它地处横断山核心区，位于云南省大理州永平县；著名的西南丝绸之路古称“博南古道”。中缅油气管道博南山隧道长2 504米，全隧共经过11处断层，是中缅油气管道工程地质、地形环境最为复杂的隧道工程。横断山也被称为植物的方舟，有大量珍稀植物，这个区域也居住着为数众多的少数民族。

（二）中缅油气管道背后的“抵抗生态”

事实上，笔者在2012年2月24日，就已经收到了Shwe Gas Movement（通常译为“瑞地油气运动”）的“串联”书，并直接在信件上标明了“embargoed 3月1号”（即3月1日之前暂不发布），让笔者印象深刻的是，这封信背后列出的长名单，从缅甸的学生、女性联盟、民主发展联盟、克伦族联盟、帕朗人（palaung）、克钦邦、青年发展组织、卡扬（kayan）、苦基（kuki）、塔瓦扬（tavoyan）、塔昂（ta'ang）、佐米（zomi）等，各种人群和利益的群体都有一个代表人和团体，他们都站在信息的前端，集体动员起来捍卫自己的权益。

这种动员在绝对威权的缅甸独裁时代，也许只能发挥“敲边鼓”的作用，但是在缅甸局势大变、昂山素季出山、美国走进缅甸、南亚局势动荡的当今——改革语境当中，这些动员和活动组织将发挥越来越重要的作用。

（三）抵制网络的细节：喧嚣与躁动

2010年6月19日—20日，笔者在泰国北部亲身参与了记录了缅甸僧侣革命的地下电影纪念活动，它基本上成为一种缅甸民主力量凸显的“大操演”，可以看到缅甸民运与国际社会的密切互动和信息融合。从这个案例也可以看出，缅甸油气管道抵制运动背后的政治生态细节。

当时，笔者首先参加的是BURMA VJ（也就是“缅甸视频记者”）电影观影会，之后笔者参加了另一个活动——当地的缅甸权益组织为昂山素季庆生。

活动当日，许多参加会议和纪念活动的人员都穿着一件T恤，上面写着一行字“用我们的自由来促推缅甸自由”（use our liberty to promote Burma's），而在笔者同排就座的人员除了当地的缅甸权益活动人士，还有美国纽约大学的教授——正在为他一本讨论缅甸政治制度的书进行调查。

次日，另一场有关缅甸权益的公共活动在清迈大学的服务中心（Uniserve）展开，这个活动的主题“逮捕你自己”（arrest yourself），对昂山素季和缅甸民主运动进行支持。参加者除了西方学者、国际非政府组织、缅甸僧侣，还有一批从香港高校来的大学生。这些学生除了参加这个活动，还将对泰国北部的一个缅甸难民聚集区进行访问，并执行几天的志愿者活动。会议的开始是由一个缅甸本土知识精英朗诵一段宣言，紧接着是一段介绍性的演讲，随后放映了一部纪录片。36分钟时长的影片讲述昂山素季的斗争。拍摄者为“为缅甸而抗争的美国组织”（U. S. Campaign for Burma）。第二个板块的内容是由Alternative ASEAN Network on Burma（ALTSEAN）负责人——一个支持缅甸海外流亡者的国际网络，介绍缅甸的政治未来，着重对选举事宜进行分析。

当这一段落结束，紧跟的是自由缅甸骑兵组织的演讲以及缅甸民主之声的《龙卷风之下的孤儿》影片展映；最后的段落更偏向行为和实践层面，以讨论的形式介绍在缅甸获得和平和解放的方式，如何进行负责任的旅游，关注缅甸难民，特别是关注在清迈的缅甸移民生活。

这个“逮捕你自己的活动”，成为一个“观点集贸市场”，各种不同的人在演讲厅的后排摆上了自己的货品，并对自己的事业进行了介绍，这里面包括一个“自由缅甸骑兵”(Free Burma Ranger)的组织，放映自己支持缅甸自由和心灵自我救赎的影片，他们以一种家族式的、田园式、理想式的丛林生活方式，来支持自由的缅甸，除了表达一种政治倾向，也在彰显一种生活方式。其展示电影的一个令人印象深刻的环节是：他带着自己的孩子生活在丛林里，刚刚学步不久的孩子学着父亲的样子，跳进湍急的山谷溪流中。之后，笔者检索了这个团体在YOUTUBE的系列短片，除了现场的影片之外，这个组织还编写了许多摇滚配乐的政治倾向宣示短片，除了一种所指的政治倾向之外，他们还通过一组组环境退化和生态危机的镜头，表示了一种普世主义的“环境原教旨主义”和生态主义立场，比如，另一部他们创制的电影《暴怒的森林》(raging forest)，里面特别集中许多世界各地战争所造成生灵涂炭的触目惊心镜头。

四、结　论

在研究中国西南与周边国际空间互动的过程中，作为一个来自中国的研究者，笔者在这种摩肩接踵的互动中最大的感受是，中国国内的许多讨论未开展，许多跨越国界的政治、经济、传播互动无法摆脱固化的形式。许多当事的管理者看重的是机构、政府、官方的表面对话，民间能动性降低、团体之间的互动渠道受阻、开放式的对话机制阙如，重要当事人噤若寒蝉。在这样的时候，政治管理者获得的是短暂和表面上的安静。

事实上，它将进一步把各种声浪压制进深层，于是未来的中国周边(甚至波及国内)，一方面将出现更多的“红外政治”(像红外线一样，一种表面上看不见但内在激烈的抗争)；另一方面，在中国“跨河入海”，进入国际生存空间时，发现自己的民族、族群、利益没有鲜活的、原生的代言人。

中国与缅甸、越南、印度、柬埔寨、泰国等周边国家的政治、经济、文化、传播互动，需要深入研究这些对象国的社会文化和政治人类学肌理，理解这些地区在剧烈变动的格局中的新情境和新议程设置，同时理解当地基于文化、族群、政治、国际关系、经济、历史、宗教等原因的复杂互动形式，最终调整中国在战略、策略、方略、细节的各种认知背景，以期讨论和实施针对性的解决方案。

第四章

马航怪谭:“秘政治理”和数字极权时代的到来

当马航事件从南中国海的疑似坠机区域搜索转向“人为控制转向”确证,此次马航疑云跟随着飞机所可能进入的两个航空带,涉及印度、巴基斯坦、哈萨克斯坦、安达曼海域、中国西北及西南腹地、中南半岛、马六甲海峡、印度洋、澳大利亚外海等广大区域。

与以往短期证实的航空事件或灾难不同,此次马航事件是一个由多国卷入、媒体放大、个体参与的社会记忆事件,中国的社交媒体网络甚至发起用民用的电子图纸来单帧寻找失事飞机,国内外许多具有科幻小说家素质的航空迷找到了极好的展示个人专长机会,围绕马航事件已经形成了一本乔伊斯式的多语种融合《尤利西斯》和《马航的觉醒》。

与此同时,围绕马航的报道实际上形成了一个独特的信息视域——“马航现象学”。我们分析这些通过媒介主动、被动、“臆动”的事实,可以看出新闻现象学的介入途径。

一般来说,出现在公共讨论中的马航事件核心要素是三种:发生什么?(what)去哪里?(whereabouts)为什么会发生?(why)。在媒体中经常出现的词汇是“失联”或“失踪”,但是失联是一种相对视觉(visually not exist)还是相对知觉的一种情况(conscious of aboutness)呢?在这个意义上,失联或失踪,它有一个结构概念(structural kinds),还有功能概念(functional kinds)[①]。如果是结构概念,那就是意味着自然科学意义上的飞行,在南中国海无法实施,例如该地在飞

---

① N. Block, ‘The Computer Model of the Mind’ in Osherson and Smith (eds.), *Thinking: An Invitation to Cognitive Science* Vol. 3 (Second Edition, MIT, 1995). http://www.nyu.edu/gsas/dept/philo/faculty/block/papers/msb.html。这篇关于认知人类学的经典文献,对本文的研究起到一定启发作用。

行时刻出现海啸、雷暴、磁暴等严重干扰飞行的情况，或是飞机材料的物质性破碎和缺损。这种推论就像我们基于鱼不可能在超过100℃的滚水里存活一样。功能概念是一种基于计算机、计算、测算的存在，也就是说飞机在飞行数据上无法进行常态记录和回应，它更像是机器现象学意义上的存在感缺失。也就是说，在失联的过程中，实际上是意图性(intentionality)发生了问题，即意图(intend)、相信(believe)、欲求(desire)发生了问题；而不是智能(intelligence)和情报上出现问题，所谓的智能实际上是解决、计算、判断、智能分析的能力。

奇怪的是，马航失联一直用智能的方式去解决意图性问题，用结构概念数据去解释功能(概念)性消失的问题。大脑是一种依靠句法模式(syntactic)去驾驭语义机器(semantic engine)的软件机制，在马航事件中，大量的精力都放在分析马航和马来西亚方面在语义层面的各种错谬和不可思议，极少的时间放在分析整个事件的句法模式上——也就是马航事件展开的句法规则。

马航事件的核心信息报告人是马航公司和马来西亚政府，但是这两个核心信息人处理和发布信息的方式都是电脑式的语义处理模式，也就是说他们只标记什么时间：飞机、机舱、机长、航空检查系统、地面塔台等方面接收到的信息，但是极少进行判断这些信息的句法模式——即谁通过什么试图做什么事情，想达成什么效果，因此他们提供的消息只能解释MH370失联了，而不是MH370在哪里，MH370发生了什么。

一、马航信息传播的基本设备参数

马航事件的传播是一个较为彻底的信息介质传播，因为飞行器相对封闭的认知环境，乘坐飞行器存在多重信息失重现象(gravity defying)，这表现在几个方面：一、飞行器的设计、制造、维护、使用、操作等全过程，是一个相对精密和分工协作的体系，飞行器的操作，并不依靠视觉的看见，而是技术和数据的操控，使之出现人、机器、设备、组织所认可的飞行弹道学程序和矢量特征；二、飞行器的客舱中，所有的乘客都被要求关闭通信装备，它是一个信息失重的场域，所有的常规信息交互在这个空间无法进行，也就是说信息传播在这个空间是“任务褫夺”的(decommissioned)，在飞行过程中，所有的乘客一般遵循不对话和不互动的行为模式(code)，它是一个加长版的“电梯旅行”，只不过是一种“水平电梯旅行”，而在电梯中，除了基本打招呼，所有指向意义的深入谈话是较难达成的；

三、飞行器的失联是一个雷达管治事件而非视觉发生学事件，也就是说失联意味着作为信息的传输和接受者的飞行客体，无法再以数据化的形式与实时社会形成沟通。因此，飞行器虽然移动，但是它不是严格意义上的"动物"，它不会像动物一样消失或灭绝，它是一个信息学、逻辑学、认知意义上的客体物质，甚至可以发生"飞矢不动""消而不失"的现象。在许多科幻小说的叙事中，经常把尘世的飞行器突然消失，表述成进入平行宇宙的时间，进而延展一种独特的现象学存在和遭遇。

我们分析马航事件，新闻报道经常出现一些"约定俗成"的术语和参数，例如黑匣子、雷达、波音 777－200、法国卫星、泰国卫星、军用雷达、HMS 定位系统（水文测绘系统）、特拉法加核潜艇所载 HMS 系统、水下定位信号系统（ULB：underwater locator beacon）、澳大利亚国防护卫舰海洋盾、皇家澳大利亚海军、托载式信息捕捉器、机舱声响记录仪、飞行数据记录仪、中国海警、中国海巡 31、中国海监、测深法（Bathymetry）、测高术（hypsometry）、水下航行等。

与此同时，还有一系列信息管治架构和组织体系（info-regimes and institutions），例如澳大利亚航海安全局（AMSA）、英国空难调查局（AAIB）、国际遇险呼叫频率（IDF）、航空传播处置和报告系统（ACARS）、英国劳斯莱斯发动机监测中心、国际航空组织（ICAO）、联合机构协调中心（JACC）、皇家马来西亚空军、皇家泰国空军、马来西亚海事执行署、五国联防（FPDA，包括英国、澳大利亚、新西兰、马来西亚、新加坡）、空间与重大灾难国际宪章（ICSMD，拥有 15 个成员国，提供整合的空难信息）、英国国防部、英国水文办公室、SITA 机构（为 450 个会员提供信息和传播服务的信息技术公司，全球有 2 800 名客户，大约占全球航空业务的 90%）、美国国家交通安全局（NTSB）等。

围绕马航事件展开的技术术语和机构参数非常庞杂，仅仅就上述列举的资料，我们可以勾勒出马航现象学的信息介入模式，这种模式在现有的中国媒介框架中较少使用：

军事信息系统追踪、信息设备提供商信息逆溯、飞行器附属技术参数信息追踪、飞行（天空、地面、海洋、海底）信息差异分析、社会组织关系分析、国际飞行组织信息架构制图、"飞行国际关系"分析、与飞行有关的周边性议题分析、国际航空管理和信息组织网格分析、跨国事件发生学分析、飞行单一要素追踪、信息暴增和减熵分析、事件社会话语构建文本分析、新闻信息发布社会表征分析等。

从这些路径可以更好分析作为一种现象的马航迷局，现有的媒体传播，尤其是中国传播往往从逻辑关系、时间序列、偶增事件、信息堆积、关键人物引述、作者评述等常规角度去报道马航，无疑成为社会话语迷局的贡献者，而非信息和事实的捕捉者和完形者。以下的描述，更多是从新闻领域的现象学表征来分析马航迷局所揭示的深刻问题，以此来揭示现有信息教育、传播、消费、生产、管理、操纵等过程内在困局。

二、马航怪谭反常背后的玄机

目前围绕失联的“马航怪谭”存在几个违背常识之处：一、早在中国大陆改革开放中期，港澳台、新马泰就是大陆人在尝试“国际化异文化经历”的常规区域，以至于在中国许多偏僻的小城都可能在超市贴出标语，购买某种物品奖励新马泰旅游，也就是说包括新加坡、马来西亚、泰国在内的东南亚区域是一个相当成熟、中国人经常光顾的旅游区域，“新马泰”是东南亚或者广义“东盟人”(1＋3)的跨文化交际的客厅，绝非充满谜团、地理复杂、气象诡谲的“百慕大三角”区域。

如果将马航这条“机声鼎沸”的旅游热门航线的沿途路径比拟成“百慕大”是极不合适的，目前中国、越南、马来西亚、新加坡、美国等多国在这一区域的翻箱底式排查，但得到的确定信息少到可怜，这有悖常理。

第一，我认为，一个飞在天空中的飞行器，它对应了一种地面知识，同时潜藏了规范、规则、规训等因素，这些具有压制性和统摄性的飞行权力与超级城市和宏大项目遵循的是一种权力逻辑。

南中国海以及“马航失联事件圈”因为涉及异常复杂的地缘政治，我没有足够证据来描述这个区域的飞行器整体性知识，只能通过我对中国西南某地的飞行器系统研究进行平行举证。我试图表达围绕马航失联的客机存在一个社会应力、知识管理、信息整合的巨系统，无法想象这个热门航线的民用飞行器会失联得这么彻底。

我在中国西南某部航空系统的内部资料看到如下飞行器地面知识系统，以此我们可以推断马航失联事件圈的对应信息体系应当更为庞大：“飞行运行控制部、机场应急救援领导小组有关成员、空军场站飞行管制室、民航空中交通管理中心、机场应急救援指挥中心、机场医疗急救中心、总指挥、副总指挥、公安局……机场总值班、机场航空安全护卫部、机场安全运行保障部、机场安全检查站、机场物业管理部、机场、地服部、机场候机楼管理部、集团、机场总经办、中国航空油料分公司、中国民航电信有限公司、民航监管办、驻机场联检单位、总局空管局总调、西管局调度室、消防大队、协议医疗单位、协议消防单位、上级卫生行政部门、驻场武警部队、民航、当地上级公安机关、集团安全质量管理部、空军场站、协议路桥单位、协议电力部门、协议服务场所、运输单位、政府有关部门、中国航空油料集团公司、民航西南地区管理局、航空器营运人及其代理人、航空集团公司……机场集团公司、集团公司总经办、党委工作室、纪委工作室、机场集团公司工会、安全质量管理部、人力资源部、审计部、财务部、规划发展部、投资管理部、法律事务部、市场部……公安值班室、机场运行指挥中心、运行指挥室、运行控制室……场站飞行管理室、航空器营运人及其代理人、地服、油料、监管办、安质部、协议路桥单位……"

第二，马航失联事件一开始，它出现了非常"业余"甚至令人啼笑皆非的信息发布模式。一般来说，信息是能减少不确定信息的任何事物，而谣言是厌恶真空的，当占据话语空间的确定信息不可获得时，谣言就会去占据空间。马航事件后，越南、马来西亚方面时常闪烁、闪回、低频度、低效度的信息发布方式，不仅造成公众认知事件的困难，也对事件所涉及对事件所涉家属形成了二次伤害。

第三，此次事件从一开始就出现了某种令人焦虑难安的延迟和拖沓，这涉及与马航事件直接关联的航空公司、空管部门、现场调查、信息协同、航空识别、护照管理、对外发布、家属安置、媒体沟通等部门和事态调查环节。这些反常、异常、失常造成事件发生之后的一天，甚至两天之后，真正核心的信息都不超过500个汉字，余下都是出现在社会媒体网络、传统媒体、社会公共空间的焦虑、猜测和喧哗。

讽刺的是，如何理解马航失联事件到目前为止所造成到"怪谭"现象？答案仍在碎片化、反常识的信息谜团里。

早在失联发生之前，马航失联所涉及区域为几类新闻所"密集轰炸"。这包括菲律宾与中国围绕南海岛屿问题的争端，越南与中国在涉及领土等问题的民间激烈情绪和政治风波，日本与中国在钓鱼岛话题上的频密过招和交锋，南海区域所涉及国家以及美国、澳大利亚等国在中国南海防空识别区问题上的严重分歧等。

因此，马航事件发生以来的信息逻辑性，虽然在"飞机去哪里了""马航客机到底发生了什么"等问题上出现极端碎片化和自相矛盾，但是在"南中国海"这个主题上出现了多种信息的耦合，某种程度上对现实格局形成确证。

中国的微博和微信等社交新媒体曾在事件发生的两天之后，用类似这样的话语来概括马航事件的信息格局：越南一直在发现，马来西亚一直在排除可能，中国一直在路上，美国一直在近距离关注。

中国的官方英文报纸《中国日报》在 3 月 11 日的报道中特别提到几个耐人寻味的细节：事发之时，前往事发海域的中国舰船，其实正在南中国海三沙区域巡查，接到信息之后，向事发海域进发——但是中国舰船接近目标的时间和过程比公众预料中的要漫长得多。当期《中国日报》采访了许多不具名的航空、工程师、飞行专家，他们都提到中国在三沙区域根本没有像样的空港，因此无法在南海有事时，进行有效迅速的回应。

几乎在第一时间，许多外电报道马航失联所最后关涉区域时，都使用的是南中国海区域，但是中文媒体报道中，大多使用的是越南的地名。

同时，在涉及大批中国人生命财产安全和重大国家利益的马航失联事件发生后，中外媒体呈现了上文所提到的“南海现实治理”的格局和态势：对于民用客机在常规旅游航线的飞行“识别问题”，中国似乎不能掌握“核心科技”；与核心信息、事件网络、归因分析、现实应对有关的环节，都需要美国的有效协同和权威发布；南中国海所涉及的毗邻国家在协同、共享、沟通、策应等方面出现令人不安的延迟、延宕和低效。

许多研究国际政治的人容易认为许多格局、合作、战略都是在办公室完成的，里面充满政客之间的斗争、智囊团的较量。事实上，民间的商人、游客、巫师、地方黑恶势力、生活形态、宗教力量、普通市民等多元主体都有极强的话语建构和颠覆能力。

11 日发生的马来西亚邀请当地巫师来帮助寻找失联飞机的新闻特别耐人寻味：对于中国读者而言，马航失联是基于飞行器、航空系统、恐怖劫持、飞行失事的科学系统事件和情报信息管理事件，应当通过 NASA、波音公司的科学工具来还原飞行参数，用海上搜索、情报排查、系统管理来锁定核心信息，用区域协同力量来预测和应对明显、现实、未发的风险。

马来西亚文化情境中巫师叫 Bomoh，在宗教人类学的研究领域，它是一种萨满(shaman)现象，广泛存在于各种文化区域，通常这类人群主要司职民间的非传统医疗、对阴魂和外在神灵占据和骚扰进行驱除、作为灵媒进行超自然沟通等活动。

Bomoh 这一社会角色的出现和盛行还特别与一种情境有关，那就是边缘性和阈限区域,与底层社会、社会隐形的结构、多种力量较量渗透所形成的模糊边界、多种身份转换造成的阈限(liminality)空间。它是民间权力、地方知识、社会苦难、社会记忆、族群和人际世仇等因素的“非科学”但是强有力的解决机制。在马来、印尼等文化多元社会,即使是总统苏哈托和梅加瓦蒂也会在必要时刻咨询Bomoh(或叫 dukun)。

当南海这个区域出现多种权力颉颃,相与倾轧、抗制、掣肘,形成多种可见和不可见当边缘区域和阈限区域时,它成为一个 Bomoh 的“作业区域”,这时候“马来巫师”用“竹篓望远镜”看黑暗无边的马航事发区域,当麻烦不断地被诅咒和闹鬼(troubled, cursed and haunted)南中国海区域出现在巫师的萨满和灵媒法术过程中,它会让巫师的眼睛发痛——这些都是与现实南海格局相符的隐喻。

Bomoh 在作法的时候,提到飞机被邪灵劫持。这种描述当然容易归类为迷信而传为笑谈,但是这种在日常马来社会发生实际功能的巫师行为其实提出了许多重要的隐形文本:谁是邪灵?它来自何处?从何时开始祸害马航航线区域?为什么选择这个航班?邪灵的诉求是什么?如何才能释放劫持者?邪灵还会祸害多久?

Bomoh 的作法虽然“迷信”,但是它回应的问题和政客、分析家、普通公众、科学家所在乎的事件要素是雷同的,而且它明显提示这个区域的人,即使高端政治能够通过开会、建立准则、发布宣言等方式解决问题,但是民间也许并不买账。

在这个意义上,马来西亚巫师出山寻找马航的信息,对于有大量如《搜神记》《封神榜》《西游记》《聊斋志异》等神魔通俗话本阅读经验的中国人来说,它其实提示着南中国海、马六甲海峡、安达曼海等“政治治理单位”的民间语文和权力谱系的现实。

三、信息独裁和恐怖治理:“秘政治理”的到来

随着疑似残骸在澳大利亚外海被发现,近期许多中国公众讨论在继续关注同胞命运的同时,投射到对中国媒体整体表现的批评上,将此次中国媒体的表现视为相对于英国广播公司、美国有线新闻网、纽约时报、路透社等外媒的完败。

公平来说,作为一个整体的中国媒体,如果有完败,它其实并不需要马航事件来证明,中国媒体在管理体制、重硬件轻软件、人才结构畸形、知识结构破碎、

工作方法和手段局限等方面早已经是一个常识性的问题。中国媒体在这件事件中的掣肘、局限、难处、苦处、能力不足，实际上在任何一件大型传播事件中都有体现，我们其实没有什么特别的理由来责怪中国媒体的失败，而是应该进入事件的深层，并同时平行思考多种传播案例，理解我们所在的困境真正是什么。

个人看来，马航事件以一种令人不安的方式提示我们已经进入一个"秘政治理"和"数字极权时代"——为此我不揣浅陋生造出"secretocracy"和"digitotalitarianism"两个词来说明。

有关此次马航事件，有几个事情公众和媒体较少提及：我们在社交媒体上能够进行在线福尔摩斯式调查的基础，其实正是美国军方技术民用的结果，那便是美国的阿帕网(ARPANET)，又称之为美国高等研究计划署网络，它奠定了我们日常数字生活的基本框架原型；同时，得益于美国副总统戈尔在20世纪90年代的美国信息高速公路计划(NII)时期的巨额投入，它制定了现代数字时代的基本语法和运行准则。

美国的斯诺登事件，提醒我们包括美国在内的多个典型现代技术型极权国家在使用基于网络、数字科技、国家安全、政济战略等复杂元素的"信息独裁"(infodatorship)已经发展到何种程度。

因此，马航事件在信息层面的数据化、事实稀缺、阴谋阐释叠加、混乱信号涡流等特征，并不是媒体可以凭借投入、合作、写作、传播技术可以协同的。如果把每个媒体比喻成一个珊瑚虫，中国的媒体圈、南中国海所涉国家媒体圈、疑似航空带所涉及国家媒体圈都是珊瑚虫不同体量和形态的聚落，它们所依附的信息地理基座、知识地质架构、政治治理板块才是决定信息形态的关键。

由于国家——部分国家集中掌握了与"信息原式"有关的符号具、符号义、语法、析取、合取，其他使用这些衍生技术的国家和网民，只是生产和释放信息素的珊瑚虫，他们并不能影响整个信息格局和秘密形态(secrecy)，而且由于距离一级生成目录和原式(prototype)太远，无法对原初和真的信息(authentic)进行还原。这一点和中国民间迷信提到的一种事情在状态和原理上极为相似，那就是"鬼上身"和"为虎作伥"。被原式控制的网民和信息生产者，就像被老虎吃掉的人变成的"伥鬼"，它会不断引诱新的数据和信息进入信息原式生产者的"虎口"；被这种信息形态所附着的人，就像"鬼上身"，它无法挣脱出来。

其实不仅是在数字时代，政治治理的核心要义就是对"秘密"的管理。中国古代社会的"天子龙种""奉天承运""弑君"等概念都带有极为重要的治理秘密。

中国的河图洛书、鱼传尺素、苍天已死、王侯将相,宁有种乎、谶纬、龙脉、国祚等元素都是对最高级别的治理秘密的管理或挑战。

具体到现代国家,有关国家内部治理和国家之间争斗的核心要素是保护自己核心的秘密,同时不断去生产迷惑众人的幻象,就像本雅明所说的“魔影转灯”(phantasmagoria):18世纪的人通过制作魔怪图像的转灯,然后通过转动和光影投射,形成了光怪陆离的恐怖效果。

恐怖或者说基于对未知、强大力量、不可挑战的运命的恐惧,成为这种以秘密为核心的秘政治理的关键,我将它称为恐怖治理(horrorarchy)。

从天灾人祸对人命的戕害来说,一架飞机相比较其他自然灾害、战争、瘟疫、技术误用所导致的疾病要轻微得多——当然这丝毫不意味着马航承载的中国同胞和国际友人的生命低微,马航事件是把一种超级复杂多变、魔影重重、力量争斗、彼此之间的隔膜懈怠,通过数字化的方式得以被围观和窥视,它得以让我们看到中国人与近邻之间的陌生、各国之间在围绕利益、秘密的争斗激烈到何种程度。

在这个意义上,国际媒体令人印象深刻的专业报道,只不过是他们坐在“魔影转灯”的VIP席位上,并且可以有选择被带入“秘政治理”的会客厅。当然,这并不代表我对中国媒体圈在话语形态、知识形态、传播形态等方面进行任何过度肯定。

国际媒体的报道,如果有任何相较于中国媒体的任何突破,在于接近核心信源——这包括互联网后台数据集成、航空技术、卫星技术、飞行器数据管理、军事雷达、地理信息系统、政治精英等。从这些信源中逃逸的“有限光线”,恰好预示了它内部真正的黑暗,正是因为这些信源内在的“秘密黑暗”,使得浅表的接触和报道,就能产生大量信息。媒体通过这些局部和有限的信息揭示,实际上放大了现实“秘政治理”的实际威慑效果,反观中国公众依靠谷歌地图和低分辨率卫星地图寻找飞机的行为,实在令人五味杂陈——但愿中国军方在有限国际协助下自主研发的技术和装备能有更为稳定的发挥。

四、“趋光性”和“光合作用”:突围数字极权的有限出路

得益于自然力研究院和金砖五国智库同侪的助力,我曾经在尼泊尔、印度、巴西、缅甸、泰国、南非等地进行田野考察,主要围绕环境问题——尤其是国际河

流和水资源进行跨国调查。

我看到了大量经济和政治集团，基于自己资本、信息、知识、社会资源等多方面优势对这些地区自然资源的误用和滥用。这些案例中，在本地人和政治经济集团中间，存在大批由非政府组织、国际媒体、学术圈、技术团体、地方知识精英构成的信息中间层。一般来说，信息自下而上的流动比自上而下的流动要活跃的多，但是民间或底层社会也涌动着大量的“秘密知识”（包括马航事件中使用的巫师等非科学体系的知识）。

这次马航事件也一样，从信息类型来说，事件直接关涉对象是乘客、飞行器、航空公司、出发及目的地国家防空体系、飞行线路涉及区域军事、经济信息系统等，围绕这个具体的飞行事件，这些国家之间彼此的信任、协调、协同、应急反应的能力表现得较为初级和低下。

此次飞行事件体现的彼此隔膜、猜测和行动低效，也在学术生产、媒体传播、政治协同等多方面都有体现。南中国海区域、南亚、中南半岛等区域所涉及的国家极少存在高效的知识和共识的生产和信息交换。这些区域通过海域、河流、大陆架、种族、宗教等因素所贯穿的物理直接关联，都没能成为正向纽带，而是争讼导火索：从雅鲁藏布江、喜马拉雅山、湄公河、伊洛瓦底江、萨尔温江到马六甲海峡、南中国海、安达曼海。

与美国、英国、澳大利亚在这一区域执行的大量原创性和基础性的研究和广泛合作不同，中国与马航所直接物理涉及的近邻缺少持续、系统、长期、高质量的彼此关注和合作。

“马航事件圈”所涉及的南亚、东南亚诸国的确形成了一个圈，但是这个圈子的人时常背靠背，彼此最为核心的注意力都朝外，指向欧洲、美洲、澳洲，而非彼此。

在这个意义上，马航事件圈的诸国就像澜沧江—湄公河、雅鲁藏布江—布拉马普特拉河沿线的居民一样，他们虽然命运共系于同一地理，文化同源或亲近，但是缺乏沟通。当面临事件或海外“秘政治理”力量和数字极权国家，他们就像河流岸边的农民、渔民、手工业工人等弱势群体一样，虽然各自有着丰富的当地知识，但是瞬间就可以被外部资本力量割裂和各个击破。

也就是说，马航事件或许可以激发相关国家去思考“秘政治理”“数字极权社会”“信息隔离”“恐怖治理”等真正损害国家和国民利益的外部威胁，理解区域内部、国族内部、文化内部的真正“光线”是什么，如何发展作为政治治理、学术架构、传播架构、社会组织架构针对外部风险的"光合作用"能力,防止"马航事件圈"所涉及的地理和文化接近国家陷入"话语泡沫"和"行动沙漠"的困境当中。

为此,此次事件提示相关国家应该重新设计基于知识生产、政治协同、区域协作、文化共生、文化传播、帝国幽灵、文明遗产之下的新信息架构,指向区域、国族、文化内部的共同利益和共同远景。

只有挣脱现有的数字化弥彰和信息架构,"马航事件圈"所涉国家才能真正恢复自己的趋光性和视觉能力,具有分辨黑暗和走出数字极权黑谷的能力。

目前这些国家所使用的信息架构在物理基础、硬件形态、信息集成、数据整理、后台搭建等多方面无法自己控制。在共时层面,"马航事件圈"国家在生产核心信息和一级目录信息的能力远不如数字极权国家,政治集团和普通公众花费大量时间在咀嚼来自外部的海量信息涡流;在历时层面,事件圈中的每个国家都具有相比较新兴数字极权国家要丰厚得多的历史遗产和多元文化知识形态,这些存在文化亲缘关系的知识体系具有真正的智慧和修复能力,也可以指向一种不同的信息解决进路。

在这个意义上,媒介即光线,只有真正具有文化能量源、知识热量融合能力、信息建构能力、整体完形认知能力的信息架构,才能更好地服务"马航事件圈"国家的各自利益和集体利益。我们无法指望使用数字极权社会提供的电池所发出的手电筒光线,去加热任何物体;也无法像月亮一样,通过接受或折射来自数字极权国家的信息日珥和"秘政"泄漏光线,来相互取暖并分辨出马航事件圈的"地景",指望以此来逐渐走出"秘政"、信息独裁、数字极权的黑谷。

第五章

南海之《战国志》：南海主权争端之全球审视

2013—2014年，作为南中国海争端云谲波诡的一年，中国对南海的主权声索在极为复杂的国际关系和突发事态中进行：马航失联所体现的东南亚区域战略较量和协同、越南针对中国南海石油勘探的排华和骚乱、菲律宾多次严重挑衅中国在南海的正当权益和政治主权、印度与日本两国在实用主义和印日协同战略下对南海事务的深入渗透、美国在整个亚太区域的再平衡和影响力重新布局、俄罗斯在乌克兰危机遭西方围追堵截后出现的"亚太宽松"表象、英国和澳大利亚等国在美国影响下的重新返回亚太战略博弈、通过香格里拉对话展现出来的"南海鸿门宴"反华话语体系等。

本研究基于对美国、日本、英国、印度、菲律宾、越南、马来西亚、东盟等主体所生产的媒体、智库、行业性报告和咨询的深度阅读和分析，试图对南海主权斗争对亚太区域社会舆论的影响进行综合评析，并进而提出基本的战略建议。

研究的内容分为三个部分：第一部分主要针对核心的国际观点和报告进行概括和梳理，以建立一个基本的南中国海思维矩阵框架；第二部分主要针对海外媒体、海外智库、专家分析和舆情动态进行深度解析和点评；第三部分主要基于海外有关南中国海公共传播战略、舆论攻势、国际关系理论的掌握，对下一步的中国南海维权和海洋战略实施提供初步的策略建议。

本研究参考了超过10个国家的50种媒体、智库、专门报告，在近100万字英文叙述中提炼出来的定性研究，同时还综合了笔者在2013—2014年度针对南海主题参与的现场调查、专家访谈和会议讨论。

研究方法

第一，本研究的撰写从数据搜集上持续了一年，撰写过程为一个月，通过中国南海研究协同创新中心舆情平台的数据库和对外交往平台，笔者对南海进行了研究关键词梳理，通过锁定一些重要的报告、概念、事件，进行回归分析和归因分析。

第二，研究主体追踪，通过网络公开资源定向搜索越南、菲律宾、马来西亚、东盟、日本、印度、美国等国的重要网络媒体和官方涉海及能源职能部门网站，然后利用各自国别媒体和官方平台的内置搜索工具，研究阅读与南海有关的资讯和文献，形成对南海舆情的整体判断。

第三，对国际知名智库和专门研究机构进行定向搜索，例如印度国防研究分析所、日本亚洲论坛、日本国际问题研究所、韩国发展研究院、英国皇家国际事务研究所、美国战略与国际研究中心、皮尤中心、英国国际战略研究所、美国外交关系协会等，分析和排列这些机构针对中国海洋问题、南海问题、印度洋和亚太问题的专项文章、研究摘要、项目介绍。

第四，南海事件分析，对越南针对华人企业打砸抢事件、菲律宾与中国南海争端、香格里拉对话等典型南海事件的专题研究和分析。

最后，通过综合 2013—2014 年间多次参加与国际关系、南海问题、海洋战略有关的研讨会、内部分析会所得观察数据，理解南海问题研究思想界和决策圈在南海重大问题上的前沿观察。

通过以上方法，本报告试图理解南海问题在趋势上、特征上、重大案例上的潜在问题和解决进路。

一、全球南海舆论场：中国面临严峻话语场和战略思维挑战

不同国家针对南海问题的动态和研究，形成了在话语上相互策应和配合的话语场，中国在南海问题的战略布局和策略落地，也要从理论前瞻、结构设计、话语修辞、国际传播等多方面进行整体设计和通盘考量，才能避免在“言战”中缺位而失势，进而影响实践层面的中国海外合法权益和国际形象。

通过分析以美国、日本、越南、菲律宾、印度为主的媒体报道、舆情和思潮动态，中国在南海问题的主权争端，已经引发了南海声索国以及其他旁系国家的强烈舆情反弹。公平来说，中国在南海的主动和践行姿态虽然有助于表达中国在核心利益的不动摇立场，但是也客观上造成中国周边外交的紧张局势，形成了多组针对中国的区域连横和布局策应。

在中国沟通海外政策和族群利益时，中国已经使用多重的外交组合策略，有时甚至在南海周边国家的自有媒体上形成话语上的较量，但就沟通的持续性、完整性、有效性而言，中国仍然缺乏具有海洋思维的高质量媒体集群，以及集成优质基础研究成果和战略思维的跨部门传播平台。

中国在南海活跃的渔政、海洋开发、石油勘探、军事巡航、涉海行政事务等事项，基本上都从属于“归口管理”的原则，不愿、不敢、不善利用自有平台和已有渠道进行对外积极沟通，客观上造成了“行动占先，话语落后”的南海传播局面。

以下内容，通过概括、评述、分析几组重要的海外报告和舆情动态，来分析国外针对南海的话语场舆情态势。

（一）“形象危机”和“话语围剿”：美国皮尤报告定下的南海舆情基调

美国皮尤中心 2014 年 7 月 14 日发布《美国监听与无人机打击遭国际反对，但美国形象受损有限：亚洲多国关切与中国有关冲突》专题报告，专门研究美国和中国在全球舆论中的认知比较，涉及超级大国地位、国家领导人形象和支持度、中美权力平衡、中国周边外交舆情态势等议题。

报告提出，虽然美国在监听和尊重个体信息自由方面的举措上冒天下之大不韪，全球抵制声浪不断，但是在大多数国家中并没有证据显示美国整体形象的严重下滑。其中特别提到，美国以及其他多国的受访人大多数认为监听国家领导人可以理解，只是在监听美国公民这一点上颇有微辞。

美国针对巴基斯坦、也门、索马里的无人机打击遭遇全球抵制，调查的 44 国中，39 个国家对此表示反对；在众多抗议声中，美国总统奥巴马的全球支持度仍然较高，44 国受访者中，56％的人仍然坚信奥巴马会在国际事务中能发挥积极力量。

对美态度最严重下滑的国家在德国（从 2013 年的 88％下滑至 2014 年的 71％）和巴西（从 2013 年的 69％下滑至 2014 年的 52％），受到美国监听私人通信影响较大。

相比较中国全球 49％的正面评价，中国成为美国在全球战略平衡的最大威胁，50％的受访者认为中国将替代美国成为全球超级大国；中国的崛起也造成了许多地区不安，其中最主要来自中国在南海、中印边境、中日钓鱼岛等地域的领土纠纷和强硬立场。十分之七的菲律宾、日本、越南、韩国、印度受访者表示对此严重关切，担心这种冲突升级将带来军事对抗。其中，针对亚洲11国的调查中，菲律宾的担心最大，达到93%，日本85%，越南84%，韩国83%。

在亚洲，美国被三个国家看作是最为重要的威胁，分别是巴基斯坦、马来西亚、中国。当分析美国和中国在亚洲的盟友和敌对威胁态势时，报告指出美国处在主流盟友、支流游离的态势之中，韩国、菲律宾、泰国、巴基斯坦、印度、印度尼西亚、日本、越南，均某种程度上视美国为核心盟友；相较之下，中国与日本、越南、菲律宾、印度都出现严重裂痕和争端升级态势。韩国因为北朝鲜、巴基斯坦因为印度、泰国因为柬埔寨，愿意与中国合作以增加自己处于竞争上位的机会。与此同时，在这个区域还游离着几个重要的外围但随时制造机会的力量——英国、俄罗斯、澳大利亚等国。

中国在经济上的建设性是它国际正面形象的主要力量，自2008年经济危机以来，将中国列举为全球领军经济力量的受访比例从19%增加到31%，与此同时，美国从49%降至40%。对中国形象和舆论负面影响最大的因素是人权问题，受访43国数据中，49%表示肯定，32%表示负面，在美国(35%美国人正面，55%负面)和欧洲尤其负面(在意大利、德国、波兰、西班牙、法国，超过一半的人给中国负面评价)。总体来说，44个国家受访者的49%表示中国将取代美国成为全球首要超级大国，34%表示中国永远不能取代美国地位。其中，在菲律宾(74%)、日本(69%)、越南(69%)表示中国永远不能取代美国成为全球领军超级大国。

在亚洲，穆斯林国家(巴基斯坦、孟加拉、马来西亚、印度尼西亚)和佛教国家(泰国)中三分之二的人对中国表示正面评价。韩国的积极评价从2013年的46%增加到2014年的56%。大量日本和越南受访者给中国负面评价。58%的菲律宾受访者给中国负面评价。这一数据2013年为48%。

亚洲国家的互相认知中出现较大分化，中国的最强支持国为巴基斯坦(78%)、孟加拉国(77%)，印度为孟加拉国(70%)和越南(67%)，日本为泰国(81%)和菲律宾(80%)，巴基斯坦为印尼(52%)和孟加拉国(50%)。

在判断潜在威胁方面，亚洲的相互认知也出现较大分野：巴基斯坦(38%)、中国(36%)、马来西亚(26%)、印尼(25%)认为美国为最大威胁，越南(74%)、日本(68%)、菲律宾(58%)则视中国为最大威胁。

2014年皮尤的调查显示，菲律宾(93%)、日本(85%)、越南(84%)、韩国(83%)认为中国在领土方面的雄心很可能会激发亚洲区域的军事冲突。对于没有领土纠纷的印尼(52%)和泰国(50%)也存此类担心[①]。

应该指出，美国的这种战略传播和策略研究存在层层递进和逻辑相连的持续性。例如，2014 年 9 月，新美国安全中心(New American Security Center)发布其"海上战略研究系列"(Maritime Strategy Series)报告，着重分析了美国在亚洲的海上战略及其应对中国在该地区崛起所需采取的军事和非军事的手段。该报告认为，近年来，中国在其周边区域所采取的"量体裁衣"式的胁迫战略(tailored coercion)旨在通过借助于强力的高压手段来单方面改变地区现状，美国的政策则是继续寻求接触中国，将其纳入国际规则体系当中，并制衡中国迅速推进的军事现代化。

帕特里克·克罗宁(Patrick Cronin)认为，中国"量体裁衣"式的胁迫战略包含了对其非军事性国家力量的持久性综合运用，目的在于扩大其对于自己周边海域的控制。每一种战术操作都被精心设计，以在不制造军事冲突或激起反华情绪的情况下扩大中国的影响力。虽然中国不是该地区内唯一一个寻求扩大其领土主张和海洋利益的国家，但它的行为是最为咄咄逼人的。这种"量体裁衣"式胁迫战略的每一个举动也许都只是一个次级的安全问题，但中国海上安全挑战量级的不断提升正从根本上破坏地区秩序以及美国作为该地区秩序主要安全保障者的信誉[②]。

(二)"象"国"鲸"变：印度在南亚、南中国海之间的战略游移

相比较美国在思想市场、国家战略、舆论传播的兵团作战和思想方阵，亚太国家在整体性、协调性、统一性、进攻性上都稍逊一筹。就印度而言，该国多元、丰富、背景复杂的媒体情势和参差不齐的智库系统，形成了独特的舆情景观。

众所周知，印度并没有因为大都市、超级城市的出现形成了均衡、国际化、理性化的媒介思想市场和舆论市场，新德里的街市并没有随手可见的书报亭和媒体内容投放平台，印度的大学因为相对于亚洲内部国家的封闭性，使得它的思想没有充分与亚洲国家融通。印度许多以利润为鹄的、以热点为癖好、以修辞为乐的政治性报纸，整体拉低了该国的国民舆论思考水平，但是印度的思想界和高端

---

① 原报告参见，Global Opposition to U. S. Surveillance and Drones, but Limited Harm to America's ImageMany in Asia Worry about Conflict with China, www. pewresearch. org.

② 外交学院：《国际智库研究动态》，网刊，检索地址：http://blog. sina. com. cn/s/blog_5080884c0102vbew. html。

媒体界因为与西方社会的无缝对接，使其观点和立场可以顺畅地在西方流通。

反观印度的南中国海舆情，热点事件很多，很难一一列举，现就与印度、中国、南海有重要关联的几组关键事件进行分析，总体来说印度对于南海的介入是一场三角关系战略(triangulation maneuvering)，在这些战略中印度在完成南亚次大陆“象”，变成海生型“鲸”形国家的两栖转变(amphibious transformation)：

1. 2014 年 7 月 15 日，印度《经济标准报》(Business Standard)，发表《中国邻居害怕它的拳头》一文，强调亚洲邻国对日益崛起的中国的担心和害怕。在这一报道中例举了不少来自美国皮尤报告的数据。

2. 2014 年 7 月 15 日，Zachary Keck 在知名时政网站外交官(Diplomat)上发表《反华修辞不引发问题，中国行动才是问题》一文，对 Erin Zimmerman 的观点进行反驳，Zimmerman 认为中国政府不应该在多个国际场合强调政治的龃龉，也鼓励亚洲的国际合作框架让中国更深介入，以给中国更多机会发挥积极作用。而 Keck 认为，中国没有选择在既有框架中与亚洲各国合作，而是处心积虑创造另一套排斥美国、日本、印度的新架构，这势必造成新一轮的磨损和亚洲内部抵抗，在此情境下，他认为国际反华修辞实际上是对中国行动的回应，而不是滋生麻烦的由头。

3. 印度 Z 新闻(Z News)2014 年 10 月 17 日刊文，提到中越两国关系开始从越南针对华人企业骚乱的历史低点恢复，中国提出中越之间应该加强在基础设施、金融、海洋勘探方面的合作，恰当处理两国之间的分歧，并同时要求美国不要介入南海争端；与此同时，越南增强了它与俄罗斯、美国、日本的军事交流和互信。

4. 2014 年 10 月 7 日，中国海军潜艇进入印度洋并常态化停靠斯里兰卡引发印度媒体和舆论的热烈讨论。一些印度军事问题专家认为这是中国的“珍珠链策略”——旨在建立和联系一个“马汉式”的海洋布局站点，以形成中国对印度洋和亚太区域的更强渗透和控制。美国海洋战略研究专家詹姆斯·霍尔姆斯(James Holmes)认为，中国虽然有能力在印度洋区域制造存在感和潜在麻烦，但是要触动印度对南亚次大陆的核心控制力极为困难，印度的内线型海洋战略旨在维护它传统的战略半径，印度一旦做出动作可以迅速布局军力对中国的马六甲困境和安达曼海航道进行施压，从而对中国在这一区域的利益造成致命影响。

5. 2014 年 8 月 25 日，印度本土媒体 NDTV 报道，印度在考虑是否接受越南邀请，前往南海的五个区块进行石油勘探。该区域的石油资源富集程度非常可观。印度试图回应来自越南的战略合作善意，并在越南急需的监测设备、无人驾驶装备、坦克、轮船、布拉默斯巡航导弹（Brahmos）等方面讨论合作可能。印度对越南的信贷虽然只有 1 000 万美元，但却是给中国的一个重要信号——印度将持续进入中国控制的南中国海区域。

（三）南海“出云”：日本南海战略和舆情动态

日本国际事务研究院（Japan Institute of International Affairs）菊池努研究员与日本国防学院（National Defense Academy of Japan）副教授在 2013 年就发起一项研究，旨在分析日本与亚太新兴力量的战略合作策略，提高与日本、印尼、东盟、澳大利亚的合作，提升日本在印度洋-太平洋区域的国际同盟和协同能力。

与印度的实用性、刺激反应模式、短程和中程设计、（机会主义）格局战略设计的对应不同，日本的海洋战略和舆情格局具有目的性、工具性、聚焦近程和远程、多边围堵、建构和掌控格局等方面的特征。

为了达成这些目标和效果，日本甚至不惜在重要公开场合提出仍然十分敏感的军国主义式关键词，例如共荣（co-prosperity）、亲善（intimacy）等概念。在这个意义上，日本基于钓鱼岛争端南下的南海策略，不是简单的孤立中国策略，在南海游弋的日本海洋力量不是游移性的游击者，而是“出云”号式的日本战略二次元空间开拓。

但是应该注意到，日本社会仍然存在大量的和平主义势力，他们倾向于建立一个对话型、国际化、合作型、范本型的新日本定位，这种思潮、舆论、民间脉搏不应该被屏蔽，是中国在制定对日策略和思想概念时应该极为珍视的资源和细节。

东京理科大学准教授大庭三枝（Mie Oba）2014 年 4 月 9 日在日本战略研究院（Japanese Institute of Strategic Studies）撰文，提到东亚区域新秩序下的日本东盟关系。日本已提出繁荣伙伴、生活质量伙伴、心相印伙伴（heart-to-heart partners）等概念。他认为随着中国的崛起，东亚和亚太区域内部之间的国际博弈变得更加不透明，同时伴随着不稳定的增加。当亚太区域国家的彼此敏感性增加，“权力逻辑”变成这一区域的真正准绳，日本应该加强与东盟的军事安全合作，提升东盟国家海岸护卫和安全守备的能力，除此之外加强对区域动荡、跨国犯罪、恐怖主义的联合防务。

2014 年 5 月 8 日，《日本日报》（Japan Daily）刊文《日本对中国在南海的冲突表示严重关注》，提出中国在多个南海争端海域宣示强势立场和进攻性行为，包括在菲律宾争端海域捕猎海龟，在越南争端海域护卫钻井平台等，这将使得日本、越南、菲律宾“被迫”愈发联合起来，来应对中国对现状和地区安全的单边挑战。

2014 年 6 月 15 日，《日本时报》刊文《虽有争端南中国海航线仍然安全》，提出南中国海虽然出现明显的争端加剧态势，但是作为商贸航道仍然相对安全，作为一条贸易和能源通道，这一区域的动荡和封锁对中国、越南、日本、韩国都不利，而且从南海区域贸易的目的地和经济引擎分析可以看出，这一区域的主要活力都指向中国。

2014 年 7 月 28 日，《日本时报》(Japan Times)援引海外媒体内容发表《中国在争端水域卫星连接捕鱼船队》的文章，提到中国政府通过补贴 90%的费用，为 5 万艘渔船配备了本土产卫星连接系统，鼓励渔民进入东南亚更为纵深的海域捕鱼，中国在南中国海的积极扩展旨在维护每年 5 万亿美元的货运航道安全。

2014 年 8 月 29 日，《日本时报》刊载路透社文章《解决领土争端需要创造性外交》，提出现有的东海和南中国海争端中，存在美国等西方国家的误判，中国在南海和东海的核心利益和诉求没有被国际社会充分理会，西方世界仍然认为中国在这一区域进行单边行动，改变了这一区域的战略格局并威胁稳定——虽然这一区域在历史上并不存在绝对的稳定。美国表面上对领土争端不表态，但实际上采取“冷冻争端”的处理策略(freeze)，这造成争端国争相推进各自的证实领土权属的举措，而没有思考如何开发潜在合作的区域和策略，造成一种争端和冲突不断升级的态势。

(四)“忍辱谋利”而远图：菲律宾南海舆情的自我意识

2014 年 10 月 31 日，菲律宾《每日问询者报》(The Daily Inquirer)刊文《中菲虽然纷争不断，两国贸易持续增长》，其中提到中菲虽然在“西菲律宾海”存在争端加剧的态势，但是两国贸易持续增长。

国家经济发展委员会的总干事 Arsenio M. Balisacan 认为，这是出于两国建立更强经济纽带的共同需求，并提到两国在经济和社会文化合作、高端互访、双边协作方面仍然取得进展，中菲 2014 年前 7 个月的双边贸易总额比 2013 年同期的 86 亿美元增长了 19%，达到 103 亿美元；中国仍然是菲律宾最大的货品进口国，年度达到 55 亿美元。

同时，该报还披露在2014年11月，菲律宾总统阿基诺三世访问中国期间，不会讨论西菲律宾海争端的问题，专注于经济合作、创新发展、互联网经济、强化经济结构化发展等议题。与此同时，菲律宾将在2015年4月建成国家海岸警戒中心，作为菲律宾的海洋守望中枢，协同其他机构共同守护菲律宾海域。阿基诺三世提到，所有的计划都基于这一原则：为任何可能在我方海域发生的紧张和问题作好准备。

菲律宾发展学院(Development Academy of Philippine)2014年6月28日发布报告，称“西菲律宾海”是中国针对美国(第七舰队)在其国境南部布置的最佳盾牌，中国可以通过这个跳板提供食物和战略能源，而正是这种战略地位才能解释中国在这一区域的强力态度。在菲律宾专家看来，中国承认自身在陆地和海洋疆界都存在脆弱性，但最大的威胁还是来自海上，中国因此发展出多重的抗介入、区域封锁的战略能力，并在海域、空域、外层空间、互联网空间形成多重合力。同时西菲律宾海至少蕴含54亿桶石油，可供5亿人的海洋蛋白质食物，每年的渔业捕捞量达到500万吨，达到全球捕捞量的10%。

菲律宾发展学院通过调查民意报告，还提到一个事实：在中国看来，菲律宾只是善变、势利的小国，而且在中国人看来，中国可以随时欺负菲律宾然后给它一些甜头安慰了事。在这个意义上，菲律宾在集成作为一个整体的中国对菲民意时，还算相对客观，中国在处理针对“忍辱谋利”的菲律宾时，并不应该视其为一个“战略阑尾”，以为可以攻他国而顺带击其要害，而应正视菲律宾通过对华舆情而整体表现出来的强烈自我意识。

菲律宾对自身“西菲律宾海”核心地位和战略要冲的判断使得它会在重要战略机遇发生时，形成对中国小而强的战略打击聚变效应。

更关键的是，菲律宾的这种小国叙事和自我意识，会在一些中立型东南亚国家中传播，例如老挝、泰国、缅甸等，最终形成基于相同文化心理和政治地缘压迫下的群聚反应。

在这方面，中国对CLMV(柬埔寨、老挝、缅甸、越南)投资在不断增加，它必然会在将来形成新的战略新兴经济体，2013年中国与东南亚国家的贸易总额已达到4 436亿美元，中国进出口银行已经成立了专门的中国—东盟投资合作基金针对这一区域的基础设施进行投资。

泰国曼谷已经批准的泛亚铁路计划，昆明-万象-曼谷-新加坡铁路一旦修成，将大大影响东南亚国家与中国内地的连接性，改变整个东南亚的经济和战略格局，并出现铁路型海洋接入口，甚至出现铁路舰队（Rail to Sea Flotilla）的陆海两栖运输模式。

中国在东南亚大陆的“软”姿态与南中国海的“硬”行动，客观上形成了一种效果，似乎有利于中国最大限度保证自己利益并维护自身的区域地位。中国在领土争端、经济发展、文化软实力、政治互信构建的综合手法，使得南中国海问题在某种程度上与其他事务分离开来，这为东盟的斡旋带来机会，双方应该最大限度减少南海争端的影响产生连带效应波及东南亚大陆的活跃经济互动。对于这一点，东南亚社会的知识界和媒体已经有所关注和准备。

（五）心疑中华，以观东海：越南南海（东海）战略的核心主张

2014 年 6 月 23 日，中国驻泰国大使宁赋魁近日在泰国《民意报》发表署名文章《究竟谁是南海的麻烦制造者？》，指出中国企业所属“981”油气开采平台距离中国西沙群岛中建岛和西沙群岛领海基线均 17 海里，距离越南大陆海岸约 133—156 海里。虽然双方未就该海域进行相关划界谈判，但无论按照何种原则，该海域都不存在划归越南管辖的可能性。10 年来，中国企业一直在有关海域进行勘探活动，包括地震勘探及井场调查作业等。此次“981”平台钻探作业是以往勘探进程的例行延续，完全在中国主权和管辖权范围内，越方无权说三道四，更无权强行干扰和阻扰。

令中方倍感震惊的是，中方作业开始后，越南方面即出动包括武装船只在内的大批船只，非法强力干扰中方作业，冲撞在现场执行护航安全保卫任务的中国政府公务船，还向该海域派出“蛙人”等水下特工，大量布放渔网、漂浮物等障碍物。截至 6 月 7 日 17 时，越方现场船只最多时达 63 艘，冲闯中方警戒区及冲撞中方公务船累计达 1 416 艘次。如此高密度、高强度的干扰行动，实属世所罕见。不仅如此，越方还变本加厉，有意纵容其国内反华游行示威。5 月中旬，数千越南不法分子对包括中国在内的多国在越企业进行打砸抢烧，残酷杀害 4 名并打伤 300 多名中国在越公民，并造成重大财产损失。

泰国《民意报》7 月 7 日刊登越南驻泰国大使阮必成的文章，驳斥中国驻泰国大使宁赋魁在东海问题上的观点。

阮必成大使反对宁赋魁大使关于中国政府自公元 10 世纪中后期起一直对黄沙群岛实施了持续、合法、有效、不受干扰的主权管辖的说法。

在越南机关报为代表的红色媒体的表述中，越南也指出自己在许多重要海

洋问题上与中国合作的战略机遇和必要性。例如，他们强调越南有着长达 3 000 多千米的海岸线，拥有 3 000 多个大小岛屿、44 个小海湾和沿海的 12 个水塘、1 120千米珊瑚床、252 500 公顷湿地林和每年带来约 6 000 万—8 000 万美元利益的沿海生态系统的优势。然而，海洋环境目前正因为受到海岸、沿海地区、各海港和石油开采、水产养殖等因素影响而遭受破坏，这些问题需要与国际社会的通力合作才能解决，像南海一样全封闭和半封闭海域周围的国家应加强海洋生物资源管理、展开海洋科研和保护海洋环境等领域的合作及推出配合政策。

目前已经有一些合作型框架得以建立：2002 年东盟和中国签署的《南海各方行为宣言》(DOC)，越南、中国和菲律宾签署的地震合作协定(JMSU)，越南和菲律宾的海洋研究合作(JOMSRE)，越南和中国在北部湾区域的合作，等等。

越南知识界在媒体讨论中也强调，除了 1992 年和 2002 年分别通过《东盟南海宣言》和《南海各方行为宣言》之外，东盟尚未把南海置于优先位置，尚未成为本地区在减少南海纠纷僵局的有效体制，尚未有力推动建设信心措施以及管理潜在纠纷和冲突的措施。

一些越南学者建议，南海各方应研究并重新认识自己在南海上的国家基本利益。这些学者认为，应将经济发展和社会稳定等利益、确保区域和平与繁荣放在扩展海洋主权和主权权利之上。

二、南海舆情和思潮分析

（一）针对皮尤报告的深度分析

皮尤在自身报告的方法论解释部分提到，它针对印度调查时间为 2014 年 4 月 14 日—5 月 1 日，印尼为 4 月 17 日—5 月 23 日，日本为 4 月 10 日—4 月 27 日，马来西亚 4 月 10 日—5 月 23 日，菲律宾为 5 月 1 日—5 月 21 日，越南为 4 月 16 日—5 月 8 日。

可以看出，选择不同的时间节点进行舆情调查，可以较为有效放大一国或某类国家针对美国和中国的认知和比较。尤其是，针对越南和菲律宾的调查刚好出现在两国与中国频繁发生争端和冲突升级的时刻，这种研究框架设计(frame)正好可以在舆情总报告中放大。

皮尤报告虽然针对斯诺登、无人机打击等负面事件进行全球调查，但是并没有针对这些事件进行专题报告和单项调研，而是将这些事件同国际反恐、全球整体恶化、新兴经济体、区域争端升级、宗教意识形态分歧放在整体的研究框架中，有效冲淡了国际社会对美国负面判断的“舆论涡流”强度。

皮尤报告还特别写作章节，指出那些针对美国出现负面印象和差评的国家和区域，其自身就存在诸多问题，并通过描摹整体的全球经济变局、政治地缘、经济竞争、人权问题的背景，将部分国家的问题突出为主流性问题。

虽然中国在国际战略、发展方式、国内矛盾处理、海外投资、国际传播等多方面仍然存在弱点和缺陷，但是就南海舆论战的框架设计中，从一开始就被设定在一个被构陷、指摘的舆论靶心。

同时由于中国在国际话语上过分强调中国文化、历史本位的立场和固化提法，以及在战略衔接、热点处理、信息发布时机、危机公关等方面的漏洞，客观上给国际媒体和智库批评中国的南海主权声索制造了机会，进而在后续的国际话语场中大量的负面声浪被放大。

相对中国的保守、低调、半封闭的话语体系，中国在行动层面，无论是经济投资、资源开发、基础设施建设、军事动作、民间经济互动都出现高调、强扩张性、狂飙突进的特点，这恰好形成了“国外势力”眼中的“言行差异张力”，进而强化中国形象。

（二）印度变形记的背后：针对印度南海舆情的分析

2014 年 7 月 1 日，Mary Carras 在《外交政策聚焦》(*Foreign Policy in Focus*)撰文提到中国在南中国海的控制权增强有利于中国对印度洋的权力染指。其中首先提到，在 1971 年美国地质勘探局公布在东海钓鱼岛附近发现大量油气储存之后，中国才开始强化自己对这一区域的所属和管辖；随着 1972 年的尼克松访华，中国虽然抗议美国将此岛所有权转给日本，但因为中美关系正常化，争议暂时平息。中国在东海、南中国海的控制力强化，将有助于中国将战略威慑力沿着马六甲、苏门答腊直接投送到印度的后院，进而扼住西太平洋和印度洋的咽喉。

应该说，印度作为传统的大陆型国家，它具有先天的海洋优势，但是印度一直是以喜马拉雅为“北天”战略纵深、印度洋为“南极”的次大陆形半圆社会。伴随着中国的崛起，以及历史大国地位意识的萌发和觉醒，中国存在重新建构秩序的冲动和抱负，在这一背景下，印度与南中国海等外围世界发生关联的动机(向东看计划等)，都是为了寻求一种“以进为退”的“积极保守主义”。

印度和越南希望通过嫁接“向东看战略”和“东海战略”，并通过东盟的框架，延伸彼此的战略协同空间，在获得南中国海油气、可燃冰等资源开发的同时，进行安全航行、战略协防、地区争端机制合作、族群和宗教问题等方面的合作，以最大限度牵制中国崛起的同时，站稳各自的区域战略脚跟。

与此同时，印度与日本、澳大利亚、美国、欧洲都保持着某种具有合作、融合而不结盟的印度精神，对于国内时常云涌的反华、疑华、厌华国民舆论情绪，印度政治主导者似乎没有干扰、主导和教化它的兴趣。印度十分关注在任何战略捭阖和区域游移的现实效果和具体收益。

（三）从香格里拉对话看中日在南海较量的战略困境和机遇

在新加坡结束的香格里拉对话，虽然没有在温和的对话气氛中进行，但是因为这次会议涉及亚太区域政治和文化认同、新崛起的力量和格局重组，它不仅会在南中国海、东盟（亚细安）、跨太平洋体系（APP）、东海峰会（EAS）、钓鱼岛等区域性问题继续延伸其传播效力，还可能会产生更为深远的影响。

在本次香格里拉对话中，可以供媒体、学者、普通受众分析的角度有很多，但就中国、日本、英国、美国政军界代表的讲话本身，就可以看出四种叙述模式，它通过修辞的表象，系统呈现了亚太区域的政治地理格局、历史记忆、社会心理基础、经济发展框架、政治建构动机等方面的深刻差异和特征，同时也体现了国际场域中军事及文化外交的新规则。

● 美国、英国：基于霸权和帝国余绪的列维坦政治和超国家架构

虽然这次会议的组织者是英国的智库，但是不可否认，美国是实际上的主宰者和议程设置者。

在演讲的开场，查克·哈格尔感谢了 11 个具体的人和机构，在这个人际、亲密以及基于勤力献身（commitment）的互动式开场中，他交代了这个香格里拉对话中所有作出贡献的人，虽然是在新加坡的客场，他对美国同事的频繁提及和现场问候，更像是在华府进行的一场例行的战略对话会。

哈格尔的演讲一直有一个时间框架和主轴，具体到年、月、日、早晨、下午，当然也有更为长期的时间指向，他把亚洲媒体时常提及的“美国重返亚洲”，重新表述为作为一种既成事实的“亚太再平衡”主宰者。

在这一意义上，如果中国感觉美国演讲在大篇幅指责和针对中国，其实有点过度估计——美国近期体现在奥巴马西点军校讲话、香格里拉对话、G8 减 1 峰

会(而不是G7峰会)、诺曼底登陆演讲等多个场合外交表述，一直在处理一个后霸权时代的新美国全球秩序的问题。有趣的是，美国没有提“新美国”这个概念，相反被日本借去且用直白的语言表述出来，安倍称之为“新日本”。

哈格尔用具体到时间、地点、人物、概念、意图的方式，列出了亚洲和亚太的“美国时间”和美国标志物，从防灾减灾、军事补给、盟友框架、区域协同、地区赋能、战略仲裁、概念引领、经济促进、僵局激活、秩序维护等多个方面。哈格尔以独特的“咀嚼口香糖演讲”的美国式坦率，给出了全亚洲的活路和选择。此为哈格尔演讲中的原话：“这个区域的所有国家，包括中国，都有一个选择——联合起来，再投入稳定的区域秩序构建中，或是从这种勤力献身中走开而铤而走险，对曾经给亚太地区成百上千万人民，以及全球数亿计人民带来助惠的和平和安全提出挑战。”

由于哈格尔针对亚太地区的所有国家都进行了虚实相济的项目罗列和评点，从这些具体的证据中我们可以看到哈格尔对亚太地区Google宇宙式、全景监狱、列维坦式的控制欲望和治理意图。他试图表明，美国如果能控制或想控制地区和世界，并不简单基于它的力量(might)，更重要的是它的领袖特质(charisma)、恒久的统一者、战略伙伴召集者、国际网络和群集的定义者身份。

因此，飘荡在亚太太空、海面、地面的政治命令和地区命运召唤是美国式的全球治理的延续，也就是哈格尔所说的现实(reality)和事实(truth)，而非目的、诺言和未来眼光，使用亚太中文区熟稔的语言便是：美虽旧(霸)邦，其运在驭，其命维新(America must lead)。

英国虽然也是旧(霸)邦，但是由于它国力、统治力、扩张力、信息架构等方面的萎缩，从一开始他便解释自己为什么出现在亚太，除了使用西方社会一直以来勤力献身、地区突变应对这些词汇，还创造了国际关涉(engagement)和多边人道主义这些概念来解释自己亚太的存在理由，关键的表述还在于，英国愿意以美国马首是瞻。

● 中国和日本：正义伦理化叙事的“罗生门”

日本的知名电影《罗生门》提供了一个在中国知识界较为流行的同名语汇，意为迥然不同却似乎可以自圆其说的事情发生和归因叙述。

日本首相安倍晋三在演讲中直白表述：日本世代一直在走一条路，热爱自由和人权，重视法律和秩序，厌恶战争，真诚而坚定地追求和平，从不虚与和犹疑——这俨然是“窃取”了中国政府一直以来熟用的修辞。

与此同时，日本首相以一种三段论式的论点展开，陈述了“新日本”的积极主动“勤力贡和”之策略（proactive contribution to peace，中国媒体通常翻译成积极和平主义，似乎不确），以及他的法治主张——法治日本、法治亚洲、法治天下。

日本首相安倍晋三的写作班底使用了多个小标题，用一种西方倒叙、特稿式短句、边叙边议的倒金字塔结构展现了日本对勤力精神、经济活力、地区秩序、法治理念、区域共荣、大东亚繁荣等核心概念的理解。

他从亚洲情势分析、国际法之紧要、海上国际法之圭臬、防微杜渐、东亚峰会强化、协力东盟（亚细安）、“勤力贡和”、安全法律架构之重塑、何为“新日本”等方面讲述日本理解的新秩序。

与日本的精巧叙事的“巧外交”言辞不同，中国的外交叙述充满了国情咨文的政论公文色彩，而这种以冷静、克制、微修辞而著称的中国叙事，其核心是一个历史隐微、道德臧否、正义伸张、文化重振话语，旨在倡导一个实用主义、和而不同的亚洲世纪。

然而，中方代表王冠中用了一长段针锋相对的插入评论，将所有外交性修辞去除，使用了不具名的外国外交官劝说这一私人和日常化的细节，客观上将整体性、均衡性、统一感的国家修辞打破，成为会议现场的应激反应模式。

这种谈话模式是中国外交家承继的诸葛亮舌战群儒、苏秦张仪合纵连横、陈毅妙语应对外国诘难、乔冠华笑傲联合国会议的“舌战强权”的人格胆魄式外交程式，但是，现代的外交场合已经不再是单一主体修辞性和羽扇纶巾式的论辩模式，而是通过大量国家治理善政、跨文化心理洞察、社会场域互动、传播符号使用、幕后战略行动铺陈、国际修辞暗战等方式才能达成的超级政治。

由于中方代表针对哈格尔“三个充满”的批评性描述，放在国家修辞——也就是中国的四大倡议之前，容易使得这些建设性的内容被淡化、弱化和遮蔽。

与中国相比，日本在东南亚的简单投资被安倍晋三描述成，日本的资本到来使得当地社区动乱、萧条消逝，街道上都可以听到美妙的自食其力女性操作机器的声音。而中国把30亿人民币的中国—东盟海上合作基金仅作为一个项目名称一笔带过，通过现场英文翻译只有“共建、共享、共赢、建设力量、积极力量、正能量、高举旗帜”等道德修辞。

在修辞层面，尤其是解决国际事务问题上，中国近现代政权一直有一个核心话语：平天下之道，在明明德，在利民，在止于据己；欲治亚洲，国需修其身，民需正其心，官需诚其意，方可静安虑得。问题在于，亚洲社会很少有国家可以内外兼修，言行一致，这种情景下的万国对话，多止于权谋和权宜之计（modus vivendi）。

三、结论：南海决策一体化制定东海岸线战略

首先，南海不应只视为一个区域问题和海权问题，南海应该作为一种对外政治话语体系和对外思想体系来考量，中国首先需要在战略传播、国际政治、区域博弈、组织协调等方面确立一个先发、启思、均衡、对话、建构型的框架，然后通过发动国家外交、民间外交、国际传播、企业外交等方式实现具体的战略意图和策略效果。

中国有 32 000 千米长海岸线，横亘东北亚和东南亚，在海洋型社会中，海洋、海域是社会发展的核心空间，但因为政治、经济、军事、民族、历史、宗教、环境、生态等原因，中国的万里海疆面临着诸多风险。

中国东海岸存在多种离间的力量，包括东北亚的朝鲜、俄罗斯、日本地缘冲突，东海、黄海的渔业国际纠纷，南中国海的外部力量侵蚀等，即使是完全中国区域的渤海湾区域，也因为康菲石油污染等事件，随时可能演化为国际争端。目前，南中国海问题因为声索国和美日等国际力量的干涉，大打国际仲裁牌，试图使之国际化，所以面对中国东海岸的多重现实和潜在危险，国家应该将整个中国“东海岸线”当作一个整体来看待，并在政治国际传播、主权维护、区域治理、力量协同等方面进行“决策一体化”。

当中国海洋问题从北方（甚至可以连带中国的极地战略）延伸至南海问题上，只有将它放在“中国东海岸线”和“中国海洋穹顶”的整体战略下，才能更好维护中国的主权，并在一个更大平台上进行国际发声，国内的南海研究协同创新不仅应该进行针锋相对的研究和策略应对，同时还应该设计新的传播、研究、讨论平台和议题，开启新一轮南海研究国际公共关系、媒介信息融合、区域协作等议题。

另一方面，中国的“一带一路”战略性前瞻设计也开启了一些新的“线路”空

间：如南海国家的"亚洲地中海海岸线"、印度洋东西海岸线、安达曼海岸线、孟加拉海岸线、阿拉伯海岸线、北冰洋极地海岸线等，围绕这些海岸线的共同面临问题，可以生成新的国际谈判、合作、协作空间和架构。

建议中国成立中国东海岸线护卫队，并创建中国东海岸线国际传播峰会平台，必要时设计更为开放的谈话平台（如丝绸之路国际海岸线协作机制），超越小的地缘政治界限，躲避南海区域政治地理和局部利益纠葛的潜在雷区，设计具有区域和全局重要性的"一级目录"议题，进行跨越多条海岸线的国际"东西对话"机制——与澳大利亚、新西兰、美国西海岸等跨太平洋海洋治理单位直接对话，尤其是通过气候变化、地震海啸、海洋污染、海洋生物保护、国际渔业等"普适性"话题。

在国际传播层面，中国可以与南海周边、南亚、中亚、中东、东非、东北亚、西亚等国家联合设计并成立围绕海岸线生态环保、民生维护、灾害守望、文化交流的新传播和信息整合平台。

作为具体的尝试中国海洋智库机构可与媒体、涉海部门、沿海省份、自贸区体系合作，以主动沟通、正向协作、跨区域联合的思路，邀请核心的中国国际传播成员，同时邀请越南、马来西亚、菲律宾的中国机构海外分社、国际华文媒体、国际英文媒体等关键人共同成立中国东海岸线国际媒体峰会机制。

在内容上，可强调《平安海疆：海洋生态灾害预警与风险评估》《东西对话：中国东海岸与美国西海岸媒介信息融合》《上海自贸区：中国东海岸的经济与文化新引擎》《南中国海：探索多边共赢的新机制》等协作性要素。

中国应该创造更多具有建设性的南海知识架构，例如，《中国东海岸线国际舆情报告》《中国东海岸线国际关系蓝皮书》《中国平安海疆媒介信息融合策略报告》《东盟海洋型国家涉海环境监测报告》，甚至与上海自贸区联动，推出《自贸区海洋型媒介融合和新媒体战略报告》，并通过此类机制联合参与媒体和智库机构共同推出《共享、服务、责任：丝绸之路海岸线国际治理与媒介融合》宣言，创造一个建构性、合作性、多边性、开放性的国际海疆合作和信息框架。

2014 年 10 月 1 日，华盛顿大学中国政策项目主任沈大伟，发表《处在十字路口的中国》一文，引用 2014 年 7 月的皮尤报告，认为中国仅在中东国家具有正面评价。相比较美国存在严重的国际形象和软实力问题，他提到中国政府虽然已经区分了公共外交、对外宣传工作和国家软实力外交，但是因为软实力只有通过跨越国界的文化、思想、价值观才能兑现其影响力，中国在这方面存在严重的“软实力赤字”。

对于国际人士的“建言”，中国应该用具有想象力、开创性、建设性的新框架，表示自身对传统有效国际机制的尊重，同时创造和开启以中国为主导的新型海洋共存(peaceful maritime co-existence)模式。

第二部分

从巴西丛林、南亚社会到非洲草原和南中国海：BANS 新兴战略联合体研究

在这一部分提出的BANS框架设计是一种基于传播学、政治学、人类学视角的一种路径假设和推演，B代表巴西(Brazil)为核心的南美洲海岸线新型经济体，包括厄瓜多尔、秘鲁、乌拉圭、阿根廷、墨西哥等国家。A代表非洲(Africa)东海岸线为代表的一带一路，尤其是海上丝绸之路非洲海岸线国家集群。N代表以尼泊尔(Nepal)为核心的印度教印度洋海岸线国家，印度虽然是印度洋海岸线的核心国家，但是由于它与中国的内生抗衡特质，印度洋海岸线的跨国战略设计相反应该沿着海洋逆溯，从孟加拉湾的河流入海口，逐级上溯，沿着印度教具有重要象征意义的恒河一路向上，找到尼泊尔的源头，再寻找到发自喜马拉雅的河流渊薮，"以河带海"才是中国与印度互动的核心环节——与其说印度是个海洋国家，不如说是个圣河国家。S代表中国文化向海漫溯的海上三角洲地带——南中国海(以及南中国海海岸线)，这个海岸线在美国军事理论家马汉海权论之前，属于一个贸易、文化交互、生活方式及宗教互动圈，它有着与现在基于能源、地缘政治、军事地理、国际海权势力的南中国海争端政治完全不同的肌理。

笔者试图通过这四条海岸线思维路径，探索一条此前较少讨论的中国海外和平崛起和新型大国关系建构的全新路径，并通过具体的细节描述，来体会沿着巴西、非洲、尼泊尔、南海海岸线所展开的政治学、传播学、人类学细节，以及基于这些丰富细节背后的跨国传播和国际互动新思维。

通过捭阖不同的思维标尺，最终绕过一个禁令(Ban)式的发展魔咒，为中国寻求一个全新的跨国互动和国际战略生成模式。

第六章

海外治理与金砖方法论

——中国在金砖五国等新兴场域的未来战略刍议

不久前，金砖五国峰会在巴西召开之际，世界杯的娱乐并不能驱散当时严峻的政治和经济现实，以及金砖五国各自面对的如下困局：乌克兰国际争端导致俄罗斯在欧洲大陆遭遇彻底异化和分化，加沙地带冲突升级、叙利亚的战乱、伊拉克的乱局呈现了局部放大的国际势力和统治秩序之争进入白热化，以南中国海冲突升级、马航失联、钓鱼岛争端为主线的东亚社会深度分裂和东南亚暗战迷局。

此外，印度政坛发生了半个多世纪以来的政党式微之变，以此显示出印度社会积聚已久的深刻矛盾、民怨和变革之愿望；巴西因经济放缓、政治失范、社会分化、土著权益、外来资本环境和社会正义污点等多重问题所造成的政治、社会、经济秩序的混乱；南非在政治、经济、社会等方面进一步加剧分化，“非洲新秩序”建立过程中的各种力量较量和争斗，非洲社会生态环境、医疗卫生、族群政治、社会正义等问题已出现积重难返之势。

以上的格局和局势，提示中国在金砖五国架构中更应该从传统的以“金砖五国”为工具和策略的路径中转移出来，在满足自己在国际格局中主位意识提升的同时，还更应该从对象国和伙伴国的立场去寻找新的杠杆和战略共识，突出中国不可替代的独特性和建设性。

金砖五国架构的格局、生态位和发展态势，包含着竞争、合作的多重复合博弈，彼此之间因为价值观、国家战略定位、宗教分歧、国内矛盾等方面的不同，很难在一个单一框架下进行合作，金砖五国在聚首时似乎在一个共同体和合作框架之下，但实际上这五国都各自举着牌看着各自的对手。

一、背景描述：中国海外存在的综合抗争语境分析

伴随着中国的和平崛起，与中国有关的符号、政府行动、文化事件、企业行为开始在国际语境中不断发生新变化，这种与高度发达的媒体网络以及海外知识生产网络有关的国际语境，是中国在海外生存必须认知的思维前提。许多中国企业在海外投资的挫折，往往就事论事，国内知识界因为整体上与海外视野的隔膜，无法给中国的海外生存及时提供智力支持；而海外的实践主体总体而言，属于实战主义的经验主义者，且多为技术、管理、语言背景，对海外复杂的政治学、经济学、人类学、传播学情势判断力有限。从这个角度来看，中国在海外的生存挑战，综合可判定为世界观、方法论的认知危机。伴随中国崛起和海外活动的抗争语境，往往是寻找中国海外存在哲学未来钥匙的最佳路径之一。

2012 年 4 月初，巴西 Barreiras 的 Bahia 发生无地农民运动，作为犯罪率高发的地区，当地无地和失地的农民，攻占市政府，同时强攻“无主”的大片土地，中国的重庆粮食集团的大豆种植和加工 16 亿美元的投资地就在这一区域。巴西的农民运动在当地叫做“无地农民运动”Movimento dos Trabalhadores Rurais Sem-Terra (MST)[①]，中国的投资走出去战略，开始被迫思考从“走出去”到“走下去”的转变。即使是南亚、东南亚等接壤和传统互动区，也需要国际经济、政治、文化交往的新范式。排除地域因素，中国应对走出去战略遭受挑战的核心议题是找到一个利益平衡和多元对话机制，避免海外巨额投资陷入“万家诉讼”和“媒体围剿”的联合抵制。

2012 年 3 月 1 日，凤凰网报道：约 100 名缅甸籍人士，周四在泰国的缅甸大使馆示威，要求停止由中国主导的中缅油气管道建设工程。这则短新闻标注了简短的新闻背景：中缅油气管道是中国连接中东与非洲的输油气管道的重要组

① 2012 年笔者分两次对巴西圣保罗、巴西利亚、莫托格罗索等区域进行了实地调研，并在首都巴西利亚采访当地议员，进而了解到巴西诸多的土著运动和社会公平运动已经持续了多年，有些并不是指向中国，但是中国如果不对此进行研究，比较容易被当地“问题锁定”，从而陷入恶性循环。笔者访问的议会，各种平行会议集中进行，政策游说者、土著权益代表、媒体、智库学者等多重主体密集，与中国有着完全不同的政策情境。

成部分；未来 30 年，预计中国将投入超过 290 亿美元资金，2 月在缅甸伊洛瓦底江的关键穿越工程已宣告成功①。这类巨型项目，虽然工程速度突飞猛进，但是近年来时常因为政治、文化、宗教、民族等“软因素”原因，急转直下甚至陷入停顿，即使是“顶住压力”的竣工，多为海外投资的政治任务，项目“带病运转”，成为一个隐形的火药桶。这里面首先是传播和沟通机制不畅和低效的问题，当海外出现问题，国内各个层级的机构往往通过“内参模式”和闭门机制解决，国内的报道和传播没有进行积极有效的互动，错过了沟通的时机。2014 年以来，缅甸多个发展和资源类项目均受到抵制，许多重大项目甚至因此逼停；发生在新兴市场国家的“逼停中国”事件，不应该视为孤立事件，而是应该看到其中内在的语法和逻辑。

作为一个来自中国的研究者，笔者在这种摩肩接踵的互动中最大的感受是，当许多传播、沟通、公关、讨论被低效传递，涉事内部人士噤若寒蝉不擅沟通时，直接受损的并不简单是一个企业和部门利益，而是中国作为一个国家的整体利益。危机涉事者获得的是短暂和表面上的安静，事实上，它将各种抗议和政治抵抗的声浪压制进深层，于是未来敏感项目可能遭遇的对抗和抵制，一方面将出现更多的“红外政治”（像红外线一样，一种表面上看不见但内在激烈的抗争），另一方面，在中国“跨河入海”，进入国际生存空间时，发现自己的民族、族群、利益没有鲜活的、原生的且富有影响力的代言人。

金砖五国架构不仅是影响这五国，而更是通过国际协作和传播等因素，在许多国际区域体现，以东南亚和南亚区域来说，这一区域的印度、俄罗斯不容忽视。总体来看，许多发展和开发型项目的启动、日常维护和危机仲裁，不仅应通过大律所和咨询公司，还要通过专业且多元的基层方法，交由克伦族、克钦族、德昂族、景颇族来主持，而不是用当地方言翻译成英语，再翻译成北京话，成为完全的政治交换和博弈。有关能源安全、区域经济体、投资的生态友好、土著利益的保护和效益持续、投资方的多赢诉求、国际纠纷的协调和沟通等课题，需要的不仅是外交部层面的“照会和发言”，更多还需要务实、良善、宽容、聪敏的现实执行。唯有此，“走出去”才能“走下去”。

在笔者看来，这里所需的基于智库研究、传播建构、社区沟通的海外治理，超

---

① 此类事件不断升级和发酵，例如 2013 年 6 月 17 日文章《中缅油气管道困局：沿线居民反对 50 亿美元成本难回》分析了事件如何进一步朝向恶化方向发展。http://news.ifeng.com/shendu/cj/detail_2013_06/17/26492106_0.shtml。

越一般意义营销和公关模式的知识结构、传播模式，是重新理解问题和解决对象的思维模式转型。一言以蔽之就是**基于一线调查的原创观点集成，指向策略解决的现实视野，旨在达成知识融合和知识转化的公益动机，凭借知识结构优化的海外投资和政府间互动模式解决方案。**海外治理比较适合企业在海外等复杂社会和政治环境的投资行为设计和风险控制，国际组织对本土知识的理解和利用，政府机构评估自己目标和战略设计的可行性以及执行的效果控制，文化机构在异文化的意义传播和认知传达。

二、海外投资治理的必要性

随着中国对外投资的规模和区域逐步扩大，如何保证海外的资源性、文化性、战略性投入的近期和中远期收益，巩固中国海外国民、海外资产、虚拟资产的安全，成为一个重要课题。尤其是中国在许多海外区域，如果不想完全克隆美国的军事、政治、文化霸权模式（更何况仍存在克隆的困难），中国反而更需要许多体现“巧实力”的思维和方略。

传统的政治治理情境下，对外投资、文化交流、政治互动基本上是通过国内政治体系的利益格局展开，由各自政策和项目管理的归口部门单线管理，造成了许多海外项目无法在危机时刻，第一时间集中最优质的资源进行应对。中国的海外活动往往具有连带影响和多米诺骨牌效应，例如环境类、资源类的投资，如果处置不当，会对政治、文化传播、民间交流、旅游、教育、国际协作等多方面产生负面影响。

我们从南苏丹、缅甸、菲律宾、马来西亚、乌克兰等案例就可以看出，由于当地政治情势的剧烈变动和突发事件的影响，它已经对中国在这些国家的政治、文化、经济、军事存在和海外利益产生了冲击。就连相对来说“软”一些的孔子学院文化项目，也因为一个统一、僵化、缺乏变通、重量轻质的原因，产生了难以为继的危机，近期芝加哥大学教授对孔子学院的大规模抵制就是明证①。

① 人类学界知名学者萨林斯罕见地在《国家》杂志（The Nation）撰写长文，呼吁美国院校对中国的孔子学院谨慎合作，同时对孔子学院的部分海外活动进行抵制。此文在知识界造成了重大影响，直接给中国软实力战略带来新的“挑战”。具体介绍参见《美国教授集体呼吁慎与孔子学院合作》一文，http://cn.nytimes.com/education/20140618/c18confucius/；英文原稿参见此文，http://www.thenation.com/article/176888/china-u。

具体到巴西的情境，中国公民、企业、文化单位在巴西的活动，虽然都从某个具体的角度切入，但是一旦进入多民族、多族群、政治势力派系林立、国际组织多元、利益冲突尖锐的巴西，它就和巴西内部的各种社会、政治、文化、经济议题混融在一起，甚至和巴西国内贩毒黑帮、各种底层“看不见人群”的社会利益交织在一起，形成一个独特的海外治理情境(overseas governance scenario)。

任何一个从属于外交部、海外涉外团体、企事业单位、民间团体的传统条块分割都将使得海外的治理，尤其是投资治理陷入一个低效、低质的困境和循环。随着中国海外生产区域的逐渐扩大和利益互动深化，中国必须补上海外投资治理这一缺陷：在制度设计、人员管理、工作方式、人才引入、社会杠杠使用、知识工具等多方面进行革新，以最大限度保证中国国民的海外安全和合法利益，同时也保证中国各种正当海外战略的有效施行。

从中国在海外所遭到的抵制和挑战可以看出，中国的海外政务和海外商务时常被海外知识界和媒体界标签化，即任何一个企业行为时常标记为国家行为或隐形国家行为。在这一意义上，企业家实际上是商业外交主体(business diplomacy)，但是企业家群体又没有自主解决自身海外困境的政治主导权、决策权、文化及大众传播权、跨国组织沟通权和外交综合素质，他们一般要通过层层汇报、统一口径、照令实施、事后冻结等方式统一与国内的对应治理部门挂钩，无法也不能进行第一时间的有效应对。

可以考虑整合对口企业和对口部门，协助成立中国海外投资治理平台，系统研究海外投资数据、突发事件、危机管理、风险控制、远景评估、信息转化、策略执行等，按照海外投资合规、首席风险评估官(Chief Security Officer)、海外跨文化传播、海外现场项目调研、非传统型外交等模块系统配置人员和资源，进行专门的赋能和授权。

关键之处还在于，中国应该和其他金砖国家率先尝试海外治理的国家协作架构和机制，不仅在政治和机构层面的粗线条合作，而是能够在民间社会、社会企业、学术研究、社区共建、冲突协调、危机应对、信息合作、外交架构等多方面形成“有机合作”。

在2011年11月的中非智库论坛中，中央民族大学民族学与社会学学院施琳提出了自己有关非洲研究的整体缺陷：非常欠缺关于非洲国家的民族学、人类学田野调查和当代非洲民族志研究，欠缺对于非洲各地区、各民族的民族文化的细节的掌握、整体性认识与不同类型的比较分析，缺乏立足于第一手资料、非常细致、扎实的社会文化研究。她认为，这对于中非关系向更广阔和纵深的领域拓展是不利的，其他很多研究也难以真正深入下去，在制定和执行对非具体政策时也容易出现偏差，因为往往会撞到透明的“文化的墙”。因此，她建议国家应该适时加强对非洲的民族学、人类学基础调研，设立此类研究科研项目，比如说“当代非洲民族志与多样化发展经验比较研究”等，把我国对于非洲社会、民族和文化的认识提升到一个新的水平[①]。

（一）非洲案例：如何超越“坦赞铁路”式的意识形态修辞和认知模式

在中国的官方话语中，经常强调自己对非无私、援助、国际共产主义精神，并利用这些有一定宣传色彩的表述来进行国际传播和沟通，甚至用作国际政治的战略设计的基调。例如，中国政府时常进行如下表述：中国是负责任国际角色的大力实践者，中国秉持积极有为的国际责任观，一贯以负责任态度建设性地参与非洲和平与安全事务[②]，中国是联合国安理会常任理事国中向非洲派遣维和人员最多的国家，迄今中国为非洲国家援建了上千个成套项目，建设铁路 2 000 多千米，公路 3 000 多千米，体育场 42 座，医院 54 座，派出了各类技术人员 35 万人次，培训非洲各类人员 3 万多名，向非洲国家提供政府奖学金名额 3.4 万个，近期中国向遭遇大面积饥荒的非洲之角国家，提供了总额 4.432 亿元人民币紧急粮食援助等。

但是在这些对非成就基础之上，我们应该反思，当我们对非洲坦诚相待，长时期以来我们在国内仍有大量社会问题的前提下，对非洲的社会经济建设提供了大量援助，为什么这些成就和诚意仍然没有阻止国际社会对中国的“新殖民主义”指责？为什么在非洲社会也存在一些不满和责难？这些问题是否和我们的“非洲观、非洲知识”破碎支离，与现实脱节存在一定关联？

笔者认为，在所谓的中非智库建设过程中，其实至少存在三个维度，只有这些维度被综观，才可能实现中国摆脱长期在知识领域的“知识逆差”，为世界问题

---

① 出自自然力研究院与中国对外友协合作的《非洲》杂志，发表于中国驻肯尼亚大使馆官方网站，http://ke.chineseembassy.org/chn/zfgx/t890597.htm。在海外民族志研究方面，独立智库香港自然力研究院进行了系统尝试，其中包括整理和译介近年来由欧美及亚洲学者在非洲的原创民族志，即自然力研究院非洲民族志计划。

② 王晨《提升中国国际新闻报道的全球影响力》一文对中国的国际传播软实力话语建设提出了清晰描述，http://www.scio.gov.cn/zxbd/tt/Document/1253641/1253641.htm。

提供自己的观点、视角、方法和原创思想。

第一，以中非互动为例，中非智库研究应该是一个二价结构(dyadic)，也就是说我们只有不断寻找中国和非洲之间的相互关联，才能理解中国和非洲社会的真实差异，社会问题的呈现模式，所面临的全球化陷阱，在现代化实现过程中所遭遇的困境。因此，中国和非洲必须作为一个整体来考虑和研究，这就是我们所说的“比较非洲学”。我们的很多研究，往往是基于单一视角研究的程序跳转，硬生生从一个国家、语境、场景转换到另一个背景当中，难免出现问题。对于非洲国家来说，如何汲取我们在改革开放 30 年以来，从一个相对封闭的社会主义国家迅速向全球化、市场化、现代化国家迈进中所犯过的错误，是一个非常重要的课题。同样，如果我们能理解非洲从封建、落后、殖民、后殖民语境中挣扎的阵痛和认知痉挛，了解他们的欲望、抱负、责任、眼光、憧憬，我们可以进行更好的沟通和交流。

第二，中非智库研究的第二维是寻找到一个更为开阔的研究视野，也就是要站在第三极看中国和非洲，刚才所说的是站在彼此的时间和空间相互观照，作“镜面观”。寻求一个国际语境和维度则是一种“第三只眼”和跨越观念。我们因此要非常仔细研究来自欧洲、美洲、亚洲各国对非洲的体察和认知，从他们的视野中还原出另一个中非议题和研究目录，并通过这个认知路径来指导以本国、本族、本谱系为主体的策略设计和方案实施。笔者在进行调查和写作过程中注意到香港自然力研究院正是在第二维做了一些工作，该研究院的非洲民族志精选和译介计划，将大批来自非洲、欧洲、美洲、亚洲的经典民族志和现代研究转译成中文，同时邀请有思想和观点的学者、策略家、分析师来分析这些数据，产生一个基于第三极的“金字塔”学术——看“他”如何研究“他”，“他”如何反应，通过这个研究的视觉循环来理解“我”这个主体的研究独特性和局限性。

第三，中非智库研究的第三维在于真正的原创性和中国本位，这不是一种学术的民族主义，而是一种真正的反思性抱负，我们要通过中国这个研究地域，中国学者这个群体，中国经验作为一种反思路径。中文作为一种思索性语言，生产一种真正原创性，启发知识增长的原创力。通过这种方式来解决全球化语境中中国在知识界长期的“知识逆差”，大量西化、洋化、客体化、工具化的知识梳理和被动认知，解决缺乏原创能力和想象力而造成的现实问题。

笔者检索并研究了 2008—2012 年的中文主流媒体(新华社、中新社、《中国日报》、新浪网、光明网)在与非洲和“黑人”有关的各种报道，筛选了 1 500 多篇文章进行细致分析，试图通过初步的内容分析来理解作为构建“黑人形象”的主要主体之一——中国的媒体在报道中所体现出来的视域和知识结构。从下图的内容(图 1)可以看出，中国媒体自身的议程设置、报道程序、内在逻辑、知识结构在一定程度上与中国受众的认知水平存在着密切关联，这也进而影响了中国政府在海外事务以及全球治理等问题上的开放性和政策想象力。

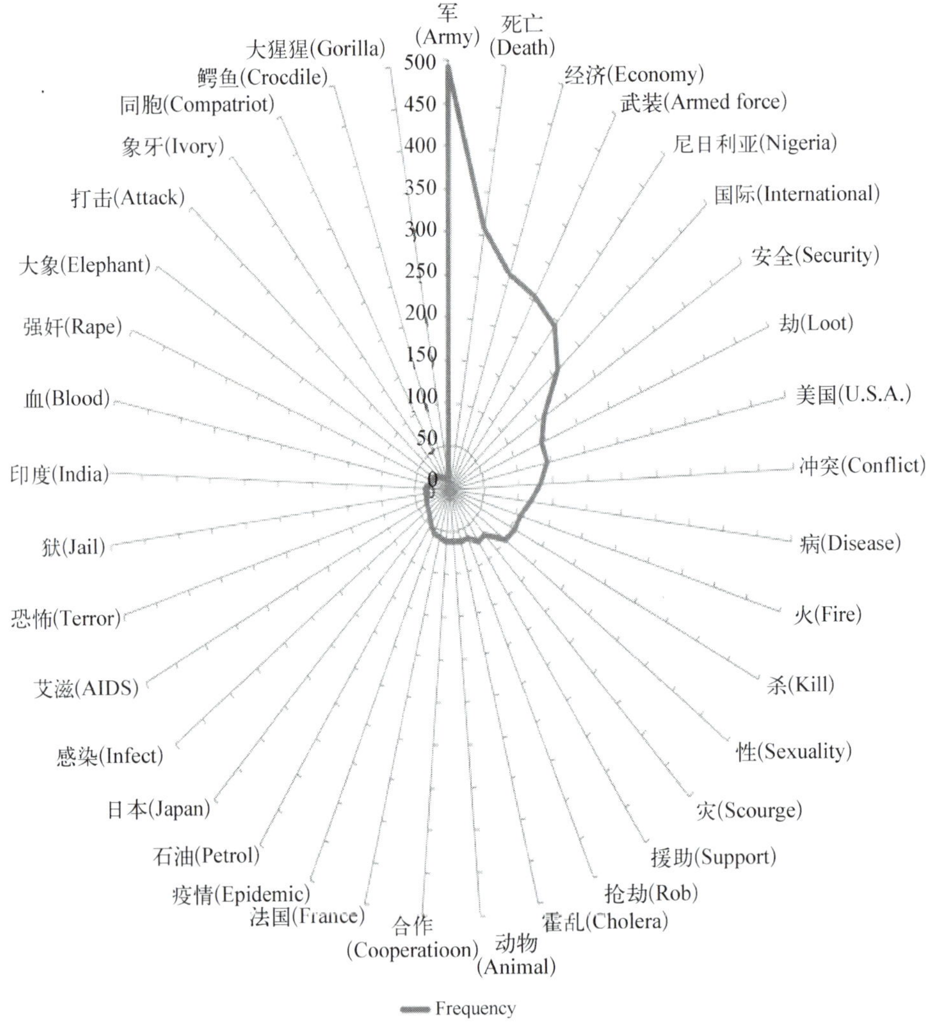

图 6-1 中国媒体在与非洲和“黑人”有关的报道上所体现的语词频度分析 2008—2012

当一个具有外来、大量、身份单一、陌生、侵略性、挑战秩序、牟利性、不驯顺的群体出现，中国的国内管理者和海外治理负责人某种程度上出现一种高度一致，开始将这种群体视为一种异族，“阿帕特黑特”（apartheid，常被译作种族隔离）文化心理开始显现。这种文化心理和中国的“蛮夷戎狄”外族传统四分法颇为相似——中国历史和文化叙述中，虽然曾出现多次民族融合和异族统治，中国仍然有着一种顽固的“中间族”民族想象体，与南方的蛮、东边的夷、西边的戎、北边的狄，以及无数用鬼、番、生、犬字旁所修饰的人群，他们多生活在“中间族”的经典区域的外围和边缘。从某种意义上说，依靠熟人社会、关系圈层、唐人街模式、中国海外经济特区的“走出去模式”，往往在海外建立了一个中国飞地，它虽然带来管理和效率的方便，但是实际上并不利于中国海外生存的长远格局。

西方学者在分析非洲的种族隔离制度时，将 apart，理解成分离、隔绝、中断、区分，将 heid 理解成荷兰语语源的表示状态的名词性词汇，相当于英语中的 hood。事实上，学者何卫认为，apartheid 一词是在第二次世界大战后种族主义受到普遍谴责情况下作为种族主义的“口号”进入南非的政治词典中，apartheid 又是世界上唯一存活的、在国家法律制度上得到肯定的制度化种族主义。20 世纪 60 年代，为了规避来自外界的强烈批评，当时的非洲执政党祭司开始将“种族隔离”稀释和转化成“自主发展”（self-development）、“独立发展”（separate development）、“多元民主”（plural democracy）、“多民族主义”（multi-nationalism）。

现有对非洲这类海外新兴市场的应用研究中，鲜有中国学者从语义学、本体论、逻各斯中心主义、实证主义等角度去认知中国在海外的生存情境、潜忧、危险、突破路径，并通过海外商务和海外政务可理解和可执行的方式，让海外中国人吸纳。我们的海外研究往往停留在全球化、生产、地方、能动性、流动性、后现代、非流动性等思维框架之下，盲目去追逐和研究那些动态和流动，而忽视了一个事件和现象本身静止、内核性的实质。

正如一些非洲本土的政治家所言，中国如果只想要非洲的财富和资源，却不愿意非洲人在中国本土贸易、生活进而寻找个人的梦想和尊严，这是不现实的。来自非洲大陆的人群，当他们生活在中国，事实上成为一种桥梁，一种来自非洲大陆的“黑色素”，它需要切实的民族融入、宗教包容、社会管理创新、教育配套、生活方式兼容、跨文化交际模式和机制，才能造就健康的“广州国际化肌肤”和“中国国际肌肤”。

三、摆脱“中国公司”和“资源外交”的局限

国际社会经常将中国的对外经济和文化交往模式概括为中国公司(CHINA INC.)[①]或“资源外交”，中国也因此至少在国际媒体上被定义为实用主义、重商主义、资源和物质导向，甚至是“新殖民主义者”。

中国的“走出去”国家战略实施了多年之后，确实需要找到一个新的投资和国际交往模式。由于企业“船小好掉头”，企业如果能从海外“疯投”转变为海外“智投”，或许在解决企业自身处境的同时，也给挑战重重的中国式外交提供一些新思维。

要做到一种投资和海外交往的新模式转型，关键是两个因素：第一，从新角度认知海外环境和投资行为；第二，投资主体的知识构型和思维模式的转型。中国的海外投资或者政府外交，毫无疑问都具有既定的模式，这些模式在具体历史情境中出现，有其自身道理，是中国在1949年以来苦心经营的结果，只不过世事变迁，主体变革，中国在思维、策略、战略层面的适应速度发生了问题。

很多国有企业投资，一般都使用的是跨国公司、咨询公司、资本市场、投资财金分析的策略模式，首先是企业老总见国外的政要和部长级别政府要员，获得政府重视和“政府批文”，再接着一轮的并购、融资、投资金融分析，海外的咨询公司、会计公司和风投公司将各种投资文案整理齐备。

这些当然是必要且“高效率”的投资准备和市场进入模式，但是在笔者看来，这是“火箭发射模式”，项目介入人往往在乎的是把企业“送上天”，但是没有解决后期的飞行轨道、弹道学轨迹、“落地姿势”的问题。很多企业进入海外投资之后，留在当地的一般多为技术、管理背景的高管，对当地的文化、宗教、政治、传媒、社会细节了解程度和学习能力相当有限，而这些“软因素”往往最终影响企业在海外的持续繁荣和发展。

(一) 印度案例：经济互动背后的政治阴影和宗教隔阂

在笔者与云南省社科院南亚研究所所长陈利君访谈时，他提到中国与南亚

---

① 参见《外交事务》杂志文章，http://www.foreignaffairs.com/articles/61165/lucian-w-pye/china-inc-how-the-rise-of-the-next-superpower-challenges-america。

经济圈的现实互动：目前，中国与南亚、东南亚经济互补性强。中国与南亚、东南亚国家在资源、产业、商品和技术结构上存在较大差异，而且在短期内不会消失。中国经济发展的总体水平要高于南亚、东南亚许多国家地区，特别是制造业，中国已成为“世界工厂”，使得中国的许多产品在这一区域都能找到市场。南亚国家服务业占 GDP 的比重高，超过 50%，与中国不同。其中印度被称为“世界办公室”，其信息产业特别是软件业发达。东南亚资源丰富，而中国资源短缺。这也使得双方经济存在互补性。再加上南亚、东南亚国家人口多、经济发展快，使得中国与其合作潜力巨大。同时因为南亚、东南亚是世界新兴市场，使世界许多跨国公司纷纷进入，加大了与中国的竞争力度。南亚、东南亚战略地位的重要，使得区域内的新加坡、马来西亚、泰国、印度等竞争激烈，而且区域外的美国、日本、韩国等也纷纷进入，也加剧了竞争。在东南亚，美国是一个传统势力，近年又高调重返东南亚。日本有资金、技术，也在积极推进与东南亚的合作。印度也正在推行“东进”战略，东南亚也很感兴趣。印度“东进”着眼于战略，又谋求经济合作，也是中国的一个竞争对手①。

在美国霍普金斯大学中美中心教授艾大卫看来，中国和印度隐藏着深深的不信任和猜忌，这里面有一个关键的原因是地缘政治、交通、军事力量对比有关。艾大卫认为，印度一度认为自己有着非常稳固的防线，喜马拉雅是永恒且不可逾越的屏障，丛林和印度洋也带来印度的安全感，但是随着中国国力的增强，通过基础设施建设、水资源开发、军力竞争、经济扩张等因素，传统国界和安全壁垒已经不断被全球化要素的流动而吞噬和瓦解，印度已经无时无刻不感受到中国的存在和压力②。

中国学者针对中国政府所关心的中国西南、边疆省份、民族地区、宗教地区、国际河流地区、能源地区、生态地区等主题的研究；同时对宗教、民族、历史、社会的民族志深描不仅有助于中国政府理解和解决回教问题、藏独问题、疆独问题、伊斯兰问题、佛教问题、基督教渗透等跨边界问题。同时还可以把这种解决冲突、争端、利益格局的经验运用到全球其他区域。研究全球其他地区的同类问题也可以为解决国内问题提供借鉴。

中国学者和官方媒体喜欢引用这些历史纽带信息：经云南过缅甸抵印度的

---

① 2012 年 8 月笔者针对云南周边、印度德里进行了考察和研究访谈，此为研究笔记摘录。2014 年 5 月，笔者再次进入印度德里，与大学、媒体、智库界的资深人士进行访谈。

② 基于 2013 年 9 月，对艾大卫教授的访谈，研究笔录，未经作者本人审阅。

“蜀身毒道”（又称为“西南丝绸之路”）至迟到公元前4世纪末就已开通。中国的丝绸、丝以及养蚕技术等通过西南丝绸之路传入印度，印度的天文知识、医药知识，炼锌技术、铁器防锈处理技术等传入云南。抗战期间，滇缅公路、史迪威公路、驼峰航线、中印输油管道相继开通，为世界反法西斯战争的胜利作出了历史贡献。

然而在现实的印度社会，这种中印互动的美好回忆只是一种“媒介植入事实”和“历史便宜记忆”(memory of convenience)，它有时无法真正进入现实的治理和政策应对层面。真正关键的是活着的历史和延续的生活流，只有找到并针对这些要素进行回应，才是有效的国家战略和个体应对策略。

例如，在水的问题上，在中国最容易凸显的是其资源、生计、经济层面的价值，而在印度，水从一开始就是一个宗教问题。在印度教当中，水的概念是一种原初物质，它是一种涤除和跨越阈限的工具，在它身上体现一种整合性力量；水源和高山是印度教徒的精神原式，它具有无上的价值和意义。围绕这个问题的冲突，虽然表现为经济投资、水资源开发、城市化扩张、现代化进程，但是最为实质的问题是宗教问题，以及因此引发的对资源、环境、政治等连带效应。

在与印度非暴力选择基金会研究团队座谈时[①]，印度学者、智库专家、退休外交官以及海外藏人的团队不断强调的是水的精神价值、生态价值、族群认同价值，中国在与金砖国家等新兴市场国家互动时，关键需要在这些一级目录形成共识，才能开展真正具有远见和负责任的项目，否则极易成为当地社会和发展矛盾的替罪羊和斗争砝码。

在印度方面，当地学者、政客和智库尤其关注围绕水资源的中印暗战和明斗，印度民间和政府的水电开发设计达到168个水电大坝之多，总量5.7万兆瓦，如果这些水坝都被建成，将成为中印争坝的“死亡游戏”和“轮盘赌”。对此印度退休少将维诺德(Vinod Saighal)认为，中印因为政治方面的障碍使得许多针对喜马拉雅和雅鲁藏布-布拉马普特拉河的联合科考及可行性开发研究无法进行，而两国本应该建立一个基于长远共同利益的千年平衡：“要知道历史上，中国人眼里的印度就是西天，我们两国之间具有非常深厚的文化情感和彼此认同，不

① 2014年5月，笔者针对印度非暴力选择基金会的水资源和发展学专家进行了为期三天的座谈和讨论。

应该在现代的发展至上时代变成零和博弈。”维诺德在印度的一次私人谈话中对笔者说道[①]。

在一次由尼赫鲁大学、中国科学院水资源研究中心、印度非暴力选择基金会、斯德哥尔摩大学等多家机构的圆桌讨论中，独立智库自然力研究院和横断山研究会的负责人提出另一个超越零和博弈的知识融合计划。

该计划主要倡导针对喜马拉雅等山川河源地区及中下游地区进行跨学科联合科考，建立基于水话题的喜马拉雅顶尖高校水研究联盟，甚至在水源地建立实体型的一流研究型大学，同时通过独立、非党派、国际合作的方式，在水源地或中下游地带召开轮值“水峰会”，基于原创前沿科学研究，与民间机构、政府、企业、高校等共同制订全流域和跨经济区的水开发和生活方式知识解决方案。这是将水竞争和水资源短缺放到全球气候变化和资源环境危机的背景下考虑，而非简单关注一个具体族群、生态圈、文化带的存亡，探讨更为综合性和建设性的全息视角。对于因河流流经发达区域的经济增长方式、生活方式、能源利用模式失当所造成的不必要水电需求，应该从需求、认知模式、经济形态和结构方面进行重新设计，甚至可以通过“国际水银行”的方式来管理水储蓄、水信贷、水融资、水发展等刚性社会需求。

在西藏的民间和印度的知识界，有一种关于水、资源、环境、人的表述颇具新意，笔者将其大意翻译为：世为容器，载万物以宏量，事人以宽仁，我辈当慎行以报之，因为器若不存，人将安在。

两度考察印度，笔者最深的体会是对于喜马拉雅、横断山、雅鲁藏布江等山川自然风物原生之地价值的认识，也意识到中印必须看到命运的远处，看到这些区域的人群基于水的福祉共同体(aqua-commonwealth)。

作为对地球气候影响起到关键作用的青藏高原和喜马拉雅地区，它仍然是人类认知非常有限的区域，这一区域在地质化学、冰川学、大气化学、生态学、地震学、人类学、地理学、古生物学等诸多领域的巨大潜在“知识能量”远没有发挥出来，但是就在这种诸多未知基础上，人类已经决定利用其他常规性河流建坝的知识，应用到异常复杂多变的喜马拉雅和雅鲁藏布区域。

当中国海外商务和海外政务能在进入国外时，通过更为开创性、知识性、战

---

① 2014年5月，笔者针对印度非暴力选择基金会的水资源和发展学专家进行了为期三天的座谈和讨论。

略性的角度去与当地关键人协同认知发展机会，领会发展的可能和路径，中国往往能获得更为长远的收益和心悦诚服的国际承认。

作为研究者，我们要关切这一事实：研究、投资、国家外交之间的关系其实非常紧密，但一般企业投资，往往急于找法律专家、政府官员直接谈，然后从资源角度看了现场，马上就以“走出去”的名义在一个地方设厂招工，很少有企业去研究非洲这一区域的投资历史、殖民历史、当地在海外殖民和后殖民系统中的地位、当地的矛盾构成、投资与政治之间的冲突发展列表、投资产出与社区之间的关系、当地居民对外来企业的态度和需求、可能的风险全面评估、风险产生之后的利益维护机制、本土人协调斡旋机制等。

另一方面，我们要意识到，海外研究不仅“有用”，而且有重大的知识范式建立价值。关于国外社会的民族志既是人类学的学科核心，又是全球知识生产体系中一个国家的社会科学实力的基础。受制于中国所处的现代化发展阶段的社会心态、集体意识等现实情况，中国研究者不便于到国外社会开展调查研究，国家和企业家的海外存在也受到威胁。关于全球社会的实地调查或者国外社会的民族志研究，显然已经是中国人类学界日益急迫的知识需求。中国已经是国际社会中的有机组成部分，中国人和中国货已经扩散到全球的各个角落并且在急速增加，中国的时间和空间框架都被全球化了。这个格局在中国孕育着对于外部世界的巨大的知识需求，在国际社会则孕育着让中国学者积极主动参与当代世界知识生产的需求；换句话说，中国需要全球知识，世界也需要中国观点和中国眼光。

四、结论：中国和“金砖”作为一种方法——金砖五国架构的新共识

从以上印度和非洲的主要案例展开可以看出，在金砖五国架构中，中国在两个维度具有绝对意义的独特性：在时间维度上，中国在较短时间实施了异常频密的变革，并在社会、经济、政治、文化等多方面积累了极为丰富的“治理数据”；在空间维度上，中国不仅在国内异常分化的省份实施了快速和影响深远的建设实践，同时还因为资本的本能，进入海外生存的阶段，其深度和广度前所未有。

关键在于，中国取得的许多成就是以重大代价而换取的，这对于巴西、印度、南非等后发资本主义国家研究制定经济发展策略和对外战略具有重要的方法论

意义，尤其在文化多元性、生态多样性、传统承续等方面，中国具有不可多得的样本、案例等“数据价值”。

在这个意义上，中国应该正视自己惨痛经历和严峻现实，在打造中国模式的同时，也要分享和输出中国教训、中国经验、中国方法，并基于这些现实来共同设计、倡议、协同、创建新的区域价值观和共同远景。

对此，中国和海外必须作为一个整体来考虑和研究，这就是我们所说的（海外情境的）“中国观”和金砖方法论。对于金砖其他国家来说，如何汲取中国在改革开放30年以来，从一个相对封闭的社会主义国家迅速向全球化、市场化、现代化国家迈进中所犯过的错误，以及如何应对西方资本主义深度危机所造成的全球危机，是放在它们面前的议题。同样，如果我们能理解非洲、巴西、印度等国从封建、落后、殖民、后殖民语境中挣扎的阵痛和认知痉挛，了解彼此的局限性、特殊性、优越性，我们可以进行更好的沟通、交流和协同。

金砖国家都需要找到一个第三极来看自身，并通过这个认知路径来指导以本国、本族、本谱系为主体的策略设计和方案实施，通过这个研究的视觉循环来理解“我”这个主体的研究独特性和局限性。海外绝非物质意义的矿产能源来源、粮食安全基地、国际市场、海外生存空间、国际博弈杠杆那么简单。

中国如果能真正言行一致体现出自己在方法论上的原创性、责任心和战略抱负，金砖国家的中国就不仅是一个投资杠杆、廉价劳动力、策略工具，而且是一种具有建构性的“中国观”和中国方法。中国不会被简单理解为一个具有“帝国心态”和“民族主义”特征的崛起威慑力，而是通过中国这个研究场域，包括中国学者在内的国际群体，凭借中国经验作为一种反思路径，中文作为一种思索性语言，金砖等海外因素为启思情境，生产一种真正原创性的知识增长。

在海外的政治经济学语境，中国的海外投资和资本流向，一般都被国际社会认定为具有较强的政治属性——有时在执行一种国家任务，尤其是当中国海外投资以海量的投资在国际咨询机构认定为高风险区域进行短期巨量投资时，更被认为是一种以企业为媒介的政治策略行为和文化传习行为，也就是香港独立智库自然力研究院所称的商业外交（business diplomacy）和企业文化涵化（entrepreneurial acculturation）概念。

当中国资本走向海外，围绕着国际社会、国际投资场域、中国海外政务、中国海外资本、国际媒体等主体的信息鸿沟、观念认同、专业程度有着巨大差异，中国海外投资如果仅仅依靠国家外交、遵守显在社会规则、漠视影子权力和“丛林语法”、单向度行政化的沟通策略，极容易陷入上述不同知识圈的灰色地带和陷阱区，不断酿错而不自知，知错但不知脱困方略。

我们已经看到，无论是在中国传统的文化和政治影响区，例如东盟、南中国海、湄公河次区域、南亚次大陆等，还是在非洲、巴西、印度这些新兴经济和政治互动地带，中国尚没有有效生成合作远景的能力。这种远景指的是能够让合作对象国真正心悦诚服的区域合作框架、文化认同、远期利益达成机制，同时用负责任的投资和具有想象力的合作框架，实现包容增长，使世界更好理解中国。这种远景首先需要中国知识界、民众、企业界、政府真正以平视视角对他国进行系统的了解、认知、分析和沟通。

第七章

巴西之根、资源诅咒、丛林热

——海外投资治理困境

因为独立智库自然力研究院《中国海外投资环境影响与文化适应》项目的缘故，我自2012年起，与巴西利亚大学、金砖五国智库的同事锁定几个土著资源密集区域进行合作研究，我主要针对巴西政府、智库、国会、非政府组织、中国企业、中国驻巴西政府代表等方面进行访谈，其他巴西同事在土著区域进行走访和调查，最终试图了解包括中国资本在内的外部经济力量如何在巴西土著区域进行投资，并可能产生哪些社会、经济和生态影响。

2013年6月，我在巴西圣保罗、巴西利亚、莫托格罗索等地区访问和采访了两周，其间主要的内容就是研究海外投资如何在巴西的生态敏感地带产生影响，特别是当地人如何面对来自外部的生态风险。

我和巴西的同事在巴西利亚碰面，然后开车前往莫托格罗索，司机是当地土著夏湾提人（xavante），他在巴西利亚的政府部门工作，他提到这个称呼其实是葡萄牙殖民者给取的，当地人自称阿乌翁恩·乌普达比（A'uwe Uptabi），意思是真正的人。因为殖民者的压迫，阿乌翁恩人四处流徙，遍布巴西利亚、莫托格罗索、戈尼亚州等地，这些区域有中国人投资的大豆种植园，而在毗邻的巴雅地区（Bahia），有更大规模的中国农业投资。

根据巴西发展部提供的数据，2012年巴西出口中国贸易值达412亿美元，中国出口巴西的贸易值达342亿美元，增长迅速，相比较中国对巴西的出口贸易，2009年仅为150亿美元。同年，巴西出口中国排名前四名的商品为铁矿石139亿美元，大豆119亿美元，原油48亿美元，甘蔗11亿美元。可以看出，中国对巴西的投资，目前仍然集中于资源、土地、劳动力密集型的区域，这些投资具有重大的环境风险，容易造成毁林开荒和生态退化、水土污染，并且在项目地使用童工等问题。

在采访巴西利亚负责招商的部分官员得知，2013 年前五个月，巴西对中国的大豆出口增长迅速，相较去年增幅达 24.5%，从 66 亿美元增至 82 亿美元。虽然中巴贸易呈现量上的可观增速，但是因为中国投资海外的结构性、战略性、文化性缺陷，使得中国海外生存面临着巨大挑战，巴西也不例外。

一、背景：权力交织的巴西土著政策乱局

巴西 1988 年宪法 231 条专门针对印第安人而设，其中特别提到土著所居住的土地属于联邦政府，但是土著对地面上的财产拥有权利，政府在与所涉土著协商之后，可以同国会共同出台开发政策，进行水电或矿业开发等投资[①]。

2002 年，巴西对国际劳工组织 169 条的内容进行了修订，进一步对土著事务和本地协商进行了详细约定。目前巴西全国 13%的国土涉及土著权益，而这些土地 97%位于亚马逊区域，尤其是亚马逊北部，随着土著权利运动的开展，未来土著所涉土地有可能增加至国土面积的 20%，但是这些区域人口分布稀少。一些土著权利团体甚至宣称瓜拉尼(Guarani)的印第安人即将创立一个独立国家。围绕土地所有权、土地利用的争斗在巴西非常激烈，其格局也相对复杂，不仅少数族裔团体希望获得更多的实际控制区域，政府也希望扩大自己能够直接掌控的区域，以进行各种商业开发和基础设施建设，与此同时，巴西政府还要面临私有领地的法权问题，例如马托格罗索(Matto Grosso)前任州长布莱罗·玛吉(Blairo Maggi)私人就拥有 40 万公顷的土地，因此国内农业改革、私有土地政策改革的呼声不断。

巴西现有的土地政策和土地地权矛盾造成了管理和保护上的难题，巴西的农业开发使用大量的化学制剂和杀虫剂，农牧业发展蚕食了大量土地，造成植被区域的减少。在亚马逊丛林地带的隆多尼亚(Rondônia)，当地为了发展农牧业，大量森林被砍伐，牛已经发展到 1 200 万头。一些为新能源提供原料的甘蔗种植也是亚马逊保护的大患，尽管如此，帕拉州(Pará)、福勒克萨-里别罗州(Flexa Ribeiro)还在向国会呈交议案，希望能获准进行砍伐，为了能在亚马逊丛林过渡

---

① 2013 年 6 月，我与巴西同事帕特拉斯(Petras Shelton-Zumpano)对巴西国会下议院议员 Padre Ton 进行了一个多小时的访问，同行的还有土著妇女权益和夏湾提(Xavante)土著权益保护方面的代表。本文中许多有关巴西土著动态政策得益于议员的介绍，再次特别致谢。

带发展甘蔗种植。

总体来说，土著事务不是巴西政府的重中之重，相较之下，教育、医疗、社会公共政策、劣势人群保障等领域的进展更快。在政府工作重心的偏倚格局之下，土著团体为了谋生，将大批土地租赁给外来人员，这又造成新一轮的环境和社会问题。总体来说，宪法禁止在土著区域开矿，但是国会在这方面的立法被搁置了，政策空档期的许多水电和矿业开发并没有考虑到土著的权益，许多土著团体自己上马土法采矿，让当地环境雪上加霜。

2013年国家土著基金会（National Indigenous Foundation，葡萄牙语为FUNAI）向国会提交了新的土著所享土地地图，许多团体也提交了它们认为的所属地地图，包括国家殖民和农业改革研究所（National Institute for Colonization and Agrarian Reform，葡萄牙语名称为INCRA）、帕尔玛勒斯基金会（Palmares Foundation），后者提到了由巴西历史上逃亡奴隶组建的社区——也就是奎隆博拉斯（quilombolas）的土地区域。在这些土地地权争斗中，国家土著基金会面临主要压力，各个组织活动频密，如果奎隆博拉斯和非洲裔巴西人不积极活动，他们的处境将每况愈下。一些土著团体使用更为策略性的抵抗政策，例如蒙杜如库人（Munduruku），他们选择在帕拉州贝洛蒙蒂（Belo Monte）水电站建设区域抵抗，以获得最大的外部支持，当地政府计划在塔帕约斯（Tapajós）和特勒斯-皮勒斯（Teles Pires）修建大型水电站。

二、资源诅咒下的“丛林热”和都市症候：对巴西抗议性政治的人类学分析

2012年4月初，巴西Barreiras的Bahia发生无地农民运动，作为犯罪率高发的地区，当地无地和失地的农民，攻占市政府，同时强攻“无主”的大片土地，中国的重庆粮食集团的大豆种植和加工16亿美元的投资地就在这一区域。巴西的农民运动在当地叫做“无地农民运动”〔Movimento dos Trabalhadores Rurais Sem-Terra (MST)〕。

与土著权力、政府不良治理、外部资本、社会失序和分化等复杂原因有关的巴西抗议性政治，时常借由某个具体事件导火索蔓延开来，其中有些抗议因为涉及外来投资者，与中国的投资走出去战略关联起来。不仅是巴西，中国应对走出去战略遭受挑战的核心问题是如何找到一个利益平衡和多元对话机制，避免海

外巨额投资陷入“万家诉讼”的联合抵制。

（一）巴西的土著语境：和中国民族政策迥异的格局

相比较中国，巴西的土著在内部组织上更为精细，讨论的机构更为多元，其在表达和利益诉求等方面更为直接。

专门从事土著权益保障和呼吁的杂志《巴西之根》主编希德（Cid）在接受采访时提到，巴西的土著有 220 多种，说着 180 多种语言，虽然分布广泛但是有不少专业组织架构，例如亚马逊土著组织协调机构、土著组织安第斯协调机构、中美洲印第安事务、巴西土著权益表达组织、巴西土著研究院知识产权项目、族际记忆和本土科学委员会等。

这些多元的土著权益和知识赋权组织不仅起到团结彼此传递知识的作用，还能在重要的场合代表不同族群和集体，向外来资本、本国政府和国际社会清晰表达自己的诉求，对各种环境、发展、文化保护争议等问题进行商讨和寻求路径解决。当然，巴西的土著因为长期遭受压迫和殖民阴影，他们向来是“不惮以最坏的恶意来推测外族人”，同时报以最为严厉的打击。

在巴西利亚住房部工作的人类学者帕特拉斯·赞帕诺介绍，巴西的土著最为重要的利益保护举措就是推动巴西各级政府对土著区的划分、勘界、确认，以最大限度保护他们的族群利益。有关巴西土著到底应该占据多少土地，如何划分，也因此成为长达数十年的政策游说拉锯。当我 6 月初访问巴西首都议会大楼的时候，就有多个会议厅在激烈讨论有关土著权益的问题，而在我即将离开巴西时，就目睹巴西声势浩大的街头政治和示威游行——当然这个超过 200 万人的示威关涉巴西的发展机遇公平、社会福利和政府腐败，但也从一个侧面可以反映巴西的社会问题，内在矛盾激烈，一触即发。

这种围绕在土著、权益保护机构、政府官员、外商之间的利益划分、信息鸿沟和态度差异，一定程度上决定了巴西在环境保护方面的多重困局——而与土著和本土社会有关的坏消息，对外资和政府来说，并不一定是好消息。

阿德里亚娜·拉莫斯（Adriana Ramos）是巴西富有影响力的社会环境研究院的执行秘书，也是可持续亚马逊论坛的负责人，她认为巴西的许多法律虽然在不断完善，但是在执行层面却相当宽松，为各种事实上的违法和不合规，留下了各种可能。

包括可持续亚马逊论坛在内的多家组织对巴西官方的土著事务机构颇有微

辞，认为他们的工作基本上没有太大的作用，凡是涉及生态环境保护和土著权益维护，他们的反应速度偏慢，态度过于敷衍塞责。目前巴西政坛有多种不同的政治势力，在划分土著居住区的问题上存在较大分歧，原则上这些被标示的土著区域，其投资违法的难度和成本将大大提高。

于是，在巴西利亚的政府部门门口，一拨拨的土著群体来首都告“御状”，示威游行，而另一方面各类超大型的投资仍在持续进行，例如贝洛蒙蒂（Belo Monte）水电站、加拿大投资的巴西最大金矿、重庆粮食集团的重庆“油瓶子”工程——耗资 57.5 亿元人民币、占地 300 万亩的大豆种植园项目等。在从巴西利亚开车前往蒙托格罗索的过程中，我看到沿路的植被是草场、灌木和密集丛林，是向雨林地带逐渐过渡的草原式景观。

司机拉法约（Rafael）告诉我，这里的植被已经逐渐被破坏了，随着牛群和种植的逐渐增多和扩散，必然造成整体环境的退化和沙化。我从蒙托格罗索城镇驱车 3 小时进入司机所住的村庄，这里相比较沿路的城镇，植被比较丰茂，但是可以看出，这些丛林地带，已经逐步破碎化，被不断扩张的发展区和垦殖区域切割成破碎的地块，形成一个个的“生态孤岛”。

（二）外来者与土著的角力：超越僵局需要更具实质意义的企业责任

有关资源、土地、生计，在土著、政府、外来资本看来，其意义和内涵各不相同。在土著看来——如厄连娜·坡蒂瓜拉（Eliane Potiguara）的族群领导层所描述：“土著人的所有的财富在于土地、文化、传统、精神信仰、艺术、语言这 整体，它共同构成一种世界观。”我在巴西调查的过程中，许多土著人群和组织领导人都将外来人称作“入侵者”（invader）。在巴西，巴勒斯坦诗人马哈玛德·达维希（Mahmud Darwish）的一句话时常为土著权益组织所援引，从这也可以看出当地矛盾的剑拔弩张：“坚持抵抗，保持警惕，准备战斗！”

对于政府而言，土著的权益和抵抗在他们看来是自己 1988 年宪法的承诺——长期没有完全兑现的承诺。巴西虽然在宪法中有对土著领土的描述，以及对其权益的确认，但是在现实的政治环境中，土著的领土标识、确认、立法、施行却步履维艰。一旦有巨额外资的诱惑，政府经常就擅自发出开发执照，没有和本土利益关联者协商之下交与外人，造成大量事实层面的争议和矛盾冲突。

根据巴西社会环境研究院提供的数据，2005 年，发生在泛亚马逊丛林区的印第安人土地的采矿，一共涉及了123个不同印第安族群的土地，而所涉及的项目地一共卷入了2 982个土地个案，其中只有367个印第安土地被政府正式标识，其余都是印第安人眼中遭侵略的乡土，他们都遭遇“资源诅咒”。

在外来资本的眼中，巴西丰富的矿藏、物产、资源被视为处女地，无论它是否关涉当地人世代居住的栖息地、神迹频现的场所、生物栖息的挪亚方舟，都被简单当作一个项目来进行开发，他们和本土人的关系时常被处理成经济补偿关系。

面对这些来自外界无所不在的影响和凌厉攻势以及沟通僵局，我去调查的土著村庄里的人对外地人都没有好印象，包括我这样的中国人，虽然司机告诉我，我是这个村子里见到的第一个中国人。此前，曾经有日本人来到这个村子里拍摄过纪录片。

这种漠视和不信任，在巴西国际教育研究院院长恩约博士（Henyo T. Barretto Filho）看来，是现有环境保护僵局的表征之一。巴西的宪法有专门的土著权益条款，当地也尝试搭建泛亚马逊河流域的生态保护网络，并试图明晰土著人对自己所居住土地的管理权和环境治理权，但是这些网络和社区教育，在强大的外来资本影响下，经常消逝于无形。要想控制外国资本的环境影响，不能仅限于一时一地，否则国际资本和国内利益集团总是可以进行游说和收买，并通过不同的政策和优惠来瓦解民间的抵抗联盟。

阿德里亚娜提到，很多具有灾难性生态影响的项目，其操作逻辑都是相同的：首先获得政府的执照——中央政府和基层政府模糊的权力界限，使得很多项目不需要经过中央政府、地方政府、基层组织、民间机构、项目所在地民众的共同协商，而是可以逐一击破。接下来许多国际组织都转过来说服民众，在讨论为什么这个项目是必要，当地可以获得哪些收益，土著人必须学会适应现代社会，而不是去讨论投资是否合法，这种投资和发展如何减少生态影响。

“全球的经济危机使得环境保护运动越来越难，现在政府都把吸引投资和拉动经济看得很重，以往来自公众的环境压力也减弱了，这造成一些企业根本不在乎什么生态承诺，有时候签订的承诺书根本不当作一回事。”阿德里亚娜说。

在另一头，巴西目前正在推动兴建世界上最大的造纸厂，同时还在规划兴建世界上最大的化肥厂和炼油厂，巴西和秘鲁之间也在推动跨洋南美铁路计划，一条全长4 544千米的铁路将横亘于海拔4 000多米的安第斯山脉之间。

可以预计，南美的泛亚马逊地带，其未来潜在的生态危机，都与资本的超大计划密切相关，如果将全世界不同区域的环保力量视为相对独立的生命体，它的组织完备性、效率、远景和“资本动物”的完备、效率和野心是不可比拟的。当今世界，宏大的超级项目越来越多，出台越来越容易，而基于小区域的环保微雕和案例扩散越来越难，许多地球上最有生态价值的区域，都因此变成“生态的孤岛”。

（三）从墙面到街面：可以阅读的巴西街头政治

2013年6月17日20多万人的巴西街头示威，我当时正好在圣保罗。事件发生的当日，当地向导告诉我，前面正好有人示威，说我们必须绕行，否则会被人流和乱阵堵住。当晚，我打开电视，看到各大电视台都在播放此次大规模示威的动态。

对于一个对巴西认知较浅的外国人，我看到眼前的这些运动和场景，直接让我联想到的是初到圣保罗在街道看到的各种政治表现，那便是圣保罗路边建筑四处可见的密码涂鸦，首都巴西利亚睡在市政大楼周围的流浪者，巴西利亚在富人区周围临时搭建的流浪者空间。这些都是巴西社会流布于外的显在文本，完全可以“阅读”，而此次的街头大规模示威，只不过是翻到另一个用“行动”组织起来的章节。

在葡萄牙语中，示威这个词用的是 manifestation，而这个词语在英语世界中，更通常被译作表征和显现。从这一点上，可以看出巴西日常政治用语的准确，因为正如这个词语所示，街头的示威和抗议，并非一个突然隆起的“安第斯山脉”，而是日常政治火山和街头地震活动的突然性表达，换句话说，巴西的街头政治在平日就是“显现”和“标示”出来的，不容回避和忽视。

从圣保罗国际机场乘车进入圣保罗市区的时候，我作为初到巴西的外地人就留意到一个特殊现象：圣保罗进城沿路的许多建筑外墙都画满了涂鸦，但与其他地方的涂鸦不同，这里的涂鸦不仅是画在建筑低层的墙面，而且是像爬墙虎一样，蔓延至建筑的各层，甚至顶层。所用的元素并非是各种图像，而是一种难以解读的图符。我甚至在圣保罗市政厅对面的高大建筑上，也能看到用红色油漆，像中国血书那样书写的各种图符。当我询问巴西的同事这些图符的意义，他们自己也无法通过日常的葡萄牙语来理解。我随后进入圣保罗的博物馆和文献馆去了解这一特殊现象，这才一窥巴西街头墙面政治的堂奥。

巴西街头的涂鸦，本地话叫 Pixação，它是巴西青年表达社会对其漠视的墙上权力表征，也就是在日常上演的“墙面示威”。不管是什么建筑，无论新旧，“高尚社区”或是低等聚落，只要他们想，这些涂鸦者就会把自己的抗议和身份表达在墙体上，有时候甚至是冒着生命危险，在高楼上做一些涂鸦。同时涂鸦者会根据建筑的形态和社区所在，选择涂鸦的模式和风格，以至于可以用来作为不同帮派的地界标示。在这种墙体示威中，它在属性上是非法的，在那些官员和高级白领的眼中，这些涂鸦充满攻击性，涌动着凶猛的诉求和情绪，但不管你是否承认，巴西的年轻人都会将这些特征“显现”(manifest)到城市街头建筑的各处。

因为巴西街头涂鸦的无所不在和游击性，政府和商业机构逐渐无法忽视它的存在，有时候甚至进行反向收购和“招安”，例如通过举办艺术节和商业拍卖，将一些具有高度风格性的涂鸦出售，甚至造就了一些涂鸦明星，但是在以城市为背景的涂鸦政治中，涂鸦的真正意义是一种宣示和抗争。它向公众传递了一种信息，有一个群体存在，同时他们不受任何约束。它的存在是一种不被主流上层所承认，但是却必须要承受日常的视觉沟通。涂鸦的内在语法，有时候并不是让你看懂，反而是通过风格化、密码、游戏，对任何所谓高等社区、正统社会、统摄权力的藐视和进攻。

巴西同事帕特拉斯·赞帕诺告诉我，他们在整理了林德赛·布什等学者针对涂鸦和贫民窟的专门研究基础上，试图对低下收入人群的住行进行改善。据他介绍，巴西的涂鸦 pixa 其实是标签的意思，它是城市中被剥夺社会资源青年群体对公共空间的重新标签，提示上层社会高大的繁华建筑与贫苦贫民窟之间并不遥远，庞大的群体承受着日常的饥馑和生活的绝望。这些字母为阿拉伯、哥特式字体，书写的模式有重金属乐队海报的特点，例如铁娘子、AC/DC，它是青年赤贫群体对上层的宣战和墙面抵抗。这些墙面诉求和抗议，其表达的内容和 17 号上街的人群抱怨和诉求有着惊人的相似。

有趣的是，无论是在圣保罗还是巴西利亚，除了这些“作者隐退”的墙面政治和示威，还有许多日常的“政治性身体”在街头显现——那就是巴西街头的流浪者和乞丐。他们可以毫无避讳地出现在任何地方，旁若无人地席地而睡，无论晨昏，不管场合。巴西的街头管理者没有像中国人一样，修建各种凸起的水泥钉桩，或是用各种保安和隔断，阻止这些人肆无忌惮地使用，而是很大程度上默认了与这些人的共处。在圣保罗大教堂附近的小广场，我甚至看到当地的流浪者在午后，集体跳起舞蹈，同时旁边是各种愤怒街头演讲者的喇叭声响伴奏。

在资本控制的城市化魔方中，这些异见的表达者有时候可以对“周遭社会”

进行更为实质意义的进攻。巴西利亚大学的政治学教授利通·古马雷斯介绍说，巴西的许多土地只要不是私有的地块，或是模糊的地带，无产者可以直接进驻，搭建自己的临时居所，甚至造成事实的居住区和占有，所以在巴西利亚，外地人可以很惊讶地看到一些豪华地块的周围，全是贫民搭建的窝棚。"而当地法律规定，凡是一个地方，你住满了 5 年，这个地方就归你了，假如说，我请你帮忙给我看房子——不是出租的方式，碰巧也超过了 5 年，你是可以告我，把这个房子归到你的名下的。"

在巴西利亚，我的夏湾提（xavante）族群的土著朋友告诉我，他的一些朋友直接在巴西利亚的富人区建造土著风格的房屋，形成非常独特的巴西"建筑政治"，他也在这个区域搭建土著风格的房子，如果乡下的亲戚来巴西利亚，他就把家人安排到这里居住。

从以上角度来看巴西多地的大规模示威，并不是简单的"两毛钱"引发的骚动——起因是巴西政府宣布全国 11 个首府公交车票价格统一调高 0.2 雷亚尔，由 3 雷亚尔调至 3.2 雷亚尔，而是日常累计反抗和不合作的一次"批发提供"而已。

我所有的巴西朋友和同事，以及部分受访者都在抱怨，巴西存在严重的腐败和贪污问题，最为关键的是，这些罪行没有得到任何惩罚。他们认为巴西虽然有政治意义上的民主程序，但是这个程序并没有对严重的腐败构成任何实质意义的控制和惩罚。此外，巴西朋友所抱怨的城市市政混乱和公共服务的缺乏，我本人也深有体会，圣保罗的中心市区是传统历史建筑和现代高楼错落交织的有机形态，但是一出市区，整个城市基本上是建筑的灾难，成片的建筑如意大利面一般散乱叠加，污物遍地，道路设计杂乱无章，下午 4 点从市区前往机场，花了将近 3 个小时——而以正常的城市中等拥挤通勤速度，本应该半个小时。

在我这个外人看来，6 月 17 日的街头大规模示威只不过是抵抗和抗议从墙面走到街面，从散乱各处变成集中显现（manifestation）。美联社引用 Datafolha 舆情研究机构的数据，提到圣保罗的示威者几乎没有任何政党背景，四分之三的人第一次参与街头示威。这些随机性、平民性和日常性，或许正是巴西日常抗议政治更为具象的一种表现。政客们向来容易颟顸和视而不见，直到你用肉身将各种愤怒具象化、剧烈化，他才会转过身来。

以巴西城市随处可见的街头政治，抗议的日常性、墙面的"怒吼"来看，这次的示威游行并非一些西方媒体报道的“茉莉花”或街头革命——媒体某种程度上存在“定义失能症”，容易把任何聚集和大规模示威，联想成茉莉花式的街头革命。

在我看来，巴西政治和日常抗议最为重要的特征就是混合和即兴，正如巴西的标志性身体扭动——桑巴舞，桑巴的本意就是抱怨、呐喊、忧郁，而它的表现、外在和显现(manifestation)却那么具有狂欢、即兴、重复和娱乐性，而桑巴一词的词根来自非洲的班图语。我相信巴西多个城市在 6 月 17 日的示威，许多示威者都是以卡恰萨甘蔗酒开始和结尾的。

（四）海外投资治理概念的提出

随着中国对外投资的规模和区域逐步扩大，如何保证海外的资源性、文化性、战略性投入的近期和中远期收益，巩固中国海外国民、海外资产、虚拟资产的安全，成为一个重要课题。

在传统的政治治理情境下，对外投资、文化交流、政治互动基本上是基于国内政治体系的利益格局展开，然后由各自政策和项目管理的归口部门单线管理，造成了许多海外项目无法在危机时刻，第一时间集中最优质的资源进行应对。中国的海外活动往往具有连带影响和多米诺骨牌效应，例如环境类、资源类的投资，如果处置不当，会对政治、文化传播、民间交流、旅游、教育、国际协作等多方面产生负面影响。

我们从南苏丹、缅甸、菲律宾、马来西亚、乌克兰等案例就可以看出，由于当地政治情势的剧烈变动和突发事件的影响，它已经对中国在这些国家的政治、文化、经济、军事存在和海外利益产生了严重冲击。

具体到巴西的情境，中国公民、企业、文化单位在巴西的活动，虽然都从某个具体的角度切入，但是一旦进入多民族、多族群、政治势力派系林立、国际组织多元、利益冲突尖锐的巴西，它就和巴西内部的各种社会、政治、文化、经济议题混融在一起，甚至和巴西国内贩毒黑帮、各种底层“看不见人群”的社会利益交织在一起，形成一个独特的海外治理情境(overseas governance scenario)。

任何一个从属于外交部、海外涉外团体、企事业单位、民间团体的传统条块分割都将使得海外的治理，尤其是投资治理陷入一个低效、低质的困境和循环。随着中国海外生产区域的逐渐扩大和利益互动深化，中国必须补上海外投资治理这一缺陷：在制度设计、人员管理、工作方式、人才引入、社会杠杠使用、知识工具等多方面进行革新，以最大限度保证中国国民的海外安全和合法利益，同时也保证中国各种正当海外战略的有效施行。

三、中国海外生存的新知识：浅析政策人类学的余地

中国很多企业进入海外投资之后，留在当地的一般多为技术、管理背景的高管，对当地的文化、宗教、政治、传媒、社会细节了解程度和学习能力相当有限，而这些“软因素”往往最终影响企业在海外的持续繁荣和发展[①]。

中国企业和政府的海外生存真正需要进行思维范式转化的是企业儒化和文化涵化（entrepreneurial enculturation/acculturation），真正从自身文化特质、文化身份的角度思考自己企业与西方企业和传统企业不同之处，多用文化认知的角度思考自身品牌，多用创新型组织和创意传播的方式组织当地的利益协同机制，甚至开始思考中国儒商体系中的道德基因和文化基因，用于海外的智投模式中来。

（一）发展近视——中国缺少“生产”共同远景的能力

在自然力研究院调查的中国海外投资缅甸、印度、尼泊尔、南非等案例的基础上，我们发现中国在区域合作和经济发展问题上，整体缺少一种创建共同远景的能力。中国当然会强调互惠、共赢这些套话原则，但是没有从战略审视、文化融入、风险预判、远景说服等角度让投资对象国理解与中国投资者的合作是长期互惠的远见行为。

为巴西总统提供咨询战略的巴西应用经济学研究院院长、负责金砖五国研究的首席学者热纳托·鲍曼（Renato Baumann）认为，中国在金砖五国的架构中，最为沉默，在许多大型会议中，中国往往谨小慎微提出自己的想法和意见。

---

① 在巴西外贸史上，2012 年中国第一次超过美国，成为其第一大进口来源国。根据巴西工业贸易发展部提供的数据，中国对巴西的出口为 342 亿美元，超过美国的 326 亿美元。在巴西出口中国排名前四名的商品依次为铁矿石（139 亿美元）、大豆（119 亿美元）、原油（48 亿美元）和甘蔗（11 亿美元）。可以看出，中国对巴西的投资目前集中于资源、土地、劳动力密集型区域。由于这些领域具有较大环境风险，容易引发毁林开荒和生态退化、水土污染，以及在项目地使用童工等纠纷。虽然中巴贸易呈现量上的可观增速，但由于中国在巴西投资具有结构性、战略性、文化性缺陷，使得中国企业在这里的生存仍面临诸多挑战。

这些特征在中国进入陌生市场的过程中也有表现。这造成许多地区对中国人存在严重的隔膜和误解，而一旦中国的项目位于民族众多和利益纷争的区域，中国投资的长期收益必然受到影响。

中国国企投资海外时，遵循中国官僚机构相同的管理架构，例如按照国别的一类地区、二类地区确立行政官阶的科层，根据对国家政策的落实契合度，形成对海外技术和管理人员的激励和外派制度，按照其任务性质来定岗定编定待遇，同时遵循在国内投资的雷同策略，企业办小社会，形成海外关系小社区，渐渐出现封闭性、利益分化和抱团。

在海外的政治经济学语境，中国的海外投资和资本流向，一般都被国际社会认定为具有较强的政治属性——有时在执行一种国家任务，尤其是当中国海外投资以海量的投资在国际咨询机构认定为高风险区域进行短期巨量投资时，更被认为是一种以企业为媒介的政治策略行为，也就是自然力研究院所称的商业外交(business diplomacy)。

在采访中国驻巴西利亚农业参赞二秘闫书鹏时，他提到中国在巴西的投资主要是资源领域，为土地和劳动力密集型。他认为对于国际社会针对中国的新殖民主义指责，中国不应就事论事而是应该看其背后的逻辑。国际贸易必然是建立在分工和比较优势情况下的自由贸易，巴西相对中国在劳动力成本上更高，所以中国商品有价格优势，但是不能因此将中国理解为剥削者和殖民者。虽然深处族群问题复杂以及斗争此起彼伏的区域，中国驻巴西利亚的政府机构了解到有关企业投资导致的环境压力和族群冲突的消息很有限："我们作为政府机构，企业来投资都会来这里备案，但是企业在进行投资的时候，我们通常会建议他们遵守当地的法律，不会对其进行具体和细节的指导。"

自然力研究院在金砖国家进行调查时发现，当中国资本走向海外，围绕着国际社会、国际投资场域、中国海外政务、中国海外资本、国际媒体等主体的信息鸿沟、观念认同、专业程度有着巨大差异，中国海外投资如果仅仅依靠国家外交、遵守显在社会规则、漠视影子权力和"丛林语法"、单向度行政化的沟通策略，极容易陷入上述不同知识圈的灰色地带和陷阱区，不断酿错而不自知，知错但不知脱困方略。

我们已经看到，无论是在中国传统的文化和政治影响区，例如东盟、南中国海、湄公河次区域、南亚次大陆等，还是在非洲、巴西、印度这些新兴经济和政治互动地带，中国都没有生成合作远景的能力。这种远景指的是能够让合作对象国真正心悦诚服的区域合作框架、文化认同、远期利益达成机制，同时用负责任的投资和具有想象力的合作框架，实现包容增长，使世界更好理解中国。

这种远景首先需要中国知识界、民众、企业界、政府真正以平视视角对他国进行系统的了解、认知、分析和沟通。

（二）不能坐等自然的“复仇”：海外投资需战略革新和认知转型

在巴西，土著人被称为巴西之根，他们的土地被理解成巴西的文化精神载体（cultural ethos），虽然世界各地都有一个“发展压力”，但是现有许多发展项目的环境保护、生态正义、国家利益交换、利益集团格局的不均衡和内在缺陷，预示着它潜在的问题，以及修复这一后果的代价高昂。

我们在非洲和亚洲某些区域，已经看到中国失去“整个国家”的例子，中国许多投入——有些是持续几十年的投入，都付诸东流。中国以国家援助、国企运作、资源载入、海外农民工、法庭辩护式传播的发展模式，造成了中国在海外战略纵深的板块式丢失。

巴西和南美作为一个新兴市场和中国资本流向地，类似的问题已经开始显现。从这一点来看，中国在海外投资的第一战略性调整，就是重新整理有关世界的知识观和看世界的认知图示，不要一进入外国，就用“这个有什么用，这个怎么赚钱，这个怎么吃，为什么这里没有人用”这类思路来思考问题，同时将中国人的关系学和软公关贿赂模式用到海外情境当中。

中国应该思考不同国家在发展阶段、社会问题解决、社会科学发展、自然科学认知、人群福祉共建、经济发展的新可能等角度去思考它与中国的互补。只有这种转变，才可能看到巴西在族群文化保护、自然环境维护、社会权益争端与解决、社会管理创新、生物基因开发、本土宗教和自然环境保护等方面给中国带来的重大提示。

从这些角度看，巴西的许多区域某种程度上是热带丛林中的西藏、云南、贵州、新疆；圣保罗、里约热内卢、巴西利亚又给中国的现代化大都市以重要的竞争力和城市管理提示，彼此都有相似的挑战和机遇。中国一天不能给世界提供新的知识和格局，它就一天也不能摆脱旁人的蔑视、不解、猜疑。

从技术操作层面，中国的海外资本在机构管理应该有真正意义上的知识管理方案和多学科团队，不仅是被动理解国际合规和企业社会责任的约定，而是要更好主动创造中国基于自身历史和现实发展痛苦和成绩的“元话语”，更顺畅地与外国项目地所涉及人群沟通。

四、结语：中国海外投资全球战略背后急需一种“中国观”和“全球知识”

在中国服务海外生存的智库建设和政策人类学研究过程中，其实至少存在三个维度，只有这些维度被系统照顾到，才可能实现中国摆脱长期在知识领域的“知识逆差”，为世界问题提供自己的观点、视角、方法和原创思想，也就是中国观和全球知识。

首先，针对海外情境的智库研究应该是一个二价结构（dyadic），也就是说我们只有不断寻找中国和海外之间的相互关联，才能理解中国和海外社会的真实差异，社会问题的呈现模式，所面临的全球化陷阱，在现代化实现过程中所遭遇的困境。因此，中国和海外必须作为一个整体来考虑和研究，这就是我们所说的（海外情境的）“中国观”。我们的很多研究，往往是基于单一视角研究的程序跳转，硬生生从一个国家、语境、场景转换到另一个背景当中，出现问题是必然的。对于海外国家来说，他们如果能汲取我们在改革开放30年以来，从一个相对封闭的社会主义国家迅速向全球化、市场化、现代化国家迈进中所犯过的错误，这对金砖国家等新兴经济体来说是一个非常重要的课题。同样，如果我们能理解非洲、巴西、印度等国从封建、落后、殖民、后殖民语境中挣扎的阵痛和认知痉挛，了解他们的欲望、抱负、责任、眼光、憧憬，我们可以进行更好的沟通和交流。

其次，海外智库研究的第二维是寻找到一个更为开阔的研究视野，也就是要站在第三极看中国和海外，刚才所说的是站在彼此的时间和空间相互观照，作“镜面观”。寻求一个国际语境和维度则是一种“第三只眼”和跨越观念。我们因此要非常仔细研究来自欧洲、美洲、亚洲各国对“他们的海外和他者”的体察和认知，从他们的视野中还原出另一个海外议题和研究目录，并通过这个认知路径来指导以本国、本族、本谱系为主体的策略设计和方案实施，通过这个研究的视觉循环来理解“我”这个主体的研究独特性和局限性。

海外智库研究的第三维在于真正的原创性和中国本位，这不是一种学术的民族主义,而是一种真正的反思性抱负。我们要通过中国这个研究地域,中国学者这个群体,中国经验作为一种反思路径,中文作为一种思索性语言,生产一种真正原创性,启发知识增长的原创力。通过这种方式来解决全球化语境中中国在知识界长期的“知识逆差”,大量西化、洋化、客体化、工具化的知识梳理和被动认知,缺乏原创能力,想象力缺乏。

第八章

中国进入南亚：基于文化深读和自我发展镜像的新视野

——以尼泊尔加德满都城镇化为例

为撰写本章，笔者与中尼双方的同事在尼泊尔加德满都和巴德岗进行了为期一个月的考察（2014 年 7—8 月，此前于 2013 年 6 月对尼泊尔全境的主要发展和旅游区域进行了考察）。此项研究旨在分析，在发展中国家的迅速城市化过程中，传统建筑形态、水利用模式、生活方式、城市格局将产生何种生态影响，同时也试图分析在不断强化的水危机中，如何破局。

5 人的研究小组希望考察能提供一个宗教型传统社会在迅速城市化的生态警示。就目前的初期研究，围绕世界文化遗产巴德岗古城周边，已经形成了扩大的“卫星城镇”，这些不断扩张的建筑集合体，摒弃了传统的建筑形态、质料、方法、理念，已经出现类似中国城镇扩张的形态。

这包括连续通过水泥公路连接的城市与郊区的交通系统，沿着公路出现大批中高层设计低劣的“城中村型”水泥框架房，医院、学校、超市、菜市场、公共空间、宗教场所等设施不均衡的排列，大批类似于批发城和主题型商铺区开始出现，以上所有的新增设施在节能、环保、排污、污染治理等方面指标都较为低劣——贫民窟和两极分化的城镇化形态已经出现，一旦尼泊尔使用和激活中国式的大水电、火力发电、垃圾焚烧、石油化工、工业化种植体系、低端电子工业和制造业的布局来满足新增需求，尼泊尔的生态将迅速恶化。

目前加德满都山谷的大部分城镇化地区，仍然每天周期性停电，旱季时分有 5 个月会周期性停水，加德满都各种电器商行所售卖的产品，从性能来说，和中国 20 世纪 90 年代相似，能源利用率低，但是西式的建筑室内装修已经很盛行，从这个意义上，加德满都的能源大漏斗已经形成，这个国家等待着基础设施和能源项目的巨量投入以满足迅速膨胀的城市化需求。

在没有反思型现代化理论和回应本土发展议题的方案出现之前，尼泊尔可能重蹈中国在早期现代化过程中所走过的弯路，进而造成严重的生态和社会后果。

一、尼泊尔城镇化：亚洲水困境的缩影

在尼泊尔加德满都古城和新城之间进行调查，不得不依靠狭小逼仄、尾气排放剧烈的迷你出租车和公共汽车，即使是古城之中，也是摩托车、拖拉机、小卡车摩肩接踵，传统的尼泊尔古城是一座踱步行走，一步一神庙，五步一神坛的格局，完全没有给车辆预留下空间，新建的加德满都似乎也没有能力将现代交通良好融入城市肌体里，以至于在声音和大气污染这点上，加德满都的寸步行走都可以成为一种折磨。

自然力研究院此番与尼泊尔特里布凡大学（Tribhuvan）尼泊尔与亚洲研究中心的学术合作，旨在联合中尼双方的研究团队针对亚洲水困境和传统生态知识进行研究，使用人类学、传播学和社会学的调查和田野方法，对加德满都的几个典型城镇化区域进行类型研究，最终自然力研究院将以研究报告的形式对水危机、城镇化、外国投资、可持续旅游等方面提供策略建议，委托尼泊尔《人民评论》等媒体渠道进行传播。

起源于公元8世纪的尼泊尔巴德岗古城曾经在12世纪到15世纪为尼泊尔的首都，遗留了大量设计精美的王家、宗教、手工艺、传统聚落的建筑形态和生活形态。据自然力研究项目顾问亚洲科技管理研究院联合主席苏达善·提瓦利（Sudarshan Tiwari）介绍，巴德岗的水资源利用其实相当超前，因为建于加德满都河谷的山坡地带，巴德岗并不是临水而居的聚落，但是古人通过修建复杂的水渠，将河水和泉水引入城中，通过水井、水池、流泉等形式循环利用之后，再重新回到自然水体当中。

由于巴德岗周边城建扩张和人口增殖迅速，水环境急剧恶化，该区域已经有152口井、34个池塘、77个石构喷泉口完全干涸，余留的水井大部分失去饮用功能，现有城区的饮水依靠在屋顶架设塑料蓄水池，通过从周边车载运水来解决。

与自然力研究院考察过的印度、中国、泰国、越南等国家相同，这些国家的水

危机都伴随着传统水和生态智慧的淡出历史以及现代经济和生活形态的迅速进入有关，以巴德岗为例，该城市从创立之始，便使用了一种“气势微宏”的设计和建造理念：不使用尺寸、规模、体量来建造气势，而是不断在微观、细节、局部上投入时间，来创造一种气势入微的效果。这既是一种技术，也是一种审美效果，关键是在时间长河中显示出非同寻常的生态智慧。

加德满都谷地在20世纪60年代之前，保持了令人惊异的“中世纪相貌”：这里的聚落按照生活功能区、职业聚居区、种姓居住区、王族聚居区、祭祀区、神祈区等区块富有节奏感地排列开来，虽然没有严格的几何形制，但是按照宗教要义具有严整的建筑形态和生活形态安排。至今保留的长谷纳拉扬（Changu Narayan）寺庙位于巴德岗附近，距今约2 000年，据一些考古专家估计，可能是世界现存最早的塔，而nara就是“水”的意思，长谷纳拉扬在印度语中表达的是永恒建筑之宗（universal form）。

就巴德岗的民居而言，砖石和雕刻精美的门框、窗饰和屋檐支撑构成了独特的建筑美学，尼泊尔早期建筑者将最繁复和精美的部分裸露在外显示，塔、寺、神殿、神龛、水井、带檐长廊、涌泉广场、工匠聚落、商业街道、农业聚落成比例分布，形成独特的空间构造美学。

因为1934年的大地震，加德满都谷地的许多建筑遭到致命破坏，随后在修复过程中，又多次出现风格调整和修正，加上迅速扩张的城市化，造成一些区域的重要建筑和格局形成了变形，以至于2003年联合国教科文组织一度考虑将它移除世界遗产名录，直到尼泊尔意识到问题严重性之后，出台了一系列法令和修复项目才得以恢复名誉。

由于尼泊尔政局不稳，脱离了王权统治的尼泊尔在种姓制度、毛派政治运动、政党内斗、政治效率低下、经济发展单一、山川锁隔等困厄下步履维艰；传统社会、宗教、生活形态在发生形变和蜕变的同时，与各种社会问题和国际互动交织，滋生了严重的社会发展和生态环境问题。

加德满都的公共交通、公立教育、基础设施、环保设施、公共卫生、大气污染、建筑无序、人口膨胀可以称得上是亚洲国家的恶例。据一直从事古建筑维护的拉宾德拉·蒲利（Rabindra Puri）介绍，与20世纪50年代相比，尼泊尔的加德满都山谷已经损失了95%的古建筑群，代之以丑陋、低效、拥挤、污染巨大的新城镇群。

特里布凡大学尼泊尔和亚洲研究中心的同事提到一个有趣的案例，伴随着尼泊尔的种姓制度弱化、世俗化、宗教多元化、生态恶化，尼泊尔有史以来出现了另一种新现象：2 年之内，加德满都新增了 8 000 多家教堂。

特里布凡大学的研究社会运动的专家米根德拉·卡基（Mrigendra Karki）指出："我家周围近些年出现了许多韩国人，他们用非常好的服务和待遇来吸引信众推广新宗教，我也不清楚为什么他们选择这个区域。但是这种趋势不仅是一种思潮和信仰变化，也预示着城市空间的变革。"

在他看来，尼泊尔社会真正的独特性在于它印度教、佛教的奇特混合，从巴德岗、帕坦古城、加德满都老王宫一带的宗教型建筑和构建的密集程度就可以了解宗教如何影响建筑形态和城市空间。

他提到："我现在不让我的孩子随意外出，只准他们在自己家的院子里玩，因为外面公路、汽车、摩托车太多，而且周边有不少陌生人，我时常带孩子去家里对面山上的藏传佛教风格的喇嘛寺。"

据研究团队调查，由于 2006 年前后的毛派运动，使得大批人员为躲避动乱迁居加德满都，粗略估计有 200 万人左右，另外在早期的外来移民中，大批藏族难民由于空间选择有限，在加德满都当地人认为是闹鬼和不祥的行刑场建造大批房屋。从这个意义上，信仰的改变、政治动乱、世俗化的加剧和外部投资的加剧，都会彻底改变加德满都乃至整个尼泊尔的典型风格和形态。

卡基所居住的区域是拉里德蒲（Lalitpur），是尼泊尔帕坦古王宫遗址（Patan）所在地，这一区域已经发生了更为迅速的城市化，新的城市建筑架构，像"树包塔"一样，逐渐将古旧迷人的中世纪建筑整体含在口中，在城市化、现代化、世俗化的唾液下，"老尼泊尔"正慢慢融化，消于无形。

即便如此，从残留建筑和居住形态的完整性、连续性、整体性来看，加德满都和巴德岗的遗产仍然足以让人流连。即使在最为拥挤和混乱的街区，时常有一个"天井院落"式的印度教或佛教建筑躲藏其中，与周遭的现代化噪音形成强烈对比，对于许多市民而言，他们的一天都从敬神和宗教性吟唱开始。

遗憾的是现有和新开发的街区既没有真正的"豪华"和奢侈，又完全失去了传统民居、王室和宗教建筑的特色和生态美学。

以巴德岗为例，它的王宫不喜浩大，一般不超过三层，大小甚至和部分民宅相似，它的独特性不是通过占据大量空间和资源，而是通过符号化、细节化、微雕等概念性和理念性来达成。用苏达珊·提瓦利（Sudarshan Tiwari）教授的话来说，巴德岗的建筑给每一滴雨水都注入了尊严，它们不是像西方建筑师那样视潮湿和渗透为敌人，巴德岗的建筑主要使用砖块和木材两种材料，让雨水参与建筑内部，同时控制它对建筑主要构建的影响，雨水带来的湿度，也是良好人居必备要素，它是具有生命感知性的建筑技术。

传统烧制的土砖地面、良好设计的沟渠和地势起伏、土法烧制的瓦片屋顶、木质建筑架构和土坯砖混墙都为这个雨季和旱季明显的地区提供了充足的弹性空间，雨水、泉水、河水经过人为的精心设计，形成了独特水环境，足以供给饮用、洗漱、灌溉、景观、防火等综合用途，只不过这种水循环设计经不住迅速的人口膨胀和新派钢筋水泥建筑扩张，许多喷泉管口都是在旁边新建了一栋建筑后，彻底断流。

老巴德岗这种通透性、兼容性的建筑特点，使得水在城市体的宏观和微观循环得到了保证，而以硬体化、体量化、规模化、消费化、奢侈享受型、复制性的“非东方”城市化建造形态和技术变形，造成基于节省、节制、克制、美感、交换、流动的传统生活形态的式微。

二、“发展吠陀”：尼泊尔现代化需重视的宗教细节

吠陀二字，是中国人当初翻译梵文“Veda”时的对照词，它在梵语意味着“看见、知晓”，进而表示“知识”。时下的尼泊尔旅游标配：加德满都古城王宫游、塔米尔街购物、博卡拉滑翔、奇他旺看犀牛、喜马拉雅谷地徒步、蓝毗尼佛诞地朝圣等，虽然足以凑成一个有趣拼盘，这在客观上将尼泊尔视为一种景观上的例外，在实际发展的操作中，尼泊尔在宗教性和日常性的独特性经常被客体化和资源化，外来者没有从尼泊尔这个南亚国家的历史、文化、宗教脉络中梳理出一个“发展吠陀”。

也就是说，没有厘清宗教细节的任何现代化和发展方案，尤其是外来的发展方案，都客观上将对尼泊尔文化和宗教上的连续统产生破坏性影响。

许多经常国际旅行的驴友可能都听说过德国的Lufthansa(汉莎航空)，但只有少数中国人知道这个词语其实是梵语，意思是“飞翔的天鹅”。从这个例子我们可以看出西方世界对印度、尼泊尔这一带梵语世界的着迷。但凡仔细端详南亚国家之后，我们会发现这种西方式迷恋并不是浪漫化，梵语世界和南亚灵动神秘的历史的确令人惊异。

要看到尼泊尔的妙处，不被它严重的汽车尾气污染、单调的食物、混乱的新建街区、糟糕的交通状况、城市环境的脏污所干扰，非要凝神定气并保持一定的阅读量，才可窥得尼泊尔的堂奥。在尼泊尔，宗教信众进入神庙等场所，他们所求之事当地人称为“darshan”，它被理解成一种富有祥瑞的观瞻，可增禄得福，可以译成“见增”“达瞻”。

在巴德岗古城附近的长谷纳拉扬神庙（Changu Narayan），笔者听到了这样一个故事，一般的尼泊尔导游较少介绍，正如前文所述，长谷纳拉扬是尼泊尔最早的寺庙——部分考古学家推测它可能建造于公元3世纪初，或有可能是世界上最早的塔庙。中文讲万变不离其宗，而这个寺庙建造所依照的原式叫“vishvarupa”，意即万变不离之“形宗”。

长谷纳拉扬里供奉的主神即毗湿奴之神，他有十重肉身，法力无边，以至于藏传佛教的喇嘛都对他有所感应和敬畏。

> 传说历史上有一个藏传佛教喇嘛身患麻风病，一日入梦，见一物光芒万丈，乘于巨鸟之上飘至，并告之前往尼泊尔的长谷纳拉扬，以获得十重肉身之“达瞻”，深感其真，喇嘛次日遂行。
>
> 同夜，长谷纳拉扬的主事僧侣也得一梦，毗湿奴之神亲现于前，告之西藏将有一喇嘛来求“达瞻”，务必将面前银瓶及其中的宝石取出，近石燃灯则光耀现出。梦醒之后，果然看见银瓶和宝石于其中。等喇嘛赶到长谷纳拉扬，主事僧侣将所梦之事告之，并燃灯照石，光芒瞬间放出，尊神十重肉身现于前，其神力致眩，喇嘛瞬间得愈。

熟悉《易经》的读者可能会想起“飞龙在天，利见大人”之卦象解签，如果将“大般若光明云”等不可说光明云、檀波罗蜜音等不可说之音、翼若垂天之云的大鹏金翅鸟、飞龙在天等都看作奇幻之瑞象，前往尼泊尔的“达瞻”之旅似乎可以让人进入一个超时间的隧道，从历史直至未来。

尼泊尔的印度教和佛教相互交织混生，虽然经历迅速的城市化，但是仍然部分保持着极为原始和本真的中世纪样貌：拉利蒲尔的帕坦古城、巴德岗古城、加德满都老王宫广场、长谷纳拉扬神庙、帕斯帕提纳神庙（pashupatinath）等分布密集的古城和神庙实在是一部活着的印度教宇宙生成史，值得深度阅读和详细观瞻，而不是在广场拍照，寻些个木刻交媾图像、巨石雕塑、楼宇概观、街头莎丽美女拍照了事。

印度教中的吠陀知识，从其源头就将自己的宇宙发生学和哲学阐释与旁系文明分开，形成了极为有趣的解释：神庙处常见的人形金翅鸟，通译为迦楼罗，它的另一重意义是“语言之翼”，它帮助超越时间、融化时间本身的吠陀得以传递。

再有，许多塔庙的横檐之下都有一扇实心的假窗（torana），很多游客只觉得是雕刻精美的装饰构建，而忽视了其重大的意涵——瑜伽之术将人的思维比作窗户，它不是让光线进入内部，而是建筑内部神光的外通之处，当寺庙大门紧闭，信众可以从一个刻有神现法相的实心窗户中获得“达瞻”。

（一）理解尼泊尔：不可回避的几种“吠陀”

1. 听梵音而不语辨

印度教中把自己的知识当作一种直接传递、本质的、听觉之物，也就是一种被听到的知识和梵音，而不是一种通过学习、自我训练、借助于能动性延伸的记诵知识。这意味着游尼泊尔不可错过之物是它的声音，几乎所有的宗教场所在晨昏之时都有敬神的吟唱和颂歌。要知道，这可不是什么简单民俗演唱，而是真正的印度教大知识，其中不乏《黎具吠陀》（Rig Veda）、《娑摩吠陀》（Sama）、《耶柔吠陀》（Yajui）、《阿达瓦吠陀》（Atharva）、《奥义书》（Upanisads）、《博迦梵曲》（Bhagavad）这样的吠陀经典。

在巴德岗杜巴广场附近的毗湿奴神庙清晨有长达一小时的“社区吟唱”，村民迤逦而来，仪式繁复而简奥，其寺庙虽小，但供奉的三尊神像精美绝伦。巴德岗的陶马迪广场和塔丘帕广场早晚也有规模不等的仪式和供奉，尤其是塔丘帕广场的黄昏，神职人员还会用灯火燎照佛像，信众得以在微弱火烛照耀下，看到其中尊神的法相，游客有时还可加入仪式，从神职人员手中接过火来，把它“吃掉”，或是借其余热涂抹身体，除此之外还有牛奶，象征性吸饮之后，余留尽数抹擦至头顶，仪式的终了，里面还会捧出一盘酸奶和米饭的混合物，人人皆可讨要一些直接口服。

拉利蒲尔的帕坦广场古建筑群已经被“后发建筑”所包围、吞噬，几成孤岛，但其中的神庙雕刻和晚歌十分精彩，虽然非印度教徒不得登楼，但是在楼下观石刻造像而听梵音，会有别样的体会。你甚至可以在一街之隔找一民宅改建的旅馆住下，在窗口远眺闻听歌颂神祇的诗章；或是在黄昏清晨，到帕坦博物馆旁边的喷泉池取水处，与当地百姓一道洗漱，取水而饮。

在加德满都，无论是哪一个古建筑群，里面原先都均匀分布着各种水井、喷泉、水池和取水口。由于城市化扩张、基础设施滥挖、人口暴增、污染加剧，这些水基本干涸。加德满都游客的日常饮用水都靠瓶装矿泉水，水龙头的水一般来自屋顶架设的黑色塑料桶，经由井水或自来水过滤、加压而至。这些水即使是当地人也只是用来洗漱，不可饮用。在巴德岗，由于周边城建扩张和人口增殖迅速，地下管网落后，污水处理滞后，水环境急剧恶化，该区域已经有152口井、34个池塘、77个石构喷泉口完全干涸，余留的水井大部分失去饮用功能。

笔者居住加德满都的一个月期间，适逢雨季，城市时常一雨则成涝，四处污泥，但如果是居住在加德满都塔米尔购物街附近——这一般是中国游客经常光顾和聚集之处，可以选择在清晨沿着雨季泥泞街道步行至老王宫广场，路途会经过多个神庙，其中都有大批信众供奉，仪式非常热闹，可以听到各种民间吟唱和乐音。

在加德满都的民俗购物区域，时常见到各种二手图书，里面有英文、法文、日文、韩文、德文等多国语种，唯独难见的是中文图书。询问老板图书的来源，说大多是旅游者留下来的物资再利用，而问及为什么没有什么中国书，对方答道：中国人不读书。

的确，相比较其他国家，中国人能带上各类图书，通过居住在尼泊尔百姓家中，学习当地语言，研究当地文化、宗教、民俗等知识，长时间浸泡式的尼泊尔旅游实在太少。

2. 尼泊尔“混乱表象”后的宗教光晕

一下飞机场，见惯了超级机场和宽阔大厅的中国游客通常会睥睨嘲笑尼泊尔机场的小气和寒酸，等出了机场进入加德满都市区，更是会被沿路凌乱、烟尘尾气漫天、混杂的城中村式的建筑所击垮——这是个什么脏乱差国家？

但这正是包括中国游客在内的游客应该去理解其逻辑，并检讨其行为，改良其游历习惯的机会。

由于尼泊尔的种姓制度、王室残留影响、政治派系林立、山川锁隔、毛派政治运动、内部民族矛盾、印度和中国对其的“三明治效应”，尼泊尔的发展受到很多限制。

旅游虽然是尼泊尔的主要收入来源之一，但是它的旅游由于在规模、基础设施、盈利模式、旅游服务、延伸产品链、消费模式、利益分配模式等多方面的问题，造成了新的不平衡和利益区隔，进而造成资源本来就匮乏的尼泊尔，选择了饮鸩止渴的方式回应新增的需求。

如果游客选择一般的观光、享受型、景点式、浅度游、猎奇游、购物游、美食游的方式，势必让尼泊尔回应这些需求而吸引快钱去重新打造一个大众旅游化的尼泊尔“游历小品”。

在博卡拉，它已经出现了“丽江化”的现象——围绕雪山和湖畔地带修建大批奢侈性酒店和旅游住宿群，同时配备天珠、木雕、佛像、唐卡、经碟、织品等常规旅游产品，各种用于“发呆”、酒吧、咖啡、中国餐馆、披萨馆、意大利面、泰国菜的旅游设施已经完全占领了博卡拉的旅游空间。

在奇他旺，这里的野外考察、农家住宿、夜间购物、河畔啤酒屋、观犀牛等常规猎奇性项目，已经将深度科考性、体验式、学习式、生活方式游等模式冷落在旁，不利于本土植物学、动物学、民俗学、地理学意义上的景观维护和开发，而是在走中国丽江先申遗、后资本、再造城的老路。

蓝毗尼这个释迦牟尼诞生地，本来或许可以通过恢复佛诞日自然、地理、宗教、人文、建筑、生活形态原貌的方式进行富有佛教简醒、本真、圆融意味的建设尝试，现在已经变成一个佛教迪斯尼乐园，德国、日本、韩国、中国等纷纷在此建造各自风格的宗教场馆，许多建筑都是钢筋混凝土材料。

尼泊尔作为旅游和认知的对象，其真正宝贵和独特的始终是其历史、宗教、文化等方面的多元性，通过更为深入观察和细心设计，尼泊尔完全可以在保护自己历史特色的同时，增加不同族群和阶层的收入和文化丰富性，甚至在世界遗产地保护、山麓型地带现代化、传统农耕和知识传承、宗教传承和文化多样性建设等方面设计成具有国际样本意义的国家。

3. 吠陀经典梵音几种：建筑是吠陀的“3D打印”

尼泊尔的传统民用建筑、神庙、佛塔、石雕、铜雕、木刻在其精美外表之下，都附着极为独特的世界观、原初认知模式、宗教经典梵音。在不经学习和阅读之下的尼泊尔游历，容易感觉他们的建筑“千篇一律”，只是在细节处各不相同，但是这里面隐藏的细节值得更多体味。

印度教将整个世界当作一种祭献，所谓梵我不二，梵即是我，梵在我中，梵我合一。它把世界分为物理、地质意义的一层，主宰物为语言；气态意义的一层，主宰物是思维；天体和极天意义上的一层，主宰物为呼吸和气。

许多神庙建筑都是具体模拟印度教视为原初物质的神山、圣湖，所谓上承天地，中接其气，充盈六方，渊沛宇宙。凯拉萨（Kailasa，也就是冈底斯）就是湿婆之神在物理意义世界上的宫殿。在巴德岗杜巴广场，马拉王朝的国王将自己的居所建造得如神宫一般，直接与神比邻，它仿造的印度佛塔，直接模仿的就是凯拉萨之神山，尼泊尔传统建筑木雕中无处不在的蛇神（naga），它不仅是神的形象，也是一种永恒流动的隐喻，象征着时间的永远流转。

在这些象征、符号、语言、现象流动的永恒之城，人们选择吟唱这些歌诗，这里笔者根据多米尼克・古道（Dominic Goodall）的印度教经典英文版译出，因隔着梵文和印度教两种玄奥知识，难免有讹夺之处，有心的读者宜寻找更好的译本甚至原文。

——及汝生时，思之渊薮，强神以力，固地于觳觫，定山于飘摇，均匀天地，天乃得出，屠龙而七溪现，逐黑恶之神而奔牛出，钻石得火，此神为因陀罗（又名帝释天）。

出自《黎具吠陀》

——谁造人之踵？谁赋人其肉？其踝？其指？谁开其窍？造其睾？生殖之器？谁使其稳立于地？谁造其踝于下，膝于上？连接以胫腓？何处为膝盖连接之处？谁人得知？四体相连，彼此嵌合，膝以上延之以躯干、臀部、大腿，谁人造之，四体如此紧合？天下神祇，其数几何？谁造人之颈项、胸部？谁造出乳头？何神所造肩胛？何神所造肋骨？谁接其手臂，使动而事乃成？何神将肩胛与躯干相合？谁凿出头部七孔，耳鼻嘴目得以出？因何神力，两足、四蹄之物得以四处奔走？

出自《阿达瓦吠陀》

——[世界作为一匹祭献之马]唵，如是，黄昏为祭马之头颅；太阳为其目；鼻息为风；喘息之口，火得以出。时间之年为其身体；天空其背；气为其腹；地为其下腹；月相之弦，其侧腹；中间之弦，其肋；四季为其四肢；月及既望，四肢衔接；日夜其蹄；星斗其骨；卷云其肉。沙为其胃中之食；河流为其脏腑。其肝肺为山峦；毛发为树。东方为其前部，西方为其后部。哈欠之时，电闪；摇摆其身，雷鸣。尿时则雨，声音现，即马鸣。

出自《奥义书》

三、城乡连续统：另一种观照南亚社会的视角

在现在的发展语境中，尤其是在中国和南亚社会，有关城市、乡村和现代化，存在几种认知前提：

第一，乡村在某种意义上是一种母系制度的孑遗，乡村的精神性、亲属关系、归属意义上的价值，远远超过其聚落形态上的价值，邻里守望，鸡犬相闻，浓重的亲情和熟人社会，从百草园到三味书屋，乡村提供人类一种最为温暖的存在方式之一。

第二，都市或廛市，天生具有政治经济学特征和统治心态（governance mentality），同时具备一定的宗教意义，许多都市的设计从一开始就在拥抱一种远景认知和宗教情怀，想象一下玛雅神殿之下次第展开的臣民聚落，东京汴梁宫苑之外的市井繁华，再将视觉平移，联想一下英国利物浦的海上帝国，美国用方尖碑、穹顶、广场、公共空间支撑的一个现代帝国城市模型，以及巴西利亚用飞行器形制建造的科技主义人类之城等，可以看出，早期都市和现代都市并不是乡村亲属关系和劳作系统的自然延伸，而是另外一种愿景、抱负、资源禀赋下的生存解决方案。从这一意义来看，现代地缘政治学的国家竞争，综合表现为城市的竞争，这也可以解释，外国新闻工作者在写作的时候，时常用城市的名称来代替"统治集群"。

关于认知前提，其实还有很多，笔者再次试图强调一点，中国在进入南亚（以投资、旅游、文化交流、政治互动的方式）时，应该看到这一传统社会身上的中国镜像，也就是类似于中国在 20 世纪初、20 世纪 50 年代、20 世纪 80 年代存在的现代性困惑和发展阵痛，并从自己的发展经验反思基础上提供一个新的中国走出去和投资南亚（乃至全球海外社会）的新发展和现代化解决方案。

现在的都市发展学过度依靠统计学、经济学、政治学的知识，这些基于计算、预估、假设、解决、设计、控制、系统的科学主义尝试，造成了严重的生态问题和发展问题。某种意义上，现在的许多城市病，其实并不是城市必然的产物和后果，它其实是知识论、认知论、谬误的建筑学、社会学、人类学后果。笔者并不是一个"反城市"论者，如果在描述中出现对乡村的偏爱，仅仅是因为乡村存在许多城市所需要的营养，它能提供给人类聚落和生存的绝对不是资源等短期利益，乡村是

一种认知论和方法。

从这个角度来看，绿色建筑、可持续城市、节能建筑是一个伪概念，提瓦利教授认为，真正生态友好的建筑应该是植物化建筑：不是节省和节耗，而是自给自足，具有内生和循环性。

视线回到整体意义上的中国和亚洲社会，现在乡村生活的颓败和城市病往往是一种病态知识观带来的，它涉及想象力、时空向度、认知能力、人主体性的危机。城市化通常被理解从 urbanization 这个词译过来，但在笔者看来，良好的城市化应该是 herbanization，herb 是草药也可泛指任何植物，这个词语可译成植物型城市化。

植物型城市化首先是一个形态学和城市建造逻辑概念，首先需要从光照、雨水、地下水、土壤、地质、宗教发生学等多角度，依照自然提示，形成最佳的建筑形态、生产形态和生活形态布局；而不简单把城市化当成一个城市经济学、发展学、政治学命题来完成，完全不顾城市和城镇自然生长的周期和规律。

在实现形式上，城市化和城镇化应该仿造植物发生学、形态学、生物学的规律，让建筑、人、生产、生活形成均衡、动态、互生、次第、主次的关系，并在具象意义上大量保存传统本土物种，将这些植物利用到保土、美观、遮阳、避雨、噪音隔断、日常饮食、宗教象征等用途上来。

总的来说，植物型城镇化的要旨如下：强调自然生长，长出来的城市，乡村可以成为城市的土壤和滋养（虚实的双重意义上）；植物具有天然的生态性和自足性，它的光合作用、能量经济、绿色审美属性是城市化最好的老师，现有的城市颟顸、笨重、无趣，少有自给自足，24 小时的攫取和索求，而好的城市和建筑都应该学会自己呼吸、自净，不是一旦停电停油就是一个废墟死城。

在 7 月和 8 月的加德满都，研究团队特别调查了几个区域的农贸市场，发现本土蔬菜和食材极为单一，以西红柿、土豆、豆角、茄子、秋葵、黄瓜、瓠子、辣椒为主，祭神常用的鲜花也不是随处可见，但是前往长谷纳拉扬的一路，由于向山地爬升，研究人员发现许多潜在可利用的植物、生产、耕作类型，既可保护生态性，又发挥综合的城市农村连续统（urban-rural continuum）的作用。

在加德满都、拉里德蒲、巴德岗的许多区域，仍然有许多在传统建筑形态基础上沿用和改良的区域，那里大都保留了传统的建筑形态和生活样态，但是居住者又通过各种材料和风格，不断衍生、搭建、营造出具有实用性、美学性和宗教性的效果，虽然这些新增建筑并不一定是原真性延伸(authentic)。

危险在于，加德满都这种“小品化”、片段化的保护和商业应用，如果没有整体的城市设计为基础，极易退化和萎缩，成为没有生命的博物馆。对此，自然力研究院核心的咨询和策略建议是重新设计尼泊尔可持续旅游的利益布局，让旅游收益能以更为均衡的方式在城市区域、社区、职业、业态内部进行分布，引导国际游客更为理智和负责任地消费；同时，在城市功能、宗教社会学、建筑形态学设计上引入同类城市的最佳执行案例和做法，并通过设计尼泊尔生物多样性保护与植物日常多样化应用的方式，让山地、平地耕作区、城市绿色缓冲区、社区内部绿耕、旅游餐厅之间形成良好的利益和礼物流动。

植物型城市化的核心在于系统，它像植物一样存在各种层次、群落、区位、生态位，而非形态和功能上，通过技术武装起来的孤岛和囚笼。目前许多亚洲城市的水问题虽然呈现一种“癌症形态”(水是社会和生态问题积重难返的病征和效果)和“发展后果”，在其表象后，有着深刻的宗教、哲学、意识形态、认知模式的原因；在许多宗教盛行的传统社会和后现代社会，环境问题更是宗教危机的集中显现。例如，在印度教看来，水的概念是一种原初物质，它是一种涤除和跨越阈限的工具，在它身上体现一种整合性的修复力量。

至今帕斯帕提纳神庙(pashupatinath)仍然是印度教最为神圣的寺庙之一，俗称烧尸庙，印度总理莫迪在 8 月初历史性访问尼泊尔的行程里将专门来此朝圣，而在“非宗教的外人”看来，寺庙脚下的巴格马蒂河水早已混浊不堪。虽然印度教徒的往生尸体在焚烧后将送入这条永恒之河，一直流到恒河。这个认知的差异告诉世人，污净具有相对性，水在宗教意义上，它的神性是永远流淌的；日常的世俗变化和动荡之下，水一旦变成解渴和资源性物质，那是它衰变退化的开始。

在巴德岗古城，几乎所有的水源地都出自神的建筑，水从各种具有象征性的怪兽嘴里连缀流出，最终到人的嘴里，“水龙头”这个词有趣地交代了这个日常器具在中尼文化之间的互文——尼泊尔许多喷泉口都有一个张开嘴的龙形(或鼍形)兽。

当地尼泊尔民间雕刻师傅印地拉 · 堪吉(Indra Kanji)告诉我，印度教中水来自湿婆之神的大脑，“水龙头”下面一般还有一个举着海螺号角的雨神，通过神的吹号，带来雨水。从这一意义上说，尼泊尔、印度、中国这类传统农业、自然神崇拜、宗教传统浓重地带的水危机，其肇始往往都是宗教在世俗化社会的危机缩影。许多巴德岗受访者都对古城的老样貌留恋，但是面临严酷的生计压力和经济诱惑，许多人也无能为力，事实证明，如果全靠居民自觉（甚至在宗教和遗产法约束之下也无能为力——加德满都在 20 世纪七八十年代，大量古建筑构建和佛像失窃），没有系统且持续支持，尼泊尔难以有效保护“祖上的荣光”。

距离加德满都 1 037 千米之外的云南昆明——笔者进行博士研究的滇池，也同样有一个相似水定律。滇池的污染有一个“680 规律”：20 世纪 60 年代建设性破坏开始萌动和加剧，20 世纪 80 年代生态恶果显现，2000 年左右到达质变，此后 14 年逐步加剧呈“水癌症”死局。同时，伴随着滇池污染，整体崩塌和消失的是滇池周边，乃至昆明的龙文化、龙王庙、滇池龙信仰。

在此意义上，尼泊尔的城镇化和水危机，是喜马拉雅山麓、佛诞地，亚洲发展和水困境的另一缩影和哀歌。

任何一种区域发展规划、城市规划、城镇规划、产业规划都对应着一种水资源使用模式和形态。也就是说，所有的经济发展和现代化都对应着人的“水足迹”（water footprint），要实现一个区域发展目标，除了考虑钱、政策、制度、区位、时机的因素，最主要还要考虑自己区域的水利用和水耗损模式是否可以持续。

四、结论：打破发展的不可能三角

本研究基于田野数据和区域观察，提出了一个三重困境理论视角，用于解释传统型社会向西方式现代社会过渡的国家所面临的挑战：即自由的现代性流态、固定的持续增长、主权（或族权）式的民族文化连续统三者之间的彼此掣肘和悖论式困境。

A：Free modernity flow（自由的现代性流态）

（持续和固定的增长）
B：Fixed and incremental growth

（具有主权和区域自治模式的文化承续）
C：Sovereign ethno-cultural continuity

图 8－1 “发展的不可能三角”

（一）现代社会许多发展中国家的发展设计都有一个永续增长、可持续增长、包容性增长的"增长预设"，这是一种流动的现代性，指向繁荣、富强、自由的远景。

（二）包括中国在内的许多新兴市场国家，同时都强调这种增长和繁荣应该是具有社会正义和兼容性的，也就是人人都可以从这些过程中获益，即一种民有、民创、民享的发展。

（三）与此同时，这些国家都强调保护本土自然、资源、文化遗产的重要性，试图在上述目标达成的基础上仍然具有自身的身份特征和文化特性。

在尼泊尔的加德满都，大批新楼盘迅速发展，造成大批与城乡结合部融合的混生社区和新贫民窟。基于体量、规模的亚洲型城市化，没有充分考虑阶层、宗教、本土气候、环境压力、政治赋权等方面的因素，只关注区域功能上（尤其是商业功能）的集约化和集权化，人口短期内暴增，大批村民变市民，形成一批城市低收入群体。

城市规划者和投资者应该从功能、形态、细节、软件上建设一个智能化、生态性、回应本土发展议题的新型城市，而不是建造和复制一个同样问题丛生的新城市区块。

亚洲许多传统区域是个"老国家"，早已经有自己成熟的城市形态（urban morphology），无论是哪个省份，哪个县域，其实都散布着一些城市智慧。在城市体量、民族聚居、传统承袭方面，尼泊尔的加德满都与20世纪七八十年代的昆明颇为相似。现在的昆明在建筑学和城市发展方面有一些不足之处，其中原因便是对许多本土"发展吠陀"的长期漠视：

首先，审美想象和远景思维，具体而言就是风水观。老昆明是个龟背和蛇山的风水观，沿着长虫山的天然屏障，昆明是枕在湖边的水绕之城，滇池水系与城市中传统河道形成自然的沟通和循环，城市与农村凭借寺庙、荒野、田畴形成自然的隔断和渐变。这些遵循了几千年的规律发生了变化。

其次，让功能来自然过滤和淘汰城市形态。在翠湖区域，造币、纺织、洗布、刺绣、文房四宝、商铺、市井生活、教育、文人雅集等功能自然构筑了一个彼此联通和呼应的城市形态，所以如果真要建立一个新昆明和呈贡花城，它应该有生态学家、环保组织、设计师、农艺师、诗人、鲜花店、花艺店、生物基因研究者、土壤学家、昆虫学家、手工艺人、编制工人、果蔬菜农、美食人士、鲜花食品烹调师、民俗学家、各种有着原生和生态生活方式的民族聚居者的有形城市空间，依照他们的使用习惯和生活方式，让城市自己提出生长的需求，形成一个自然、不造作、有效率的生长型城市和智能城市，而非一个行政中心在中央，附属产业的功能区在周围环绕的行政区划“图表式城市化”（计量经济学和行政规划学意义上）形式。

最近，云南在提城镇化上山，这种发展路径最为重要的潜在价值在于，让我们重新思考自己自然资源的独特性和自然地理提示：云南的所有城市其实都在山上——云贵高原上，也就是说，即使是再平整不过的云南城市，也是生活在高坡之上。从这个角度看，当大批的中国内陆城市在“高楼城市化主义”和“拥堵城市形态”之下狂飙突进，失去自己的城市之魂时，作为已经在高原之上的云南和西南，它们应该守住什么样的城市景观和高原心态？真正雄心壮志的云南人，应该将上海、北京、广州想象为“钢筋混凝土农田”，自己只要在高坡之上设计一个基于生物利用、文化保护、前现代城市遗存、民族意蕴保护、具有农业审美意义的生态智能城市。人类不需要在谷俄罗多海（彝族先民对滇池的称谓）、苍山洱海边、三江并流区域，看到另一座喧嚣、拥挤、摩登、时尚的平庸城市群。

这些中国自我发展的镜像和主体体验，应该是中国投资者、文化交流和传播者、政治话语互动者最应该和处于过渡转型状态的亚洲传统社会分享的经验。

第九章
残酷的青春：莫桑比克的女兵与武器

在非洲大陆，青春是个可贵的字眼：首先，它告诉你迈过了童年的饥荒，尽管这并不意味着你将远离饥馑，至少你可以享受一下成年的短暂欢愉；其次，在非洲，人的青春仿佛这个大陆季节分明的雨季，你需要在青春时节尽可能像雨林里的树，向上长、往下伸，保持横向与纵向的根系和叶脉繁荣，并随时准备着灾荒年份和漫长旱季的到来。只是凭借这两点，我们就可以体会到非洲青春的残酷。

为了获得更多民族志式的细节，笔者仔细研读了伦敦远东亚非学院多位人类学家的研究文本①，这里的主人公是在战争中与各种武器生活在一起的女战士，这里将有她们的叙事、焦虑以及漫长的非洲生存体验，由此，我们可以管窥非洲残酷青春的全貌。

一、莫桑比克的殖民幽灵

莫桑比克已知最早的居民是布须曼人。在公元1世纪和4世纪时，一些说班图语的部落跨过了赞比西河进入了莫桑比克。1498年，葡萄牙探险家于莫桑比克海岸登陆。葡萄牙在东非的影响力在16世纪开始蓬勃发展，在东非建立了一系列殖民地，统称为葡属东非。在这些靠贩卖奴隶与黄金来获利的殖民地中，大部分都是私人身份的殖民者建立的，葡萄牙在东非并没有中央管理部门。在东非殖民地迅速发展的同时，葡萄牙将它的注意力转向了印度和巴西。

19世纪，欧洲国家在非洲的殖民地进入了全盛时期。在失去了巴西这片广

---

① Harry G. West. 2000. Girls with Guns: Narrating the Experience of War of Frelimo's "Female Detachment". Anthropological Quarterly, Volume 73, Number 4, October, Pp. 180 - 194.

大的土地后，葡萄牙开始将精力集中于非洲殖民地的发展，而这却造成了与大英帝国的直接冲突。为了在东非建立更多的殖民地，英国向葡萄牙提出了出让一部分殖民地的要求。为了避免与强大的英国皇家海军发生冲突，葡萄牙答应了英国的要求，并于 1881 年 5 月确定了至今仍未改变的莫桑比克疆域。在这之后，莫桑比克的实际统治者变成了以莫桑比克公司、赞比西公司和尼亚萨公司为首的各个殖民组织，而英国则为这些组织提供资金和廉价劳工，作为回报，这些公司会修建铁路及开采矿藏来发展各个殖民地。这些公司的统治范围由沿海一直深入内陆，它们在自己的领土上设立了大型农场，并开始向当地居民征税。

在殖民地迅速发展的同时，当地人的抵抗活动却并没有停止。1895 年，一支由莫桑比克和津巴布韦各部落组成的抵抗力量被消灭，而其余的一些内陆部落也在 1902 年被打败。同年，葡萄牙定劳伦科·马科斯(即今天的莫桑比克首都马普托)为莫桑比克首都。1926 年，葡萄牙内部的政治危机和经济危机导致了葡萄牙第二共和国的诞生，而葡萄牙人对非洲殖民地的兴趣也再次变得浓厚起来。第二次世界大战之后，莫桑比克境内的民族自决运动开始兴起。

二、被“解放”的莫桑比克

1962 年 6 月 25 日，莫桑比克解放阵线于坦桑尼亚的达累斯萨拉姆成立。这个组织是各个流亡中的莫桑比克人将多个已有的民族主义组织，在一次会议中合并而成的。由于葡萄牙政府对莫桑比克的民族主义运动采取高压政策，因此莫桑比克解放阵线这样的组织只能在国外形成。 年之后，莫桑比克解放阵线于达累斯萨拉姆设立了总部，并在社会学家爱德华·孟德兰的带领下展开了为莫桑比克争取独立的运动。在最初的两年中，莫桑比克解放阵线开展了各种政治运动以使莫桑比克和平独立，但却没有成功。在尝试和平独立失败之后，孟德兰于 1964 年下令在莫桑比克境内展开游击战。

非洲各国的独立运动在一开始就得到了美国的援助，这不仅是因为美国奉行威尔逊政策，而且还是美国在非洲对抗苏联的大战略中的一部分，因此它与其他一些反共的民族主义组织便开始依赖于罗得西亚和南非。尽管联合国向葡萄牙施压要求其允许莫桑比克独立未果，而相反地，葡萄牙却通过威胁退出北约而迫使美国停止了对莫桑比克解放阵线的援助。这样一来，莫桑比克的各个民族主义组织就被迫向东方集团靠拢了。

谈到莫桑比克，必须提到一个组织，那就是莫桑比克解放阵线(英文世界中，它有个响亮名字 FRELIMO，这个名字直接进入了莫桑比克的国歌当中 Viva，Viva FRELIMO，也就是 FRELIMO 万岁）。仔细看莫桑比克的国歌歌词，我们可以看到他们的斗志、抱负、愿望，同时也能体会到其中的社会主义、后殖民话语。

> 万岁！莫桑比克解放阵线，莫桑比克人民的指南针，手握着武器的英雄人民，坚决要把殖民主义推翻。全体国民始终团结一心，奋起从鲁伍马到马普托，展开对帝国主义的斗争，再接再厉到最后的胜利。
>
> 万岁！莫桑比克。万岁！国旗，国家的象征。万岁！莫桑比克，为了你人民英勇的斗争。与整个世界联合在一起，向着资产阶级继续斗争，坚决把我们的国家变成，资本主义剥削者的墓地。
>
> 莫桑比克的全体国民们，莫桑比克的工人和农民，我们努力工作生产劳动，把财富创造要丰衣足食。
>
> 万岁！莫桑比克。万岁！国旗，国家的象征。万岁！莫桑比克，为了你人民英勇的斗争。

1990 年，莫桑比克改行多党制。1991 年“政党法”正式生效。“政党法”规定，各党派必须遵循维护国家统一、发扬爱国主义精神和巩固莫桑比克民主三项原则，强调各政党必须具有全国性质，不得以个别地区、部落、宗教为基础；必须有利于国家的和平与稳定，不得谋求通过暴力改变国家的政治与社会秩序；不得搞分裂主义；每省至少有 100 名党员方能登记，其总部必须设在首都。全国有 20 多个合法政党。

莫桑比克解放阵线党(Partido Frelimo)又简称解阵党，为该国的执政党，1962 年 6 月 25 日成立。原名莫桑比克解放阵线，1977 年 2 月改为现名，党员近 230 万人(2008 年)。1977 年解阵党“三大”确定为“马列主义先锋党”。1989 年“五大”改为“全民党”。该党主张“尊重人权，维护和平与进步，缩小国内社会和地区差别，更加公平地分配财富”，目标是“建立以民主社会主义、平等、自由和团结为基础的莫桑比克社会”。2005 年 3 月，解阵党第八届中央委员会第四次会议选举格布扎为新主席，并兼任党总书记。2006 年 11 月，解阵党第九次全国代表大会召开。大会确立反贫困和变革为党的中心任务，选举希萨诺为名誉主席，格布扎连任党主席，菲利佩·帕温德(Filipe Paunde)为总书记。

当地另一个政党势力是莫桑比克全国抵抗运动(Renamo)，又简称为抵运，为当地第二大党，主要反对党。1976年初成立，其后长期从事反政府武装活动，曾拥有部队1万余人。1994年，抵运正式宣布由军事组织转变为政党。同年被批准为合法政党。在1994年10月举行的首次多党大选中，该党获得37.78%的选票，在议会中占112席，成为莫第二大党。2001年10月，抵运"四大"通过了新的党章和党纲。在2009年10月举行的大选中，抵运只获得16.51%的选票和51个议席。主席阿丰索·德拉卡马(Afonso Dhlakama)，总书记奥苏佛·莫马德(Ossufo Momad)。

1974年，解放阵线领导的革命胜利之后，莫桑比克于1975年独立，摆脱了葡萄牙的统治，但是此后这个国家遭遇了16年的内战。由白人控制的国家抵抗运动建立了自己的独立政权，在南非和美国的支持之下，与解放阵线进行了长期的战争，从1976年一直打到1992年。1994年莫桑比克开始竞选，而解放阵线赢得了胜利，新政府面对的是成千上万的难民，以及常年战争之下的战争伤残人士，社会动荡不安，经济萧条动乱。这使得莫桑比克的整个健康医疗和教育系统基本瘫痪。尽管如此，希萨诺(Chissano)政府进行了持续的改革和社会改良，使得国家情势得到一定好转。2004年，莫桑比克女首相路易莎·迪奥戈当选，成为该国政治改革的一个分水岭，从此以后政府的更多精力得以倾注于经济状况的改善。

三、青春创伤与迷失的一代

在非洲，由于战乱、屠杀、部族仇恨、资源争夺、后殖民影响、传统宗教与半现代化社会等复杂原因，许多国家的孩子和年轻人一直处在一种恐惧、焦虑、暴力和仇恨当中。军队里的娃娃兵和年轻女兵虽然是个极端案例，但是可以让我们从中看到非洲青春的残酷。这种历史记忆和暴力现实不仅造就了一个狂躁、暴力、不安的青年阶层，也不断造就一种社会属性上没有归属的迷失一代。

在伦敦远东亚非学院的人类学家哈里·韦斯特前往非洲进行田野调查时(主要的调查数据搜集于1995年前后)，他首先发现西方的创伤概念(trauma)在非洲是行不通的。许多西方学者带着某种既有概念，认为非洲的年轻人和西方一样，是天真无邪、易受伤害、心灵脆弱，一旦处在一种战争和杀戮经验中，会遭受到一种PTSD症状的折磨(所谓的Post Trauma Stress Disorder，后创伤压力紊乱综合征)，于是这些西方学者带着自己的研究预设去分析非洲的孩子、女性和年轻人如何在战争中遭受各种相似的心理影响，丝毫没有觉察到，即使是疾病、社会心理症候也是和文化密切相关的。事实上，意识形态对个体理解、承受、感知创伤来说具有非常重要的作用。

哈里·韦斯特研究曾经在莫桑比克解放阵线长期服役的女兵，通过她们的记述和回忆来理解战争对她们带来哪些创伤和心理感受。

据女兵们回忆，在解放阵线的战争宣传中，革命的最终目的之一就是解放妇女，所以妇女参军介入战争不仅是一种过程也是一种目的，女性可以通过战争实现解放，成为一名社会主义女性。解放阵线的领导者认为通过参加革命，女性可以真正破除压迫和剥削的枷锁，成为一个真正自由的人。在革命最为热烈的20世纪70年代，当时的革命者认为，在西方殖民者的迫害之下，女性成为第二性，实际上遭遇了双重压迫：由于殖民者将非洲的男性和女性人为分工，女性不能与男性同时进行相同的工作，大批女性被迫出卖自己的身体，甚至直接沦为妓女；女性在西方殖民者的统治系统中，不仅是一种劳动机器，同时被物化成为一种提供娱乐的资源和物品。也就是说，在西方殖民的统治历史中，女性处在一种双重统治架构当中，一种是基于种族的殖民架构，一种是以性别区分和歧视为基础的非洲历史架构。

四、战争回忆录：莫桑比克“女书”

(一）我的哥哥有一天来到我的住处说：“妹妹，那些将要给我带来解放的人们现在就生活在丛林里，他们需要食物，我想要你去，给他们食物，但是我必须告诉你，一旦你去了就一定会喜欢那里。”于是我们去了丛林里，那是一片低洼地带，我看见他们了，有好多人。他们留着胡子，满头乱发，根本没有梳洗和修剪。这是我第一次看见他们。留着这头乱发他们看起来很奇怪。他们跟我打招呼，而且从包装袋里拿出饼干来给我吃。我当时想，“尽管他们古古怪怪的，藏在丛林里，但是却能吃这么好的东西！”其中还有四名女性，接着他们对我说：“看看吧，最好和我们待在一起。跟葡萄牙人告别吧。”他们说如果我回到原来的住处，就不再是他们的朋友了，于是我待了下来。这些男人时而会离开，有一天，我听到枪响，接着他们回来了，就在那个时候，我意识到他们说的跟葡萄牙人告别是什么意思。

(二）战争之后，我在教育系统工作了一段时间，但是没过多久，我“退休了”。年轻的干部，那些在战后受过一些培训的人顶替了我们。我们根本没有什么培训好让我们保住工作。解放阵线没有信守诺言，他们抛弃了我们。

（三）我们的母亲生活有限，在家庭内外，她们不能自由说话。在村子里，她们过着不一样的生活。每天一起床就得干活养活自己，还要养活自己的丈夫、家人、孩子以及整个村子。我们这些人就像男人，别人待我们也像男人。

（四）解放阵线的领导告诉我们当我们遭到攻击的时候，我们应该逃跑，但是永远不能丢掉武器和物资。他们说：永远不要让敌人拿到东西，只要你有一口气活着。那些运送物品的人只要丢了武器或者物资就要被处决。

（五）我当时年纪小，我的任务就是听各种人的谈话，然后汇报给解放阵线。我听各种人在弥撒之后聚会的聊天，虽然一般人聚会都低声聊天，但是对着我的时候，他们大声说话，因为他们看我就是个孩子。然后我把这些听来的话都汇报上去。

五、控制和权力：理解事实和记忆背后的结构

我们看这些战争记忆和事实似乎没有什么特别之处，但是在深入非洲社会的研究者哈里·韦斯特眼中，这里面存在许多重要的深刻道理，足以让我们了解非洲的社会肌理。由于非洲社会通常是由年长者构成的传统型社会，性别在非洲社会是很重要的社会权力符码。解放阵线的领导者故意让10多岁的女孩子加入军队，并安排准军事化的责任，甚至让她们影响村落的社区决定，客观上粉碎了传统非洲的社区统治秩序。因为一个小孩，而且还是个女的，就已经可以通过向上报告、传递命令、执行命令、信息搜集完成了控制传统社会和动员社会的重要任务。

哈里·韦斯特分析道，在解放阵线动员女性和女孩的时候，使用了非常独特的方式，那就是这些孩子根本没有受到什么战争训练，有些孩子甚至打仗都没有怎么亲眼见过，但是她们通过“故事”被教化和驯化，也就是所谓的战争英雄的故事和叙事，通过这些描述性的内容来使得这些孩子得到熏染。

与此同时，在意识形态领域，解放阵线还会将女性的地位放在一个历史背景当中，他们经常强调，在传统社会中许多女性要进行成年礼，这种礼节要求女性的主要任务就是生孩子，照顾丈夫和家庭内部事务。在进行这种仪式的时候，庄严肃穆机构繁复，使得这些仪式产生了相当重要的威慑效果。殖民统治使得这些情况更严重，女性完全被物化，成为没有能动性的社会被动阶层。

也就是说，这种貌似平淡和寻常的讲述中，隐藏着非洲社会的“民粹主义”版本：他们认为殖民社会是种族式的，传统社会和性别统治、年长政治有关，而革命的社会模式是超阶级的平等，所有大众群体都是平等的，无论性别、年龄、身份、地域，正是通过这种解构，革命试图建立一个健康与和谐的社会。只不过革命胜利之后，这些东西都没有兑现。在非洲传统的东西还是在延续着，殖民的幽灵仍然在徘徊。

这些女兵在战争胜利以后，许多人过着一种孤立无援的生活，生活没有着落，很多人没有结婚，也没有孩子。对于这些女兵来说，战争仍然在继续，只是有一点不同：以前是荷枪实弹在战争中生活，现在她们必须学会在没有枪支和武器的陪伴之下，继续斗争。

第十章
西非的伊斯兰主义

篇章设计及改写：周雷

研究提供：波士顿东北大学教授威廉·迈尔斯(William Miles)①

研究协助：香港自然力研究院非洲研究计划

威廉·迈尔斯是一名研究非洲的资深专家，他的研究专长是大屠杀研究，曾经作为美国福布赖特学者前往尼日利亚、卢旺达、毛里求斯进行考察。在本期的非洲海外研究专题中，他为我们勾勒出西非伊斯兰主义的种种细节。对于中国在非的投资者和远行者来说，由于大多数在非洲的中国人多为汉族，他们对非洲的伊斯兰运动比较陌生，而此文的介绍将对这一问题的揭示起到一定作用。

一、理解西非的伊斯兰：本·拉登的出现

2002年，在华盛顿特区出席非洲研究协会圆桌会议之际，迈尔斯教授萌生了召集"西非伊斯兰主义"特别论坛的念头。其时恰逢2001年"9·11"一周年，由美国主导的对阿富汗塔利班的打击箭在弦上，整装待发。在非洲亲身经历的"后9·11体验"，平日里与其他同事的沟通交流，都让迈尔斯清楚地知道，整个非洲大陆，存在着这样一些圈子，在他们那里，本·拉登被视作一位民族英雄。不管当地人是否把本·拉登式的愤怒表达当作一种文化符号流行，还是一种严

① William F. S. Miles. 2004. Islamism in West Africa. African Studies Review, Vol. 47, No. 2 (Sept.), Pp. 55-59.

肃的政治斗争。有一个事实是，有一种极端主义已经在穆斯林世界中流传开来了，西非也不例外，它成为一种严峻的政治现实。

当时，几乎一夜之间，黑皮肤的非洲人被美国上上下下的知识分子和大小媒体重新审视，被当作了“伊斯兰恐怖主义”的潜在辩护者，甚至遭到更为严重的质疑。非洲撒哈拉以南的非洲伊斯兰主义真实的现状到底如何？针对这一问题，迈尔斯决定围绕本·拉登和极端穆斯林和伊斯兰运动这一主题，对非洲社会进行更为细致的研究，来给美国社会提供更为精确的异国风险描述，同时给国内的执政者提供对策建议。

迈尔斯的研究也提示中国的非洲研究者，其实围绕着抽象和宏大的国家战略，一线的研究者应该在非洲当地保持持续的田野观察和实地研究，围绕具体的关键词和社会事件，进行持续的挖掘。为国人提供中国在海外的长时、深度、前瞻、诊断型的专家意见。

二、伊斯兰主义的由来，非洲社会的“欧洲化”

由于对尼日利亚和尼日尔长期的研究，迈尔斯逐渐注意到在“9·11”之后，西非的伊斯兰主义活动也日渐加剧。2000 年 1 月至 2001 年 9 月期间，在尼日利亚——这个非洲人口最为密集的国家有 1/4 的州采用伊斯兰法典作为其首要法律体系(两个月之后，至少 4 个州采纳了伊斯兰教法，如此一来，尼日利亚联邦共和国内遵循《古兰经》法律州的比例攀升至 1/3。)

在毗邻的尼日尔，暴乱废止了尼日尔政府 1999 年 10 月所批准的旨在反对性别歧视的联合国公约，2000 年 11 月，宗教领袖对一场时装秀大加责难，认为这是世风日下，荒淫无度的最好明证。整个非洲大陆出现了持续的骚动和不安。除了非洲本身的社会问题和历史积习，是什么因素加剧了当地的动荡？

迈尔斯认识到，其实就算没有“9·11”，“西非伊斯兰与政治”也将呈现一种崭新局面，早在 1984 年前，迈尔斯所在的非洲研究协会在其自办刊物《非洲语言学者观点杂志》发表了一篇随笔(作者为苏莱曼·聂扬 Sulayman Nyang)，该作者对西非的伊斯兰运动作出了准确描述和判断。在这篇文章中，Sulayman Nyang 指出，伊斯兰与西非国家之间存在三个显著的历史阶段。

第一阶段，伊斯兰教呈现出一种“外来宗教”的形态，由穿越撒哈拉的商旅们引入，并为本地精英所采纳；第二阶段则是此前对宗教持融合态度的信徒逐渐投向正统伊斯兰教的怀抱。在 Nyang 看来，第二阶段在圣战赎罪中达到巅峰，其中比较典型的例子就是豪萨的富拉尼酋长 Usman dan Fodio 以及西纳的班巴拉人领袖 al-Hajj Umar 领导各自族人所从事的征战。

Nyang 的主要注意力集中在第三阶段（也有可能是最后一个阶段）上。“西方文化被引入非洲，现代政治、经济、文化以及思想重峦叠嶂，共同织就的后殖民现代非洲社会覆盖在传统旧非洲以及非洲穆斯林文化基础之上”，这样的结构，换言之，即为“非洲政治社会欧洲化”。这种“欧洲化”，部分是冷战时期西非政治意识形态的产物，也就是说：非洲马克思主义政治与输入的非洲资本主义之间角力的结果。

伴随着柏林墙和双子塔的相继倒塌，伊斯兰的势力及其影响迅速远播欧洲与美国之外，将整个非洲伊斯兰国家的政治形态彻底改换。非洲出现了许多实践伊斯兰政治的代表，例如加纳的 Nkrumah、塞内加尔的 Senghor、几内亚的 Modibo Keita、马里的 Sekou Toure、冈比亚的 David/Dawda，但是仅仅关注这些典型案例已经不足以解释非洲伊斯兰运动的细节，因为当地的伊斯兰发展已经出现多重迷局。

三、多种“主义”的混生和“伊斯兰之春”

迈尔斯发现，与其在 Nyang 三阶段分析框架之外搭建第四阶段，还不如对非洲的伊斯兰主义进行重新观照，尤其是对其第二阶段进行深入研究。

因为伊斯兰主义者政治既是对宗教正统的刺激，又是对宗教正统的回应。在非洲，随着马克思主义、资本主义、民族主义以及发展主义的相继幻灭，并没有导致新的意识形态产生，而是唤醒了新一轮的圣战脉动——更带有全球化色彩的动向。

今天，即使在西非蛮荒孤绝之地，对更加广阔的外界穆斯林世界的了解也是与日俱增。与以往携家带口，漫山遍野的大篷车队相比，现在由国家组织的朝圣航班自然轻松无比，非洲人可以通过更为便利的方式了解远方的伊斯兰联系，感知作为一种世界信仰的伊斯兰真义，无论它是否远在沙特阿拉伯。

许多穆斯林国家，如伊朗、科威特、利比亚在西非积极活动。这些国家进行教育规划、卫星广播、清真寺建设，甚至直接武装反对派，这些不懈的努力增进了西非世界对穆斯林的感性认识。巴以冲突也以当地语言定期出现在短波广播之中。萨达姆·侯赛因以及伊拉克也渗入当地人的话题之中。伊斯兰不再是国家建设、现代化以及文明社会之后的锦上添花。伊斯兰变成了评判其他社会、现象和价值的一种标准和基石。

正是基于此种语境、基础以及视角，迈尔斯开始召集一个研究小组，选择4个非洲国家进行对比研究，就西方伊斯兰教崛起的一系列具有共性的相关问题加以阐述。

首先他们分析非洲当地对于基地组织的认知，当地对基地组织袭击美国的反应，以及该国专业人士对于伊斯兰主义者政治更为广阔而持续的思潮。国家的选取遵照两两配对原则，分别从地缘以及语言这两条线索，体现地区不同的历史传承。

彼此相邻、以英语为母语和以法语为母语的冈比亚和塞内加尔、尼日利亚和尼日尔。根据宗教信仰的人口统计结果，前三个国家样本穆斯林占据压倒性优势，而第三个国家尼日利亚则是撒哈拉以南非洲穆斯林人口最多的国家。

在2002年非洲研究协会召开之际，迈尔斯没想到，当他和一些研究非洲的同仁，以及非洲学者坐在一起开会的时候，自己的国家和英国已经组成“联军”，入侵并占领伊拉克(尼日尔被诬称为莫须有的萨达姆·侯赛因大规模杀伤性武器项目铀原料供应商，在伊拉克的“后占领时代”，西非世界对于外来力量针对伊斯兰的打击手足无措。美国对几内亚在安理会投票过程中，也使用了许多威逼利诱的手段)。

当时，非洲许多国家首都接二连三的抗议活动导致美国大使馆和领事馆纷纷临时关闭，国务院劝说美国公民谨言慎行。小布什所标榜的“全球反恐战争”的确遍及世界，但是仔细分析非洲所呈现出的反应，这战争的结果并没有完全顺应了美国人的意图。考虑到原本可以用于非洲的美国外资援助源源不断地流向了伊拉克重建，非洲和美国发生了疏离。

四、西非伊斯兰社会：来自美国研究界的反思

当时，毛里塔尼亚总统 OuldTaya 开始抓捕伊斯兰教徒。这起政变企图在

西非范围内主要针对反原教旨主义者，系列政策也造成了巨大的社会反响。截至2003年秋季，美国国防部和国务院已经拨款625万美元用于支持效忠Taya的部队，以及乍得、马里和尼日尔的武装力量，因此华府指导的“泛萨赫勒计划”生根发芽开始启动。该项目将沿撒哈拉南部边境部署，以此促进安全以及情报工作的顺利进行。反恐政策关注极端伊斯兰教派，这使得西非地区被前所未有地纳入美国国家安全视野范围之内。

2003年，当迈尔斯在波士顿举行非洲专题会议期间，他所邀请的三位同侪学者提交了高质量的研究报告，拉尔夫·福金曼(Ralph Faulkingham)专门建议非洲研究协会设置特殊议题“西非伊斯兰主义”。

在此过程中，关于“伊斯兰主义”和“伊斯兰主义者”的概念，美国学者之间无法达成共识。对于有些人而言，这些词汇特指穆斯林政治范围内无端杂乱的暴力以及宗教的极端表述；有些人则认为，这只不过是身为穆斯林所参与的政治活动。当时，迈尔斯提议，采用《美国政治与社会科学学会年刊》就“政治伊斯兰”所提出的定义作为工作定义，即试图让政治按照伊斯兰教义加以规范、有组织的活动，或是作为一种系统思维过程的伊斯兰主义。

迈尔斯认为，伊斯兰主义涵盖很广，既包括温和派也包括极端派，在谱系的两端之间散布着无数中间派别。西非情况正是如此。在那里，为实现伊斯兰主义者的目标而不断高涨的政治风潮尚未脱离理性的范畴，没有对生命和财产大肆摧残。

1987年，帕特里克·瑞恩(Patrick Ryan)曾预言道：

> 如果逊尼派(改革者)的思想能够最终使穆斯林跨越不同教派国籍，在西非形成一股统一的政治势力，而不是像今天所呈现出的这般支离破碎，那么这股宗教力量对非伊斯兰世界产生的反抗——尤其对于世俗世界或者基督教世界——将产生更为重要的影响。

与那些顷刻之间烟消云散的预测不同，在迈尔斯看来，就算是在西非，国家依然起着至关重要的作用。无论伊斯兰主义是一个多么重要的政治因素，在穆斯林占有人口极大比重的西非，不同国家的种族构成、殖民遗产、政治人物、政府法规等要素都不同，在这些因素基础上，每个人感受到的伊斯兰主义也不同。尤其是当我们考察具有相似宗教和人种特性并且彼此接壤的邻国之时，相对于其他全球化现象，我们能够更加清醒地审视国家这个维度。

五、对中国人进行非洲研究的提示

伊斯兰主义者政治在塞内加尔和冈比亚是否具有相似性？虽然略有不同，“北部尼日利亚”是尼日尔的伊斯兰主义真实的写照么？迈尔斯试图通过这些角度切入，系统比较西非伊斯兰世界的差异。

我们可从中看到，像迈尔斯这样的美国学者是如何通过具体的事件和研究关键词来替“国家思考”，判断不同国家针对美国的伊斯兰式回应，以及这些伊斯兰动向背后的丰富社会细节。

尤其值得玩味的是，美国的这批学者经常会跳出一个思维界限，通过将国家和异文化作为中介，来重新分析一个与美国有关的社会现象和事实，以产生特殊的研究“三棱镜”的效果。迈尔斯更为学界所熟知的研究是，通过在第三世界和发展中国家进行调查，了解他们作为客体身份，如何感知和理解发生在德国的大屠杀。

或许，我们要获得有关中国国内治理政策和海外政策的独特数据和中立判断，应该借助于媒体、社会运动、流行文化、甚至海外的排华现象，通过一个中介物来更为客观地分析中国在“中国世纪”可能遭遇到的各种危险和尴尬。

第十一章
“灵语者”：肯尼亚吉莱玛人的“灵魂附体”

篇章设计：周雷

研究提供：布朗戴斯大学教授(Brandeis University)杰内特·麦金托什(Janet Mcintosh)①

研究协助：香港自然力研究院非洲研究计划

这里研究的是非洲肯尼亚吉莱玛人(Giriama)的一种特殊宗教现象——灵魂附体，除了非洲种族差异和宗教隔膜，这种灵魂附体进一步体现了一种霸权显现和道德抵抗。本文标题出现的肯尼亚灵魂附体是个双关语：既是一种宗教仪式和灵媒活动，也是指一个被灵魂附体的非洲大陆。再次印证：要理解非洲，读懂这里的历史和宗教多么重要。

一、神 灵 观 念

在撒哈拉以南非洲的很多地方——包括全世界很多其他文化——神灵常常与人类社会和历史保持了一种复杂关系，它有时成为复杂社会通过宗教行为和空间的拟态和投射。举例来说，一个社群建立起一个能够反映和重建其族群联系历史和社会等级的神灵系统绝非罕见现象。虽然神灵并不仅是社会现实的模糊反映，但是在非洲肯尼亚的吉莱玛族群的生活中，神灵和社会密不可分。

Noble(1961) and Parkin(1991)在20世纪五六十年代曾经在非洲进行人类

① Janet McIntosh. 2004. Embodied Hegemony and Moral Resistance in a Giriama Spirit Possession Complex. The Journal of the Royal Anthropological Institute, Vol. 10, No. 1 (March), Pp. 91-112.

学研究，他们主要的工作范围就是在肯尼亚海岸地区。两位学者曾经在著作中描述了多种吉莱玛文化中的“灵”，其中包括与吉莱玛族群有交集的族群文化中的灵，包括动物之灵，以及一些不太容易划分类别的灵，比如 KatsumbaKazi（一种吉莱玛族群的女性之灵，职责是教育辅导入门级的灵媒）以及 ZikiriMaiti（意思是“行走的尸体”）。

Noble 和 Parkin 两位学者都关注阿拉伯和穆斯林之灵。Noble 坚持认为吉莱玛人将穆斯林之灵看作是“代言人”，而 Parkin 则认为穆斯林之灵在当地人眼中是非常“强大的”。

在如今的马林迪（Malindi）城镇，麦金托什发现许多当地人都还知道 Noble 和 Parkin 曾经列出的那些灵，而这些灵成为反映马林迪地区人口多元化特点的媒介。这些灵，比如 Kamba，Somali，以及一些穆斯林之灵，似乎在当今地区生活中占有非常显著的地位。

令人吃惊的是，很多人将能够附上人身的灵划分为两种“上等灵”类，他们称这两种灵为“穆斯林之灵”（upandewakiislam）和“吉莱玛之灵”（upandewakigiriama）。

其中穆斯林之灵不太会被人们贴上很清晰的标签，但是他们会认为它们非常强大，而且有时候会强迫人们违背自己的意愿。这些穆斯林之灵包括 PepoMwalimu（教师之灵：Mwalimu 在斯瓦希里语中是“教师”的意思，而 Mwalimu 是 mwalimuwakitabu 的简写，后者是一种使用书籍的灵媒治疗师）、PepoIjumaa（星期五之灵）、PepoMwarabu（阿拉伯之灵）和 PepoQuruani（《古兰经》之灵）。

一些受访者提到，“吉莱玛之灵”包括的灵不仅仅是吉莱玛本地传统的灵，还包括所有非阿拉伯和非斯瓦希里的灵，包括动物和族群之灵，比如 Kamba、Somali、Maasai，等等。这些灵和阿拉伯/斯瓦希里之灵之间的区别，比信奉这些灵的族群之间的差异还要大。

非洲研究学者许媛媛提到，非洲黑人具有自己独特的宗教传统，尤其是崇拜祖先灵魂的传统。他们认为：“死者的灵魂仍与生前的氏族、部落保持一定的联系，监视或参与部落成员的生产和生活，施以好的或坏的影响”，因而，他们对祖先的灵魂“既害怕，又崇拜；既畏惧，又求助”。

1993 年诺贝尔文学奖得主、非裔美国女作家托妮·莫里森也是一名非洲黑人祖先崇拜传统的信奉者，在其代表作之一《所罗门之歌》中，展现了大量的黑人文化元素，用现代语言对非洲的祖先之灵进行了赞颂。在莫里森看来，祖先是“不受时间限制的人，他们与后代的关系是善意的、指导性的和保护的；他们给后代提供的是智慧”。在《所罗门之歌》中，莫里森通过描写两位女性人物在与各自父亲灵魂的交流中获得帮助，表现了非洲黑人祖先崇拜的传统。帕拉特和露丝是小说中两个重要的女性人物，每当她们遇到困难时，她们就会求助于各自父亲的灵魂，与其交谈，并从中得到指引，以解决现实生活中的各种困惑。

二、灵的世界：非洲人的一种世界观和认知方式

根据吉列斯(Giles)的研究发现，蒙巴萨岛、坦噶(坦桑尼亚)以及桑给巴尔岛地区有一种关于灵的分类法，这种分类法“反映出整个斯瓦希里社会文化，并对文化本身重新定义”。在吉列斯的发现中，其中有一点是斯瓦希里社会中，对宇宙的认识首先是认识文明、纯粹的阿拉伯之灵以及非文明、被玷污的异教之灵的区别。

后者的灵被叫做 kinyika——它们被冠以轻蔑的别称“粗野”之灵。这样的灵包括 Mijikenda 人，他们站在斯瓦希里人的对立面。而 Mijikenda 人和斯瓦希里人确定都对高等的穆斯林之灵和低等的吉莱玛之灵有区分，但是他们之间的根本区别是吉莱玛人自身也认为，自己的吉莱玛之灵在众灵系统中的地位是低等的。

吉莱玛人有时候也在意识上反抗高他们一等的阿拉伯之灵。然而，吉列斯则认为，斯瓦希里人对于阿拉伯之灵的尊重表达了他们在意识形态上对于伊斯兰文化和城市文化的看重。

对于吉莱玛人来说，所有的灵都有多种力量，可能造福人类，也可能危害人类。灵可以用它们认知上的优势或者物质性的能量帮助灵媒和治疗师，但是它们跟人类一样，也会非常苛刻，变化莫测，甚至心存歹意。

有一种穆斯林之灵，叫做 jini。据说只要主人们喂食它们人类的鲜血——有时候是吉莱玛人的鲜血，它们就能帮助自己的斯瓦希里或者阿拉伯主人们聚敛金子和钱财。这事实上是一个清晰隐喻。

其他的灵，包括生来就低等的灵或者高贵的穆斯林之灵，可能会自发地附上人身，常见的做法就是去拜访灵媒，问卜吉凶，看看是否自己已经被灵附身。

如果真的被灵附身了，那么灵媒就要为被附之人实施灵媒之术，或者其他一些修正手法。灵媒自己必须要安抚这些躁动的灵，比如与它们保持良好的关系，

有些灵可能是穆斯林之灵。这些灵媒之术可以提供两种主要的方法，让穆斯林之灵能够强迫被附的吉莱玛人转换。一种方法是，灵附上一个普通的吉莱玛人之身，也就是说没有任何灵媒能力或者接受过灵媒训练的人。另外一种则是，灵会指挥灵媒的身体，封闭他们的灵术，控制他们的饮食以及日常行为。

三、灵媒的出现："灵语者"的操纵方式

在鼓声和舞蹈的伴随下，灵媒施行安抚灵术，这个过程通常很短。如果一个人被力量强大的穆斯林之灵附身，那么驱魔的过程可能更加漫长，被附之人还像正常人一样生活和反应，但是他们的身体和行动都要受到附身的灵的指挥。这种附身的状况和平常生活并无明显区分，但是被附身后的生活还是赋予了新的意义。有一位30多岁的灵媒曾经这样描述最常见的长期附身状态：

附上我身的是穆斯林之灵，所以我打算很快就要转换信仰。我知道自己将来一定会转换的。我已经看到了一些征兆。我不能吃某些食物，比如野鼠或者被屠宰的不干净的死去动物。如果我吃的话，我就会呕吐，然后要病好几天。在斋月期间，附上我身的灵就会强迫我禁食；白天，我就是感觉不到饥饿，但是到了晚上我就会饿。如果我星期五工作的话，我也会生病。

这位妇女将自己的信仰转换描述成为必然的事情。一旦她感受到了附身，她就要和信仰建立起契约关系，成为穆斯林教徒，并且忠诚地服从穆斯林之灵的各种禁忌。她这么做能换来的是穆斯林之灵不再让她生病，而且还会参与她以后的灵媒之术，但不是所有被附身的人都愿意信仰转换。他们宁愿经历一段长期的灵对他们的肉体折磨，也要拒绝——通常反抗得非常激烈——接纳自己穆斯林的身份或者主动服从伊斯兰的各种禁忌。还有一位女性灵媒声称自己并不认为自己是穆斯林，因为她在实施灵术之时，有一位阿拉伯之灵帮助她：

> 说到宗教信仰，我既不是穆斯林也不是基督徒——我是传统主义者——但是在斋月期间，我白天也不会感到饥饿，只有晚上才会饿。我从来不喝棕榈酒或者经过不干净屠宰的动物，也不吃猪肉。即使是一只鸡，也必须要由伊斯兰教徒宰杀，否则我吃了就会生病；就像是有一种病魔一下子蹿遍全身。这一切都是因为阿拉伯之灵。

四、灵的显现：几种灵附体的感受

吃了野鼠或者喝了棕榈酒就会呕吐，这种强烈的对某种食物的抗拒在吉莱玛当地人眼中其实是一种“传统“的反应。在吉莱玛社会，食物是族群身份认证的重要指标，这和很多社会是一样的，所以对某种食物不由自主的抗拒意味着对某种族群关系的彻底断绝。如果一种文化本身包含有很多需要饮酒的仪式和社交场合，那么不能喝棕榈酒就是一件非常不合群的事情。当地人认为，这种饮食和抗拒是不受人控制的。

有一位灵媒描述她的被附身后的一些初步反应，非常清晰地表达了自己身体的不能自控：“我就发现自己在星期五不能工作，在斋月期间的白天不想吃东西。”有一位中年男性灵媒描述自己的状态仿佛是梦游一般：“你会发现自己还没有祈祷就开始洗澡了，不由自主戴上一顶帽子（kofia），当你发现自己做这些事情的时候，你就知道你被穆斯林之灵附身了。”

令人惊讶的是，有一些人不愿意转换信仰，所以他们通常保持被动的状态，而不是转变自己，主动接受伊斯兰教的各种禁忌。他们可能会因为不受控制的身体状态和行为而责备自己很多年，甚至一生。

没有经过灵媒训练的普通人可能会有类似的对 Giriama 食物的抗拒以及不由自主进行一些穆斯林行为的经历。然而有时候，他们的病症并没有显著特征，只有经过灵媒确认才知道自己是被灵附身了。比如说有一个年轻人，曾经告诉我他还是个少年的时候，有一次生病没有什么明显的症状。他的父母把他带到灵媒那里，灵媒告诉他们他已经被穆斯林之灵附身。灵要求他必须要穿成一个虔诚的穆斯林男子的样子，其中包括一种叫做 kanzu 的白色长袍。

第十二章

影子权力：通过“灵附体”显现的族群霸权和抵抗

篇章设计：周雷

研究提供：布朗戴斯大学教授(Brandeis University)杰内特·麦金托什(Janet Mcintosh)①

本章对灵附体的研究，在于理解非洲大陆普遍的灵附体现象背后的社会原因是什么。它揭示了非洲是怎样一个社会，考虑灵附体和祖先灵的广泛存在，中国人在非洲进行旅游、投资、文化活动时候，必须对此加以重视，不要将非洲的一些地方信仰等同于国内媒体知识中经常出现的肤浅阐释——封建迷信，而是要认识非洲的本土信仰背后的深层认知，特别是这些信仰在殖民时代和后殖民时代发生了哪些变化。本章由此进一步思考：即使非洲“插上电”，国民进入互联网和虚拟时代，他们的传统信仰是发生了新变化，还是那种根深蒂固的祖先灵崇拜和灵附体，只是换了一种形式，在虚拟的网络空间也同样显现?

在非洲，传统知识和信仰仍然具有强大影响力。例如2010年，根据联合国儿童基金会显示，仅在刚果(金)一个地方就有大约2万名儿童，被当地人认定为“巫蛊儿童”(非洲当地语言称之为kindoki，也就是危害家庭的人)，受到邪灵的控制，许多儿童最终被杀死。从医学和心理学角度来看，这些孩子很多是孤儿、白化病儿、残疾儿童。

---

① Janet McIntosh. 2004. Embodied Hegemony and Moral Resistance in a Giriama Spirit Possession Complex. The Journal of the Royal Anthropological Institute, Vol. 10, No. 1 (March), Pp. 91-112.

本章中，我们通过人类学家深度调查的南部非洲案例，理解了灵附体背后的非洲社会积习、根深蒂固的仇恨和阶层差异，以及个体和群体在灵附体过程中所表现出来的隐藏抵抗。

有一位人类学家曾经详细记载过肯尼亚灵强迫人们转换信仰的现象，他就是戴维帕金(David Parkin)。他早在20世纪60年代第一次涉足这一地区的研究，20世纪80年代又重新回到该领域。帕金最早是在研究居住在Kaloleni地区(在马林迪西南处大概40千米处)的吉莱玛社会的再分配和资本文化之间差异的时候开始注意到该现象。

传统的吉莱玛社会在经济上采用平等主义，主要通过仪式性和非正式的分配实现，但是20世纪中期在年轻的Kaloleni人之间日益发展起来的棕榈酒业打破了这种社群主义的平衡，在老一代Kaloleni人和年轻一代Kaloleni人之间制造了紧张的关系。

在这种情况下，有一些被穆斯林之灵附身的年轻男性企业家只有信仰伊斯兰教才能摆脱病魔。他们的这种行为被帕金称为“治疗性的”，因为只有遵守伊斯兰教的各种禁忌才能重新恢复健康。有些人为了转换信仰，将自己从非穆斯林亲属关系剥离开来，不与他们吃饭，有时候还搬离他们的村庄，住到城镇附近的地方去。

帕金对这种现象的解读是从实用主义和经济学角度入手的：新穆斯林企业家把自己和以前的亲属和族群分隔开来，这样的话，他们就能“避免”没完没了地接济这些人，也不用继续与他们“相近相熟”，信仰转换还能帮助他们避免对手寻仇，所以就像现在这样，经济层面上的改变可以衍生出社会层面平衡的打破，从此制造紧张的社会状态。因为要遵守伊斯兰饮食上的禁忌，新近转换成伊斯兰教徒的穆斯林不能跟还没转换的人一起吃饭，这样的话，这些企业家们就可以减少“被自己妒忌的邻居或者亲戚下毒伤害的可能性”。

同时，被灵强迫的转换可使得他们免受因转换信仰而受到的来自族群的指责。这其实对他们来说是一种便利，因为“在他们的社会里面，转换成为穆斯林一直都被看作是一种离经叛道”。除了向我们介绍了由灵引起的信仰转换背后的种种复杂社会因素，帕金的分析还显示出一个工具主义者对于该现象的解读，他把这一现象称为Kaloleni地区的“过去15年的经济变化映像”。

一、马林迪的另一种附体经验：内在的服从和秩序重整

在马林迪，强迫性被灵附身而进行宗教信仰转换的现象有自己独特的特点，和帕金观察到的有些不同。

很多因为受到灵附身的强迫而转换宗教信仰的人是灵媒，而他们的工作职责是要与高等的穆斯林之灵建立良好的关系，从而建立自己的威望，所以他们信仰的转换并不能给他们带来经济上的好处。这和帕金观察到的接受转换的企业家们不同。大多数被穆斯林之灵附身的人几乎没有什么需要去保护的财富，即使有也很少。即使他们转换信仰，马林迪人也不会把自己从其他吉莱玛人之中分离出来，所以他们也没有必要因为担心嫉妒或者想报复的朋友亲人而转换信仰。

此外，这里转换者还有一个特点就是并没有明显特征表明男性占多数。事实上，在马林迪，女性占据了转换者的大多数，在某种程度上可能是因为女性更弱小，容易被灵附身。麦金托什还发现在受灵逼迫而转换信仰的社会现象中，并没有明显的转换者年代差异。转换者看上去平均地分布在老一代和年轻一代人群中。帕金的研究曾提到，吉莱玛人认为伊斯兰教不管经济上还是宗教上都是更加高等的。对于那些最终臣服于穆斯林之灵的人来说，他们可以安慰自己说，自己并不是一个随随便便甘愿臣服于压迫者的人。

很多屈从于穆斯林之灵的人都表示自己并不愿意将自己与其他吉莱玛人隔离开来。很多被穆斯林之灵附身的人根本不愿意转换信仰，他们当然也不愿意大张旗鼓地将自己是一个转换者（或者潜在转换者）作为身份辨识的标签。

二、灵魂附体背后的种族对抗和霸权表达

被来自其他族群的灵附身，包括力量非常强大的灵，在撒哈拉以南非洲并不是罕见现象。Boddy 和 Stoller 两位学者就曾经在自己的著作中记载了与吉莱玛案例在结构上非常相近的现象。他们认为灵附身其实是一种低级反抗高级的潜在形式。

在 Boddy 和 Stoller 描述的语境下，灵附身通常模仿了当地的一种舆论形态，模仿这个区域不同主宰者对当地社会的控制和训诫。

Boddy 曾经记录过在北苏丹男性主导的社会中，女性被 Zar 灵附身的现象（想象一下，非洲人可能如何看待 Zara 这样一个服装品牌）。Zar 灵的宗教仪式有时候包括很多外来的灵，比如吉普赛灵，埃塞俄比亚妓女以及西方的医生、律师以及军官等。这些灵一旦附上女性身体，她们就会向男人流露险恶用心，或者说男人的坏话。她们可能会诅咒男人，乱拍打一番，跳有暗示之意的舞蹈，或者做其他一些日常生活中女性不适合做的不雅行为。

Zar 灵给了女性们一个表达对自己社会地位和日常生活不满的机会，尤其是在那个女性完全屈服于男性的社会，但是 Zar 不仅仅是发泄和表达的途径。Boddy 将这种附身称之为“文本”。这些文本充满了意义，让旁观者和利益关联者有空间产生自己的联想和解读。Zar 灵附身是对日常真实生活的扭曲反映，通过这种方式，被附身的人可以审视自己生活的世界。无言的 Zar 灵附身于是能够让女性从自己的亲身经历中获得一点轻松的表演乐趣，同时也可以重新评估自己的人生。

三、借灵还魂：通过附体的戏谑和批判

Stoller 关于附身的记载是记录了 Hauka 灵附上西非桑海人的现象。在这场 Hauka 灵开的“恐怖玩笑”中，被附身的男人和女人都会模仿军队里高级军官或者其他殖民者形象的着装和神情，以非常怪异和颠覆性的风格，吓唬小孩子，却引得众人哄堂大笑。

这种 Hauka 滑稽戏的内容包括夸张地行敬礼仪式或者其他颇具讽刺意味的、针对殖民主义的夸张表演。这些表演还会带有语言争论对白，被附身的人和观众之间互动。Stoller 认为，这种灵附身对“殖民者的本质给予了强烈而大胆的批判”。的确，Hauka 灵附身是在桑海军队在 19 世纪至 20 世纪之交抗击外来殖民的失败之后开始形成，形式也很像大势已去的旧法兰西王国曾经流行的闹剧表演或者滑稽戏。Stoller 认为这些表演性的评论独特的诠释能力帮助社会现有居民能够在他们羞辱的记忆中找到想象出来的、重新获得的力量感。

Boddy 和 Stoller 两位学者的诠释都是将灵附身看作一种媒介，可以使被附身之人与观者能够达到相互理解，反对的声音也可以通过这个媒介发出。他们

描述的附身现象体现了当地人的一种独特认知方式，里面隐藏了社会批判。

举例来说，若想批判，不能只是用行为，更要言语表达出批判意义，所以，Hauka灵附身中的夸张表演因素不只是反映出对殖民地时期的行为，被附身的人将这些旧时行为定格、重置，并将它们作为模仿嘲笑的对象。

Zar灵附身同样也是对社会事实的夸张和怪异表现。虽然它们都是扭曲的，但是他们都在批判过程中隐晦表达了自己的意图。此外，在Hauka和Zar的案例中，灵附身在一种充满仪式感的过程中展开，凭借这个环境，灵附体的参与者和旁观者可以借新的情境表达自己的想法和批判，使自己观点的表述颇为戏剧化和舞台化，像是戴着一种面具。

然而，受灵逼迫的信仰转换在本质上并不是表演性的。它表面上是平常性的，进行的时间也较长，很大程度上是一个人在私人空间，突然行为转变。这些举动有些时候太唐突，让人看起来难受，有时候是连续数月个人举止怪异，最终不得不去灵媒处获得解答和治疗，同时这些被灵附体的人要决定：要么臣服于灵，要么拒绝它们的要求。

在这种附身表现中，并没有特别清晰的观众群体，没有公共仪式来彰显附身的重要性，附身本身也没有明显的颠覆性信息。

四、吉莱玛：灵附体彰显了当地人的孤立无助

吉莱玛案例中被附身的人几乎享受不到什么附身带来的好处，这一点有点奇怪。在其他文化中，也常见一些灵通过让人生病展现自己力量而人们会在第一次被附身之后不断抗拒、怨恨的案例，但是在很多这样的案例中，被附身之后初级阶段的痛苦可以通过仪式过程转换形式。这个过程中灵会被驱走，或者被附之人接受了灵的要求，与灵建立起契约性关系，从而治愈自己的痛苦，恢复健康。

事实上，在很多人类学的研究中，附身都被认为是最终能够让被欺压的被附之人获益的过程，能够帮助他们成功，表达自己的意愿或者面临的挫折，或者更好地了解自己和自己身处的世界。

在现今的吉莱玛案例中，不仅附身过程给人们的生活带来诸多明显的不便与羞辱，而且他们对于灵的批判和反抗还可能会被认为是对灵要求的拒绝，从而

会加深他们所受的痛苦或者他们被灵控制的状态。在这种情况下，被附之人并不能获得友好的安慰或者宣泄挫折的渠道。整个被附身的过程丝毫不能给被附之人带来明显的社会与心理上的益处。

吉莱玛之灵让被附之人在肉体上经历了一场对于不同族群的深度对抗，他们通过身体和肉身来认识自己的处境和周遭的世界。Masquelier 认为附身有助于“在产生意义和理解层面上，让身体行为说出比言语更重要的信息”，也就是说，吉莱玛的附身现象其实反射的是这个族群在社会宗教状况被孤立和围困的现实。

在一个被灵主宰的人类社会里生存就像是一个被控制的玩偶，灵会附上你身。如果有人像一些吉莱玛人一样强烈反抗，灵用身体反应惩罚你，同时也是对你低等的社会经济地位和文化背景的双重嘲笑。

问题是有些吉莱玛人自己已经接受了这样的事实——通过自己的亲身体验，以及在现实生活中对彼此地位不平等的体会，双方的地位鸿沟因此进一步加大，于是斯瓦希里和阿拉伯人可以更好实现自己的霸权。

五、获得与遗忘：灵附体者的独白仪式更深的含义

有些转换信仰的吉莱玛人会强调，即使自己信仰变了，但是还会对吉莱玛保持忠诚。同时他也会谈论自己转换经历的时候展现出的傲慢和狭隘。就像一个女性会如此描述自己的感受：

“我是逼迫转变我的信仰的，因为那些事（疾病），但是事实上我并不真的喜欢那个宗教——如果你真的要从思想上接受它，你就要完全忘掉所有的 Giriama 人，还要去鄙视他们。这样不好。”还有一个女性应和她说：“我不想因为转换到信仰而忘掉我故乡的人。”

一些年长的治疗师则说自己并未受到附身之灵折磨，因为他们看到这种信仰已经被某些人的行为在道德上玷污了。

“我不想跟那个宗教产生一丝一毫的联系。我周五工作，但是我没有看到自己的工作受到任何疾病的影响。我不想那样。我不能忘掉在奴隶时代阿拉伯人是怎么对待我们 Giriama 人的。”

有一位女性灵媒提到自己转换了信仰也不一定能保证为高等之灵世界所

接受。

“我对于成为一个信徒没有任何兴趣。我不想改变自己的名字，我也不会祈祷——事实上，我不喜欢高等之灵，他们总是看不起 Giriama 人，还轻蔑地叫我们尼佧(Nyika，一种对吉莱玛人的蔑称)。我加入高等之灵仅仅是为了工作方便，但事实上我热爱自己的低等灵，Giriama 灵，他们很好，他们也比那些高等之灵更灵验。”

在吉莱玛人的世界观里，高等之灵占有绝对优势，但是在吉莱玛的意识形态框架里，这并不意味着这种优势地位就一定保证他们在道德上是“好的”。

这样一来，我们可以发现那些被灵附身的人都接纳了他们自有的文化习惯与高等之灵之间存在固有冲突的事实，从一方转换到另外一方可能会引起身体上的不适，但是同一个因为反抗而忍受肉体折磨的人依然还能够在意识层面表达抗拒，让作为高等之灵对立面的吉莱玛意识形态能够发出声音。

在意识深处，他们的身体却屈服于臭名昭著的霸权，而通过灵附体这个“中介”，他们本人也可能会挑战这种霸权。灵附体者只是为了让了身体能够适应于更加高等和强大的集团，而不是通过附体彻底改变了自己的受压迫地位，或是得到一些精神意义上的支持。

简单来说，就是当自己被霸权所控制，且无法暂时改变的时候，给吉莱玛的生存空间挖一个孔，渗透更多空气，然后从这些空气里面创造一个更加自由的自己。

第十三章

马达加斯加：揭秘非洲人的占星术、房子和婚姻观

在网络时代，数字搜索往往成为一个地方和一个人物的档案。假设一个地方存在，一定会有一种语言记录的数字资料在互联网上。马达加斯加的故事也不例外。我们试图向读者传递更多的"非数字化"的信息，这些丰富的资料来自深入大英图书馆的档案阅读、与人类学家的谈话、实地的现场图片。需要特别说明的是，关于马达加斯加的故事，与风行的好莱坞卡通电影关联不大，它讲述的是一个更为真实而非想象的非洲之岛。

一、马达加斯加：历史中的殖民身影

根据维基百科的介绍，马达加斯加岛的历史始于公元 7 世纪。其居民的祖先来自印尼的婆罗洲，他们先从印尼前往印度，再由印度前往东非。那时阿拉伯人在其西北方海岸建立了贸易点，而与欧洲人的接触则始于 16 世纪，葡萄牙船长迭戈·迪亚斯(Diego Dias)在他的船脱离了前往印度的船队之后看到了这座岛。17 世纪末，法国人在东海岸建立了贸易站。

16 世纪末，"梅里纳"或"马里那"人(Merina)在马达加斯加中部建立了梅里纳王国，他们是印尼马来人的后裔。到 1790 年代早期，梅里纳的统治者在包括海岸在内的岛屿的大部分地区建立了政权。至 19 世纪初，统一全岛，建立了马达加斯加王国。1817 年，伊麦利那统治者与毛里求斯的英国统治者达成"废除奴隶交易"的协议，这成为马达加斯加经济上的一件大事。作为回报，岛国接纳了英国军队和经济援助。英国人的影响在几个地区非常大，梅里纳王室也因此改变信仰，开始信奉长老教会、会众制(Congregationalism)和英国国教会。

1885 年，英国人被迫接受法国人对马达加斯加的殖民统治。作为回报，英国人最终控制了桑给巴尔。1895 年至 1896 年，法国人用武力建立了对马达加斯加的完全控制并废除了梅里纳君主制。第二次世界大战期间，马达加斯加人组成的军队在法国、摩洛哥和叙利亚参加了战斗。在法国被德军占领后，维希政府接管了马达加斯加。1942 年，英国军队占领了这座具有战略意义的岛屿。1943 年，自由法国再一次从英国人手中接管了马达加斯加。

1947 年，随着法国人影响力的与日俱减，民族主义势力迅速抬头，却在经过数月艰苦卓绝的斗争后被镇压。随后，法国人于 1956 年建立了一个革新制度，马达加斯加开始逐步走向和平独立。1958 年 10 月 14 日，马拉加西共和国成立，是法兰西共同体(Communauté française)内的自治共和国。1975 年 12 月 21 日，改国名为马达加斯加民主共和国。1992 年 8 月 19 日，改国名为马达加斯加共和国。

二、占星术：一种古老智慧和国家仪式

为了了解马达加斯加的占星术，我对伦敦政治经济学院的人类学家莫里斯布洛克进行了深度访谈。布洛克是欧洲知名的认知人类学学者，他对非洲，尤其是马达加斯加的研究长达几十年之久。布洛克认为，理解非洲国家，最重要的是要回到它历史的深处，因为往往在这种力量叠加重合互动的时间里，奠定了一个国家的基本政治、文化、经济肌理。

布洛克是法国人，其祖辈也是法国的知名人类学家，但是他的学术传统主要从伦敦政治经济学院获得。在英国，单单是伦敦政治经济学院这一个学校，它对非洲的长期研究已经相当全面，我在该校的图书馆，看到数以万计的图书如兵马俑方阵一样排开，里面对非洲的描述和研究相当细致，甚至，我们可以找到英国 200 年以来的议会辩论记录。

西方人对非洲的理解已经相当深刻，从理解、进入再到建构，西方人的知识整理不仅帮助西方文明与非洲文明对话，同时也在现实中塑造了非洲。所以在这个意义上，要了解非洲，有时候反而要回到西方人的“思维档案”里找线索。

布洛克提到自己知名的一本民族志《吾思鱼所思》(How we think they think)，同时也通过一个事例，描述了历史并不仅仅是一种过去式：由于曾经是法国的殖民地，法国有不少马达加斯加人，这些人即使已经完全融入法国社会，

出现一些身份和地位较高的人物，他们在死亡之后，往往都要把自己的木质棺材费力劳心运回马达加斯加岛。

三、占星术：并非天文爱好者的小玩意

在马达加斯加语中，“写出来的东西”叫 Sora，这个词直接来自阿拉伯语。它直接显示了当地语言的真正来源。阿拉伯文化的性质和历史，特别是马达加斯加的伊斯兰文化对我们理解当地文化的现实很有帮助。目前，有两个群体宣称自己与伊斯兰交往甚密。一些部族宣称自己是生活在西北尽头的 Silama（也就是伊斯兰），另外一些人则认为自己是居于东南岛屿一带的伊斯兰。前者对于《古兰经》以及阿拉伯神秘教义和传奇故事颇为熟悉。他们沿袭一些穆斯林的法律。虽然他们使用的语言是马达加斯加语，其中含有大量的斯瓦西里语和阿拉伯语单词。他们将自己的阿拉伯文化归因于岛屿北部和西部的一连串贸易点，现在仍有遗迹的残留。在海湾地区与阿拉伯文化互动大约可以追溯到 10 世纪。这些贸易点持续到 17 世纪与科摩罗岛连成一体，现在这些地区的居民多操斯瓦西里语，被阿拉伯统治阶层所控制。在中世纪，科摩罗岛和马达加斯加贸易港与东非的基尔瓦（Kilwa）帝国海港相连。在各个时期，这些阿拉伯贸易港和印度洋保持联系，这种状况某种程度持续到今天。事实上这种在科摩罗岛和马达加斯加之间的互动复苏，引发了当地伊斯兰文化的复兴。

四、两种文化的相互较量

在马达加斯加，阿拉伯的势力曾经非常强大，但一度被葡萄牙人挫败，特别是特里斯坦达・昆哈（Tristan da Cunha）和他的航海者，他们焚烧了沿岸的阿拉伯集镇，以一种臭名昭著的血洗方式消灭了当地的贸易人口。16 世纪的航海家路德维柯・瓦尔塔玛（Ludovico Barthema）这样描述马达加斯加：我觉得它属于葡萄牙的国王，因为葡萄牙人已经洗劫了两个城镇并焚毁了它们。继葡萄牙之后，许多欧洲国家摧毁了印度洋的阿拉伯贸易。马达加斯加是阿拉伯印度洋海外贸易链条的最遥远站点，和其他的东非穆斯林隔离开来。阿拉伯和斯瓦西里人应该是离开了马达加斯加或者被杀戮了，现在的 Silama 穆斯林其实是在马达加斯加内部发展起来的穆斯林的后裔。

在马达加斯加，保留了书写传统是另一个受到穆斯林影响的区域，它位于马达加斯加的东南部，靠近现在的马纳尼加瑞(Mananjary)和马纳卡拉(Manakara)。在这个区域有两个部族，如Antambahaoka和Antaimoro，他们认为自己是阿拉伯后裔。在这周边还有一些部族也作同样的宣称，包括林顿(Linton)研究的塔纳拉(Tanala)。与阿拉伯文化保持密切接触的还有Matitanana村庄和现代的Vohipeno小镇，这个区域是Antaimoro的贵族曾经聚居的地方。

五、巫术和占星术：令人敬畏的统治艺术

巫术和占星术在马达加斯加占据重要的地位，这种影响一直持续到现在。在当地，有两种巫医：巫医作家和巫医占卜者。巫医作家是极为娴熟的阿拉伯书写者。他们有一些书中包含了《古兰经》的部分章节。他们懂阿拉伯语，可以像学习欧洲拉丁语和希腊语的方式学写阿拉伯语。他们可以治愈病人。他们可以书写各种辟邪文字(如Hiridzi，Talizmans，Massarabes)卖给那些上层和富有的人群，用以保护这类人群免于1 000多种灾异的侵袭，比如事故、疾病、电击、火灾、敌人的进攻甚至死亡，尽管他们连自己也保护不了。通过这种方式，这些巫术作家获得牛羊、黄金、白银、布匹和其他千种商品，全部是通过指向上天的书写方式。

巫医则受到特别的敬畏，因为大家认为这些人是除魔的人，不仅是民众，领导人也畏惧他们，雇用他们来对付法国人。这些人被派到法国的驻扎堡垒，用装满了许多纸的篮子，上面都写着文字，还有在星期五放上画着数字和图符鸡蛋，以及没有烧制的陶罐，上面写着文字。这些巫医都是在学校里学习这些知识，教他们的是Matitanana人。

在马里那国王安德里阿娜姆珀丽尼美丽娜(Andrianampoinimerina)统治期间，Antaimoro占星术对其他部族也有影响。这个国王的统治时期大约从1787年到1810年，王朝开始先统一了各种独立酋长部落，进而统一了大量非马里那地区的部族，最终成为一个庞大帝国。这个帝国被他的儿子拉达马(Radama，马达加斯加的巫术作家如此称呼他)进一步扩大，马达加斯加人称呼这个人为勒希达马(Lehidama)。他创立了一个设计繁杂的中央集权政府，雇用了许多专门审判官、中央政府的当地代表、信史，以及其他非全职的政府官员。有幸的是我们有拉达马统治期间的管理细节，可以看出这个统治系统对后来的王国稳定起到重要作用。

六、马达加斯加：他们有时候就像中国的商朝人

在自己的帝国成为马达加斯加中部重要的国家之后，国王安德里阿娜姆珀丽尼美丽娜做的第一件事就是任用大量的占星术和占卜预言者来处理宫廷事务。这证明了 Antaimoro 的占星术士曾与马里那有过密切互动。他们对占星术和占卜的使用，很容易让我们想起中国的商朝人——巫术、占卜、谶纬、祭祀占据重要地位的历史时期。通过龟裂的纹路来寻找神谕和现实的统治指南。

通过预言、神灵膜拜、巫医治疗，占星术和书写成为 Antaimoro 的文化祖先，并得以在岛国迅速扩散，因此占星士在当时备受尊崇。在 19 世纪的 Imerina，Antaimoro 在当地扩大占星术和书写的影响，这带来了两个直接后果。一种是以世俗为目的实用书写，这很快被欧洲传教士和学校系统所取代；此外，占星士被赋予了一种特别的地位和荣耀。这种影响一直延续到现在，现在的马里那乡村，占星术士的后裔仍然是当地的重要人物。

对于马里那来说，占星术不仅是描述性的，它还是预测性的。占星术背后的基本概念显示了人和事物之间的某种特质，这种隐在特质比那些明显特征更重要，因为它直接决定了其表现形态。换句话说，命运能解释一个人的全部，如果我们完全理解命运（vintana），就能了解一个人的过去、现在和未来。占星术士就拥有这种知晓命运的能力。普通的马里那人会到占星术士那里了解自己的命运，比如该如何按照命运行事，如何躲避灾难，因此在进行割礼时，必须选择 个恰当时间，这时候这个孩子的命运将被考虑在内。同样在葬礼时，仪式的时间、将被吃掉的牛羊皮的颜色都将被分析，将死者和哀悼者的命运考虑在内。在进行旅行之前，人们也会拜访占星术士，从他那里购买一种昂贵物品。总之，任何可能的危险都要去咨询占星术士的意见。因此，占星术士（mpanandro，意为“日子的确立者”）同时也是预言者（mpiskidy）和医生（ombiasy）。

七、马达加斯加的日常生活：婚姻和房子

马达加斯加人有着自己的房子观念和婚姻观念。相比较务实、现实、略显功

利和残酷的中国人的房子及婚姻观而言，马达加斯加人的观念尤其值得中国人的思考和学习。在这个问题上，布洛克先生列举了一个他作田野调查地方的案例——扎弗曼尼瑞人。

扎弗曼尼瑞人是居住在马达加斯加高纬度山地森林的刀耕火种耕作者。他们主要种植玉米、豆类和芋头。他们的人口大约是 2 万人，他们的栖息地位于海拔 1 400 米左右的森林山麓。和所有的马达加斯加人一样，他们文化中深刻地体现着对人类生活的无常(impermanence)的感慨。扎弗曼尼瑞人有句非常有名的谚语：ny tany tsy miova fa nyolombelona no moiva。意思是土地恒久不变，而人则多变不长。这个谚语和许多其他同类描述相似，都反映了当地人一种对人类生活脆弱无常的持续性的理解和意识。这个谚语同时也暗示了一个解决方案：人类可以通过永恒的物质中介与恒常的土地联系，比如用硬木建造最为理想的房子。

八、马达加斯加式幸福婚姻

有关婚姻的模式对于扎弗曼尼瑞人所处的这个概念化的社会很重要，因为它直接和人的成长有关。该模式的核心是两个人互补、充满爱意、富有成果的结合，齐心协力处理家庭和耕作事务。

所谓富有成果的标志之一就是子孙满堂，子子孙孙无穷匮也。同时，还体现在各种事业的成功，主要指的是农业稼穑的成功，父辈为子女、儿孙等后辈家族的繁荣昌盛给予物质的支持。富有成果的婚姻就是女方能为这个结合带来和美因素。这也意味着孩子往往是家庭和融的延续，孩子是整体的一部分，因为他们是爱情互补的、和谐美满家庭的结晶。

扎弗曼尼瑞人的婚姻是一种平衡的结果，起初它只是两名年轻人因彼此成年而衍生出的游戏、短暂的关系。当孩子成年组建家庭并发生有规律的性行为，当地人在知道这种行为之后，将强迫男女双方一起到女方家长面前，执行一种名为“tapa maso”的礼仪(从字面上译为“破眼”，the breaking of the eyes)。这个事实表明，不同代际之间，尤其是异性之间，知道对方的性行为是错误的。年轻夫妻双方一起出现在女方父亲面前，祈求祝福并因此打破这种规避忌讳——仪式“破了父亲的眼”(breaks the father's eyes)。

九、"破眼"仪式：男女开始过家家

在"破眼"仪式之后，夫妻双方将一直和女方父母待在一起，直到下一场仪式的到来，也就是"fanambarana"（字面的意思是"弄清楚"）。这个仪式的关键之处在于男方从女方把嫁妆（trousseau）厨房的用具搬到自己的家里。仪式中新娘跟随着新郎做这件事，而非妇做夫随，原因是男人比女人更强。这个事实其实打破了上述的平衡，所以此后要通过多种手段来恢复这种平衡。

首先，在仪式中，将竭力营造一种平衡，否认男强女弱的存在。婚姻被说成交换（swop）；每个人都重复这句老掉牙的话，婚姻是"男孩换女孩"，暗示男方家长获得一个女孩，而女方家长获得一个男孩。从此以后，夫妻双方像称呼自己父母那样称呼对方父母。同样，有人还称婚姻为"雌性橘子和雄性橘子的交换"。

既然儿孙是和融婚姻的一部分，婚姻就意味着和对方的同胞结合，包括不同的性别因素。夫妻自我（ego）的同胞也是夫妻自我。因此扎弗曼尼瑞男人称女方的兄弟以及对方姐妹的丈夫为（vady lahy），字面的意思是"男性姻侣"（male spouse），同样情况，扎弗曼尼瑞的女人称呼对方的姐妹和兄弟妻子为"vady vavy"，字面意思为"女性姻侣"（female spouse）。强调这种婚姻关系在"女性姻侣"之间的互惠、互补和合作，特别是"男性姻侣"之间的合作，因此男女双方因性别差异所造成的不平衡，可以通过这种婚姻来重新修正。

十、木头成为家庭象征

对于扎弗曼尼瑞人来说，树木和木头这两个词是非常重要的，它们被统一译成马达加斯加语——hazo。作为游耕者，他们依赖焚烧木头来开垦田亩，因为天气经常湿冷，家里需要经常烧火取暖。除了这一点，他们曾经，即使是现在，也直接通过树皮来制作衣服，他们的房子和日常用品大多也是木头做的。

最为昂贵和稀少的树木被当作建筑房屋的木料，这种木料必须拥有一种当地人成为"teza"的东西。所谓 teza，就是树木核心圈层的硬体，它往往比外围木料坚硬，当地称树木的外围部分为鸡蛋的蛋白部分。这种词汇还被用来称呼动物和人类的骨骼。"Teza"的核心意象就是在火烧之后仍然能存留的那部分。事实上，这个词汇是另外一个表示"维持、持久"动词（mateza）的词根。

十一、关于树木·房子·婚姻的民俗

对于扎弗曼尼瑞人来说，树木 teza 的成熟具有重要意义。小树根本没有 teza，当树木变大，长得粗壮，柔软度逐渐降低时，teza 开始成为一种密集堆积的硬核，被所谓的“鸡蛋蛋白部分”挤压成形。经年累月之后，这种比例开始变化，树龄非常大、树冠较高的树木 teza 占据的比例越来越高，只剩下一小圈“蛋白层”。这些树木是所有木料中最为有用的，它们可以用来建造经久耐用的房屋以及生产艺术品。

Teza 作为木料成熟的过程和人的成熟过程相似，也是内核的逐渐增强和坚硬，但人类在达到一定的强度和硬度之后，旋即转为衰老和死亡；而树木的 teza 随着岁月的增长，与日俱增，变得更为耐久。作为坚硬和干燥的木料，它比短暂的人类生命更持久。

正是对高贵木料中 teza 特质的珍视，扎弗曼尼瑞人的木雕才能在马达加斯加地区负有盛名。这些图就是覆盖在木建筑房屋表面的浅几何浮雕。

将人、婚姻和树木都视为一种成熟的过程，是理解扎弗曼尼瑞人房屋的思维模式最好的方式。事实上，房子的成熟过程和婚姻成熟过程的模式紧密关联。

十二、会不断“生长”的非洲婚房

扎弗曼尼瑞人房子最初是年轻人修建在祖辈房屋南面的临时性轻薄建筑，因为儿子对于父辈的尊敬，他们的房子建在相对于北方更为低等的南面方位。这些建筑非常不牢固，除了四维的柱子，基本上是用可折叠柱垫造成。这些房子基本上也没有扎弗曼尼瑞房子的两个标志特征——房屋的中柱（用当地人认为最为坚硬的木料建成）以及火塘。只有男子觉得自己的婚姻已经到了一定的程度，可以将妻子和孩子带入居住，并在父亲的许可之下，才可建立房屋的中柱和火塘。房屋的中柱将和男子日后的生活联系起来，它最为普通的位置是倚靠式的。所谓火塘就是三块石头堆砌的灶台，底下可以生火。这个火塘由妻子从自己家里带来的火罐和烹调器皿点缀，通常在通过 fanambarana 仪式后获得，从此以后这个火塘将象征女人未来的生活。在房子可以完全居住，也就是在可以吃饭、烹调、进行性生活之前，还必须要做一种仪式，通常由双方家里长者担任，给中柱和中央火塘带去祝福。

这种开始仪式是一个漫长过程的开始，随着时间流逝房屋将变得更为坚硬和持久。这意味着以前房子的软质和易朽材料将逐渐被大树的 teza 部分取代，相互卯榫结合起来。这些被称为是“房子的骨骼”，这使得房子格外坚硬，房子的加固和美化过程十分漫长，要花很长时间才能建造一个全木质的房屋，在这个过程中有些木料还要被替换掉。当房屋变成木结构时，木料将覆上雕花，用来对房屋的 teza 部分以及整个房屋致敬。这种加固和美化的过程通常是丈夫与女方眷属共同完成，通常情况下是由女方的兄弟帮助完成。当一对夫妻逐渐变老，这个工作将交给儿子和女婿，接着是孙子和孙女婿，一直延续下去。虽然开始是两个人的婚姻，这个房子将随着双方共同营造的和美环境而逐渐坚固和美化。如果婚姻一直持续，下一代的后继者将在这座房子里出生，这座房子的成熟过程将随着人的逝去而继续。当我们在刻板成见中嘲笑非洲文化中的某些落后和迷信的时候，我们自己的文化、传统、习俗并没有获得更好的传承和思考。尤其是困扰都市人或农村人寄居的躯壳——房子，几乎异化为一个反社会的构建，原本是象征家庭、家园、家族的“宝盖头”，已经成为社会问题集中化的“病”字头。

（感谢英国外交部志奋领奖学金的研究资助以及布洛克教授，尤其是他特许我在此第一次以中文译出他的著作，供给中国读者阅读。本文部分译文收录于《吾思鱼所思》一书，由格致出版社出版。）

第十四章
“黄与黑：华处非中”
——欧洲智库如何看待中国在非洲的力量

有时候，国家与国家之间的关系以及权力影响关系，并非取决于真实力量关系，而是取决于一个国家在人们“思维”里所拥有的力量和影响力——也就是别人觉得你有强大，决定了你真正可以多强大。从这个意义上，我们分析欧洲顶尖智库的研究，尤其是关于中国在非洲的相关研究，可以帮助中国人更好找到自己的定位。正是出于这一原因，本文介绍伦敦政治经济学院研究员克里斯托弗·奥登(Christopher Alden)对中国的最新研究心得①。

奥登为《中国在非洲》一书的作者，这本书在中国在非洲课题研究中享有重要地位，2011年初奥登发表了一个详细的中国在非洲影响报告，本文出现的许多数据也来自这份最新的研究报告。

对于中国读者来说，本文作者提出的最重要建议是：在阅读各种有关非洲的研究中，最重要的是首先分析谁写的，谁资助的研究，通过哪些渠道发表，他们的研究问题是什么。对于这些问题的分析有时候要比文章正文更重要。

通过访谈和深度的文献阅读，本文试图概括伦敦政治经济学院这位学者所带领团队的核心研究问题：当世界出现一个新的崛起国家，如中国、印度、巴西等新兴力量，这类国家会和古老的非洲大陆产生何种关联？结成何种联盟？传统的非洲势力范围和力量结构会发生何种变化？新兴国家如中国，将如何解释和非洲的关系？在外交中，新兴国家自己如何平衡经济诉求和政治利益诉求？这些新兴国家如何在非洲管理自己的投资行为？

---

① Christopher Alden. Emerging Powers and Africa. http://eprints.lse.ac.uk/43657/1/Resurgent%20Continent_emerging%20powers%20and%20Africa(lsero).pdf

奥登认为，中国在处理和非洲的关系时，强调自己的和平共处五项原则，同时它提出，中国在非洲的行为并非毛泽东时代的革命理想主义和利他主义策略，而是转向了注重实际利益和现实效果的新非洲战略。这种战略奉行一种双重路径：一是体现在中非合作论坛所代表的多边机制，以及隐藏在这种多边机制底下的双边协商机制；二是特别强调15世纪就远航到非洲的郑和，认为这个历史案例可以证明中国在非洲投资和存在的历史合理性。

然而，面临着非洲复杂和多变的形势和国际形势，在欧洲人眼中，中国在非洲已经产生哪些现实的影响？他们又如何看待新兴国家之间在非洲的力量争夺呢？

一、“新殖民”罪名的来源

奥登认为，其实在国家行为方面，印度和巴西在非洲的投资和政治互动也颇有争议，但是因为中国在许多负面事例上曝光过度，成为许多典型骂名的背负者，其中最为重要的就是“新殖民主义者”的污名。

就香港自然力研究院(Oriental Danology Institute)2011年7月提供的一项最新专题研究来看，中国背负的不公正骂名有着深刻的社会、历史、文化背景。一方面，中国的现有海外经济模式，仍然部分延续了重名轻利、重战略轻战术、粗线条、传统朝贡式的国家战略特征。中国政府习惯了国际相处的“拟人化”，也就是信奉“国如其人”，试图通过人际结交政界朋友，来赢取国家之间的友善和利益保障。而事实上，许多西方国家的政治互动中，外交个体和行动基本单位是政治区域(entity)和集团利益，走在政治前台的往往只是一个符号，并非国家交往的实质。以此来看待西方发达国家如美国在近期的一些外交战略调整，这些国家开始把中国的省当作一个新的外交单位和对象来进行互动，对于中国的省来说，体会的是一种“省”政治地位抬升，而对于美国来说，可以通过这个战略进入政治权力的更微观层面，通过新的渠道和路径影响中国政权内部的权力实现。

此外，香港自然力研究院的研究显示，中国在非洲较为活跃的投资主体主要分两类：国企和私企。中国国企粗放式、外派式、行政化、非经济导向、国家战略式的投资方式造成投资形态的单一和表演性，同时造成地域、产业、行业的形态单一，此外因为中国海外投资的国际性不足，造成中国企业投资轻沟通和软性投资，注重短期和硬投资效应，客观上和西方早期的物品贸易、资源掘取、制造业为主的殖民经济特征趋同。除此以外，不管是中国国企还是一些海外民间资本，往往需要在短期获得经济收益，放弃了宏观、细部、长时间向度理解非洲的努力，现有可以服务于企业、国家、部门的海外民族志产生，构成中国在非洲——Chifrica 时代的智囊团。

奥登认为，中国在没有足够证据的情况下，单方面认为自己的这种贸易和经济形态，尤其是经济的发展不对称现实并没有改变中非经贸往来正面和公平的实质——提出一种所谓的中国特殊论，这种缺少实例和实证的外交术语往往招来更多的批判和西方攻击。与中国不同，印度在非洲的存在，弱化了自己的非洲大陆策略，侧重从社区和小的区域单位发展双边合作，同时强化自己在英国殖民历史中的优势，借助于英国在非洲的影响延续自己的“去殖民化”特征。印度强调自己在“去殖民化”过程中的民主优势，成为非洲在联合国的真正支持者，除了采取中国类似的不结盟、南南合作策略，印度强调自己是真正可以提供非洲以民主、道义、国际责任、国际化经验的支持者。

和中国的国企策略不同，印度在非洲的投资往往不求好看，注重实质，许多投资都是由活跃、优秀的民间资本完成，不仅在东非和南非站稳脚跟，也在新兴的西非市场开拓。早在 2007 年，印度和东部非洲社区之间的贸易就达到 13.43 亿美元，印度与南非的贸易额达到 60 亿美元。

巴西在非洲的战略则完全承载了它想在文化、政治和全球化背景下的国家战略，试图在非洲发现其他大西洋的新位置，以至于不会在全球化世纪中走向孤立和区隔，它和印度、南非一道创建了 IBSA（India, Brazil and South Africa，印度—巴西—南非）国家机制，还试图通过葡萄牙语的联系，创立一个葡萄牙语的国家联盟（Lusophone）。巴西也特别强调民间资本在非洲自由投资的重要性，并不试图通过强大垄断型的国家资本在非洲获得影响力。

二、中非互动：双刃剑效应与潜在优化战略

奥登认为，总体来说非洲在中国的到来之际，获得了不仅是机会也有一些潜在风险，但是毫无疑问，非洲五十几个国家 10 亿人民，不能以一个简单的分析单位来看待。中国在非洲的存在是全方位的，不仅有经济合作，还有军事合作，与非洲区域组织的合作，在区域维和以及国际合作中的互动。毫无疑问，中非之间

的双边互动，即使存在摩擦，已经发展飞速，双边的经济合作从1998年到2008年的10年间，从60亿美元增至1 070亿美元。非洲与中国的交往中，不仅获得了直接的经济收益，也从国际社会（也就是传统的有条件资助型西方强国）获得了更多的谈判砝码。中国最主要的国际战略就是继续保持在非洲的这种建设性作用，与非洲社会的各个层面保持沟通，让非洲民众将中国认知为具有相同历史和现实境遇的发展中同侪国家。

中非之间首先面临着一种不稳定和冲突性因素，这些问题是非洲这个大陆的现实所造成的。虽然只占世界人口的14%，在1990—2005年发生在非洲的死亡占整个世界死亡一半以上。近年来，这种冲突有时减弱，但是因为部族、种族、国家之间的仇视和矛盾不断造成新的非洲动荡。要改善这种情况，当然需要发挥非洲内部的力量，但是外部力量所应产生的影响也不容忽视。中国应该注意到，自己在非洲的投资，虽然最初都是出于共赢、不干涉、尊重主权式的道义投资，客观上资助了非洲社会内部的各种不同力量，这容易让非洲社会的反对派、公民社会活跃势力、反叛军等力量仇视中国，在政局动荡中，使得投资遭殃并背负骂名。如果中国不研究投资所在国的内部政治、部族、文化、历史，不去分析各种利益复杂的政治网络，往往容易越投越错，给自己惹麻烦。因为中国政府层面奉行的不干涉政策和主权尊重战略，客观上却成为让这些反人民政权持续的外部力量，因而遭到所在国民众的痛恨。在达尔富尔危机中，中国所遭遇到的各种挑战就明显说明了这一点，也彰显了中国内部智囊团可能存在一些问题，过于固守自己的政见，不直接面对国际社会和所在国的各种争议。在奥登看来，中国仍然没有习惯自己以一个占主动性的区域性大国在国际舞台行事，但是随着中国现实力量的增强，越来越多的场合需要中国以一个主体性国家发声、行事，它将挑战中国现实的国际战略和行动力。中国的国际战略应该从对危机的被动应对，转向积极的防卫和预防中来。

当中国与非洲国家开展社会改革的国家对话时，应该区分哪些议程是统治者需要的，哪些是具有强势力的公民社会所需要的。正如笔者在调研中发现，要解决中国的海外困局，中国应该倡导一个跨区域、跨文化、跨主体、跨政治集团的新对话机制，可以和多个主体同时进行多边谈话和谈判，以最大限度减少危机和误判的产生。

卡内基国际和平基金会研究员 Josh Kurlantzick 曾经在《新共和》杂志上发表了一篇对中国批判严厉的文章，但是笔者认为，抛开其中的诽谤和攻击不论，我们应该超越这些批评去分析中国所面临的挑战，因为非洲仅仅是中国和平崛起所要遭遇的国际舞台之一，我们在非洲遭遇到的国际困难有时和其他地方所面临的困局相似，我们因此也应该思考不同地域所应采取的国家战略调整。

Josh Kurlantzick 认为中国一直在思考如何获得资源，发展贸易和将非洲国家拉入其阵营。这表现在多个方面：

首先，中国显著地加大了其对非洲的援助和经济支持力度——提供援助并不设定限制，而同时国际金融机构，例如世界银行则不断将发展中世界的援助分配与良治和反腐败等问题联系在一起。

其次，中国对非洲大陆的援助变得更加成熟。由于中国一度将注意力集中在大型建筑上——例如赞比亚和塞拉利昂的体育场——它不断增加了利用援助来支持基础设施建设的力度，这也有助于中国的公司，并直接向非洲精英示好。2002 年，中国向非洲盟友提供了 18 亿美元的发展援助。

中国还利用债务减免来援助非洲国家，有效地将贷款变成赠予。从 2000 年开始，北京采取重要措施，取消了 31 个非洲国家的债务。2000 年，中国注销了 12 亿美元的非洲债务，2003 年又免除了 7.5 亿美元。埃塞俄比亚总理麦勒斯·扎拉维(Meles Zenawi)宣称，“中国减免非洲国家债务问题的模范性的努力是真正的团结和负责任的表现”。对于北京来说，债务减免成了一项出色的公共关系手段，因为它不仅赢得了广泛的支持，而且营造了两次正面的新闻效应：第一次是提供贷款，第二次是减免债务。

除了增加援助，中国的其他成就还包括在非洲提高其软实力的努力。在非洲大陆不断增加的对推动中国文化和汉语学习的关注中，这表现得十分明显。2003 年，1 793 名非洲学生进入中国学习，占当年全部外国学生总人数的 1/3。事实上，中国计划每年培训 1 万名非洲人，包括许多可能已经在西方接受培训的未来的非洲舆论领导人。北京也寻求在非洲建立孔子学院——这是一项在当地主要大学中开展的计划，由北京提供资助，从事中国研究和汉语培训。在亚洲，孔子学院已经被证明有效地促进了研究生关注中国研究，并最终去中国学习。同时，中医学校和医师在培训非洲医生，并向非洲国家免费提供药品和医疗设备。借助于这些项目和交换，中国通过对与非洲精英之间关系的长期投资建立了信任，而这些精英可能是在英美接受教育的。北京也致力于鼓励到非洲的旅游，这部分也是为了建立文化之间的纽带。中国政府已经批准了

16 个非洲国家作为中国游客的海外目的地，包括埃塞俄比亚、肯尼亚和津巴布韦。

三、奥登：中国学者和国家外交战略思考背后的潜在问题

奥登认为，中国的学者和官方政治家都认为发展不平衡和欠发达是非洲动乱的根源，而中方认为中国企业和政府通过贸易、投资、发展援助为非洲持续带来经济发展并在区域和平和稳定发挥独特的作用。中国政府在制定对非洲的海外策略时，也一直认为自己的和平共处五项原则对非洲的发展是积极的和建设性的。但是这些政策在复杂的非洲可能产生如下几个问题。

首先，尽管经济发展重要，但是它是无法在一个动荡不安的背景下实现的，假设国家出现动荡，中国无法持续提供投资、急需的基础设施建设、雇工和卫生医疗服务。这样一来，许多经济投资就强化了对地区稳定的政策性支持，例如武器扩散和反叛军的解体，经济援助和支持只能作为一种辅助手段来实现区域的稳定和繁荣，不能因此单方面强调经济，而忽视国内复杂和深刻的社会问题、民族纷争和社会苦难。中国的不干涉政策表现了中国对介入他国事务的不安，但是通过经济互动，自己还是脱不了干系，对于自然资源的投资就明显证明了这一点。中国的经济腾飞使之成为全球最大的能源需求国之一，也使得中非之间基于资源的互动加深，而中国在非洲的能源和自然资源投资，往往成为地方怨恨和冲突爆发的出气筒。一些国家通过和中国做能源生意，获得源源不断的金钱来购买武器，进一步造成国内的生灵涂炭，而中国间接成为一个帮凶和本土民众的仇恨对象。因此，这种基于经济和不干涉的国际战略组合，有时候造成连环的负面效应和中国海外困局频发。

奥登建议，中国必须意识到，好的出发点有时候不能造成好的效果。例如你要在非洲促进许多基础设施的投资，发展水电站，但是这些项目往往造成当地人大打出手，国际组织出面谴责，区域公民社会共同围剿，进而造成地区内部的动荡和不稳定。中国的研究者和海外政策制定者应该对冲突研究更为敏感，不能单方面认为中非之间是一种互利、共赢、稳定、趋于和平的简单情境。中国和非洲之间的经济和政治互动，永远不是黑白对立的。随着中国国力的增强，以及在非洲地位的加深和巩固，中国日益迫切成为一个人缘好的负责任大国。要实现

这一点，中国必须综合分析和评价自己在非洲的真实影响力，以及非洲复杂的社会情境，将自己的国际战略目标和现实情况对照分析，进而形成一个整体性和连续性的国际战略。

由于中国和非洲都有一个有关殖民历史的记忆和判断，中国和非洲都应该和西方发达国家在经济发展和区域政治互动中进行广泛的谈话和沟通，和西方国家减少误解和误判，形成统一性行动，共同实现目标，并规避可能的风险。

第十五章

认知论意义上的冒险：学会如何在非洲旅行

在很大程度上，大众旅游已经成为一种贬义词，当“中国世纪”出现，富裕、炫耀、具有好奇心的中国游客开始贡献了一个新的名词：中国游客——他们多被国外媒体描述为声音嘈杂，不分场合地摄影，出手阔绰，呼朋引类的“消费主义”游客群。

一、中国游客：虽然上了《纽约客》，还需多些“认知冒险”

《纽约客》驻北京记者奥斯诺(Evan Osnos)，为了描写这群新兴的游客群体，他甚至自己花钱，在2011年春节前夕全程跟随一个中国旅游团队前往欧洲旅游，旅游结束以后，写下了一篇《中国游客的欧洲壮游》。这篇充满揶揄、惊异、鄙夷的文字，记述了中国人在国外如何在旅行团里吃喝拉撒，最终在一个欧洲经典豪华游里，学了点洋文，买了点古董，狂购了一些奢侈品，再顺路“带上点”传染病。

奥斯诺这样开始他的中国壮游描述：

几千年来，普通的中国老百姓想要冒险走出国门简直是困难重重，但就在中国农历新年(从2月3日开始的兔年)假期之前的几天里，报纸上却密密麻麻地布满了国际旅游的广告。看起来像是人人都在往外跑，而我也决定加入他们的行列中去。一项对中国旅游者的调查表明，在他们眼中，欧洲成了他们梦想中最佳的旅游目的地。中国的旅行社根据客户的喜好创造出各种旅游线路，这点和西方对于旅游的观念有所不同，而中国的旅行社也靠这样的手段相互竞争。我浏览了一些网上的旅游广告，有一条宣传乘坐大巴游览荷兰和卢森堡迷人乡村风光的广告是这样写的："住豪华酒店，看壮观风车，赏峡谷美景"，而这条宣传语——回首旧大陆，探访新东欧，总让人感觉到有一股冷战的意味，不过，在寒冷的2月，我可不想去那种地方。

事实上，中国人的经济实力、虚荣心、好奇心和见世面欲望，不仅让欧洲的旅游市场充斥着中国游客，即使在遥远的非洲，也时常有中国人的身影，这当中不包括一些机构组织的文学写作游，例如榕树下文学网站，组织新锐作家对非洲的文学旅行。通过外来务工、国际贸易、国际投资、全球援助、政府对口项目、旅行社、私人旅行等多种方式，中国人越来越多出现在非洲这个神奇的大陆。

我们必须意识到，对于非洲而言，中国人并非完全不熟悉，明朝时期的郑和下西洋，已经到达了"木骨都束"这类非洲地界（古国名，即今天非洲东岸索马里的摩加迪沙）。中国人的航海和远征能力，在欧洲殖民者到来之前，已经为非洲人所知晓，但在最近十几年的非洲旅行活跃期当中，许多中国人的旅行和非洲投资被打上了"新殖民主义"的标签。这当中存在十分复杂的原因。究其实质，很重要的一个原因是中国人整体上仍然在国家修辞层面上，停留在"坦赞铁路""阿尔及利亚亲密战友"的冷战式话语上；另一方面在知识阶层和民间缺少各种对非洲大陆的深刻体察，无论是政治、经济、历史、地理等大框架，还是宗教、巫术、礼仪、习俗等非洲生活细节。

也就是说，我们没有对非洲这个大陆，没有在认知层面进行一次全面的探寻和冒险，因此我们也可以解释，在文学界，中国人没有能写出《黑暗之心》《乞力马扎罗的雪》这类作品；在政治科学领域，没有人按照《努尔人》（普理查德对尼罗河畔一个人群的生活方式和政治制度的描述，人类学的经典作品之一）的方式，继续深入研究非洲的部族；艺术界没有产生中国的毕加索（众所周知，非洲艺术启发了毕加索的立体主义等表现主义欲望）和电影《走出非洲》。当中国人出现在非洲，时常感觉势单力薄，经常成为暴力、劫掠、迫害的受害者。

那么，如何对非洲进行认知意义上的旅行呢？我们来体验一下，国外旅行者的观察视角和旅行方式。请注意在这个过程中，这些写作者如何进入非洲的田野，如何观察周围环境，他们的装备，他们的写作最终成为哪种文类，他们的旅行究竟出于什么考虑，为了揭示非洲的哪些细节，这些经验最终贡献了哪种认知论和非洲知识。

二、与美国《国家地理》杂志记者同行，穿越摩洛哥海·阿特拉斯山脉

首先我们来看看美国《国家地理》杂志的作者杰弗瑞·泰勒如何在非洲的摩洛哥进行旅行和调查，他的这次旅行发生在 2005 年。

作为美国《国家地理》杂志的作者，杰弗瑞·泰勒和他的同伴德里斯和卡里德一同进入了这个特殊区域，沿路上碰见的牧羊人都对他充满敌意。泰勒说道："像一对鬼魂，当他们跟着我们走出干旱河谷，爬上卵石遍地的小山坡，他们头发蓬乱，溅满泥土的羊毛披肩凌乱地搭在肩头，他们用一种戒备的、双眼深陷的眼睛注视着我们。"在这个过程中，《国家地理》杂志的记者雇用的同伴用塔玛哉特(Tamazight)语(海·阿特拉斯山脉柏柏尔人的方言)与当地人沟通，但是因为口音、服饰、穿戴等复杂原因，即使是阿拉伯外表的向导们，在当地也感觉到一种敌意和不安，这种敌意和不安在整篇文章中都有所提及。

暴雨即将在山顶没有树丛的山脊上降落，夜来临了。当雷声响起，他们在一块水平地上搭起了帐篷，爬了进去。泰勒顺着帐篷的薄纱小窗向外看着，不久，在不远被雷暴云映照的山脊上，出现了两个拿着武器的中年男人。

> "求你们别发火，我们只是路过。"德里斯从他的帐篷外朝他们喊着。
>
> "谁给你们权利穿越我们的山谷?"那个男人喊叫着，挥舞着手中的武器。
>
> "柏·特凡酋长!"德里斯说道，搬出几个小时以前我们拜访的一个村官的名字。"求求你们了，快要下暴雨了。我们不会伤害谁，让我们夜里在这扎营吧。"
>
> 提起村官的名字只让他们更愤怒。嚷着说我们是入侵者，其中较凶悍的男人重重地挥击着手中的家伙，发出一个最后通牒：不管下不下暴雨，我们必须离开，迅速离开——否则。

泰勒此行，试图对柏柏尔人丰富的历史进行考察，位于北非的柏柏尔人族群大约为 2 500 万人，集中于摩洛哥和阿尔及利亚地带，他们是世代居住在此山脉地带长达数千年的人群，直到公元 7 世纪阿拉伯人征服带来伊斯兰的文化。

在征服之后，许多柏柏尔人被驱逐出平原进入山脉地带，他们在此寻找可耕

土地，畜牧用草，而且，最为重要的，自由。低地的柏柏尔人沿袭了征服者的文化、宗教，还有他们融合了阿拉伯语、罗马语、法语。而在山地上的柏柏尔人苦苦保留自己的文化身份，而且，作为一种越来越明晰的倾向，他们试图独立。

这种独立的政治倾向，解释了文中多处提到的紧张、不安背后的真实原因，由于长期受到殖民主义的影响，同时也因为非洲自身的文化、政治、经济特质，非洲一直在社会人文方面表现为一种不安和动荡；与横亘无际的自然风光、多元而复杂的文化景观相对应。

泰勒旅行的区域位于摩洛哥中部的米德尔特，靠近一个著名的旅游目的地——大西洋的塔拿内瀑布（Imouzzer des Ida Ou Tanane），为了旅行方便，他雇用了一个当地旅行者、一个农夫，还有一头小骡子，在当地人的敌意可能升级的时候，泰勒劝说两个向导花点钱摆平此事，这种行为在当地司空见惯。

> “我试过了，但是他们不听。”但就在那一刻，出于应激反应，他掏出自己的导游证，把它递给牧羊人，向他们解释我们的任务是穿越海·阿特拉斯山脉。导游证似乎在这些人眼里证实了某种合法性，他的解释使得对方逐渐平静下来。
>
> 一个蹲在我帐篷前的牧羊人，用一种严厉的眼光看着我。他通过德里斯跟我说话。在1992年，他说，一群口操阿拉伯语的外国人在这一地带出现，试图推翻摩洛哥国王哈桑二世。入侵者在牧羊人和家人通知官方后被抓起来。难怪一些柏柏尔人对口操阿拉伯语的外地人充满疑虑。

和非洲的许多情形相似，欧美人因为殖民的历史，不仅与非洲的过去，同时也与非洲的现实和未来发生了深刻互动，相比较时下利比亚上空飞翔的多国部队的战斗机，非洲人对于外来者的干涉、侵略、打压、迫害有切肤之痛，但是这片大陆也缺乏一种真正的“非洲精神”和非洲争端解决模式——可以在平息国际干涉的同时，良善解决该区域的内部问题，因此在很长一段时间里，非洲仍然将处在一种不安、恐惧、动荡、焦虑当中。

从泰勒的这些描述中，我们可以看到许多信息：例如，柏柏尔人生活在何种政治处境，他们的独立倾向，以及与当政者之间的对抗关联。酋长的出现，暗示着非洲这块大陆上，谁是真正的主人，而且在全球经济日益在非洲渗透，以及殖民历史余续不断的非洲，传统的统治阶层和知识精英如何在新的政治、经济、文化框架中产生新的变体。文中，作者与牧羊人以及当地管理者之间的贿赂往来和口语对话，可以让我们时刻感知这个区域的敏感、动荡、不安。

正如另一部好莱坞电影《巴别塔》中，布拉特皮特的扮演者和他妻子在非洲旅行时，其妻被一个孩子用一把他父亲买来的步枪击穿胸部，随后到来的警察对这个惹祸的孩子及家人如何盘问；当布拉特皮特抱着流着鲜血的妻子冲进一个当地社区里时，村里人都是一种警惕、敌意、排斥的表情。这些纪录片式电影的片段和这里的情境有着惊人相似之处。

这些都告诉我们一个复杂、动荡、分裂、封闭、原始、交融、变异状态的非洲，也许正是这些复杂元素，造就了非洲的魅力，同时也可能随之带来痛苦，不仅是对当地者，也对外来者。

有时候，我们作为旅游者和非洲大陆的陌生人，需要在旅行之前，进行更多文本上的阅读，在熟知一些知识框架之后，开始一场自己控制的认知论冒险，随后通过非正式文字、酒桌上的散论、微博、学术记述、半虚构文字等多种形式，来完成一个为中国人梳理的非洲，一个真实的非洲。

在使用多学科知识理解一个陌生地和陌生文化方面，人类学有特别多的尝试。早期的人类学民族志，最重要的目的就是帮助殖民者了解当地的情况，作为政治统治的知识基础。抛开这种"学科原罪"不谈，许多人类学的文本因为其阅读品质、学科特质、知识融合的属性，可以成为我们了解一个陌生文化的开始，甚至可以这样说，好的旅行者和文化观察者，都有点像人类学家：他们参与、观察，以客体身份反思，理解当地人看待问题的方法，重新解释一种陌生的知识体系。

小贴士：认知旅行的"记者式装备"

1. 超大存储型设备：高清摄像机、多组多倍变焦镜头、便携电脑、Iphone和Ipad装备、无线网卡，随时支持移动图文共享，即使在最孤独的时候，也有网络同侪的陪伴。

2. 户外俱乐部发烧友的野外装备：帐篷以备在野外露营，或是在途中见到了骆驼队，与当地的牧羊人喝酒，夜不归宿，哪怕仅仅是深夜不想回去，只想看非洲深夜的星斗和尼罗河日出；各种野外防护装备，预备蝎子、蚊子、大型猫科动物、啮齿类动物的深夜造访，体会昆虫的盛宴。

3. 多余的零钱和民族风装扮：随时可以和当地人交换服装，并在多种场合拍照，形成深入"敌后"的旅行效果，回国之后向朋友展示，我在非洲见到的64种人，吃到的87种植物——记者是特别关注数字的，这个习惯应该好好学习。

三、人类学家之眼：列维“陪伴”的独木舟之旅，进入《忧郁的热带》

接下来的案例来自人类学著作。我们看看人类学家如何在旅行中积累植物学、地理学、政治学、生物学等复杂的知识。作者是旅游文字的终结者，已故的法国人类学家列维·斯特劳斯，虽然记述的是另一个大陆，但是他的“忧郁热带”已经贡献了一种新的人文地理认知图式。

> 我在6月离开库亚巴，现在已是9月。这三个月期间，我在高原四处旅行，运送货物和载人的牲畜需要休息的时候便和印第安人一起宿营，不然就是将脑中这些旅途的过程整理一番，有点怀疑这件事情到底有何意义。骑着的骡子趔趄不停，提醒着我身体上的磨伤，伤口几乎成为身体中天然的一部分，如果不是每天清早胯下骡子的提醒，我几乎要把那些伤口忘了。探险已沦为无聊之举。几个星期下来，我看到一片荒漠中的矮树草原向后退却，草原的荒寂使得活生生的植物和败草混杂莫辨。那些枯草叶散落四处，每处都代表一个已被遗弃的营地。野火烧后留下黑迹，似乎可以想见前人烧毁然后弃置。
>
> 我们从乌帝阿里帝到鸠鲁耶娜，接着是鸠娜、肯波诺弗和维尔黑娜。我们现在正走向高原上的最后几站：翠斯布里帝斯和巴饶德美嘉克，这地方事实上处于高原脚下。每在一个地方稍憩，我们几乎都要损失一头牛：有的渴死，有的累死，有的因吃有毒植物而死。有好几头牛走在一段腐烂的木桥上，连同行李一起掉进河中，费尽了力才把行李中那些宝贵的人类学收藏抢救回来。不过这类意外很少发生，我们每天都重复同样的活动：扎营、挂吊床和蚊帐，把行李和牛鞍放在虫蚁啃咬不到的地方，照顾牲畜，然后第二天把一切动作的顺序前后颠倒过来再进行一次。如果有一群土著出现的话，这个过程就得更换成另外一个版本：做人口普查，把土著名称记下来，把亲属称谓名称和系谱记下来，将各种器物列成清单。我本来预想逃避的行为，现在成为官僚式的例行公事。
>
> 五个月无雨，所有的猎物踪迹不见。如果能打到一只憔悴的鹦鹉，或是一条大蜥蜴来放在饭里一起煮，就算幸运。如果能烤只陆龟或油汪汪的多

肉穿山甲，即算美味。大部分时间，我们都只能吃干肉，那是好几个月以前库亚巴镇上的一个屠户替我们准备的。这干肉切得很厚，卷成一团，每天早上我们都把肉摊开，抖出一大堆虫来，这样做为的是不让干肉太难闻，可是过了一夜，又恢复原味。不过，有一次我们打到一只野猪，把野猪肉稍微煮煮大吃起来，对我们来说其味道比葡萄酒更美妙，每个人最少一口气吞下一磅。那时候，我理解此前关于野蛮人大口吃肉没有餍足的说法了，很多旅行家都提到这点，用以说明野蛮人荒蛮且缺乏礼仪，但是，只要试试野蛮人平日所吃的食物，马上可体会解饿的感觉；在此情形下，能够尽情地大吃一顿，不仅让人充肠填腹，简直令人升入极乐之境。

自然景观渐渐变化。高原中部的结晶矿或沉淀层逐渐为泥土层所取代。越过草原之后，我们走进一片栗子树和柯拜巴树的干木林(此处的栗子树异于欧洲的栗子树，它是巴西产的栗子树，学名为 Bertholletia excelsa)，柯拜巴树是一种高大的树木，可取树脂。河水不再清澈，而杂以泥沙、黄褐且泛着波纹。随处可见山崩，山受侵蚀，山底下沼泽顿生，长着蒿草和棕榈树丛。我们的骡子沿着沼泽边缘走，踩踏成片的野凤梨园。这些野凤梨个小，颜色橙黄，果肉上有黑斑，味道在平日所食凤梨和覆盆子之间。地面散发出一种几个月以来都不曾闻到的香味，像巧克力，这是热带植物和有机物腐化混合起来的味道。这种味道令人立刻了解为什么这样的土地上出产可可，就像法国普罗旺斯高地有时可闻到半枯的薰衣草所散发出来的味道，使人明白那片土地就是出产松露的地方。我们攀爬的最后一片山坡将我们引入一片陡峻的草坡，直通巴饶德美嘉克：一望无际的马查多谷地现于眼前，延伸入亚马逊丛林；这片森林连绵不断，阔至 1 500 千米，一直到委内瑞拉边境。

巴饶德美嘉克的绿色田园成片分布，被空气浸润的森林环绕四周，狗鸟喇叭似的鸣声随处可闻。在森林里只需几个钟头，便可满载猎物而归。我们对食物的喜爱简直到疯狂的地步，整整三天，我们什么也不做，就是做东西吃，此后我们就什么也不缺了。我们带的酒和糖都化了，接着吃亚马逊食物：特别是巴西坚果，磨碎以后放在酱里面，使酱呈乳白色。我在笔记本中曾记下这些食物做法，正如如下的几项……[①]

---

① 列维·斯特劳斯. 2005. 王志明译，《忧郁的热带》，三联出版社。

首先，我们可以发现一个小细节：前两篇文章里，作者都骑着骡子，但是每个人的骡子起到的作用不太相同。斯特劳斯的骡子是将作者指引向旷野的，带来地理的、植物学的、生态的知识，同时是作为一种伴随物品在人类学笔记中呈现，也就是说，这个骡子的本身对于斯特劳斯来说没有太大的意义，他可以是头驴子、骆驼、也可以是匹瘦马。关键是骡子引入的新话语环境对于人类学笔记来说是重要的。

杰弗瑞的骡子却是带来人文地理文本的线索，它的出现指向作者本人，或者说作者采访时候的个人体验，提供作者描述自身境遇的机会和修辞时机。比如第一次提到骡子是在衔接一段作者旅行细节的描述和遭遇到的事件本身，从一个叙述时间跳跃到文本当下的一个阈限。在杰弗瑞第二次提到骡子的事件时，它具备更为清晰的时间指向，骡子的踩脚解释的是作者体会到的时间，一段下雨、潮湿、略带焦虑的夜晚，这个夜晚结合作者文本前段描写的被阻事件，对此次人文地理冒险的本身做了最为写实的注脚。

在我们的非洲旅行中，善于利用神话学、民族学、植物学、政治学、历史学的读物是认识这片大陆的重要开始，除了眼见为实的非洲“不稳定性”和自然风光的雄奇，我们还应该看到更多历史深层、文化侧面、政治沟回等非洲知识的“月之暗面”，正是这类灰色、动态、结构复杂的暗面，隐藏着非洲真正的秩序和解读钥匙。因此，从认知层面理解非洲是最重要的开始。

在未来的研究我们还应分析更多的经典文字和“认知论”（这里不仅包括欧美人写的经典文学、历史学、政治学、人类学作品，还包括郑和下西洋时留下为数不多的中国人看非洲的基本文献，例如费信的《星槎胜览》、巩珍的《西洋番国志》——那是中国人认知非洲最早的方式），同时还应补充更多中国人自身积累的旅行文献，为了让我们离非洲更近一步。

小贴士：人类学家的认知模式

1. 要做人类学家式的旅行，首先应该学会服饰装扮的零度修辞，也就是说尽可能让当地人不注意到你，即使见到你，也很快忘记你，这样可以让你可以站在现场观察对方和当地的生活。我总结为，参与式观察和观察式参与。

2. 千万别学记者，见到什么都把相机、录音笔等各种时尚电子配件拿出来，然后让当地土著像看见外星人装备一样，围拢你在中央。在非洲的某些区域，尤其是对中国人而言，这将使你在黄昏之后，成为当地劫匪的头号目标。

3. 更为关键的是，人类学家在一个地方工作的时候，时常就是带一支笔，和一个小笔记本，记下实在无法记住的东西，比如说非洲人异常“古怪”的地名、人名、动物名称。

4. 保持不动。这是什么招数？对，学习人类学家的最重要技巧，就是在一个地方以出奇的耐心，多停留一个小时、一天、一个月，或者半年，在这些貌似愚蠢和无聊的时间里，你可以获得特别多的重要信息。那是历史学家、新闻记者、非洲通都有可能不知道的重要信息。比如说，在一个非洲人聚集的小菜场路边，看一个酒馆的非洲乞丐，如何向 64 种游客，做出乞讨的眼神，以及最后他的乞讨收获。

第十六章
“舟游”非洲：与美国传教士后裔重访民主刚果

我在云南陇川的景颇山寨碰见美国人露西，她是一个精力充沛的人，脸上总是挂着甜美的微笑。见到她的时候，她正在为当地的少数民族生计发展项目提供咨询，帮助当地政府设计更好的生计项目，同时提供国际上已有的知识网络和互助信息——由于当地和缅甸接壤，有大量缅甸新娘嫁到中国，她们不懂得中国方言，生活在一个相对封闭的社区，露西希望能够通过她对国际媒体、非政府组织和咨询机构的熟悉，为当地人找到一个更好的发展路径。

露西告诉我，一个月后，她将进行一次独特的旅行，她将回到非洲，这个她祖父曾经传教的地方，乘坐独木舟回访那些丛林里的部族。这次的旅行除了回顾自己父辈在当地的生活足迹，也希望能够在非洲进行基于社区的发展帮助。

露西曾经在改革开放初期就来到中国工作，她是当时北京知名的涉外酒店——长城饭店的公共关系专员，在她策划下，美国总统布什曾在访华期间下榻这家酒店，一度让这家饭店闻名全球。之后，露西做过媒体记者，在美国的许多知名报纸供职，最后她选择移民澳大利亚，成立了一个国际咨询机构，专门从事企业公益、社区发展方面的项目咨询。在云南的景颇山寨，她讲述了一个遥远的非洲往事。

一、有关刚果(金)的13个问题

刚果(金)，也叫民主刚果，在和我聊非洲往事和难忘寻亲之旅之前，露西问了我13个问题，都与刚果有关。露西说，你可以帮我一个忙，通过你这本书，问问所有的中国读者，他们对刚果的了解有多少。

1. 民主刚果最普及的运动是什么？

2. 民主刚果的官方语言是什么？

3. 哪个欧洲国家在1960年宣布刚果独立？

4. 四选一：刚果的首都是罗安达，布拉萨维尔，坎帕拉，金沙萨。

5. 民主刚果的总统是谁？

6. 民主刚果存在着许多族群，其中土著族群叫什么？

7. 民主刚果的热带雨林具有丰富的生物多样性，包括许多特有的珍稀物种。请举二例。

8. ______%的民主刚果民众的生活少于每天0.2美元。(IMF：2002)

9. 与民主刚果相邻的国家有9个，请列举其中两个。

10. 民主刚果最普遍的宗教是什么？

11. 请说出民主刚果储藏最丰富的一种自然矿产的名字，该矿产经常被指责成为该国冲突持续不断的原因，自20世纪90年代中期以来，超过500万人因此丧生。

12. 民主刚果在地理面积上是非洲第__________大的国家，世界第__________大的国家。

13. 人口平均期望寿命是多少？

二、露西的非洲往事

刚果(金)位于中非的赤道附近，首都是金沙萨(Kinshasa)。要回到我的非洲老家——我祖父曾经生活的地方，我必须先飞到姆班达卡(Mbandaka)，然后乘坐机动小舟17个小时，穿越三条河流。由于殖民时代的基础设施基本上都崩溃了，刚果现在存留的公路大约只有500千米。当地的刚果人交通基本靠走，徒步于世界上第二大的原始雨林当中，或者是乘坐小舟。

在非洲，刚果(金)在生态多样性方面属于最好的国家。它的热带雨林充满了神奇的生物多样性，拥有众多珍稀物种，如倭黑猩猩、丛林大象、山地大猩猩、霍加皮和白犀牛。这个国家有五个国家公园被列为世界自然遗产，常年的内战造成了严重的贫困，也给当地的生态带来重大压力，许多国家公园的管理人员被杀，或是以低收入勉强度日。

在过去的一个世纪，刚果(金)深陷被称为“丛林肉”问题的核心地区，这不仅是一种生态灾难，也是一种社会经济的凋敝。所谓的“丛林肉”，也就是野生动物的肉，当地人通过陷阱、枪械、有毒弓箭屠杀了大量的野生动物，而这些枪械最初都来自当地的军队。“丛林肉”危机的来源主要是当地人缺乏教育以及贫困的严重，当地人不知道食用野生动物的害处；在这种生态扩张中，传统非洲俾格米人(中非当地身材矮小的土著人)也被驱逐出他们的栖息地成为生态难民。与此同时，中非城市的城市化和摊大饼式的发展，造成了城市的外扩和大批贫民的产生，这些贫民转而从丛林中获得木料、植物、动物以维持生计，造成当地生态的迅速恶化。

图 16－1

露西给我看了一张照片(图 16－1)，这是她的祖父母，以及三个出生在非洲洛通比(Lotumbe)村庄的儿女，从右边数过来的第二个小伙子，就是露西的父亲。

这是露西的非洲老宅(图 16－2)，这所房子是露西的祖父自己亲手搭建的，2004 年，露西的父亲回乡省亲，和当地人在房子的露台合影，现在这个房子的主人是当地的村长。

图 16－2

图 16－3

这就是露西回家要乘坐的小船(图 16－3)，是用一棵树完整挖出来的小船，可以坐 20 个人，露西创立的国际伙伴组织以及援手合力组织(Handup)把这艘小船给买了下来，让当地的女性管理，成为一个水上的流动商店。当地女性为了将这艘船与周围的苍翠雨林区分，把整艘船涂成红色。

三、乘独木舟，慢下来的非洲旅行

露西提到自己在非洲的旅行，由于交通工具的原始落后以及道路的阻隔，时间仿佛在非洲慢下来了，这也因此给都市的人们带来一种独特的体验。露西描述自己在非洲的旅行，让我想起知名作家康拉德《黑暗之心》中开篇的文字。

非洲的四野笼罩在浓雾里，似乎造物之前的鸿蒙，天地尚未分开，四周的丛林里有动物的眼睛在清晨的薄雾里暗暗发光，丛林里高耸入云的树木是那片土地的主宰者，独木舟船桨的偶尔击水，打破了丛林的宁静。

乘坐独木舟游览非洲丛林和山寨，舟不像交通工具，更像是时间制成的箭头，它指向一个未知的过去和杳渺的未来空间。

从某种程度上说，非洲是一个活着的人类学实验室，它让我们可以了解人类、动植物的遥远过去，例如上文提到的俾格米人（Pygmies，单数作 Pygmy）。其实俾格米人并不是一个种族，而是泛指所有全族成年男子平均高度都少于 150 厘米或 155 厘米的种族。身高稍长的人种，又称作“类俾格米人”（pygmoid）。比较知名的俾格米人都生长于非洲中部，例如：Aka、Efe 及 Mbuti 等民族。在泰国、印尼、菲律宾、巴布亚新几内亚、巴西及玻利维亚亦有俾格米人。这些棕种人是东南亚最早定居的人种。余下的 25 个小型人类群体，大约于 1 000—3 000 年前在密克罗尼西亚的帕劳群岛生活。

“俾格米”这个名字源于希腊语，原来是古希腊的长度量度单位，大约是从手肘到手指关节的距离。在荷马的史诗里亦有提及这一种人种，并指他们在埃塞俄比亚居住。科学研究普遍认为这两种人并未有任何关联，完全是 19 世纪时欧洲人借用了古希腊的名称来形容这种当时新发现的人种。然而，近年考古学家对黑色非洲人种的研究显示，俾格米人的种种传说可能是由当时游走于非洲大陆的科伊桑人流传到欧洲。

“俾格米人”这个名词其实带有贬义，学者修勒特（Hewlett）建议采用他们的自称“森林的儿子”（“Forest people”或“Forest forager”），而他们比较喜欢其他人以他们实际所属的种族名称称呼他们，例如：阿卡族（Aka，又名姆邦加族/

Mbenga)、巴卡族(Baka)、木布提族(Mbuti)和特瓦族(Twa)。

俾格米人盖房不用砖瓦和沙石，他们就地取材用芭蕉叶或棕榈的枝叶，搭成高 1.5 米的椭圆形简陋茅屋。茅屋按小群落整齐有序地搭建，各家独立又户户相连形成一个圆圈，长老的住房位于圆圈的中心。森林里光线暗淡，小房屋隐蔽在高大的植物中，容易躲避野兽的袭击。

各家茅屋面积 5—6 平方米，屋中间的石头上生着一堆火，上方架着一个泥罐子，树干横在地上当凳子，墙上挂着弓箭、兽皮、象牙、羚羊角，除此之外没有什么家具。平日一家睡在用兽皮和杂草铺就的地上。尽管生活简陋，俾格米人却自得其乐，他们远离城市的嘈杂和战火的纷扰，在密林里建立了自己的“世外桃源”。

俾格米人最早大约在晚石器时期出现，他们原是位于中非洲的热带雨林里的居民，是一群狩猎收集者，后来被邻近新移民的农耕者吸收或取代，并学会使用他们的语言。在非洲的俾格米人现时使用的语言都是中非洲当地的语言，包括中苏丹语、阿达马瓦语(Adamawa-Ubangian)及班图语。

在非洲旅行，了解这些部族的历史是很关键的。你可以想象，当一个传教士来到这片土地之后，传下福音之时，他一定更真切地感受到一种原初社会的情景，宗教式的初民社会。由于传教士多参与了当地民族早期的文字创造、文化构建、历史叙述、宗教塑形，他们的努力得以影响几个世纪。

当中国人出现在非洲大陆，作为一个后来者，他们应该仔细了解和阅读这些历史并熟悉这些社会细节。从严格意义上，中国的非洲外交和民间交往，需要一整套海外民族志，来整体提升我们的海外认知，进而反观自己在一个陌生大陆的各种行为和活动；这一方面中国人做得非常不够。

图 16 - 4

当露西坐着船路过一个村庄时，看见当地人在独木舟里产下一名婴儿(图 16 - 4)，从来到这个世界的一刻起，这个孩子就在一个窄小的摇晃小舟里，头顶是明耀的太阳和树冠穹顶。当天，露西看到的这位非洲妈妈，正在生三胞胎，不幸的是，其中有一个孩子生下不久就夭折了。

图 16－5 非洲本土的非政府组织和社区村民，当地人的舟楫人生

图 16－6 露西的朋友，在山坡上嬉戏。再贫苦的生活，也有常人难以想象的甜蜜

图 16－7 露西和她的伙伴乘坐小舟抵达父辈生活的村落，右二为露西

图 16－8 在 Lotumbe 村庄，许多农活都是集体的形式，除了效率，当地人在活计中也发展了彼此的感情

三、露西：一个边缘化社会民生的改良者

露西的全名叫露西·豪古德·布朗，她称呼自己是一名世界公民，目前她是驻澳大利亚的社会发展顾问，生于美国，长于非洲。她环游世界，却只为一个目

标，那就是帮助贫困人群改善他们的民生。露西在悉尼有一个事务所，这事务所旨在帮助那些希望寻求新的途径、方法和手段来实现社会和社区的可持续性发展的人们。她目前正在与澳大利亚以及中国的几家矿业公司合作，同时花费大量时间发展能力培养项目，用于帮助民主刚果国内的贫困者以及那些在澳大利亚重建家园的刚果难民。

露西的父母都是美国教育工作者。露西高中毕业之前一直生活在刚果。她的父亲来自基督教传教士家庭，出生于刚果并在那儿长大。“2004 年，我回到我父亲出生的村庄，当村子里的女人们告诉我她们养家糊口所面临的困境，我很吃惊。刚果持续的内乱和贫困使得日常生活变得异常艰难。”

露西的非洲老家位于赤道省村，村庄地处偏远，独木舟是唯一的交通工具。如果旅行者够享受到电动独木舟，旅途大概会花费 17 个小时，否则，从省城到村庄 200 千米的路程，单靠划桨得花上 7 天的时间。虽然如此，河岸村还算乡村中心，拥有一所医院，一所小学和中学。村子里生活着大约 6 000 人，都以打渔和种地为生。

2004 年，在父亲及其家人的陪同下，她回到父亲的出生地，这一旅程让露西认识到，她的生活航道将由此改变。此前，她曾在 9 个国家工作和生活过，其中包括在北京工作 6 年。“这一趟让我下定决心，我将用我的所学来改变那些被边缘化的社会，”她说。露西曾经是大学教师，现在却作为一名学生再次回到了课堂。露西完成了国际社会发展专业的硕士学位，这为她以后在国际人道主义救援与社会发展方面复杂的工作打下了很好的基础。

2007 年，露西建立了克莱国际伙伴（Clay International Partners），成立以后她很快帮助一家国际金矿公司确立了一些社会发展计划，在这些矿厂的中国矿点开展项目，减少采矿的生态影响。在几个中国省市的往返穿梭过程中，露西同时还对一些非政府组织和企业进行指导，使这些组织能够提出发展项目，帮助像菲律宾、赞比亚以及民主刚果这样情况大不相同的地区。

在一些妇女朋友以及妹妹安妮的帮助下，露西在 2005 年参与建立了一个名为 Handup Congo 的非政府组织，帮助那些与她家庭三代人息息相关的社区。露西解释说，“我们关注教育和提高妇女的经济权利。跨越不同文化环境和时区、用不同的语言工作非常富有挑战性，但是我喜欢这样的工作。”

露西尤其享受促成主要参与者与资源挂钩的参与过程，并认为中国在非洲日益增加的角色令人注目。“能够丰富我在两个大陆的体验和接触，我感到心满意足。”露西说。

四、虽问题丛生，非洲逐日点亮

露西认为，长期以来，关于非洲的报道只有政府贪污腐败、战争和疾病。经济情况也不容乐观。从1975年到1995年间，民主刚果深陷泥沼——经济负增长、负债累累、严重通货膨胀。露西认为，这种情况正在发生改变。根据《经济学人》杂志，在过去的10年中，南撒哈拉成为经济发展最快的地区。《经济学人》杂志还认为，在过去的5年多时间里，民主刚果、埃塞俄比亚、加纳、莫桑比克、尼日利亚、坦桑尼亚以及赞比亚可能达到了年平均增长率7.2%。

同期，非洲的平均经济增长将会超过亚洲的一些国家。非洲已经成为最重要的新兴市场，相比其他地区，这一地区有着相对更高的投资回报率。在许多国家，政治改革带来经济的增长，促进了当地企业的发展。根据非洲发展银行预测，到2030年，非洲的新兴中产阶级——足足超过3亿人——每年将会花费2.2万亿美元，达到整个世界消费的3%。

许多国家都意识到了这一点，中国也是其中之一。中国众多的公司在非洲所有五十几个国家有商务联系。根据南非标准银行预测，到2015年，中非之间的贸易额将翻三番达到3 000亿元。

在悉尼和民主刚果的频繁往来之间，露西发现中国在当地的影响越来越强，尤其在民主刚果首都金沙萨。越来越多的中国产品被出口到这个地域广阔的中非国家，即便是这个国家活跃的纺织品市场也已经受到中国制造商的影响，刚果市场上销售的大部分布料都由他们生产。

“两国之间的文化理解也会不断加深，对此我很乐观，但是就目前看来，两国对彼此的文化还不甚了解，有时候会产生不满，并缺乏相互交流。”露西说。

在刚果，旅游和工作所涉及的一系列后续支持要比在中国更复杂。“我有幸参观的中国采矿场有着非常好的基础设施以及专业技术人员。而在刚果，情况却大不相同。”2012年的1月，露西带领来自台北和悉尼的8名妇女志愿者再度前往刚果，这个评估团乘坐电动独木舟沿着刚果最急的三条河流往返400千米，对他父亲的出生地洛通比(Lotumbe)村进行社区发展评估。

五、女性：刚果社会团结在一起的胶水

露西一直强调在社区发展中，应该提升女性的参与度和力量。不管是在云南还是非洲，她都希望通过各种设计提升女性的社区参与能力。她已经联合了一批志愿者，与成立于五年前的基层妇女非政府组织共事，同时与刚果援手合力组织（HandUp Congo）合作，对五年前开始的一系列社会发展项目进行评估。

这个被称为露西-奥滕加组织（Lucie Otaenga Foundation）的基层非政府组织，已经动员了这一地区的男人和女人去尝试小额贷款、保健、教育、农业和老年保健等新措施。在 Handup Congo 的协助下，露西-奥滕加组织已经和中国台湾地区、美国和澳大利亚的国际捐赠者达成合作关系，对当地的学校进行修复，宣传胎儿期保健、进行疟疾预防教育以及鼓励女性创办小型企业。

图 16－9　露西所服务的非政府组织在帮助当地非洲人改良蔬菜种植技术，以减少他们对动物性食物的依赖，丰富当地居民的食物构成，同时保护生态环境。

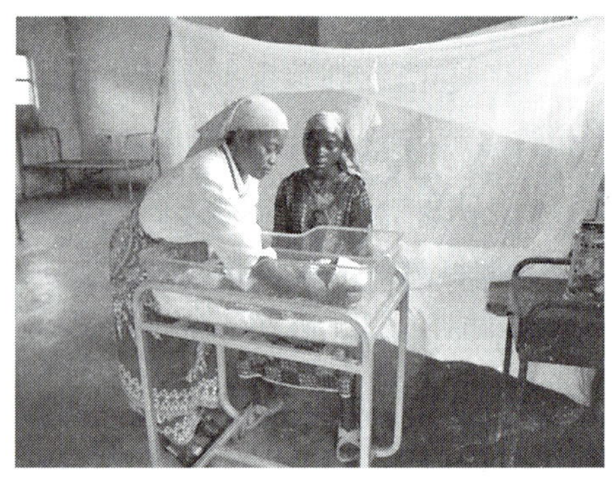

图 16－10　Lotembe 村庄里的本地 NGO 帮助当地女性生产并提供对新生儿的照料，除了分发免费的蚊帐，他们还帮助当地妇女预防各种常见多发的疾病。

“这个五年里程碑给予了我们绝佳的机会，让我们得以评估我们所取得的成果，以及全世界的妇女如何为了共同的目标携手共进，比如，我的母亲是一名图书管理员，她已经帮助农村的学校建立了一所小型图书馆。我们需要增加图书的数量。”露西说。

“妇女们就是使整个刚果社会团结在一起的胶水，她们天未亮就到地里拔野

草，然后还必须让孩子们洗澡、准备上学。她们照看老人，白天还要做家务。她们几乎没有休闲的时间。”露西提到，女性的社会贡献不应理解为简单的操劳，而应该是女性的智慧、无私、勤劳，它应该获得更为公正的社会肯定。

六、村子里的美国村民：延续父辈的精神遗产

Lotumbe村没有自来水，也没有电或者排水系统。大多数的村民们居住在泥砖机构和草顶屋里。妇女们长途跋涉从河边取水洗澡和灌溉。男人们打渔，或者在世界上第二大（仅次于亚马逊）的热带雨林里狩猎。村落之间的交流方式为短波无线电信号，“传话鼓”（通过击打空木传达信息）以及口头方式，村民们在河岸社区之间的往来完全靠双腿或是独木舟。

这个村落早在20世纪初由传教士建成，其中包括露西的祖父母，作为教育者和语言学家，他们的工作就是捕捉这些丰富的当地口头语言并将它们记录下来。现在，这个社区是民主刚果国内23个基督教友会之一，接受省城选出的基督教领袖领导。“在民主刚果，这一宗教派别超过80万个成员，”露西说，“他们齐心协力，填补一个孱弱政府留下的服务空缺。没有他们的共同努力，在这些偏远分散的社区，就不会有保健、学校或者是年轻人培养能力的机会。”

教友会成员们努力发现和培养有潜力的年轻人担当领导的角色。52年前，当地在其他教会组织以及露西父母的帮助下建立了一所大学。这所由露西祖父提议建立的大学位于金沙萨，校长来自赤道省，现在拥有4个学院（法律、商业、神学以及医学），超过7 500名学生。许多来自Lotumbe村的学生就读于这所大学。露西任这所学校无偿服务的澳大利亚代表。她说，“教育立国”是这所学校的校训。她的父亲和妹妹安妮在北美做大学志愿者，已经帮助筹集了超过100万美元的奖学金。

“我们的家庭并没有什么不寻常，”露西说，“这个世界上有许多的人，他们同样致力于向那些不幸的人们伸出援手。在中国，数目与日俱增的社会活动家以及慈善家给我留下了深刻印象。我希望，非洲和中国之间的友谊和合作会持续下去。毕竟，我们共住一个地球村。”

露西的 13 个问题答案：1. 足球；2. 法语；3. 比利时；4. 金沙萨；5. Joseph Kabila；6. 25 个族群，矮人族是民主刚果的土著居民；7. 黑猩猩、倭黑猩猩；8. 80%；9. 苏丹、刚果共和国；10. 基督教；11. 工业钻石；12. 第 2、第 11；13. 51 年。

（本章图片都由露西本人提供，广西师范大学外语学院副教授李盈对此文亦有贡献。）

第十七章

红与黑：广州里的非洲

——广州黑人运动凸显地方政府全球管治的软肋

2012年6月18日，一外籍男子在广州市越秀区三元里大道因车费问题与人发生争执、打斗后，被带至广州市公安局越秀区分局矿泉派出所接受调查处理。在调查过程中，该男子身体出现不适，警方紧急联系"120"医务人员到场进行救治，经抢救无效该男子死亡。

以上是新华社6月19日对广州"黑人派出所死亡引发示威"事件的描述。在中国，这种叙述基本上可以视为一种公立、中立、官方、排异猜测的事件因由阐述模式。这里面往往失去了：来自事件现场的暴力、冲突、喧嚣、仇视、情绪描述，来自半透明性官方机构平台的扁平、抽象、简略至极的信息暴露机制细节，来自广州民间生活场景中的明显、切近、种族主义的，对黑色的"生客恐怖"(xenophobia)和文化排异民族主义情绪，来自广东珠三角文化既包容又排外、既国际又地方的文化信息缺失。

有关广州黑人(本文使用"广州黑人"这一称谓，只是依照当下的惯用法，并不代表作者本人的倾向)的在线讨论，不可否认，呈现的是种族主义、仇外情绪、对官方管理能力的强烈咒怨、生育权抗辩、文化保守主义、黄种人利益至上以及国家安全叙事。当然，在中文的语境中，这些发自维护"广州家园"和华人生育权和发展权的喧嚣中，来自非洲人本身的精英式、调解式、建议式、分析式言论非常稀少，偶尔在媒体信息列表中出现一些外国媒体的声音，但这些声音多是从中国维稳面临新压力、排外情绪与种族冲突的角度入手，没有针对这个事件进行更为负责任的挖掘和调查。

广州的黑人问题，查遍了网络的官方和民间文献，鲜有对这个人群的精确、定量性的描述，一般媒体都引述来自《南方周末》《南方都市报》《南风窗》《广州日报》这类媒体写于2007—2010年的文献，部分报道将广州的黑人人口标记为20多万人和超过30万人。

一、广州“白话”皮肤的“黑色素堆积”：隐晦的阿帕特黑特心理

据实地调查以及前文提到的媒体内容分析，第一代非洲商人是20世纪90年代末期到广州的，主要是西非人，马里人最多，还有几内亚人和塞内加尔人。这些人往往在非洲就开始做生意，属于自学成才，掌握英法中等多门语言，在闯荡多个国家之后，最后来到广州。广州的第二代非洲商人主要来自中部非洲，包括刚果(金)、喀麦隆和刚果(布)，他们缺乏从商经验，多半是新手。虽然生意没有做得那么火，但有些人也做得很成功。在广州生活的非洲人不全是商人。还有一大批人最初抱着其他目的来到中国，后来也学着做起生意。他们多半是为了转道去欧洲才来中国的，以中部非洲人居多。由于很难拿到欧洲的签证，再说在中国谋生也比较容易，所以他们改变计划留在了中国。

广州的黑人粗略可分为三类。第一类是贸易商人，他们到广州来的时间大多已经比较长，有的已经获得了中国居留权，对当地情况十分熟悉。第二类可称为白领阶层，以黑人老板及中东老板为服务对象，在写字楼上班或为他们提供中介、保镖、电话卡销售等其他服务。第三类则是出卖体力换取报酬的纯劳工阶层。虽然三类黑人群体都是以贸易为纽带聚集到广州来的，但其中属于纯劳动力阶层的黑人却是近几年才渐渐出现的，且人数很少。非洲国家的宗教信仰虽不如阿拉伯国家统一，但伊斯兰教依然是拥有最多信众的宗教，其次才是天主教和新教。

广州黑人数量这个问题，在谈论广州黑人问题所可能带来的执政挑战起到相当重要的作用，因为中国的许多读者、网民、居民有着一种奇特的民族学知识和种族知识，他们喜欢用民族记忆、历史叙事、现实生活场景互动、媒体曝光这种组合来判断一个与外来者有关的事情，是否是一种偶发事件还是一种现象。在广州黑人人群迅速壮大，以及可能带来的社会问题上，广州本土的民间情绪和民间语文一般将它定义为：由于地方政府政策和管理失当，造成低素质黑人人口在广州的大量聚集，不仅带来生活上的不便，还造成了许多严重社会问题。

现有对广州黑人的研究中，鲜有学者从语义学、本体论、逻各斯中心主义、实

证主义等角度去认知广州黑人事件在中国语境中的复杂意蕴，并基于此描述出一个更为宏大的写作研究框架，往往停留在全球化、生产、地方、能动性、流动性、后现代、非流动性等思维框架之下，盲目地去追逐和研究那些动态和流动，而忽视了一个事件和现象本身静止、内核性的实质。

广州的黑人聚居以及他们与中国本土民众在生活、生产、符号、语词等多个层面的互动和冲突，需要一个更为宏大和想象力的研究和解决方案，否则，这将是问题丛生的全球化时代的另一种人群灾难、管治溃败和人性沦丧。至少，非洲人、菲律宾人、缅甸人会用同样的逻辑来建构中国人。

二、广州黑人问题的中国公共治理语境

在中国针对自己国民的社区管理设置中，有两个独特的设置：街道和居委会。这些机构仿佛没有什么真正的“民主作用”，但是起到很明显的管理效果，从办理结婚证、孩子入学到家庭某些公共设施的开户，都与这些机构有关。有时候这类机构还会分发免费的老鼠药和避孕套。更多的时候，这些手上带着红袖箍的老太太或者中年妇女，会坐在街道边、胡同口聊天，同时偶尔用警惕的眼神打量出现在自己辖区的陌生人。

所有这些都证明，中国人永远不会缺少管理内部的工具、手段和机构。随着中国政府走向文明，中国城市的一些辖区办公室甚至会设置社建办（社会建设办公室）、预防午间饮酒办公室。只是，针对外来人口，尤其是外籍客居人群来说，中国政府其实没有找到一个具有全球管治（global governance）意义的建制、人员配备、思路、工作方法。

广州黑人事件真正应该深入分析的是当地不断壮大的非洲客居人群所可能带来的全球治理挑战，部分研究者和媒体报道称这个人口在广州已经超过 20 万人（据《广州日报》《南方都市报》），很多人员被舆论和部分媒体称呼为低素质的三非人员（非法就业、非法入境和非法居留）。这些非洲人多数为商贩，来中国追逐快速、廉价的财富，当他们进入广州后，迅速在一个混杂、错乱、多元的中国社区中稀释，同时因为这个群体在种族、宗教、语言、服饰、做派上的独特性，成为部分网民所称呼的中国第 57 个民族——“广州黑人”。

退一步，中立地看广州这座城市的居住社区，它基本上是个“龙形态混合体”

(urban dragonhood)：它的外在无序和多元像“街角社会”和“上帝之城”(提供性服务的按摩房、卡拉 ok 厅、夜宵摊、糖水屋、网吧)，它的意识形态是群众路线式的举报、邻里守望、管理、严打、专政，它的文化形态是享乐主义和庸俗文化主义的(banal hedonism)，它的阶层是流动性和非流动性混生的(不同阶层在味蕾上可以兼容，但是在教育、消费趣味、社会地位上彼此区隔)。应该说，这些描述在中国的许多大城市都适用，只不过在广州，当地的商贸文化、改革开放镀金时代、广州本土文化塑造中国城市“龙形态混合体”的某些当地口音。

包括“广州黑人”在内的外国客居人员的逐渐增多，实际上给当地的执政者带来一次全新的全球治理机会，这个群体除了其经济和政治属性之外，还有宗教多样化、文化、生活方式、意识形态、跨文化交际、中国文化的海外传播、海外客居人群的文化濡化等多重意义。如果广州当地能较好处理广州黑人群体的个体、群体、文化身份、归属感、异国生存的正向融入，它将为中国“龙形态混合体”带来另外一种维度，但是因为当地执政者对于黑人这个群体的历史记忆、文化心理、宗教、巫术、部族、种族、社会阶层、后殖民遗产、组织形式、动员模式等多重维度的陌生，他们的日常管理会迎来更多挑战，容易使用改革开放早期的应对外来务工人员的管理模式来管理该群体，自然容易滋生矛盾。

这一点上，当地的执政者应该反思自己的看世界方式，改革开放的 30 年已经让中国在面上了解到一个复杂的国际光谱，第二阶段或许就是进行更为深层的认知和学习。中国人目前在表象上是积极全球化和世界主义的，热衷建造最为摩登、现代、超现代的建筑和基础设施，对符号、标志更重视敏感，对于文化消费产品，口味是相对开放和多元，对于国际话语权，因阅读量有限，各种民族主义和伪雅知识分子容易对舆论进行导引(以至于在中国，公共知识分子已经成为一种蔑称)，联结舆论、官方立场和民间广场政治和网络情绪(cyber agora mania)是各种基于廉价生产的电子产品商业帝国和消费性媒体网络。这种看世界、理解世界的认知能力和海外文化习得水平，结合前文所提的“龙形态混合体”是各种具有民粹主义色彩舆论的深层基础。

在现实生活中，外国人可能会被邀请到各种经济会议的前排落座，参加政府主持的特殊贡献专家表彰会——给外国友人一个感谢中国和赞美中国经济发展的机会，鼓励他们用中国话，尤其是当地话(白话或潮汕话)唱戏或讲相声，鼓励外国学生参加各种汉语桥的中文辩论和演讲比赛，歌颂一个世界主义的广州，允许老外因为见义勇为和特立独行占据《南方都市报》某日的头版，更多的时候，媒体会用“探秘”“走进巧克力城”“探访广州最大黑人部落”这样的字眼，告知读者发生在广州“白话”皮肤之下的“黑色素堆积”。

对于最为直接的管理者——警务系统而言，警察们把广州黑人看成主要的“工作对象”，委托治安联防员、督导员、纠风办落实各种国家针对“三非”人员的决定，这些都是可以理解的，但是需要说明的是，这种单一的维稳式的管理观对外来客居人群来说较为低效，反而会滋生更为严重的后遗症，不妨换一种思路——至少从全球治理的角度来看待这类问题。许多黑人反映，一些治安检查今天刚过，第二天又来，对于中方来说，是害怕对方打游击，窝藏“三非”人员；而这对于非洲客居者而言，这是骚扰、不信任、敌意和法治水平不足。

三、广州黑人的疾病建构：“黑色素瘤”问题与制度管理缺陷

广州多年的“黑人聚居问题”和“巧克力城”（当地对非洲黑人聚居区的称谓）问题时常因为个体事件和媒介报道浮出水面，许多公众言论开始走入一种“排异恐惧”（xenophobia），各类论坛、社会媒体都开始讨论黑人，尤其是“三非”黑人群体进入广州造成的社会问题、卫生问题和公共安全问题，部分的言论甚至将黑人群体的成长壮大与“亡国灭种”、国家安全的角度联系起来。

客观来看，广州民间话语和部分当地管理者情绪中的“黑人问题”，好像成为所谓的“低素质”黑人人群侵入广州社会空间产生的麻烦和问题，黑皮肤被看成一种广州社会文化肌肤的“黑色素瘤”，某些非洲国家被等同于早期广深开放时期，从内地来珠三角打工逐渐聚集的“某某帮”地域歧视，疾病预防、公共安全、出入境管理、城市管理等机构往往最为头痛的这些“黑色素沉着”。刚性的、强制性、压制性的措施和民众心理情绪随之而来。我们应该承认这些现实状况的存在和情绪的真实性，但是也应该静下心来，寻找这类外来客居人群问题的真正来源。

当地人忘了，广州黑人的聚集，某种程度就是历史上用“广交会”这类“巢”引来的“黑凤凰”，现在广州想“腾笼换鸟”，但必须想更好的办法来处理这些政治学、经济学意义上的“黑凤凰资产”。

在医学视角上，黑色素是一种生物色素，它是动物皮肤或者毛发中存在的一种黑褐色的色素，由一种特殊的细胞即黑色素细胞生成并且储存在其中。正是

由于黑色素的存在，皮肤才有了颜色。黑色素瘤是由异常黑素细胞过度增生引发的常见的皮肤肿瘤，恶性程度极高。要避免和治疗黑色素瘤的问题，最为有效的方法之一就是增强体内的维生素 D，它不仅治疗黑色素瘤，还对佝偻病、癌症有治疗和预防作用，要获得它，就是通过更多的阳光，使得体内的胆固醇转化为维生素 D。无疑，这种医学知识对于解释广州黑人的社会学意义颇有启发性。

从这个角度上看，广州的黑人问题，某种程度上都可以看作是广州、珠三角区域的文化和社会管理整体上存在的问题，这些问题没有黑人也照样存在。当广东和珠三角区域在传统的低附加值、高能耗、人群密集型、低端产品集成的路径上痛苦升级的过程中，虽然有“腾笼换鸟”的经济战略转型思维的助佑，其社会管理、经济共享、管治升级、文化繁荣等方面的提升仍然举步维艰。

在笔者参与的广东顺德社会管理创新项目调查过程中，发现文化基础良好、经济活跃、相对富裕的顺德都存在严重的文化传承受限、外来人口融入和发展困境、社群破碎化和社会失范等复杂问题。不管是本土的打工者还是非洲过来的洋打工者和商贩群体，他们都面临着自己所代表的文化趣味、族群身份、社会阶层、宗教类别、生活习惯与广东本土文化嵌入、共生、互动的问题。也就是在这个意义上，许多广州黑人与当地百姓的冲突和矛盾问题和时下经常出现的文明执法问题、机构沟通方式、管理思维、创意型社会管理方式缺乏有关。一旦处理不当，一个小小的事件可能以“孙志刚事件＋群体性事件＋外交事件＋国际传播种族主义批评”的组合方式发展。

当广州在思考珠三角的腾笼换鸟时，往往考虑更多的是针对环渤海、长三角等国内政治经济学语境，虽然有国际分工和全球化思维的框架，但是极少将自己的产业升级和福祉提升与非洲本土的经济远景、民族情绪、国际经济博弈关联在一起。正如一些非洲本土的政治家所言，中国如果只想要非洲的财富和资源，却不愿意非洲人在中国本土贸易、生活进而寻找个人的梦想和尊严，这是不现实的。来自非洲大陆的人群，当他们生活在中国，事实上成为一种桥梁，一种来自非洲大陆的“黑色素”，它需要切实的民族融入、宗教包容、社会管理创新、教育配套、生活方式兼容、跨文化交际模式和机制，才能造就健康的国际化广州的肌肤。

中国时下在修辞上、建筑上、硬体投入上在拥抱一个虚拟抽象的国际化，实际上在身体、文化、肌理、精神、制度等多方面的开放融入机制非常有限。

从这个角度来看，要从根本上解决广州的黑人问题，需要的是系统和整体思维，至少应该从以下角度着手。

第一，广州的大国民计划，通过多元、丰富、互动性强的文化、教育项目，来造就一个具有开放、包容、同理、共情的国民群体，知道何为种族主义、民族主义、国际主义、民粹主义、文化生态。减少基于个体的外来文化和群体的误读、误判和误行。

第二，国际语境中政府管理升级，理解国际化是个中性词，一种状态，并不需要咬牙切齿、孤注一掷的牺牲和投入。政府管理和机构文化既可以保留“广府”特点，又懂得寻找一个与外界沟通和协同的机制。

第三，国民“海外智商”的提升，理解一个真实的非洲和世界，寻找媒体、社区、文化团体、教育机构、建筑文化、生活方式等多方面的对话机会，不仅针对多元的（处在当下时空）非洲本土本身，还要理解“欧洲建构的非洲”，“非洲人眼中的非洲”“世界的非洲”，唯有此胸襟、气魄和能力，才能找到广州“黑色素沉着”的解码钥匙。

四、讨论：广州发展的“经史子集”——“家门口”进行全球治理的机遇

从城市的类型、特质、形态来说，广州实在是个独特的城市：十三行背后藏着一个显赫的《中国货殖列传》和《粤版国富论》，瑶台、凤岗、龙虎墙、龙藏街、濠畔街、九曜园等古雅地名背后是一个龙脉隐匿的风水之城和人文城市，广州普通的一碗凉茶里浓缩了一本《岭南本草》，细致、友好的商业服务背后透着的是利德、厚生的精神。

现今，广州大街小巷的宣传画里开始铺陈一种新近定义的广东精神：厚于德、诚于信、敏于行。窃以为，这些词汇中的虚词似乎可以去除，厚德、诚信、敏行即可，不仅简单，而且表示了于德、信、行之外的品行德貌种种，皆是厚、诚、敏。最重要的是，广东人文化精神里还藏着一种低调的味道，大抵就是相对“敏于行”的“讷于言”。

为了研究因广州黑人事件所引发的海外客居人群管理、社会空间营造、生活方式互动、国际传播和跨文化交际、全球治理等问题，我试图进行多阶段的实地研究，以期在顺德社会管理研究基础上，理解社会管理创新国际案例的可能性。

就现实而言，很多政府委托的社会管理项目往往都强调短、平、快、准、狠，期望立刻用策略型工具来解决现实问题，平复矛盾。这类咨询文本多一副“假想敌

面孔”“内参模样”，而较少回到平常、持久、复杂的时空维度去思考问题进而提出解决方案，以至于一些研究由于过于注重“国际成功案例”的借鉴和应对策略的功利，说出不少有悖广州常识的话。

真正的解决方案和思维转型往往就写在三元里、石牌村、宝元直街、小北路蜿蜒错乱复合的街巷和日常生活里，等着我们去发现。我把这种作研究和寻找思维路径的方法概括为广州的“经史子集”。

经部：它指的是广东精神、广州文化和城市发展的横向丰富性，既是广州的经济史，也是这个城市在社会发展的心灵史经典。我们可以在这种经典指引之下，北观白云、西望横沙、南礼大佛、东迎永胜——广州的历史里，东方是仁（世仁里）、怀安（安怀里）、孝悌的维度（育婴堂、养老院）。我们至今能在三元南约门楼的狭窄逼仄里，看到我们曾有的《仪礼》《孝经》和文化的《尔雅》。石牌村纵然密如迷宫，深若峡谷，但是我们仍然能看到点缀在市井食货中间的周易堂，理安神、择吉日、布财局、看风水诸事。小北路的登峰宾馆，虽然是国际商贸人士麇集之处，一些酒店房间的门框仍然用海丰县、莲花山、鸡鸣寺来守镇“心宅”。

史部：当然指的是广州城市形态在漫长时间里的堆积，以及伴随而生的纵向的多元共生形态。相比较其他城市，广州在处理多元、多民族、多种族等跨文化经验方面可谓丰富。至今我们在石牌街巷的龙舟赛赞助名单里，可以看到源自殷商的池姓氏族；我们在广州文化名胜陈氏宗祠里，看到坚韧持续的宗族记忆和现世守承。

子部：更多指的是广州针对个体、小众、来自四海的“芸芸众生”的宽容和利生。20 世纪八九十年代，某些广东人容易将外来人，定义为某某帮，视之如寇仇（作者本人在 20 世纪 90 年代第一次来广东，也因案牍手续不足，“发配”樟木头）；现今我们也以同样的逻辑来形容用“广交会”模式聚集而来的非洲“黑凤凰”。“黑人”固然有自己的问题，但是斥之恶之者，有多少人真正走进过他们的生活？原则上，广州文化意义上的儒家、释家、兵家、农家、杂家、贩夫走卒均应有其容身发声之所，合乎时，适于事。

集部：通过对个体和小众的宽容，形成广州的社区和文化的“集部”和多主题变奏，以及城市多元共生利生的形态。黄钟大吕、乡俗小调、曲辞小说、感佩腹诽、网络微言均得其发声机会，同时通过社会创意管理，利用这些多元主体、多样表达形成城市发展的咏叹调、宣叙调、赋格。

从 2012 年 7 月底开始，笔者开始在广州进行集中的田野调查，针对广州小北路一带的黑人聚居区进行走访和调查。初步的研究表明，广州黑人管理存在的问题主要是内外不分，用管理外来务工人员的套路来管理外国人。这种粗放和直接的方式往往会造成敌意和沟通的低效。

此外，广州针对海外客居人群的管理团队在国际化水平方面有限，造成管理者和被管理者之间的有效沟通十分有限，彼此看来对方都是问题和麻烦。设在登峰街的外国人管理服务工作站就是一个明证。这个设在高架桥下面的平房，一半的设施是各种监视屏幕，一半是冷清的办公室。

一街之隔，登峰宾馆门口聚集着一群群兑换外币的地下交易者。我在小北路的一名黑人报告人（他国籍是英国人，经常往来广州和英国之间）告诉我，这些地下交易根本没有人管，如果你作为一个外国人去换，少了或是换到假币就只能认倒霉，但是你看这个区域本身就是乱糟糟的。我到广州之后就觉得，作为一个黑皮肤的人，很容易和当地的亚洲人面孔隔膜开来，能明显感到一种敌意。

一方面，小北路的各种扭曲缠绕的城中村社区，给收入水平相对来说较低的国际族群提供了低价的住宿和消费区；另一方面，随着这个人群不断地聚集，并没有好的沟通、仲裁、沟通机制创造出来以促进对海外客居人群的良善管理。事实上，许多现成的社区形态，如果有制度支持和管理理念革新，就能带来不少转机。

例如，现有的社区里几乎看不到英文、法文、葡萄牙语的媒体，手册、报章服务。笔者走遍了这一区域的报刊亭，连卖英文报纸的都很少，而针对这个海外客居人群集中的社区，鼓励和创办社区报纸和媒体是十分必要的，可以最大限度创造归属感和有效沟通。

社区里，许多黑人在小卖铺门口喝酒聊天（即使是上午 9 点），但是很少有外国人习惯的喝咖啡、喝早茶的功能性社会交往空间，而这些空间本来可以依托广州的早茶文化和优秀服务理念，与丰富的非洲餐饮和文化勾连，形成广州特色的“黑凤凰”国际饮食。

作为一个生活、贸易、国际交往、休闲、工作的混合空间，小北路的黑人混杂社区没有一个跨文化、多群体、多部门的定期聚会讨论机制，本来这个机制可以最大限度设定彼此的行为界限，为彼此定规矩，谋求分歧的解决方案，创立跨文化的讨论和沟通机制，可以像社区小议会、听证会的方式来运作。

上述的多种形式，使用得当，不仅可以给广州在黑人问题上带来一个全球治理的善政样本，也会让本已经多元、多地域的广州外来务工人员这一群体也同时受益。

由是观之，笔者在此提出的序列研究，并不在意发现“新事物”，而是希望能从广州的“经史子集”自然声响中找到各种原声，比较旁系他山之石，做出解决问题、滋养广州文化生境的咨询创意解决方案。

第十八章

非洲饥荒观察：对埃塞俄比亚的深度分析

近年，非洲大陆东北部遭遇 60 年不遇的持续大旱。该地区粮食大幅减产，约 1 200 万人挨饿。其中索马里、埃塞俄比亚、肯尼亚和吉布提等国和地区粮荒最严重。中国政府 7 月 27 日宣布向该地区提供价值 9 000 万元人民币的紧急粮食援助；8 月 15 日，中国国务院总理温家宝宣布，将再向该地区提供总金额 3.5亿元人民币的紧急粮食和现汇援助。

在笔者看来，要理解发生在非洲境内的饥荒，我们需要从深层对其进行分析，一方面这有助于给中国的国际外交提供更多细节，另一方面，它也有利于中国在治理饥荒等问题时，见微知著，观人察己，透过表面和诱因式的现象，进入事实的深层。

因此，本章的非洲饥荒观察，以埃塞俄比亚为例证，从家庭内部、农村社区、非洲农民个体、社会肌理出发，了解那里的经济行为和日常生计模式，进而为饥荒的原因和应对提供更多的建设性意见。本章的研究数据综合了包括牛津大学在内的英美顶尖智库的核心研究①和自然力研究院非洲研究计划的深度观察。

一、非洲家庭内部效率

有关家庭，读者也许都熟悉一句老话：幸福的家庭都相似，不幸的家庭各有不同。从经济人类学的角度看家庭这个经济细胞，学界通常也有三种归纳。第一种是“家长制经济”，这种模式以家庭成员个人偏好对资源分配进行决策的模

---

① Bereket Kebede. 2011. Envy and Agricultural Innovation: An Experimental Case Study from Ethiopia. CSAE Working Paper WPS/2011 - 06. http://www.csae.ox.ac.uk/workingpapers/wps-list.html.

式。在这种模式中，配偶之间没有契约劳动关系，一家人并不是谁辛苦，谁就得到的多，关键看家庭里谁说了算。第二种，“自由散漫家庭经济”，在这种家庭中，成员之间无协作劳动的模式。第三种是最理想状态，最为高效，可以称之为家庭资源配置最优化，在这种模式中，家庭成员之间形成契约劳动关系，家庭资源及劳动成果也以劳动契约为准则进行对等分配。

此外，这种家庭资源最优化配置的经济形势还充分体现了帕累托效率。帕累托效率是博弈论中的重要概念，也就是效率最大化模式，是指资源分配在变化过程中达到的稳衡状态，即在可分配资源总数不变的前提下，一部分人得到更多的资源却不能使自己获得更多的收益，而另一部分人得到的资源变少却也没有使自己的收益减少。

二、来自牛津大学非洲经济研究中心的微观研究

2011 年 1 月，英国牛津大学非洲经济研究中心（CSAE）对埃塞俄比亚的家庭内部效率进行了一项研究；该研究属于“家庭内部资源分配：跨文化测试、方法论创新与政策解读”计划的一部分，由英国经济与社会研究会（ESRC）和英国国际发展部（DFID）共同资助。这项研究注重考察非洲社会的家庭内部效率，即家庭成员以各自不同的方式自愿地为家庭作出贡献的机制。这里所说的家庭效率，即家庭成员将自己获得的所有资源自愿地作为对家庭的贡献被所有成员所共有。

研究挑选了埃塞俄比亚境内的三个地点作为试验区域，1 200 对当地夫妇参与了实验。一个试验区位于首都亚的斯阿贝巴城区，另两个是乡村地区，均处在城郊接合地带：梅哈尔梅达（Mehal Meda），位于首都东北部，带有典型的传统牛耕农业特征，年收谷物是主要农产品，其主要居民是埃塞俄比亚的第二大族群阿姆哈拉族（Amhara）。哈迪亚（Hadiya），位于首都西南部，主要农作物是多年生作物，居民也是埃塞俄比亚的少数民族。在每个试验区，又分别选择了 5 个试验点。其中乡村地区的 10 个试验点都是自然村；城区的 5 个试验点都位于“科贝勒”（kebele，埃塞俄比亚最低的亚区级行政区划）。这样选择实验区的目的就是为了能够了解到城乡差别、族群构成差异以及不同农业体系之间差异对家庭内部资原分配造成的影响。

三、埃塞俄比亚农民的家庭经济观念

英国专家对非洲家庭的核心发现是：许多非洲家庭都在质疑协作模式所能达到的高效，并不认为这种看起来高效，似乎非常理性的家庭经济可以让家庭的经济状况更好而实现所谓的“家庭内部资源配置最优化”。当地农民更为看重的是公平，他们把公平看成重要的资源分配准绳。该项研究揭示了许多当地人眼中的家庭经济细节，具体罗列如下：

（一）无劳动协作家庭模式无法达到高效。

（二）两性之间贡献行为的差异相当小。另外，与某些模型期望的情况相反，少数个案显示男性明显比女性的贡献大。

（三）夫妻之间对彼此的贡献的信任存在差异：丈夫信任妻子比妻子信任丈夫要多。也就是说，丈夫觉得妻子的贡献比妻子实际的贡献要大，而妻子则觉得丈夫的贡献比丈夫的实际贡献小。

（四）将公共信息纳入初始家庭资源范围后，男性和女性的贡献率都得以提升，尽管这种提升很微小。这说明公共信息对效率的实际影响取决于其在所有资源中所占的比重及资源分配法则，也说明在夫妻双方对资源的分配过程中，不对称的信息分配很可能扮演了一个关键角色，但其效果受制度性安排(家庭内部的资源分配法则)的影响。

（五）妻子的实际贡献行为比丈夫对其预期的小，而丈夫的实际贡献行为比妻子对其预期的大。这两种系统误差使人对经典理论框架产生质疑，即认为夫妻双方对彼此的期望是对等的。

（六）资源在个人和家庭中间进行平均分配的准则要比纯粹理性的效率最大化分配方案更具实践意义。也就是说，有相当部分更愿意用更简单的经验法则来实现实际较高的家庭效率，即公平法则。

这些信息反映出埃塞俄比亚社会在人口、文化、宗教、教育及职业构成等方面的细节，他们都对家庭经济产生了影响。例如，埃塞俄比亚女性的早婚现象比男性突出，夫妻平均年龄分别为男 43 岁和女 35 岁，这样大的年龄差距就会对其家庭内部关系产生重要影响，因为埃塞俄比亚文化中有对年长者尊重的要求，反映在受测对象的年龄结构上，它表现为最小的受测者为 16 岁，而最老的受测者有 95 岁；埃塞俄比亚人的宗教信仰主要是东正教和新教，少部分人信仰伊斯兰教。

其在受测对象中的反映是有2/3的受测者是东正教或新教教徒。埃塞俄比亚有2/3的人是农民，这也就是为什么三个试验区中有两个位于乡村；埃塞俄比亚农村的两性分工有着明显差异，只有20%的妇女专门务农，而67%的妇女的主要工作是照顾小孩及家务劳动，男性在这两种分工上的比例分别为66%和4%，这些信息也反映出乡村人口在获得非农事工作方面的局限性，在测试中，只有4%的农村受测者有如职员或个体经营者之类的经历。在受教育程度方面，73%的埃塞俄比亚人只受过6年或不到6年的教育，其中也存在城乡和两性差异。这也反映在受测对象构成上：85%的乡村受测者受过6年或低于6年的教育，城镇受测者这一比例是50%。80%的男性受测者受过6年或低于6年的教育，女性这一比例是59%。

四、可关注的救荒细节

仅仅通过物品分配经济的方式救荒，在灾害蔓延的初期无疑是关键的，但是要从"授之以鱼"走出来，作为发展中国家的中国，应该利用自己的经验、知识、资源来实现更有效的救荒。在中国社会中，家庭经济的有效性、社群经济的高效运作、村落团体协作的力量等优势都很明显，因此，当中国在进行国际人道主义援助的时候，可配备相当数量的"软援助"——村落经济和家庭经济的动员模式，通过非政府组织、社会工作人员、农业科技专家等方面人才的帮助，进行新形式的非洲救荒。

新形式的救荒更应关注效率，并通过有形、可感、细节、人情味的救荒，增加中国对非洲社会的理解，在理解非洲家庭和社会的基础上，分配中国宝贵的人力、物力资源。

对此，中国的对外援助者可关注非洲社会的许多村落细节和家庭细节，例如：

（一）性别差异对贡献率的影响微不足道，年龄较为关键。援助的短期效果是帮助老人和孩子渡过难关，但是同时要帮助中年和核心家庭劳力开始生产自救。

（二）配偶有一方是新教徒的贡献率要比双方都是东正教徒或伊斯兰教徒的贡献率小。这可能是由新教教义中的个体主义因素导致的。在援助过程中，应该了解社区的宗教习惯，并适当调整对口支援的策略。

（三）从事农业活动的夫妻要比其他职业的夫妻对家庭有更多的贡献效率。这可能是由于相对于其他工作来说，农业生产对夫妻共同协作劳动有更高的要求。这意味着对于农业领域的直接援助可能会更为高效。

（四）在家庭贡献方面，有更多主动性的妇女会贡献更多。可以专门针对非洲妇女进行对口援助，并利用中国在妇联和妇女工作这方面的经验和信息资源。

（五）那些有可能再婚的个体比维系现有婚姻的个体贡献少，这意味着他们与配偶之间的协作较少。在对外援助时，应该更多地关注无协作劳动家庭模式，以及由公平原则或相似社会准则决定的家庭内部资源分配。

五、嫉妒与农业创新：情绪与非洲农民的积极性

嫉妒与农业创新，这两者有什么关联吗？在中国和平崛起的大国外交时代，理解微观的知识有时比宏观的战略更重要，因为它能够给大国外交带来更多的人情味、灵活性和效率。

2011 年 3 月，来自英国东安格利亚大学的两位学者——贝雷克特·凯瑞德（Bereket Kerede）和丹尼尔·约翰·齐祖（Daniel John Zizzo）在经济与社会研究中心和亚的斯亚贝巴大学的共同资助下，在埃塞俄比亚进行了一项非常有意思的研究。

该研究采用“烧钱”游戏作为模型，对来自埃塞俄比亚乡村的 240 个样本和来自首都城区的 120 个样本进行了测试，以验证嫉妒或其他相关社会偏好对经济发展可能造成的破坏，这种社会偏好形成于对其他人负面回应的恐惧，并构成对创新的障碍。

以往社会学、人类学、社会心理学和经济学的研究表明：个人的财富不仅受该个体能够掌控的资源影响，而且也受个体之间的相对关系（与他人进行对比）的影响。公平感、互惠主义以及对不平等的厌恶感等因素，有时候会起到反激励的作用。也就是说，在进行国家援助的时候，如果没有更多的精巧设计和细节考量，仅仅满足于量上的捐赠，有时候不仅没有“损有余而补不足”，反而激发了社区的矛盾。

从社会学家和人类学家所作的研究来看，埃塞俄比亚的主体文化有着强烈

的个体主义特征，对私人利益的追逐远胜于公共利益。占据主体地位的阿姆哈拉族文化完全没有社区或集体观念。除非在紧要关头，否则埃塞俄比亚人之间很难有自发性的合作。人与人之间普遍抱着猜疑和戒备的态度，互动交流有着明显的等级界限，掌握实权的人往往有着明显高于常人的地位。

另外，埃塞俄比亚人的社会操控力量是一种以个体主义为中心的普遍心态：人们非常关注他人的想法但却畏惧公开或半公开的批评，不在乎他人的利益或信仰是否受到侵害而只关心这些侵害是否能保护自身的利益。

英国学者的研究选择了四个乡村作为试验区，它们在一定程度上反映了埃塞俄比亚的农业现状及其族群构成。位于首都亚的斯亚贝巴西南部的伊姆迪比村（Imdibir）的主要农作物是埃塞俄比亚香蕉，与采用牛耕种植的谷物不同，它是以原始的锄耕种植。另外，村民们大都是古拉日族（Gurage），该族群在埃塞俄比亚以善于经商闻名。阿泽·德波村（Aze Deboa）是一个远途迁徙的移民村落，村民大多为凯姆贝塔（Kembata）族，是埃塞俄比亚南部人口较多的一个族群。与伊姆迪比村相比，这个村落对埃塞俄比亚香蕉的依赖较少，村民大多种植谷物，但种植方式非常原始。特鲁弗·凯彻玛村（Teruf Kechema）紧邻埃塞俄比亚南部最大的商业城镇沙谢门尼（Shashemene）。由于城镇对蔬菜的大量需求，村民们不再种植埃塞俄比亚香蕉，而以向城镇供应蔬菜为生。其主要族群是埃塞俄比亚人口最多的欧罗姆族（Oromo）。叶特门（Yetmen）村，四个试验区中唯一一个位于北部的村子，同位于北部的其他大多数村落一样，叶特门的农业生产主要使用牛耕，种植谷物和小麦。另外，由于该村落是埃塞俄比亚著名的农产品特弗谷（teff）的主产区，因此也是埃塞俄比亚最富裕的村落之一。农业革新的情况随着农作物生产方式和地区繁荣程度的变化而有所不同。大致的趋势是地区繁荣程度越高，种植的作物类型就越多地以谷物为主，牛耕也更普遍，其他技术革新程度也越高。以对肥料的掌控程度为例，伊姆迪比村的优化施肥率仅为45%，而叶特门村则高达97%。

六、非洲农民的“嫉妒社会学”

研究发现：嫉妒行为与其他社会经济特征（如宗教）之间虽然有微弱的联系，但无论个体的年龄和受教育程度如何，都避免不了嫉妒行为的发生。在埃塞俄比亚，人们因嫉妒实施对比自己优越者的报复性破坏行为，而为了防止这些破坏的发生，被嫉妒者往往会主动消耗或者减少自己的资源或产出。

可见，对嫉妒的恐惧反而成了埃塞俄比亚人产生更多消耗行为的深层动机。另外，嫉妒也通过三种渠道对革新产生影响。一是其产生的正向激励，即人们被迫朝着更好的方向去努力。这种常态的状况在埃塞俄比亚人中间也很普遍，但只反映在个体层面。二是被嫉妒者由于畏惧嫉妒行为的发生，从而主动减少或自愿避免革新所能够带来的更多收益。三是个人意愿与社会控制之间的调适，最终掌握革新能力的人不得不把革新的决定权让渡给他人（嫉妒者）。

在埃塞俄比亚全境，这种社会压制的最直观现象是人们对巫术和“恶魔眼”（一种巫术，施法者只要看你一眼，就能让你遭殃）的信仰，而且它更成为社会的集体想象：无论是嫉妒者还是被嫉妒者，都被怀疑拥有恶魔眼的能力。这样的紧张关系，不仅存在于在个人与个人之间，而且也存在于埃塞俄比亚的主体族群与其他少数民族之间，并使它们在资源及力量分配上形成了严格的等级划分。

埃塞俄比亚的社会政治管理体系是以族群为基础的，所以嫉妒甚至能够在政治层面上阻挠国家整体的革新进程。在这三种方式的共同作用下，埃塞俄比亚的农业革新进程实际上表现为嫉妒与反嫉妒、个人意愿与社会控制之间的博弈。要使博弈的最终胜出导向革新，就必须在采取行为之前对类似嫉妒的消极社会偏好进行调整，促使决策制定从破坏型向建设型转变，这就要求在一开始就有大多数的人愿意打破由嫉妒带来的消极平衡，并引领革新的潮流。

七、中国在非战略：细节后的反思

无论是非洲投资、非洲民间外交和人道主义援助，中国整体上应加强对非洲社会的细节了解和多策略考量。

首先，改变重硬件轻软件的传统，“要想富先修路”的中国式理念在埃塞俄比亚一直得到推广。基础设施的发展对减少贫困有重要的推动作用，可以改善生活条件，促进更多的穷人进入市场经济活动，中国在帮助非洲进行基础设施建设时，需要注意工程质量，鉴于某些中国工程的质量在非洲遭到的质疑，中国应该勤于反思，严控自己在他国的行为，否则容易在非洲遭遇信任危机和联合抵制，进而影响中国在非洲的整体利益。中国目前在非洲的投资和援助模式，在外界看来，学习的是日本模式：整体资助的资金量并不大，多半是通过基础设施建设进入，进而与机械制造产业和矿业挂钩获得回报。随着中非合作和民间交往的不断深入，以及非洲的利益格局不断变化，中国需要多发展以文化、知识、技术为主体交往，在和官方保持深度合作的同时，和社区、非洲的普罗大众、各种边缘人群保持更多的互动，以重构一种更稳定、高效、深远的非洲外交战略。

其次，对中国来说，非洲这块第三世界国家云集的大陆是它寻求国际话语权并获得世界大国地位的绝佳场所。发达国家例如美国，也注意到了埃塞俄比亚重要的地缘战略优势：位于尼罗河源头因而掌握着埃及的生命线，在非洲之角各国中占据强大的位置，非洲联盟的成员国，地处北非穆斯林集团与南部非洲基督教集团的交界地带，由大量的民族政治族群组成使它能够在非洲的各个集团之间机动。

中国选择埃塞俄比亚，具有一定的敏感性，许多国家容易强调我们在此的活动主要是希望能够借助于埃塞俄比亚的地缘优势在其他非洲各国中施加国际外交上的影响，这种政治意图自然而然会渗透到对埃塞俄比亚的经济援助中。正因为这种国际政治战略的迫切性和敏感性，中国需要在民间外交、官方外交、直接投资、人道主义救援等活动中注重更多的细节，在人权发展、民主进程和惩治腐败方面与非洲国家进行更为有效的合作。无论民间还是官方，中国在非洲的活动应该回到细节、软性、策略、过程，它和战略、路线图、结果同样重要。

在官方为主、大型项目为代表、偏重政治礼仪和忠诚度的中非互动之外，中国应该考虑启动第二阶段的中非全方位外交战略。基于中国和非洲的文化、历史、政治的相似性，协同彼此在国际政治、全球化、地缘战略的核心诉求；依靠文化交往、文化认同、知识引入等软性方式，形成中国与非洲基于历史、现实和道义的新不结盟主义外交态势。

第十九章

援助的艺术：寻找对非合作与捐赠的“礼物之灵”

本章试图探讨中国在对外交往中应该如何开展更为有效的合作和捐赠，我们分析的具体案例是非洲。众所周知，中国与非洲之间的互动，在很长时间是通过一种援助性合作和捐赠的方式来进行的，我们也逐渐发现，这种方式似乎并不能完全达成我们的诉求，对方似乎也并不能完全理解我们通过这些援助和捐赠究竟在表达什么。更为浅白的表述就是中国只不过以此来换取实在的资源和利益。什么是援助的艺术？什么又是合作和捐赠的“礼物之灵”？本文通过人类学有关礼物的经典研究、香港自然力研究院以及英国开放大学的非洲专家吉利斯·莫汉(Giles Mohan)和英国杜伦大学的马库斯·普尔(Marcus Power)的研究给读者更多深入剖析[①]。

一、中非互动的全球背景

在莫汉和普尔两位教授看来，中国扮演的角色必须放到竞争愈演愈烈的全球能源政治的语境中去理解，美国、印度和中国都在争夺供给安全的主要竞争者之列。然而，与流行的观点不同的是，中国在非洲的角色远不止于此。自 20 世纪 80 年代新自由主义转折之后，中国首次为非洲的发展提供了新的选择。有鉴于此，将“中国”和“非洲”分解开来分析是很重要的，因为两者就动机和机遇而言都并非完全协调与统一。这就要求采取长时段时间绵延（也就是法国人所说的

① Giles Mohan and Marcus Power. 2010. Redefining aid in the China-Africa context. Development and Change, 41(5), Pp. 857 - 881.

longue durée)的视角来分析中非关系。在英国学者看来，中国涉足非洲的所为自相矛盾，并非前后连贯。英国学者更专注分析中非互动中的阶级和种族关系问题、国家重建、政党政治、公民社会的反应以及援助的有效性。

“假如有一天中国变色了，变成了一个超级大国，假如它也要在世界上称王称霸，到处恃强凌弱、侵略剥削，那么全世界的人民就会认识到它变成了社会帝国主义，就会揭露它、反对它，和中国人民一道联合起来把它推翻。”(1974 年邓小平在联合国大会特别会议上的讲话。此处中文并非原文，而是本文作者从莫汉写作的一篇影响较大的论文中转译)

在莫汉和普尔的研究中，他们倾向于从邓小平的改革开放中寻求一种“认知的分水岭”，在他们看来，邓小平讲这番话的时候正值冷战的高潮，但仅仅 5 年之后中国便开始了影响深远的经济改革，于是中国是否可能走上与其他列强同样的帝国主义发展道路的问题被提了出来。西方学者经常引用中国领导人在不同时段的政治表述，来分析中国在国际外交舞台的真实形态和权力变化，在他们看来，假如说邓小平当年是在指桑骂槐、是要强调中国在本质上是反帝国主义的话，那么近些年对这些表述的引用主要是想暗示中国已经离侵略者和剥削者的行径不远了。2006 年 2 月，时任英国外交大臣的杰克・斯特劳(Jack Straw)在访问尼日利亚的过程中露骨地指出，中国在非洲的所作所为与英国 150 年前的所作所为别无二致；南非总统塔博・姆贝基(Thabo Mbeki)也提出相同的担忧，他认为倘若中国要在非洲复制白人统治时期存在的“殖民关系”的话，非洲将会被“永久宣判为欠发达地区”。

在这种国际舆论辩论中，中国政府一贯强调自己的殖民受害经历，提出中国饱受西方列强殖民的记忆以及中国长期支持非洲的反殖民运动的历史，并试图用此来“证明”中国并不想控制非洲的经济和政治体系。

二、被质疑的捐赠：西方话语中盛行的后殖民理论

莫汉和普尔在其合作研究中，一直使用的是“后殖民政治经济学”的理论，他们重点关注国家—资本关系，以及变化着的阶级关系。同时，他们在现代性的话语基础上，通过对“西方”的去中心化，加以解构并重建关系，分析历史记忆和殖民经历的延续性，特别是历史如何变成一种意识形态材料。

在莫汉和普尔看来，中国涉足非洲的政治后果主要由国家—资本关系决定，关键看中国资本和中国政府的部分机构如何与非洲内部各方各派的资本与政治集团互动。他们试图从经济互动的表象中看到政治互动的实质。他们认为，中国的外交政策决定了中国国家与非洲国家之间的互动形式，虽然在过去中国企业与中国政府其实是一套班子，但现在中国企业获得了相对独立性，不再完全是国家机器的一部分，但因为中国政府与大型中国跨国企业之间的关系仍然十分紧密。因此，外国学者倾向于将正在向非洲扩展业务的大中小型企业看作是中国政府的“政治影子”，其背后都得到国家的鼓励。

在一些西方学者看来，中国在非洲的卷入，其结果还受制于非洲国家的历史、结构与能力。这关系到制度性规范和政治团体的活力水平问题，因为很多非洲国家缺乏有组织的政治辩论和政治行动，因此很难对发展模式(让中国介入还是不介入)提出质疑。中国的尊重主权和不干涉内政的原则在西方人看来，从本质上是建立在一个假设基础之上——即首先“国家”是存在的，但在非洲的某些地方这一点受到质疑，或者至少这些地方国家的形式与自由主义的理想大相径庭。

西方学者在分析中国企业在非洲互动时，有一种倾向，就是中国在非洲的企业和文化动作几乎没有什么是真正的“民间”行为。当然，他们会分析究竟是大型的国企，还是半公共半私企业，抑或中小型私人企业，这些形式将影响所有权模式、决策制定、利润的分配去向等。

此外，贯穿于莫汉和普尔这类西方非洲专家政治经济学视角之中的是一种解构分析，他们有关中国和非洲的论述“去西方中心化”，试图寻找以往在分析国际政治、援助和发展话题时经常被忽略的角色、声音和视角。在现代的媒介表述中，莫汉等人认为，西方与中国在对待非洲大陆的视角存在巨大分歧(西方将非洲视为道义事业，中国将非洲看作商业机会)。许多西方媒体在描述中国涉足非洲时，使用的是一种东方主义话语，将中国描绘成一头庞然巨兽，对非洲的资源垂涎欲滴。这些文章从政治上将中国描绘成一个集权主义国家，这头巨兽在“黑色大陆”上如入无人之境，不受西方理性思维方式、人道主义以及国际“发展”议题的束缚。

同时西方学者也从新中国早期的非洲援助中理解到，对中国而言，非洲历来是各种道义和慈善事业的中心，而新自由主义既不是“西方”的专利，对中国也不完全是舶来品，“发达的”西方国家和中国之间在政治议题上有诸多共同点。伴随着中非货物流动这类看得见的交流，西方学者还习惯去分析这些物品经济背后的新政治和经济精英阶层的诞生、教育合作伙伴关系确立以及非洲企业在中国的崛起。

莫汉和普尔提到了西方后殖民政治经济学认知中国在非洲的几个重要研究议程：(1) 中国涉足非洲的背景和模式的变化——中国对非洲的外交政策自1949年以来发生了重大转变，发生在现代的中非互动与中非传统交往究竟有什么关联？当前中国针对非洲各国因地制宜的贸易、援助和投资模式是怎样的？(2) 贸易关系，非洲生产者，以及政治反应——中国援助、贸易和投资对非洲阶级关系的影响如何？非洲的公民社会和政治党派对此作何反应，有何争议？(3) 民主话语，盘踞的威权主义势力，以及地缘政治角逐——中国援助的目标究竟是什么？中国的援助举措在多边和单国层面上与主要捐助者和多边组织之间存在怎样的紧张关系？

三、西方人眼中的中非援助：污名背后的认知逻辑

在我们调整和制定新的对外交往战略中，我们首先要理解国外如何认知中国对非交往的合作及捐赠模式，检讨其中可能改进的余地，并从整体战略和框架的基础上去重新考量与非洲、巴西、印度等新兴市场国家(同时具有共同殖民经验)的新交往模式。

在莫汉和普尔的研究中，他们归纳了西方人眼中的"中国式援助方法"，通常中国的援助如同赏赐，是严格双边性质的，而且只有在对捐助国和被捐助国互利的情况下才会给予。此外，中国的援助人员被告诫不得"待在酒店套房中无所事事，或者像其他出国的人一样铺张浪费"。中国援助的去向是非洲各个"发展"领域，诸如轻工业、交通、农业、水利和灌溉、公共健康、电力和通信、体育和文化、重工业等。中国看起来乐于从事对有关非洲国家政权的荣耀而言并非必要的纪念碑式项目，反映了对这些非洲国家领导人的政治和心理需要迎合，同时试图向西方宣示，中国人在西方人不屑一顾的落后地区的确"做了工作"。援助也是中国人用来与中国台湾地区和前苏联地缘势力竞争的重要地缘政治工具。援助因而成了暴露中国竞争对手局限性的重要手段，不论竞争对手是西方还是苏联。在西方人看来，中国常常不情愿与其他国家合作共同开展对非援助，强烈倾向于"单干"，这让其他援非国家产生了醋意甚至敌意。

莫汉提到，从20世纪60年代开始，中国政府在对外形势的判断上已经出现了缺陷和盲区，没有意识到各个非洲国家之间的地方性敌意和文化历史差异，仍然试图用单一不干涉内政主义的革命友邦模式应用于非洲，以指导非洲的“解放运动”和“自力更生”。例如在安哥拉，尽管中国强烈反对葡萄牙在非洲的殖民统治，却并没有对任何一个解放运动提供明确的支持。中国在非洲多国的政治表态、现实介入方面存在内在矛盾，往往演化为中国与其他超级大国之间博弈的“试验田”，而不是中国致力于支持非洲民族解放运动的成果展示厅。莫汉和普尔认为，中国对非洲解放运动的支持在很大程度上是出于自身的地缘政治利益考虑，从而在不同的民族主义团体之间来回摇摆，缺乏连贯性和持久性。

莫汉认为，尽管20世纪60年代末以后中国对非洲的兴趣开始减退，耗资6亿美元、出动1.5万名中国工人援建的工程浩大的坦赞铁路（1967—1975年）还是堪称中非团结之象征，然而，根据Brautigam在1998年的研究，坦赞铁路的成功因为多种复杂因素而影响有限。中国不仅没有能够理解当地的政治和制度特点，而且早期阶段的评估也十分有限，决策制定又一向过于中央集权，加上一些工程缺乏透明度，项目大多为中国机构承包，本地机构分到的利益较少，援助反而造成了当地人的不满。

四、西方的认知演变：后改革时代的资源外交

在莫汉和普尔等西方学者看来，改革开放时代的中国领导人优先考虑经济现代化，寻求最大限度地联通外国市场，引进技术和资本。邓小平在1985年6月的一次重要政策讲话奠定了中国改革开放时代外交政策的基石，他提出中国要成为“现代化的社会主义强国”，强调中国自身经济发展的恢复和现代化是最主要的目标。对非政策转向了寻求能够加强中国经济的新的商业合作，将推动中国出口与给予援助挂钩，从1983年以来中国对非洲的援助年均达到2亿美元。邓小平重申了不干涉内政的政策，鼓励非洲国家寻找符合自身特殊条件的政治和经济发展模式。随着中国经济得到“整顿”，中国人认为非洲伙伴可以学习中国的历史经验，使用中国模式来“调整”经济。

莫汉提到，在20世纪80年代所谓非洲“失落的十年”当中，中国经济的关注对象是日本和美国，中非贸易越来越被边缘化，尽管如此，从1976—1988年中非

贸易持续增长，从3亿美元增长到22亿美元。1989年以后，中国与西方的“蜜月”宣告终结，中国于是对外交政策进行了重大的重新评估。自私的非洲精英阶层受到民主化的威胁，身处第三世界的长期孤立感，再加上对西方“新帝国主义”干涉的反感，让非洲领导人对外交转型后中国政策的批评暂时缄默，担心中国终止发展援助。随着苏联集团的垮台，中国开始将世界想象成处在美国这个没有任何对手的新单极霸权国家的威胁之下。因此，在中国摆脱外部强权、在国际体系中重新找回重要地位的努力中，非洲开始扮演重要战略性角色。

到20世纪90年代中期，确保能源资源的安全成为中国外交政策的一个重要推动因素。中国预计能源消耗从2002年到2025年间将增长153%，因此就资源安全而言，石油很明显是一个重要的考量。随着美国与中国之间的能源争夺日趋激烈，此前在国际事务中相对处于边缘地位的产油地区的战略重要性陡然上升。20世纪80年代的华盛顿共识之所以成为可能，部分原因是在冷战结束后意识形态对手的缺失。伴随而来的新自由主义是建立在所谓的“剥夺式积累”基础之上，也就是将发展中世界的资源占为己有，殖民主义时代的模式卷土重来。西方学者认识到，要分析中国等国家“新的”掠夺非洲资源举动，需要放在更长期的、更宽广的全球劳动分工的视野之下来进行，在这种分工当中，非洲的地位是“外倾”的，而非洲经济自19世纪以来就是外向型的。莫汉因此认为，说中国改变了这种长期存在的结构性关系的看法是偏激的。

莫汉和普尔认为，如果说从20世纪60年代到20世纪80年代中国与非洲的关系在很大程度上是“意识形态”驱动的话，那么今天中国外交政策的特点则是“灵活的、有所为有所不为的、积极主动的”。伴随资源外交而来的是各种形式的“软实力”，这些不仅赢得了出口国的支持，而且与中国的地区性和国际性地缘政治目标挂钩。随着中国的财富和影响力的增长、美国的债台高筑、欧洲和日本经济的相对活跃、印度的崛起，国际舞台越来越显示出多极化的特点，而不是冷战时期的两极分化，更不是冷战刚刚结束时的表面上的单极化。尽管如此，美国的霸权并未见衰弱，中国对此耿耿于怀，然而还是试图一边向它挑战一边却要维护它。

五、寻找中非援助和捐赠互动的“礼物之灵”和新战略设计

在看了上面的西方视角和西方认知论之后，我们应该反过来反思新形势下

的中非援助和捐赠互动中，应该作何种调整和再设计。总的来说，我认为中国对非的捐赠和援助性交往中应该重新梳理历史记忆、文化认同、政治战略，寻找中非国家之间礼物式外交的“礼物之灵”。

在法国知名人类学家莫斯看来，礼物交换仅在表面上是自愿和无偿的，而其本质则是义务性：礼物交换中潜伏着规则，受赠礼物者必须要还礼。这种交换的义务性与现代社会中经由货币进行的商品交换的强制性交换关系有相似之处，但是礼物交换的实质又与商品交换的工具性、实利性不同，礼物交换制度某种程度上是一种礼尚往来、交换和回报的制度。

一项由香港自然力研究院推出的中国海外民族志非洲专题研究提出，中国在制定国家经济、政治、文化外交战略时应思考：中国的对外交往的道德、伦理、哲学、文化、政治逻辑是什么？哪些是中国在对外交往中应该守成的核心修辞和语义？基于这些修辞和语义，中国承担哪些相应的责任和道义？中国在非洲交往被诟病，经常性表现为两种极端：国内人士认为，国内有那么多问题，却在国外撒钱；国外人士则认为，天下没有免费的午餐，中国的援助和捐赠是中国藩属意识和经济实用性外交的体现。

莫斯提到，在它研究的许多初民社会中，送礼和还礼都是义务性的。他引用了拉德克利夫·布朗在《安达曼岛人》中的发现：“任何人都不能随意拒绝别人的赠礼”。更多的人类学研究发现，礼物不仅是一种物，它还存在一种礼物之灵。毛利人称这种东西为 hau，它指的是事物中的灵力，任何个人财产都具有 hau 的性质，作为礼物的物品并非无生命的、工具性的物，而是具有灵力的物。礼物的灵力不仅来自物自身内具的精神本质，而且来自送礼者，“接受了某人的某物，就是接受了他的一部分灵魂”。毛利人甚至认为，收礼者表面上收下了物，实则收下了送礼者的一部分灵魂，与送礼者产生了精神关联。

这对我们的提示是，中国或许在西方眼中是困在传统和历史中的一个现代巨人，他可以用非常现代化的方式进行自己的文化表述，但是其中含有异常浓重的历史和传统口音，虽然这些历史和口音被扭曲、重叠，形成一种现代语境下的“同形异构”。或许我们应该从西方的修辞、历史、哲学的迷宫中暂时退出了，重新寻找中国重礼、重器、重义、重德的东方式道德逻辑和修辞逻辑，从历史叙述中的“修文德以来之，战胜于朝廷，春秋无义战，君子之交，君子不器”等叙述中整理和观照在全球化语境下，中国人的生存智慧，并以此道德、精神、仪礼、势的判断来重新设计外交礼物的“精神之灵”。从这种角度说，中国的对外交往只有内在化、逻辑化、哲学化、运势化，才能找到自己的“文化之魂”，也才能因此在包裹了重重修辞迷障的现代性语境中找到理解西方迷宫的路径。

一如人类学家马林诺夫斯基对特罗布里恩群岛的岛民在礼物交往的研究，当地人认为 vaygu'a 中具有魔力，它有独特的外观、工艺和交换过程，其精神实质在特罗布里恩岛民中意义非凡。未来中国的对外交往，如果要走出湄公河惨案的东南亚迷障、喜马拉雅山峦的龙象争斗、日本精心设计的东亚共同体铁幕、昆仑山以西的民族眩晕、西伯利亚的“克里姆林”焦虑，整理一套非物化的精神体系，寻找带有自身灵性和承载送礼者灵魂的“交往之物”，经营足以降魔造势的“国家义利”似乎非常关键。那时，对外交往的物是人格化和国格化的物，而不是个人权利与物权逐渐分开，物本身的人格与品性丧失，中国人精神的内在迷失和深度昏厥。纯粹的经济对应经济人，在国际政治谶纬控制下的人的机器化。

回到非洲这个主题，当我们反思自己的涉外行为时，也无须过度自责。正如莫汉指出，中国涉足非洲将不会从根本上改变非洲在全球劳动分工中的地位，而只不过是开辟了一个新的大市场，却不会改变非洲大陆外倾的地位。历史告诉我们，在一些国家中，这将巩固“食租者”阶层的地位，所有权将向少数人手中集中，而对于大多数被边缘化的非洲人来说收益是有限的。随着这种紧张关系的加剧、体制上的相互掣肘愈演愈烈，出现的担忧是，非洲人民被中国“套牢”，而中国人也同样在非洲被“套牢”，各自都有各自的风险。

第二十章
非洲研究的想象力
——对香港自然力研究院"非洲研究矩阵"的介绍

本章介绍"非洲研究矩阵"计划,通过对这个计划的介绍,我们来和读者一起反思针对非洲的研究如何展开才可以得到更多的想象力。除了针对非洲某国某个问题的"国别体、纪事本末体"的专题介绍,笔者觉得介绍一种研究思路有时更重要。

作为一家具有国际眼光的独立思想库,香港自然力研究院提出了一种"非洲研究矩阵"计划,它尝试逐一分析发达国家顶尖院校的非洲研究目录,来还原一种西方社会的非洲认知图示,并以此来重新设计一种具有东方主义视角的新研究思路,在和西方对话的同时,提供更多的新研究视角、原创观点和数据。

香港自然力研究院对英国剑桥大学非洲研究生课程的深入分析和解读,可以看成是对"非洲研究的研究"。首先,以剑桥大学为代表的西方非洲研究,很多的时候是和殖民主义研究放在一起进行的,非洲和殖民不仅是一种"发生学"上的知识共振(也就是说非洲和殖民时常同时发生,世人对非洲的认知和殖民有着莫大的关联,如影随形),同时非洲和殖民也在长期的知识生产中出现了逻辑上的强关联——殖民和后殖民导致了非洲的社会形态变化,非洲的社会文化形态变化为殖民和后殖民不断提供源源不断的故事、修辞和发展文本(development as social texts)。

换句话说,非洲和殖民的关系似乎对应了中国庄子的梦蝶叙述:俄而觉,不知道是殖民造就了非洲这只五彩斑斓的蝴蝶,还是非洲这只蝴蝶,不断重复着殖民的梦?

一、西方非洲认知论的几个前提

西方知识界在研究非洲和殖民的问题时,他们经常重复这样的发问:在对殖民和殖民主义进行分析时候，它们背后有着什么样的理论推动？出现了哪些知识的生产？伴随着什么样的殖民历史？

在不同帝国之间出现一种紧张、冲突和奴役状态时，为什么在资本主义世界出现了不同的殖民文化和历史？它们之间有着什么样的关联？世界分为哪些殖民形态和殖民模式？被殖民的社会如何面对自己遭奴役和殖民的历史？为什么殖民演变成一种殖民文化甚至一种世界级的殖民文化遗产？

这方面，汤玛斯(N. Thomas)在1994年写作了一本书，专门讨论殖民主义的文化礼仪，我们可以这样看，他实际上研究的是“奴役的艺术”，“奴役如何成为一种文化，也就是奴役和殖民的文化化”。

香港自然力研究院也因此总结了西方非洲和殖民研究的几个认知象限：历史维度、知识维度、社会文化维度、不同主体的相对文化体验。这种象限的划分我个人也有些经验分享：2008—2009年，当我在伦敦政治经济学院进行人类学研究时，我选择了认知人类学的课程，其中课堂上经常和不同国家的研究生同学探讨自己生活经验里的人类学因素。有一次下课后，我和一位英国同学去酒吧里边喝酒边讨论，最后大家都喝多了，我突然发现课堂里那个礼貌、节制、克制的英国同学，开始大段描述他的祖上在非洲的殖民经历，他提到他的祖父曾经是非洲的殖民官员，自己小时候曾经和家里人重新回到非洲生活。他描述的内容我当时记忆并不深刻，让我惊奇的是他提到自己“殖民血统”时的那种惬意、自在和得意。那些表情是在日常礼仪中被重重包裹的，偶然通过酒精的作用，这个根植于个人记忆的思维“连续统”开始成为一个具体、生动的故事展现出来了。

这在我看来就是一种非常重要的非洲体验(活着的殖民体验)，它弥散在我们生活的各处。如果这个例子过于私人化，我可以举出更为普及的例子。当我们看《人猿星球》这部好莱坞电影时，我们会发现好莱坞的导演虽然在反思殖民、正义、道德，他们在选择叙述的时候还是要使用历史中生成的各种人物模式：电影中的人猿奴役者说的是一种黑人英语，他们的谈话中有大量非洲早期奴役的反讽和影射，人猿奴役者里面还有一些地位较高的统治者和智囊式人物，他们使用的是英式英语发音，被囚禁和奴役并且当做宠物般交换和贸易的是操美语发音的美国人。

我们要意识到，这个换了棋子和身份的攻守游戏和反思，其本身也就是所谓后殖民主义文化的一部分。

二、研究架构一瞥：剑桥大学的非洲研究/殖民研究课程表

剑桥大学的课程研究中，接着使用卡玛洛夫(Jean Comaroff)和斯里瓦斯塔瓦(S. Srivastava)的研究展开对非洲的研究和叙述。有趣的是，其实人类学本身就是殖民主义和后殖民主义思维框架中的一部分。不管人类学是否有着殖民主义的原罪(人类学研究小规模土著社会的最初动因是因为殖民者需要第一手的研究文献，用于制定合适的治理政策，就像人类想统治阿凡达之前，必须有人对他们的语言和社会进行详尽的综合描述)，它始终还是有自己的独特性——作为学科，它一直强调历史叙述和历史经验的复杂性和丰富性，并不断发展学科工具去描述和记录这些丰富性，也因此人类学家记录了大量不同文化场景之下的殖民权力谱系和文化抵抗形式。

卡玛洛夫等人把非洲经历和殖民课题当作一种复杂社会事象进行研究，去分析权力的各种肉身，人民抵抗的各种复杂形式，并通过不同主体的记忆、行动、思考来复原一个不同力量争斗之间的帝国形态和帝国崩溃形态。

西方的学术体系也不断让学生去反思和挑战种种思维定势，例如在东方反殖民主义思潮之下的各种殖民经验、西方化和脸谱化的殖民表述、文化主体、身份认同，于是他们的研究菜单上出现了这些反思命题：

黑皮肤、白面孔
论拟态和人：殖民话语的来回摇摆
文化的地域
再现那些被殖民的经验：人类学的斡旋(代表人物萨义德)
亲密的敌人：在殖民主义下的各种丢失和重建

顺着这些思路，西方的学术体系让学者不断去反思殖民和后殖民时期不同主体生产的著作和表述，尤其是那些被人类学家记录下来的各种殖民经验，反思这些经验背后存在哪些可能错误，他们于是这样来展开问题：

殖民主义以及它的知识展开形态：英国在印度的经验为例

纳化(Nahua)土著对西班牙殖民文化的最初抵抗
在前现代社会人们如何观察和记录各种文化抵抗
萨满教、殖民主义和野人(以陶西格 Taussig 为代表)
无处安放的车辆、吸血鬼以及东非的技术和劳动力
美国的征服：来自他者的问题
美妙的占有：新世界的奇幻摩登
资本主义的宇宙观(以萨林斯 Sahlins 为代表)

在这些讨论之后，西方学术研究开始进行不同文化纵向之下的各种“社会形变”，也就是被殖民的社会出现了何种劳动力、物产、金融、市场关系上的变化，这些社会形变如何进一步作为一种隐形的力量继续导致影响深远的社会变革。我们再来看看西方人的研究关键词：

论启示录和革命的关联：基督教、殖民主义和南非的意识(以卡玛洛夫为代表)
帝国的幻影和意识的争战
让阿尔及利亚法国化：Bône 的殖民主义经历
殖民化的时间、工作节奏和劳动冲突——Mombasa 的殖民经历
驯化做苦力的野兽：东南亚的种植园社会和殖民秩序

看到这里我们会发现，为什么中国在与西方的殖民和后殖民对话容易出现各种低级错误和逻辑混乱，其根本原因是我们的知识和学术生产体系缺乏对这些问题的系统认知，中国的决策部门也没有能力可以综合已经产生的话语讨论以及各种话语背后的知识源头，也因此无法进行相应的沟通和应对。很多讨论容易变成非黑即白、非此即彼，把许多复杂的讨论简化为意识形态的争论，缺乏大的历史框架、完整知识框架和超越分歧的战略所指。

下面再来看，从剑桥大学非洲课程表一个研究序列中，西方研究者如何来分析殖民语境下的各种和身体有关的社会问题，也就是通过身体这个具象和抽象概念体现出来的被殖民复杂性，西方学者称之为殖民遭遇的亲密性。

面纱被揭开的国度：阿尔及利亚。

帝国的驯顺：法国和荷兰殖民系统中的种族、性别、家庭问题。

中非开发背后的理性和疯狂。

性别、性与殖民现代性。

治愈他们的疾病：殖民权力和非洲疾病之间的关联。

种族和对欲望的教化。

肉欲的知识和帝国权力。

从这些描述和分析路径我们可以看到，殖民和被殖民经历在非洲、亚洲、美洲有着许多相似的文化应对和社会形变。其实我们要理解非洲的复杂性以及中国非洲互动之间的复杂性，首先是要理解我们如何在不同文化背景和社会场景中所共同遭遇的殖民/被殖民互动经历。殖民的力量和被殖民的抵抗和迎合最后往往演化成为一种类似疾病和症候式的“信息复制”过程（从人类学和社会学角度看待疾病和社会症候，它们可以被看作各种信息的重叠、堆积、侵入、改写，最终形成一种固定的信息形制和格局），我们从各种社会、文化、历史、政治表述、事件和行为中可以看出各种力量的作用模式，所以，虽然殖民经历和被殖民经历造就了复杂丰富的社会文化景观和症候，其背后的殖民作用力和反作用力往往遵循某些固定的力的图式，也就是西方学者经常讨论的驯服、顺从、迎合、抵抗、教化、理性和疯狂等。

三、剑桥非洲研究矩阵的背后：新思维的可能

有了上面的一些研究共识之后，我们作为中国和东方研究者的长处，首先是学会站在西方学者和学术体系的幕布后面思考，看到其中的种种精彩、局限和余地，同时学会用自己的独特个体身份、文化立场、知识观、世界观、宇宙观、客体经验来进行自己的系统知识生产和反思。在这一过程中，我们应该强调设立自己独特的认知图谱、研究议程、问题设置、路径达成方式、表述形态、目的所指认知系统，只有这样才不至于成为一种变相重复和复制，既不利于问题的解决，也无益于知识的增长、思想的砥砺。

我们围绕着主客体、主被动经验、多面透视、图景呈现、历史象限来执行我们的研究和思考，可以让我们获得更多的细节和远景智慧，尤其是利用我们中国长

历史象限下的丰富主客体经验，来反思剧烈变化下的社会变形和时局易变。它既是一种思路，也是一种应当被选择的认知观。在这种冷静和客观的思路之下，我们能鉴别各种知识的“小知”和“大知”，各种研究者所存在的“小年”和“大年”。

在这种新的超级静态思路中，我们可以获得一种显微的能力，能捕捉到微小的动态变化；同时在大的时空下，捭阖自己的认知尺度，也让我们看到各种细碎变化背后的历史大图景和中国的未来星图。

应该意识到，受制于中国所处的现代化发展阶段的社会心态、集体意识不便于学者到国外社会开展调查研究。中国的现代化开始于并长期伴随着外来入侵造成的生命牺牲和“国耻”累积，国人在心理上与西方主宰的外部世界的关系是紧张的、过于敏感的。自尊与屈辱相纠缠的集体情感在缓和乃至超越之后，才有利于学者到外部世界进行学术研究，最终内化中国这类古老东方文明在时间上的智商（TQ，Temporal Quotient），并将这种“智商”转化为行动中的情商。

在研究非洲的方法上，我们可以增强人类学的营养，以往研究社会结构宏观问题的历史学界发现，以研究底层社会（社区）的“微型化”、研究方法的“精致化”，尤其是注重田野考察“亲历化”为特征的人类学，可以补正过去历史学由于过于依赖文献、过于重视宏观而忽视“细节”的问题，而这些“细节”的缺失，恰恰是造成历史学等社会科学“记忆”不够准确、不够精致化，想象力贫乏和空洞的主要原因。

第二十一章

《圣经》、麻风病、艾滋病：非洲人眼中的“灵魂打结”

——艾滋病污名背后的非洲社会

篇章设计：周雷

研究提供：布鲁内尔大学人类学者艾萨克·尼赫斯

艾滋病在非洲被视为上帝的怒火，当地人对艾滋病有许多特殊的词汇，这些词汇可以揭示出一个特别真实的非洲大陆。因为工作的关联，本书作者曾经参与了广西鹿寨的一次艾滋病调研。在那次调查过程中，我通过人类学田野调查的方案，记录了当地人通过广西话所呈现的个人“疾病语境”。相比较艾滋病这种病患所带来的身体痛苦和死亡恐惧，一种基于社会和社区不断扩散的无形黑暗和歧视，其实对于个体来说，具有更大的杀伤力。社会的污名和惩罚，是隐藏在疾病背后的“木马程序”，通过艾萨克·尼赫斯的研究[①]，我们可以看到一个更为丰富、复杂、充满历史谶纬的非洲社会。

一、麻风病与艾滋病：因《圣经》而发生的关联

在非洲社会当中，艾滋病和《圣经》中描述的麻风病之间，有很多相似之处。当地的宗教认为两者都是上帝在宣泄他的怒火。这一点，当艾萨克·尼赫斯来

---

① Isak Niehaus. 2007. Death before Dying: Understanding AIDS Stigma in the South African Lowveld. Journal of Southern African Studies, Volume 33, No. 4, December, pp. 845－860.

到位于南非低地地区(lowveld)布希巴克里奇(Bushbuckridge)市一个叫做因帕拉胡克(Impalahoek)的小村庄进行人种研究时深有体会。

在非洲的殖民地时期，基督教教士团负责照料麻风病人，宗教在非洲疾病史上烙上了深刻烙印。麻风病人定居点位于与世隔绝的地方，在那里基督教的启示成了唯一的希望。哈里特·迪肯的史学研究证明了罗本岛曾被用作麻风病院，而希拉则分析了麻风病患者在马里是如何被扫地出门的。

其实与世人普遍的影响相比，从临床的角度来讲，麻风病或者说汉森氏症都是非常良性、可以治愈，并不太具有传染性的疾病。麻风病是一种发生在皮肤、眼睛、内脏末梢神经以及黏膜的慢性病，很少会产生严重的毁容后果，多层次的药物治疗便可使病患在6个月之内获得痊愈。麻风病其实是人类致病菌中传染力度最小的疾病。

在《圣经》中，麻风病经常被描述成瘟疫，是上帝用来惩戒罪恶的工具。和艾滋病患者一样，麻风病患者的身体组织也会出现坏死的状态，在人气息尚存时便宣告其“社会死亡”。吉尔伯特·里维斯(Gilbert Lewis)曾经在著作中写道，《圣经·旧约》中描述的麻风病人沾染死亡之气，这股污浊之气处处跟随着他，让他无法靠近任何神圣之物，甚至是一些干净的人和自己居住的族群。

在村民们的眼中，艾滋病是比麻风病更让人接近死神的疾病。基督徒们指出在《圣经》的很多段落中都能找到上帝和耶稣曾经救治过麻风病的记录。与之相反的是，艾滋病却没有任何曾经被治愈的记录。此外麻风病和艾滋病还有另外一个不同之处，那就是艾滋病前期是没有症状的。这不禁让人惶恐不安。在村落文化中，巫术的神秘力量就像是标准的噩梦一样，因为看不到的东西总是比能够看到的东西要更加可怕。

二、“白色的血液”：非洲村民理解的性和禁忌

村民们清楚，性滥交无疑是HIV病毒传播的途径之一。有一位年长的女性这样解释道：“过去我们按照传统结婚生子，现在的年轻人却逐渐丧失了道德标准。他们不顾禁忌，随心所欲。这就是为什么他们最后都像蚂蚁一样成群结队地死去。”

聪加人的语言中用一些委婉语来指代艾滋病，比如sephamula(张开)，phamukati(躺下)，等等，这些都很露骨地将女性在性行为中的体位与艾滋病联

系在一起，但是不能否认的是，忠贞的妻子也会被丈夫传染，无辜的孩子也会被妈妈传染。

艾萨克·尼赫斯发现，除了对性行为的负面影响，这里的村民文化中还将性看作是正面力量的来源。一方面，村民把性看作是繁衍生息的方式，获得愉悦体验和保持健康的途径。他们认为，异性交媾能够保证血液平衡健康。在性行为过程中，男人射精（他们称之为白色血液），然后吸取女人的阴道分泌物（也被看作是一种血）。结婚生子是一个人成年之后需要遵循的生活轨迹，而拥有多个情人，对于男人来说也是一件值得骄傲的事。相对于性滥交，独身或者落单，则是一件更为丢人的事情。有一些年长的受访者告诉我，在过去，如果一个人去世的时候没有给家族留下后代子孙，家族里面的人就会在他尸体的肛门处塞进一根烧着的木头，以示不满。如果一个成年男人独自生活（kgope 或者 lefetwa），村民会投以奇怪和怀疑目光。当地人认为，长时间的单身会导致身体血液不平衡，脾气暴躁，鲁莽抑郁。

另外一方面，村民们对性行为又有某种恐惧，因为那是危险和死亡的源头。村民文化中有很多详细表述性行为转播疾病的词语。配偶之间或者固定伴侣之间的性行为被认为是安全的、彼此之间免疫的，因为他们的身体定期稳定地交换汗液、血液以及气味（seriti），但是在近亲性行为中，因为父系亲属的血液相同，所以没有不同血液之间的混合交换发生，导致生出的孩子身体残疾，或者智商不正常。不正常的性行为通常会带来过多的物质混合物。如果一个女人曾经与几个男人发生过性行为，那么她的性伴侣会通过她的身体，吸收到她其他性伴侣制造的物质，通过这种方式受到污染的男人，如果他们接触了孩子，就会给他们带来苦难，这种苦难叫做 makgoma，一种伴随着抽搐和气短的生理反应。

三、性背后的疾病恐惧和异常行为

在这里，最常见的性传播疾病包括淋病（toropo）、梅毒（leshofela），以及男人和怀孕女人、刚刚流产过的女人和刚刚丧偶女人之间进行性行为会导致的疾病反应。当地人相信，以上所述的这些女人的“热气”（fisa）非常危险。怀孕女人的身体具有双重意义，妈妈和孩子，而刚刚流产或者失去配偶的女人身上还残留这死去婴儿或者丈夫的气息，她们的身体是被污染了的。当地人认为和这样的女人发生性行为的男人会出现“战栗”（lesis）的反应。这样女人的“热气”会让男人的身体整个受热膨胀，于是他的腹股沟就会非常痛，最后可能会导致不能走路。如果女伴刚刚堕胎，那么和她发生性行为的男性血液就会中毒，他将无法排泄尿液，大量出汗，并伴有非常严重的咳嗽。

如果用性行为危险且不道德的观点来解释严重的艾滋病污名是不够的。布希巴克里奇的居民认为手淫和同性性行为也是非常不道德的性活动，但是他们并不认为它们是传染 HIV 病毒的途径。一个曾经当过矿工的人告诉我说，他的很多工友都会在矿石堆上进行同性性行为，因为他们认为这样的性行为是十分干净健康的。

艾萨克·尼赫斯有一次私下里问过一位年长的男性，他们为什么喜欢和小男孩在一起（性交）。他们告诉我说，女人是会咬人的。他们相信女人会让男人得病，给男人传染 STD 病（性传播疾病）。如果要是女伴刚刚堕过胎，男伴可能因为和她性交而丧命，而且和女人性交还可能会得艾滋病。他们认为和小男孩性交是安全的，他们不会把病带给你。

在非洲当地，爷爷奶奶也可以跟孙子辈们开开有关性的玩笑，但是孩子却不能犯上，主动跟长辈开这样的玩笑。在这样的关于性的谈话中，性行为也不是直接讨论的，通常通过委婉语来表达，比如“钻到一个毯子下面”（ke lepai re ya apolelana），“进入”（tobetsa），“尝味儿”（kwa），“实施”（maka）或者“睡觉”（robala）。此外，表兄弟之间通常会说一些低俗的性玩笑，互相嘲笑对方的性生活，等等。

在非洲，彼此交流疾病的信息并没有成为一种禁忌，相反人们经常公开自己的健康状况。有一位受访者曾经这样形容说：“你得告诉别人，因为不知道自己下一秒钟是不是就死掉了。”对于艾滋病则不同，人们对其讳莫如深，这主要是因为它是凶残可怕的绝症。人们对于当地的占卜师和医生非常信任，认为他们一定能够治好除了艾滋病之外的性传播疾病。梭托人中有一种叫做 Malopo 的灵魂力量主宰着这些占卜师，他们被认为是能够诊断和治疗淋病和梅毒的神秘力量。占卜师把树根泡在水里，将水煮沸让病人喝下，据说不出两三天就能把这些疾病治好。占卜师也可以用这种植物水混合物治疗各种绝症：把装有冒着火星的灰烬的黏土锅放在病人头上，再用灌肠法把病人体内的瘀血释放出来。

四、“活死人”的污名和村民反应

身患艾滋病就宣告了坟墓就在眼前——这种将艾滋病与死亡紧密联系的观

念可能是艾滋病污名的来源，从这个角度出发，也就不难理解为什么人们对于艾滋病会有如此种种的反应和态度。在采访中，艾萨克·尼赫斯的受访者们都曾经详细清楚地表达过自己对与HIV病毒检查的恐惧，因为他们害怕自己被检查出来患有这个绝症。

（一）“活死人”的表白

A. 我可不想受罪。无意对您无理，但是如果我真的被查出来是HIV阳性的话，我慢慢地就记不住事情了，我每时每刻能想到的事情就是死亡，就是我是个将死的人。人们对我指指点点，不会是因为我生活不检点所以染上了这样的病，而是因为我要死了。在他们眼里，我就是一个死人，一个还苟延残喘的“活死人”。

B. 我们黑人从小就接受这样的教育——死亡是世界上最悲惨的事情。如果你告诉我检查结果，说我是HIV阳性，我就立刻想到我要死了。我会不由自主地想到我已经是个死人了。我会看见死神，我会梦见坟墓。因为人们是如此地害怕死亡，所以他们绝对不会再跟我说话，甚至躲得远远的。

某些时候，人们看待HIV携带者或者艾滋病患者的眼神跟他们看其他患有绝症的病人一样。他们把身患绝症的病人称之为“还可以说话的祖先”(bakwale badimo)，也就是形容他们虽然生理上还活着，但是实际上已经是个亡人。

如果谁家的院子里烧着一堆不熄灭的火，就说明这家有病人。在没有护理人的允许之下，任何人不能进入患者的房间，特别是那些已经受到出身、性行为或者死亡污染的人。刚刚去见过占卜师或者刚刚去过教堂的人绝对不能进病人的房间，因为他们刚刚接受的治疗可能会被病人的药物气息给破坏了。然而，亲属和邻居是可以去患者家里拜访的，给病人拿一些水和食物。

然而无论如何，病人还是被认为受损之人，尸体也是非常危险、具有污染性的。死去的人，他们的气息和气味会从他或者她已经死去的身体里分离出来。那种尸体散发出来的气味会汇集成一种当地人眼中“黑暗的和痛苦的物质”，被称为 thefifi。这种东西会污染任何接触到它的人，并不断传染。村民们认为死去的人的衣服和他们用过的餐具都有“尸体的气味”。

（二）非洲式葬礼

在葬礼上，人们一定会百般小心，确保自己绝对没有沾惹上这样的污染物质。患者死去之后，他或她的亲人会立刻把他们带到太平间去，他们在太平间清洗亲人的尸体。然后，丧失亲人的这家人就要进入为期一周的服丧期。他们会在院子里面支起一个大帐篷，全家人都睡在院子里，以示悲痛的心情。丧失亲人的家庭成员会有很多禁忌。他们在这段时间不能进行性生活，不能在田间工作，不能碰孩子。如果家里的某位家庭成员在亲人过世的时候没有在家，他或者她必须背弯腰驼着走进大门，然后用木勺子舀一瓢水喝下。来访吊唁的人不能从家里拿走任何一件东西。每天晚上，在太阳下山之前，邻居和朋友会来丧失亲人的人家吊唁，安慰死者家属。

接下来，在一个星期五的下午，人们会把尸体从太平间运回来，把它放在家里。在那里，死者的配偶将最后一次照料尸体。为了将尸体带来的热度减少到最小，他们在窗户上撒满灰。因为灰为火烧尽之后的残留物，所以被看作是与热气抗衡的东西，可以用来做冷却剂，在那一夜，人们通宵守灵。

此后，专门负责此次葬礼的委员会在丧亲人家为每位来宾奉上食物。在丧亲人家大门处，男人们会往每一位进门的宾客身上洒水——前胸后背都要洒上水，来给他们降温，去“热气”。宴请过后，家里的女人会彻底清洗去世的人生前用过的所有的餐具。为了将这不幸的戾气彻底清除干净，犹太牧师会向丧亲家庭的所有家庭成员身上喷洒圣水，用水、牛奶、灰烬和盐的混合物彻底清洁他们的庭院和所有房间。

（三）死亡的符号

当地的非洲人用许多特殊符号来指代死亡，比如将正在烧火的木头转一个方向，围成一圈，大的一端都指向中间，这就意味着有人死去了。一些常用的死亡委婉语包括“被土狼叼走了”（tserwe ke phiri），“去了祖先那里”（o He badimong），配偶家里的“房顶塌了”（o wetse kenth），“水干了”（meetse apshele），或者“太阳下山了”（dikeletswe ke letsatsi）。就像村民们都不愿意直接说出艾滋病这三字一样，大家也不愿意直接说出死亡的字眼。

当地人对待“活死人”的态度却截然不同。在他们看来，活死人的离去不是这么简单，他们在走去坟墓的路上，被摧残得一塌糊涂，不似人样，已经让人分不清楚究竟是一个活人还是一个死人。活死人通常被表述为累赘或者可怜虫。有人曾经这样表达：

> 我可以忍受一具尸体，但是不能忍受一个悬在生死边缘的那种不人不鬼。每次我看到这样的人，他的戾气就会传染给我，我就能感到他的痛苦。我会觉得特别恐惧，会被他毁了。如果我成了活死人，我也会想到那些见到我的人会有相同感受。

（四）“活死人”的“安乐死”

为了减轻他的（同时也是别人的）痛苦，亲属们会把他的尸体用毯子裹起来，放在牛栏的栏口处，然后让牛群踩过他的尸体。其他的“安乐死”法还包括把一种叫做 tshipi 的草药放在即将死去的人的枕头下面，让他们吸入 fofotsa（人们也用这种方法给很多得病的动物实施安乐死），或者给病人吃无花果和巨蟒尾巴处的肉。

就像《圣经》中对于麻风病的描述，我的受访人们都把艾滋病描述成不人不鬼的肉体，认为艾滋病患者的身体在还活着的时候就已经开始腐烂了。

五、死亡恐惧后的常识缺陷

一般来说，村民们对于艾滋病的传染性其实是过于高估。当医疗公告向公众说明艾滋病只能通过性交传染，几乎没有人相信。在当地人的观念里，就是和病人用同一个厕所，共用一套餐具，或者不带医用手套地照顾病人，碰到他的细菌、血液或者即便靠近他的呼吸，都会传染上艾滋病。有一个非常具有代表性的故事是这样的，一个年长的女人曾经照顾过自己患有艾滋病的女儿，7 年之后，这位妇人出现了同样的症状，最终死亡。此外，人们还有一个可怕的联想，他们认为被检查出来 HIV 呈阳性的病毒携带者会故意把自己的病传染给别人。这就像是当地人害怕受到死去的人的污染或者认为艾滋病能够破坏人体的独立性，病毒传染将无孔不入。

正是因为脑子里存有这些观念，才会导致人们抗拒逃避的行为。当地老师告诉我说在学校里，孩子们经常拒绝和艾滋病患者的孩子一起玩儿。一个叫做多瑞斯·尤比西（Doris Ubisi）的年轻女人常用拥抱的方式问候她的朋友，但是有一次当她去拥抱的时候，一个朋友立刻就转头就走掉了。很明显，她已经听说多瑞斯已经被检查出来 HIV 呈阳性。此外，人们还倾向于拒绝和患有艾滋病的人共用餐具。拿水杯举例吧，当地人认为，如果你用了艾滋病患者用过的一只水杯，病人的口疮会把细菌留在杯子上，于是你就会被传染艾滋病。殡仪馆有时会用塑料袋装裹艾滋病人的遗体，并且警告死者家属说绝对不可以打开，也不要再料理遗体。男人会把艾滋病人曾经穿过赠给自己的衣服都烧掉。

六、对援助非洲医疗项目的提示

从上面的描述，我们可以理解，在非洲进行医疗和卫生项目时，应该注意到，艾滋病虽然是晚近才发生的病患，它与许多传统的疾病有着历史关联，并一直在一个相对封闭、传统的社区中传播。非洲社区中的一些洗涤罪恶的仪式、成年礼、一夫多妻制以及非洲的信仰系统某种程度上成为艾滋病预防的阻碍。

尽管在全球化和现代化的裹挟之下，非洲也发生了巨变，但是这个大陆仍然有各种传统习俗和思想存在的土壤，例如在艾萨克·尼赫斯研究的本地传说中，女巫们割掉僵尸的舌头，让他们默不作声。她们还可以将这些僵尸变得只有 1 米高，因此这些僵尸整齐划一，身材矮小，长得像小孩子一样。在他们看来，僵尸们没有性别，没有人类的欲望，只需喝玉米糊便能每日劳作不休。

在非洲社会历史上对麻风病极为恐惧的时候，当地在外来人员的努力下，进行了去污名化的努力。他们设计了一种替代理论，将麻风病“最可怕的疾病”的帽子摘下，而将其描述为一种比较温和的传染病，并将其命名为“汉森氏症”，通过拜访医院，加入“职业病人”的教育活动中，使公众了解到了真相。

与之类似，非洲要走出艾滋病的阴影，不仅依赖于国际援助和药物科学的进步，也有赖于象征符号的重新定义。将艾滋病构建成为一种具有传染性，但是易于控制的慢性疾病，更像是高血压、糖尿病而非是艾滋病，是使其去污名化过程的重要一步。让人们进行安全的性行为、进行艾滋病病毒测试，让患者采用抗逆转录病毒疗法，让健康的人和患有艾滋病的老师们生活在一起这样的宣传方式，要比宣扬性行为罪大恶极，更能够在课堂上取得更好的效果。

（感谢香港自然力研究院对非洲文献的专业译介和整理。）

第二十二章
理解非洲的他者
——非洲博士眼中的中非关系

本章观察非洲本土的学者如何看待中非关系，同时为了给中国的海外交往提供诤言，我们没有选择所谓的褒奖性言论，而是直面那些我们听起来刺耳、现实、犀利的观点。我们的诉求很简单：真正的海外研究，首先在于捕捉那些危险，帮助国人(既包括集体、机构，也包括个人)了解一个更为真实的海外世界，最大限度降低中国人和中国资产在海外所可能承受的风险。本章引述的非洲学人是来自博茨瓦纳大学的博士伯尔莎·奥赛·赫维迪(Bertha Z. Osei-Hwedie)①。现在让我们看看，非洲学者是如何解释中国的非洲外交战略的，他们如何理解中国对非洲的好感和善意，如何理解中非互动的实质，这背后的跨文化传播误差究竟存在哪些原因。

中非共识：任何完全诋毁中国的言论可以被视为敌意，实际上无须理会，即使是具有抗议情绪的非洲学者，他们也认同中国在非洲许多努力的现实效果。

一、中国的援助：虽有缺陷但是务实

在赫维迪看来，中国以特惠贷款和捐赠形式向非洲提供了大量经济援助，成为新的非洲援助国。截至 2005 年，非洲总共得到了来自中国的 8 亿美元特惠贷款。据估计，2006 年中国向非洲提供了 50 亿美元特惠贷款和借款。到 2009 年

① Bertha Z. Osei-Hwedie. 2012. Beyond Commercialism: The Dynamics of China-Africa Cooperation. Afro Asian Journal of Social Sciences, Vol. 3, No. 3.1, Quarter I.

这个数字翻了一番。中国的大部分官方发展援助（ODA）被用于基础设施项目，主要是学校、医院和道路。例如，赞比亚是中国农业与基础设施项目ODA的受援助国，两国还开展了以扶贫为目的的经济和技术合作。

最为值得赞许的是中国在非洲的基础设施建设中起到的重大作用。中国对非洲的经济援助被用于建造桥梁、道路、学校、医院、电力设施、水坝、立法机构办公楼、体育馆和机场等，这些都是西方ODA所忽视的领域。基础设施十分重要，因为能够促进社会经济增长和发展。更重要的是，基础设施一旦建成，将长期存在于非洲，为大部分非洲人提高生活水平。中国土木工程集团公司几乎包揽了所有的基础设施建设项目，该公司因为开价低，完工准时，因此能在招标中胜出。最值得一提的基础设施项目是1998年为尼日利亚修缮和改革铁路系统并提供机车，耗资5.28亿美元。

自2000年中非合作论坛召开以来，基础设施的发展一直是中非合作的重中之重。例如在2006年，中国投资70亿美元用于非洲基础设施建设。2007年，中国向非洲提供了200亿美元用于基础设施发展。通过2007—2009年中非合作论坛行动计划，中国向非洲提供了30亿美元低息贷款，用于38个项目，包括水电站、机场和高速公路，并提供了20亿美元用于特惠出口买方信贷。中国对非洲国内和地区性基础设施建设的贡献，包括铁路、公路和水电站等，得到了世界银行的肯定，世界银行十分愿意在非洲与中国合作。2004—2009年，中国赢得了一系列建设合同，完成了一批基础设施项目的建设，其中包括：阿尔及利亚高速公路（2009年）、尼日利亚水电站（2007年）、马里总统官邸（2007年）、埃塞俄比亚高速公路（2008年）、坦桑尼亚国家体育馆（2008年）、肯尼亚中低收入居民保障房（2008年）、摩洛哥铁路隧道（2009年）等。

经济援助还覆盖了人力资源开发、农业、保健、社会发展和教育等领域。

2007年以来，中国为49个非洲国家培训了10 916名人员，向非洲国家派出100名高级农业专家，建设了医院，并正在建设非洲联盟会议中心。特别重要的是2006年11月中非合作论坛北京峰会和第三次部长联席会议宣言，宣布中国将通过教育形式增加人力资源开发的援助，并将在科技、文化、体育、环保和旅游等方面加强合作。此外，中国取消了33个非洲国家的对华债务。特别是在2003年12月举行的第二次中非企业家大会上，中国取消了非洲国家的100亿美元债务，减免了31个非洲国家的债务。

二、中非合作在制度化中不断深入转型

伴随着合作的深入，中非合作开始向制度化转型——中非合作论坛(FOCAC)这一中非之间双边和多边对话与合作机制开始出现，起到了推进中国外交政策目标的作用。FOCAC 自 2000 年在北京召开的部长联席会议上宣告成立以来，每三年举办一届。FOCAC 是中国寻求与非洲国家认真、长期、持久合作的最重要的指示器，而且在中非关系的转型中起到了关键作用。

FOCAC 奠定了中非关系的三大目标，写入了 FOCAC 北京宣言。首先，目标是相互促进经济发展，重点在于扶贫脱困。扶贫脱困是国际社会自 20 世纪 90 年代以来的一项重要任务。其次，中国和非洲同处发展中世界，试图通过发展各自的国际竞争力和生产力，应对经济全球化的挑战，提升国际地位，抓住经济全球化的机遇。中非寻求发展南南合作，而且就北南合作在投资和贸易方面成效有限的情况下，南南合作似乎已经成为当前全球经济的新趋势。经济全球化未能满足发展中国家的需求，尤其是处于边缘化的非洲经济体，以及世界贸易组织(WTO)这样的自由贸易体制亦未能促进所有成员国之间平等和公平的贸易往来，北南关系因而再度紧张，南方国家联手抗衡的姿态再度抬头。举例来说，Hurrell and Narlikar 指出，以 2003 年坎昆部长会议上的北南对抗为例，会议上发展中国家集体站在对抗发达国家的立场之上；另一个例子是多哈发展议程陷入僵局，在贸易问题上毫无进展。中国与其他崛起中的发展中大国——如巴西、印度、南非等——担当了领导角色，对美国的霸权和自由主义的全球化发起了挑战。同样，2008—2009 年的全球金融危机，令中国和非洲挑战当下建立在不平等关系基础上的国际经济秩序，这种经济秩序以西方主导的国际金融机构——即世界银行、国际货币基金组织和 WTO——为特征。中国和非洲在推动联合国改革上面也有共同利益，尤其是安理会的改革。非洲渴望在安理会获得常任理事国席位，以将关系非洲安全的议题提上议事日程。另外，中国和非洲共同关心的联合国改革议程还包括有效的维和行动、人权、社会经济发展等。

2007—2009 年 FOCAC 行动计划为经济、政治、社会和南南合作等关系的转型奠定了基础。确实，中国重新规划与非洲之间的经济、社会和政治合作主要原因有二。首先，有西方援助国和非洲国家的学者批评中国将投资集中于榨取资源的领域，暗示中国自私自利，是剥削非洲的“新殖民主义势力”。中国还被谴

责为忽视普通民众的需求。其次，中非之间的贸易失衡是造成关系紧张的根源之一，尤其是与相对较发达的国家如南非之间的贸易问题。

事情正在起变化：伴随着中国在非洲影响力的扩大，非洲人的中国感知也逐渐发生微妙变化，有时转向硬币的另一面。其中的原因包括国际政治博弈、非洲的后殖民地位、中国的海外认知缺陷以及非洲族群内部的深刻矛盾。

（一）争议一：中国非洲外交政策：现实而缺乏美感

首先在赫维迪看来，21世纪以来中国对撒哈拉以南非洲地区的重新涉足，其初始动机是获得非洲的矿产资源和能源资源，以满足中国迅猛增长的工业需要。事实上造成中国和非洲之间互动的迅速增加，这种互动已经超越了单纯的经济关系，而涵盖了人类生活的方方面面。非洲学者和实践者在承认受益的同时，更关切的是不平衡的经济关系、政治争议以及非洲对中国的希望和要求。他们在进行这种互动的时候，也许是因为长期的后殖民主义思潮的影响和全球化产业分工和利益分配不均的现实格局。非洲兄弟经常也会反思在中非互动中，非洲到底从中国的投资、贸易和政治关系中获益了什么？

赫维迪认为，中国的非洲外交政策有时候太现实，显得缺乏“美感”。在她看来，在经济全球化的背景下，作为崛起中的社会主义市场经济国家，中国的外交政策目标包括获取原材料、搜寻投资目的地、为商品寻找市场等。为了显示对中非关系的重视，中国在2006年发表了《非洲政策》，提出了与非洲大陆开展合作的核心指导原则。迄今，中国积极主动的外交政策及其在全球经济中崛起，成为仅次于美国的第二大经济体的地位，按重要性排序，中国的外交政策以世界主要强国为首要关切对象，其次为外围国家，再次为发展中国家，包括非洲在内。

赫维迪试图从中国20世纪70年代的政治外交寻找线索。她认为中非的互动与政治和意识形态考量、反对帝国主义和殖民统治、金融和贸易的实用性密切相关，但是在后冷战时期，情势稍有转变，两个国际政治主体都试图通过扩大经济与贸易往来来解决本国和本地区的严重问题。中国寻求在不干涉内政的基础上与非洲国家发展友好互助关系，这在非洲人的理解是：中国的外交政策基本上还是建立在国与国之间平等相待的基础之上，试图通过此基础来实现一种现实的、包容的外交政策，与所有非洲国家开展互动，即使政治经济治理记录都十分糟糕的津巴布韦和侵犯人权的苏丹这样的国家都可以交往。在她看来，中国对国与国之间平等地位的尊重与西方大相径庭，后者并不将非洲视为平等的对手，而坚持要求非洲国家先满足特定的政治和经济条件，方能得到西方国家和私人银行的经济援助。在政治层面上，根据实际问题和情况，中国有时将不干涉原则和劝诱盟友满足国际要求两者相结合。

（二）争议二：中国和非洲在互动中获得更多现实收益

赫维迪认为，通过强调与非洲的平等关系，中国不仅提振了非洲的士气，而且提升了主权、不干涉内政、尊重领土完整等国际准则的地位，并且在国际社会中提高了非洲的地位。非洲成为了中国在国际论坛（例如联合国）中最可靠的盟友，也是在与西方对抗（尤其是关于人权问题）中最可靠的盟友。

中国依赖其软实力、发展外交和穿梭外交来提升国家利益，培育与非洲之间的经济和贸易关系。国家主席、总理、外交部长和其他要人的高层次互访是双方巩固中非关系的机制之一。这些互访显示出对打造坚强的政治基础、在此基础上建立经济和贸易关系的重视程度。

赫维迪认为现在的中非关系可以理解为中国返回非洲——中国自 20 世纪 80 年代以来再次涉足非洲大陆，背后的原因有国内需要也有全球动向。中非再续前缘，其原因可以追溯到邓小平 20 世纪 80 年代以来的改革开放政策、在经济全球化背景下作为崛起的强国充当发展中世界的领袖的愿望、西方制裁之后中国试图在其他国际区域寻求盟友。改革开放政策加速了与非洲的经济和贸易关系的发展，为中国经济增长需要提供原材料，并挑战西方对非洲大陆的一统天下。

非洲接受了中国的提议，以应对发展问题。这些问题包括：全世界 3 亿最贫困人口在非洲，政局不稳，在全球经济中扮演边缘角色，对外直接投资寥寥。非洲在全球经济中扮演着边缘角色，被西方视为黑暗的大陆，发展难题重重。中国对非洲的兴趣重燃改变了这一局面，而且恰逢良机，因为此时西方正显示出“援助疲劳”，兴趣减退，将援助转向了刚刚与苏联分道扬镳的东欧地区。中国与非洲的重修旧好，将非洲大陆推到了大国之间影响力的博弈的风口浪尖。这场大国博弈在 21 世纪初的 10 年中达到了高潮，各大国都加强了与非洲的关系。2006 年 12 月，中非合作论坛（FOCAC）峰会在北京召开，成为其他大国纷纷效仿的催化剂。2006 年召开了欧盟—非洲企业家论坛，2007 年 1 月召开了德国非洲伙伴关系论坛，2007 年 2 月法国非洲峰会召开，2008 年 5 月非洲发展东京国际会议(TICAD)举行。

(三) 争议三：中非模式——有限制的共赢

分析赫维迪等非洲学者的中非互动观，我们可以发现，他们基本上都承认中非之间的合作确实让非洲获益很多，但是中非之间的贸易有点像一种赌博比大小游戏：也就是说，大家都可以抓牌，有牌出，中途也有小赢，但是隔一段时间会摊牌，谁的点数小，就变成赢家通吃。

首先，中国的方式与西方相比更好地满足了非洲的需要，世界银行与非洲之间的谈判历经 5 年之久，而中国只用了 3 个月就完成了探讨、谈判和合同签署。其次，非洲国家赞赏中国将其视为平等伙伴对待，伸出友谊之手，强调互助互利，这些都与西方的后殖民主义方式形成鲜明对照。第三，中国被非洲视为可供借鉴的替代发展模式，因为中国成功地进行了经济改革，成为崛起中的世界强国，摆脱了贫穷落后的农业国的形象，因此中国经济高速发展的经验为非洲提供了教材。

此外，由于中国对非洲原材料的需求居高不下，非洲出口商品——尤其是矿产资源——的价格提高了，非洲与中国之间的贸易因此为非洲的经济复苏作出了贡献，非洲的经济增长率也因此提高。非洲出口产品的价格自 20 世纪 70 年代中期以来因传统西方市场需求量的下降而持续下降。举例来说，2004 年中，30 个非洲经济体的经济增长速度超过了 4%，全世界 10 个增长最快的国家中有 5 个在非洲，2005 年 26 个非洲国家的经济增长速度超过了 5%。非洲可以从中国进口相对负担得起的资本商品，以制造半加工产品，向欧盟和美国出口。这将有助于提高非洲制造业的竞争力，为非洲提供机遇，改变生产出口单一产品、处于 GCC 最底层的局面。在这一过程中，中国为大部分非洲消费者提供了价格实惠的商品，尤其是服装、鞋子、电子产品、汽车和小货车等。最后，中国在资源采掘业中的对外直接投资 FDI，尤其是石油和矿产，对非洲发展极其有利，因为它强化了非洲的比较优势。中国的投资在开辟新矿和维护老矿中起到了关键作用，例如赞比亚的铜矿工业。中国在非洲矿产资源以外的投资，包括制造业、农业、基础设施和银行业，显示了中国不仅对非洲的原材料感兴趣。

中国最著名的投资项目之一是 2007 年中国工商银行(ICBC)斥资 56 亿美元收购了渣打银行 20%的股份。这是中国公司所作出的第二大的单笔对外投资。这显示了中国对崛起中的非洲大陆市场的兴趣之大。整体而言，2007 年，中国在非洲的投资为非洲当年5.8%的经济增长率作出了贡献。另外，中国企业在非洲开设的合资企业作为非洲各经济领域中跨国企业的一部分，有助于非洲企业整合到全球性和地区性企业集团架构和贸易中去。这包括诸如坦桑尼亚的食品加工业、加纳的纺织业、塞内加尔的渔业、南非的汽车产业、肯尼亚的服装业等。非洲国家将因此获得出口半加工和加工产品的机会，成为重要的出口国，在GCC中的地位上升。这与西方和国际金融机构倾向于私有化的做法形成反差。

非洲的连锁反应：在国外的警觉提醒和本土的不安、抱怨增长时，这种情绪有时通过不理性的方式回到了中非互动的过程当中。

三、“援后算账”：非洲的一些抱怨

尽管带来了益处，中国与非洲的关系仍然存在问题和挑战。在全球化相互依存的世界里，经济互动的质量决定了一个国家的发展前景。非洲与中国之间的贸易不平衡——进出口中国均占上风——令非洲依靠贸易带动增长的前景堪忧。这令非洲很难从全球经济的边缘化处境中摆脱出来。

总体而言，中国对非洲贸易顺差，包括主要贸易对象国如南非、尼日利亚、苏丹等，非洲贸易赤字逐年增加。例如，2005年，南非对中国的出口额为14亿美元，进口额为52亿美元，赤字达到38亿美元。这促使南非对中国采取了贸易保护主义措施。唯一例外的是石油进口。例如2006年，中国从安哥拉进口石油，造成109亿美元贸易赤字。造成这种贸易不平衡的原因有中国的出口补贴、中国工业相对非洲同行的高发展水平等。此外，中国的贸易往来局限于非洲的少数国家和地区。例如，中国从安哥拉进口的石油占到全部石油进口量的38%。安哥拉和南非两个国家就占据了非洲与中国全部贸易额的39%。关税是贸易的另一个障碍。中国商品如电子产品、机械、交通设备等相对关税较低，而非洲的许多加工和半加工产品，包括咖啡、可可、腰果等，则面临高额关税。另一个与贸易有关的问题是质量低劣的中国商品在非洲市场的倾销。这是违背中国和非洲都签署了的WTO反倾销协定的。简言之，就与非洲大陆的贸易关系而言，在某些非洲国家眼里中国俨然是一个新的强国，迫使非洲停留在依赖单一原材料产品出口的地位。这种局面阻碍了非洲从原材料生产向制造业的多元化转变，令不发达状况持续，令非洲始终处于全球经济的边缘地位。

赫维迪指出，中国投资于非洲原材料经济绩效显著，但中国向非洲制造业的投资“在所谓‘猎豹国家’当中几乎未见制造业活动的增加”。非洲在中国经济中的投资相对微不足道，而中国则几乎在非洲经济生活的各个领域都有涉足。除了南非之外，没有哪个非洲国家在中国有像样的投资，究其原因，或是资金缺乏，又或是成熟的非洲公司几乎不存在。南非的 SAB Miller 于 2007 年成为中国最大的酿酒企业，Naspers 成为传媒业巨头，Sasol 投资于煤矿项目，其他私有企业也显示了向中国各行各业投资的兴趣。更为糟糕的是，中国投资给非洲就业带来的贡献有限，因为它们大多为资本密集型，而非洲却拥有大量无技能的劳动力资源。此外，中国在建筑和零售贸易等经济活动中的垄断地位令本地创业举步维艰。此外，中国公司在建筑业、基础设施建设和制造业项目中依赖中国劳工，这意味着对本地劳动力的利用极少或甚至没有，这与中国声称的为非洲提供就业机会从而脱贫的意图相矛盾。

赫维迪认为，虽然不能否认中国企业的正向作用，但是客观上中国企业损害了非洲的制造业。她的例证是：非洲纺织业和服装工厂无力与从中国进口的高效率制造、低成本廉价的中国货竞争。这削弱了工业化程度最高的非洲国家——南非——的本地制造商，迫使莱索托、肯尼亚、斯威士兰等地的工厂纷纷关门倒闭。与之相似的是，中国商贩打击了本地零售商。不平等竞争导致了本地商人对中国竞争对手持否定态度。此外，中国公司雇佣的非洲本地劳工的工作条件恶劣也引发了很多投诉。中国还需要应对如何令中国公司的运作不造成环境污染的问题。例如在赞比亚，向居民供水的河流受到了污染。

另外一个问题是，中国对非洲国家获得非洲资产，中国称之为以货易货。需要指出的是，这些货物是过渡期的市场经济所必需的。例如，2007 年，国有的中国中钢集团公司购入了津巴布韦最大的铬生产企业 Zimasco 控股公司 67％的股份，作为津巴布韦对中国经济援助的回报。

此外，中国与塞拉利昂、加蓬、纳米比亚签订了合同，允许中国渔民在这些国家沿海捕鱼。中国还租借了赞比亚、坦桑尼亚和津巴布韦等国的农业用地。中国用这些租借来的土地种植粮食，满足自己庞大的人口所需。这在非洲人看来减少了非洲国内市场食品生产所需的土地面积，剥夺了当地人口使用和拥有土地的权利。

中国的反思：中国其实在海外有非常短平快的协调和纠错能力。总体来说，中国缺乏深层、长远、战略性的智慧，这种高级智库的缺乏，使得许多短平快的调整显得虚与委蛇。容易造成一种指责—改正—挨骂的循环。

四、中国对非的多元化策略调整

中国重新调整了与非洲的关系。这种调整始于 20 世纪 90 年代，以基础设施投资为主，进入 21 世纪后加快了步伐。变化了的经济互动关系表现为中国涉足领域的多元化，从矿产和能源资源到制造业投资、实体和社会基础设施、创业开发等，大部分都与技术援助相结合，提供给撒哈拉以南非洲国家。这些投资旨在帮助非洲经济体改变单一提供原材料的形式，实现多元化，发展非洲的工业和人力资源以及基础设施。

更为重要的是，2009 年制定的三年行动计划标志着从商业考量为主向关注非洲社会经济发展的戏剧性转变。在 2009 年 FOCAC 三年行动计划中，中国承诺增加用于社会经济发展的援助，并减免债务。三年行动计划是以人为本的发展计划，将援助导向三大领域：首先是贸易和金融。为提高非洲增加向中国出口的能力，中国将向非洲国家提供 100 亿美元特惠贷款。这是一个全新的创意，因为迄今为止中国和西方援助的主要受益者都是大企业和政府。其次，中国打算取消部分债务，到 2010 年底前，最不发达国家将享受 95％的贸易货物零关税的待遇，60％的贸易产品进入中国市场将免缴关税。第三，在科技方面，中国寻求在非洲设立科学和农业方面的合作项目。为确保这些项目的可靠性和持久性，中国计划培训 2 000 名非洲农业技术人员和 100 名博士后研究生。此外，为推动卫生和教育事业，中国将向 30 所医院捐赠价值 3 750 万美元的抗疟疾医疗物资，帮助非洲建立 30 个疟疾防治中心。

（本文的写作，参考了香港独立智库自然力研究院同仁提供的《非洲海外研究指数》和《非洲研究海外智库年报》等报告，在此特别致谢。）

第二十三章

南海与极地圈：两种地缘和生态情境下的地区协同比较研究

在对南海的地理、生态、媒介政治等方面进行文献和策略分析的基础上，本文基于对挪威极地圈项目的实地考察、关键人访谈和文献回顾，对南海和极地圈的地区协同、生态保护、媒介表述进行深入分析，旨在找到能够弥合南中国海区域争端的新理论进路和策略空间。本文的研究还将南中国海放在整个东盟、东南亚、中国东海岸的新地理架构进行反思，对比同样具有争端、竞争、冲突的极地圈经验，通过新的分析框架来探讨一种基于地缘、文化、生态保护、媒介互动的未来战略协同的可能。

同样作为多权力渗透和交融的陆海地理区域，南中国海在多种指标落后于极地圈，其中包括学术共同体与知识创新、政府间政治互信与协商机制、跨区域商业开发战略、文化历史共同体与原住民互动、海洋媒介传播等多方面，本文的讨论基于作者在挪威和东南亚地区的综合考察，试图通过政治传播学、媒介人类学、政治人类学的视角重新看待南中国海的现有争端和未来发展，以此寻找东南亚区域的“地中海”和“极地圈”政治和文化协同的新可能。

南中国海区域不同声索国的竞争态势近来不断，从国际仲裁申请、组织游泳比赛、石油钻井开钻、建筑基础设施扩张到街头排华政治秀、办三沙小学等——也许因为媒体选择性发声的缘故，公众很少能听到彼此合作的好消息，更容易认为南中国海已经进入一种白热化和准军事化境地。

抛开资源政治和地缘政治不谈，笔者认为包括中国在内的所有南中国海声索国都应该检讨和反思一个基本的事实：长期以来，该区域缺少对南中国海富有探索、探险、知识增长意义的科学系统考察；对于这一地区在地理、生物、地质、宗教、神话、人类学等方面的知识空缺，彼此鲜有真正的求知欲；即使是已经开展的资源开发和利用，仍然是使用较为粗陋、攫取性的开发模式。以上弊端，都可以看作是大时间向度的南中国海海洋协同的缺乏和“精神危机”。

一、南中国海和平转向需要寻找“集体海洋精神”(Esprit de corps/seas)

2014 年 6 月，笔者对挪威奥斯陆、特洛恩海姆等地进行考察和走访，也因此从斯堪的纳维亚国家的历史和极地生态史当中获得许多值得南中国海借鉴的经验。

与南中国海研究、探险、互动交往的破碎性、断裂和实用主义不同，北欧国家对极地地带的好奇心和求知欲一直亢奋，并形成了人类历史上多次对这个未知地的大型探险。从 19 世纪一直持续到现在，挪威的探险家和科学家，最初从因纽特人身上学习极地生活技巧，然后用非常简陋的方式，开始对极地进行探险，并持续使用古典探险船、热气球、飞艇、飞机、极地航船等最新技术成果持续探索这一占据地球 15％面积的区域。

据不完全统计，这一地区的多国科考，已经为地球生成史、气候变迁、冰川发育、地质科学、极地生物学、极地民族学、萨满教、海洋学、大气洋流学、航运学、分子生物学、海洋生物学、制图学、考古学等多学科提供了最为前沿的研究资料[①]。

亚洲也有许多类似的极限地区，例如海沟、地陷、地球板块构造带、古地震遗址、巨型冰川发育地、国际河流源头地、岛屿热带雨林、宗教发生学原生地等，但是围绕这些共同环境和精神遗产，亚洲国家鲜有长期性和建设性的合作，较少从知识增长的意义上去竞争、冒险、探险，而总是因为石油、矿藏、天然气等蝇头小利而大动干戈。

南中国海地区曾经出现的航海人物——郑和，它虽然早于西方地理大发现进行了跨洲远距离航行，但是诡异的是，他以及团队的地理发现并没有产生认识世界的革命性影响。这些跨文明的航行，虽然沿线有关郑和的历史遗迹和传说很多，但是没有形成这一区域跨族群心理认同的人物，而这是中国唯一能推崇的

---

① 本文所涉及的多种有关挪威的数据均为笔者在挪威考察通过访谈、博物馆记录、田野调查、现场观察所得。

人物，屡屡试图用他来整饬南中国海的文化秩序，也用他的名字和朝代为南中国海的岛屿命名。

明帝国和郑和船队出色的航海能力没有转换成现实的政治威慑力，实际上左右南中国海海权的人物是美国人阿尔弗来德-马翰，他最早提出海权（sea power）的概念，现有的南中国海的争端并不是一个郑和探险、天下共和、利益共同体的解决模式；马翰式海洋地图学、政治治理架构、经济主导海军协同模式是南中国海治理的现实模式。

然而在北欧极地区域，由于美国、俄罗斯、挪威、丹麦、瑞典、英国、加拿大等国对这一区域持续的研究和探险，它客观上形成了一个区域的知识共同体和极地知识探险"封神榜"。在知识贡献意义上，每个国家都有其独特之处，而这种围绕一个区域，在经济开发之前的长期智力投入是欧美社会高明之处。虽然这些探险背后也有阴谋、政治抱负、地理觊觎，但是它没有转化为低端资源竞争和文化挑衅的模式。

因此，极地国家形成了极地委员会这一较为有效的治理架构，成立于1996年的委员会包括加拿大、丹麦、芬兰、冰岛、挪威、俄罗斯、瑞典、美国这些环极地国家，同时还吸收6个少数民族团体作为永久性参与者。2010年，挪威和俄罗斯还在海洋法（law of sea）的框架之下，解决了巴伦支海的划界问题。

在挪威，各种有关极地探险的博物馆、海洋馆、文化馆、民俗馆林立，这些博物馆知识架构既是结果也是一种开始，它在总结的同时昭示着作为一种区域、族群、文化、文明的共同性区域（regional commons），其最重要的价值在于精神意义、知识增长、跨文明认知，经济利益和开发虽然重要，但不应该以此为鹄的。

从政治意义上来说，南中国海成为一个问题，和亚洲文明整体塌陷、西方殖民、后殖民民族解放、社会主义运动、全球化经济卷入、区域地理的再全球化等因素有关，如果还仅限于成立机构、上街抗议、偷钻石油这些低端方式，南中国海没有未来。

不久前，英国首相卡梅伦曾经呼吁英国重新振兴"巴克尼尔精神"（buccaneering）——也就是殖民时代呈现出来的企业家精神、探险精神、"海盗"精神。从"盗"的内在意义来看，我认为如果亚洲人真有文化抱负，应该不只是去满足"盗油盗气"的小利，而是盗取认知意义上的文化之火，只有真正形成亚洲、南中国海、亚洲跨海洋国家联合体、印度洋—太平洋文化体系的内在价值和运命，才能出现亚洲盗火的普罗米修斯。

二、知识为核、未来导向：寻找海洋政治地理的"制度压舱石"

2014年5月，因南海油气开发问题的导火索效应，南海争端造成恶劣影响的越南涉华暴乱事件，除了对涉事企业造成的生命及财产损失之外，还对整个中越双边关系、南海局势、中国与东盟的互动带来严重的影响。目前，除了连同涉事区域的正义力量，惩治越南暴民和恶行，保护中国及其他涉事国家侨民之外，还需要从根本着手解决南海周边国家的内在矛盾，否则这一区域的国际协作和民间互动将持续恶化。

不可否认的是，此次针对华人企业的暴力袭击、焚烧和劫掠，其导火索是中国在南中国海新近的经济活动，这在中国方面是属于正常、常规的经济推进，但是在越方看来是侵害和不合时宜的举动，因此民间聚集从6 000多人迅速扩大到2万多人，并且几天后还在持续发酵。

我们从这一突发事件可以看出，中国与东南亚区域国家在经济和文化交往不断增加的同时，彼此的历史和现实矛盾也不断累积，关键在于这一区域缺少公开、透明、有效、建设性的仲裁、商讨、协同机制，同时在地区远景、利益共同体方面存在诸多政策空白①。

香港独立智库自然力研究院提出中国在解决了近期突发事件的不良影响之后，还应该从制度设计、概念协同、知识生产、经济模式、开发协作等多方面重新设计南中国海的远期战略，争取在不远的未来，形成南海福利机制(South China Sea Welfare)、南海国际协作、南海分享型社会、资源正义性开发、南海对话机制等多领域的互动新态势。

我认为中国在当前南中国海冲突加剧的同时还需要更多的战略思维准备。首先，中国应该面对南海仍然存在声索国及争议的历史和现实，同时关注到海洋性和岛屿型国家对海域边界的敏感心理和情绪，针对南中国海九段线与涉及国

① 在帮助中国制定一个具有连续性和开创性的南海政策框架时，学者沈固朝提出了在知识协同方面的建议，特别是协同国际关系、航行安全、法律、史地、资源环境等学科平台，综合分析美、日、印、俄、韩等国家因素对南海问题的影响及对策；南海维权和国际对话要建立在证据基础之上，例如证据链及基础数据库建设便十分必要，这包括监测、提供海域和关键岛礁的动态变化，南海断续线的法理与历史依据专项，南海档案的系统整理与使用专项等。

家距离切近这一现实，以及历史上、现实中海上经济活动频繁、互动的事实，将南海所涉及的重大资源、收益、隐形财富、精神价值看作一个区域性的遗产，并形成具体的制度性区域协同战略。

与南海经济和资源开发所涉及的一切活动，应该首先照顾到这一区域经济活动的环境正义和协同分享型开发的机会，争取创造出更多的南海福利机制。这个机制不应该仅由能源巨头、开发企业、能源所供给城市所享有，而是应该首先照顾到南海资源区块周边居民在宗教认同、环境保护、服务及基础设施配套、近海社区建设等方面的需求和关切。

南海区域的资源开发，应该记取英国石油在墨西哥湾漏油、美国康菲在渤海湾漏油、日本福岛核电站因震灾所造成的全海域污染这些惨痛的事实，并因此在资源探测、近海石油勘探及开发、南海基础设施环保建设、远洋运输安全、近海资源服务配套、南海周边渔业开发、近海工业布局、突发事件一级协同响应等多方面形成有效协作和监督。南海甚至应该成立以照顾到这些目的的南海共同基金和南海国际协作基金会。

在这一区域分享型和发展正义的理念之下，南海才可能出现真正具有协同、协作、协商的契机，在南海国际协作基金的运行方面，中国应该以大国姿态，从战略和细节角度承担起区域性的国际责任，例如可以设计能源与建筑革新、海洋资源与城市化、近海渔民社区生计与海洋资源开发、南中国海互信共同体、能源投资责任和组织行为学研究、南海周边国家生态足迹和生态友好型行为、投资未来——南海经济与安全利益机制、南海共享型开发的远期社会经济学影响等多方面的国际协作课题，在南海争议之外，能创造更多的知识共同体和利益共同体。南京大学—霍普金斯大学中美中心在近日召开了一次建立东亚共同体的学术研讨会，在其中一个专门的南中国海议题上，中国学者呼吁，中国应该至少在声索国之间建立一个对话和商讨的常态机制，如果有正常的对话和南海协商机制，它可以在避免南海问题国际化的同时，在南海所涉周边国家形成一个良性的意见、建议、策略、批评的生成机制[①]。

① 在战略合作和策略选择方面，朱锋教授还提出了一种实力中心主义观点。他认为，“未来十年，中美关系将持续面临东海问题、南海问题和朝鲜问题的战略性挑战，也存在着两国加强在亚太地区安全合作、建立和形成新型大国关系的战略性机遇。尽管在经济和金融领域内两国关系难以分离，在解决彼此关切和争议基础上的共同利益也越来越突出，但中美关系已经越来越成为一种地缘战略竞争的关系。美国对中国的战略防范将不断地体现为在东海、南海和朝鲜半岛事务等问题上对中国更具有实质性的政策牵制和力量威慑。”

避免一有情况，便通过民粹式、政治式，乃至街头暴动和骚乱的形式表达诉求和争议，使得局面不断恶化。通过以上模式，南中国海至少可以开始想象自己不会因为资源和近邻因素，遭遇资源诅咒，使得资源之海和历史遗产之海变成争讼、武斗的“海上加沙”和萨拉热窝。

南海从政治地缘形态来说，它较为健康的形态是发展成为“亚洲的地中海”，基于类似的历史记忆和文化抱负，发展具有区域协同性和共生性的南海经济和生活方式。避免将南海的能源和资源片面供给已经畸形的能源巨噬型城市化和超级工程，成为不断滋生环境、生态、民生、政治问题的火药桶。

三、文化共生和极地竞合：来自极地圈[①]的治理启示

与南海及其周边国家在城市建设、生活方式、知识生产、跨文化传播、政治动员的结构性混乱、随意和紧张相比，极地圈在许多方面的指标形成了鲜明对比。飞机进入挪威奥斯陆的那一刻，游客就能从上空俯瞰当地俊美的天际线、峡湾、森林和整饬的城市群，在奥斯陆各种与海洋有关的物理设施和软性文化随处可见。沿着港口各种文化、休闲、历史遗迹富有节奏地展开，奥斯陆向外来游客首先推荐的就是包括维京人、极地探险、海洋生活方式的挪威海洋文化。

这种文化意义上的极地权力的“柔软宣示”并不是挪威的专利而是在斯堪的纳维亚地区的普遍基调。在奥斯陆即使是海港周边的军事学院和海洋军事博物馆也是对外开放的。笔者调查期间还前往观礼军官的毕业礼和内部培训。在多个以海洋为主题的展览馆中，挪威不仅通过软实力的方式宣示了自古以来的挪威海洋精神、海洋考古证据和海洋生活方式，尤其强调自己对极地地区持续几百年的科考和探险努力。许多展馆都把不同时期船舶的原件放进室内空间里，挪威的海洋文化展示者似乎在效仿俄罗斯套娃创造了一种“船舶连环套具”——某

---

① 北极圈 1 500 万平方英里，占地球面积的 8%，人口只有 400 万人，分布在 8 个国家——挪威、俄罗斯、美国、加拿大、芬兰、瑞典、冰岛、丹麦。过去 100 年，该地区的气温比全球其他地区气温增长快两倍，因此成为应对全球气候变化的前沿区域，正是在这个意义上，大批国家都介入和参与极地圈的合作和责任承担机制。事实上，随着大批油气、矿产、钻石资源的发现，这一区域也有克朗戴克淘金热(Klondike-style)的危险。

种程度上挪威在现代化和文化革新的过程中，核心的器物就是“船”，从维京人的艨艟到极地想象力探险的高科技舰船。

包括挪威在内的多个极地国家，早在2008年就签署了伊鲁利萨特宣言(Ilulissat Declaration)，五个极地国家致力于制定该地区的海洋法用以约束共同的行为；而在更早的1996年，极地圈已经成立了北极理事会(Arctic Council)，对航运、油气勘探、海洋管理、生物多样性、海洋酸化等多种主题进行前沿研究和数据共享。不仅如此，所有成员国还在2013年1月签署了海难搜救协议，2014年还特别对危机事务管理和海洋油气污染等灾难事件进行先期准备；在地理更为密切的区域例如巴伦支海当地成立了巴伦支海协作体系(包括挪威、瑞典、芬兰、俄罗斯、冰岛、丹麦)，针对经济增长、环保、教育、文化、人际交往等多种方面进行应对和合作[①]。

这些国家至少从三个层面进行了“极地治理”(Arctic Governance)尝试：

第一，在民间社会培育软性、休闲的文化调性，针对极地、峡湾区域，它不是军事禁区化管理和秘密地带，而是百姓的极地后花园。笔者挪威、冰岛、瑞典的同学和朋友在他们的FACEBOOK时常发布的就是他们在极地探险、徒步、露营、泡温泉、游泳、垂钓的极地生活方式。极地的自然条件在某种程度上较为严酷，但是它给当地百姓带来的是各种趣味和共同记忆。

第二，学术层面的知识创新培育，滋养探索极地治理最佳范例、和平利用极地资源的知识储备和创新文化气氛。挪威在它距离极地较近的区域布局了多个高质量综合性大学，甚至把特罗姆瑟(Tromsø)打造成了一个极地知识中心和极地首都(Arctic capital)，极地国家已经在此地成立了极地委员会的永久秘书处(Arctic Council's Permanent Secretariat)，沿着斯塔万格(Stavanger)一路建造新的环极地智慧城市群，这里面最大的资助者除了来自政府的资金还有克努克菲利普斯石油集团(ConocoPhillips)的资金。相比之下，中国、越南、菲律宾等国的任何海洋石油勘探有没有如此想象力和魄力，如果这些国家也具备极地国家的想象力和魄力，则不仅成为能源的开发者、运输者和利用者，还能促进不同国家在南海圈城市群建设的智慧和智能化。

---

① Jens Stoltenberg. (2013) Managing the Arctic: Norwegian Perspectives, Harvard International Review. (Fall), Pp42-45.

第三，政治架构上的相对透明、协商、对话和建设性。极地国家成立了多个协同架构，其中最为有效的机制之一就是“极地疆界”（Arctic Frontiers）。挪威首相索伯格（Solberg）在2014年1月召开的极地疆界会议演讲上提出挪威在极地政策的核心竟然是“知识”，政治家鼓励极地圈建立高校组织并扩散各种有关极地的教育资源——部分高校免除学费，同时大量资源面向普通学生和当地市民开放，在雷克雅未克的会议现场，甚至能看到来自当地社区的百姓充当极地会议的志愿者，为会议现场做记录员。这在某种程度上较为贴合会议的主题“极地中的人”（Humans in the Arctic）。为了配合这场会议，一个名为青年科学家协会（Association of Early Polar Career Scientists）甚至在当地的高中组织了一场会议海报设计竞赛。无论是细节、做法、想法，这种极地圈合作和融合都是在南海所涉及国家较为罕见的[①]。

但是这些和平主义和建构主义的背后并不是不食烟火，也包含着各种利益博弈的展开。不同国家都将自己的资源开发触角牢牢锁定极地圈。例如，俄国的远东开发战略使得它成为东亚油气市场最主要的极地油商之一。东西伯利亚—太平洋管道（简称ESPO，East Siberia-Pacific Ocean Pipeline）2010年正式启用，这在西伯利亚形成了一个新的石油生产和运输中心，到2015年日产量可达到60万桶。相比之下，跨阿拉斯加管道（简称TAP，Trans-Alaska Pipeline）将石油从北部斜坡区（North Slope）运输至瓦尔迪兹（Valdez）最终抵达东亚的韩国丽水（Yeosu），该地的石油产能达到每日210万桶。此外，ESPO项目还将在2016年于极地地区的奥克拉克（Okrug）启动美索亚卡（Gazprom's Messoyakha）计划，通过该计划增加向外输送石油的能力。此计划一旦实施，韩国大街小巷的现代汽车就将更多燃烧来自俄罗斯的石油。

不断扩大、加深的极地资源开发和商业化运作还将一些新的国家纳入“极地圈泛政治体”。以韩国为例，通过基于极地石油资源的跨洋调运，韩国通过极地油气外运地和远洋船舶中心的身份成为新的潜在“极地成员”之一。2013年，一艘船从俄罗斯的乌斯特鲁戈（Ust-Luga）起航，带着8万吨的货物通过北海航道进入韩国海港丽水，伴随此类航线的日益成熟，韩国将被纳入北太平洋泛极地圈，直接将东亚与太平洋西北部连接起来。

---

① 更多会议细节参见如下会议参与者官方网站：http://cryopolitics.com/2014/01/29/norways-prime-minister-calls-for-advancing-northern-norways-knowledge-economy/。

四、结论：南海争端背后存在知识空洞

与极地圈的“汗牛充栋”的极地文献和极地共同体记忆不同，南中国海区域的历史记忆、民间经济、政治治理、区域协同、知识生产、未来战略存在多层面的龃龉和分裂，这些分裂实际上与包括中国在内的诸多南海周边国家的“知识空洞”有关。

与环境领域的“臭氧层空洞”相似，南海领域的知识空洞并不是历史的必然，而是这个区域在政治互动、军事斗争、殖民遗产、经济复兴、文化认同等领域出现多重危机之后的必然产物，从“臭氧层空洞”穿射过来的不是太阳紫外线，而是“南海域外势力辐射”——真正的南海和平并不是排斥与之相关的日本、美国、德国、法国的介入，而是介入的方式和效果。

目前，以“南海为壑”、以东南亚为砝码和杠杆的政治地理权谋，在某种程度上使南海周边国家军事庸俗化和阴谋论化，似乎任何设计和考量都在物质意义上的资源和利益，如果中国也深陷其中，看不到南海在石油、天然气、渔业等物质收益背后的精神价值、协同价值、南中国海中华记忆体、东南亚的“文化地中海”等方面的潜在要素，南海没有未来。

极地国家的许多政治人物已经在考虑极地“典型资源”枯竭后的价值，其中最大的共识是笔者所归纳的极地对于人类在生态、认知、环境、气候变暖等方面的元认知战略位（strategic and meta-cognitive position）价值。在这一方面，南海所关涉的国家应该眼光向外，看到南海之外的大洋、高山和平川。

中国对于南中国海最大的战略思考转型是将南中国海视为中国的“南极”（South China Sea as China’s South Polar），并设计更为长远、战略、纵深的框架，以及更为务实、清晰、连贯的策略体系。

下　篇

“动察”海外：策论设计

靖国神社参拜与亚洲"无头人"社会

"御灵祭"始于 1947 年(昭和 22 年),源于佛教区域的古老节日"盂兰盆节"。"盂兰盆"和种花没有关系,它其实是梵语"救倒悬"的音译——虽然神道教浓重的日本社会各种祭拜节日众多,但是 8 月 15 日的祭拜或春季祭拜总是能刺激亚洲一些国家的神经,尤其是中国和韩国。

从传播角度来看,暂且抛开祭拜包含"二战"甲级战犯牌位的神社,以及为军国主义招魂等问题不谈,日本周期性的祭拜,并揭橥报端,哗然亚洲,已经使得靖国神社这个地方客观上"声名远播"和高度象征化。这种近乎单调的传播扰攘,并没有惩恶扬善和行为纠正的能力,有时却遮盖了靖国神社参拜现象背后真正令人心忧的事实。

在日本政客周期性参拜靖国神社及其引发的亚洲痛苦和责难背后,真正的危机在于提示亚洲的"无头人"(无首畸形人)社会这一现实,以及包括亚洲社会在内的全球错乱、失序、焦虑和不安。

法国学者乔治·巴塔耶在其《无头人社会》里引用了萨德的一句话:一个老朽昏聩的国家如果想奋然挣脱其皇权政体的桎梏,从而得以采用共和政体,其必然需要使用大量罪行来巩固自己的地位,因为其制度和国家肌体的本身就罪孽重重,如果它想逾越罪孽而进入一个具有德性的国家,从暴力走向一个恭柔的国家,它必然陷于阻滞而最终毁灭无形。

巴塔耶用无头人来解释那种在身体上仍然具有欲望、执行力、抱负、肌肉,但是已经没有判断力、决断力、导向力头颅的畸形人社会。在他看来,法国人砍掉路易十六头颅的行为,影响极为深远。当下问题频出的全球现代性和发展观对应着一种损失了内在雄性、创造性、生命力的无头化社会。

从历史哲学和现象学角度来看,现代的亚洲是一个建立在多重死亡、自戕、互残、相轻的社会,它虽在地理和物理意义上相连,亚洲的身体早已破碎肢解成凌乱不堪的“尸体”。

细看“亚洲尸体”，作为文化意义上的中国，蒙元、明清的代际之衰，已经是身体的多重死亡和头颅走失；日本的入侵更是一次直观的“砍中华头颅”行为。中国的标志性现代知识分子鲁迅正是因为看到中国人看自己同胞被砍头的麻木，深受刺激而改变个人救国的路径。

当年日本士兵砍杀“为俄国做间谍”的中国农民的头颅，并安排一堆中国人伸脖麻木观看，同时对中国这具“无头尸身”进行彻底蹂躏，对中国最神圣、最崇高、最核心、最元典、最本质的物像和具象进行全方位“砍头”、屠杀和摧残。

与此同时，亚洲社会难以容忍日本这个曾经的亚洲屠杀者的这种“战败国模样”：日本战后的社会因为国民自身奋斗和外部因素的关联，至今仍保持着一个发达、富足、有序、勃兴的外表，尽管内部问题也积重难返，凡去过日本的中国人都有感触，日本人对自己祖先、历史、过往、文化、器物、习惯、传统的传续和谨言，让人无时无刻不发出复杂的思考——世界上怎么会有这么得意、滋润的战败国？

在中国，但凡有文化感知和常识的人看到日本都会心里一惊：这个国家仍然在“潜在杀伤力”上持续增长。一旦日本政客在这种情形下政治高调、军事主动和大声宣誓，自然都会引发其他亚洲国家内心的愤怒和不安。

当前的亚洲，甚至欧洲，国际关系意义上的“猎食者”和食物链下端的“受捕者”都深处一种危机当中，都在寻找模式、范式、路径。中国也不例外，一直在寻找崛起、复兴、富强、和谐的样板和中国模式。同样在寻找崛起的还有印度、泰国、缅甸、越南、日本、马来西亚等国。

在找到崛起之路之前，这些国家都像印度教的象头神(Ganesh)那样，会用一个最方便或最可能的头颅替代，但是其中的匹配程度、功能性、象征性有时候并不协和。

在日本政客和国民进行全套仪式参拜、献真神、天皇致辞的“御灵祭”之时，中国大部分城市的市民空乏其身，只是部分城市上空响起凄厉和撕心裂肺的鸣笛，此外并没有令人记忆深刻的纪念活动。此情此景，鲁迅最有名的两本小说名字让人感佩非常，足以指代亚洲社会的两类国家——《狂人日记》和《阿Q正传》，严格意义，一个没了身体，一个没了灵魂。

喜马拉雅区域水电开发的沉思

2014 年 3 月 30 日，正当我在印度进行生态环境考察期间，手机短信传来一则短讯：三峡库区范围内的湖北秭归县发生 4.7 级地震，震源深度 5 000 米。同行考察的横断山研究会首席科学家杨勇说：秭归的地震再一次提醒我们，人为大规模改变水资源布局和自然流态存在重大的生态隐忧，至今中国的水电建设仍没有从 2008 年汶川地震的阴影中走出来，当地的次生灾害接连不断。

秭归县为屈原故里，战国时期的屈原自沉汨罗江。如今秭归整个旧城早已沉没于水库库底。中国的诸多大江大河发育之地正面临着前所未有的大变局。

在与印度当地的知识界沟通的时候，杨勇对当地同侪提到雅鲁藏布江正酝酿着的水电开发浪潮，利用雅鲁藏布江大拐弯所积聚的巨大势能和水能，大批水电项目即将（或已经）上马，总装机容量达到 6 000 万千瓦，西藏现有水电消耗为 700 万千瓦，大批水电都将外送至对能源有巨量消耗的中国发达地区。

这种水电开发格局时常被国际媒体理解为中国引发的“水电开发魔咒”：水电开发不仅是水库建造地的“自然形变”——山体隧道、水体截留、巨体量水坝、工程型公路和基础设施配套、城镇化和能源消耗形态的彻底改变等，它带来的所有影响都是全流域，乃至全地球的影响。

作为对地球气候影响起到关键作用的青藏高原和喜马拉雅地区，它仍然是人类认知非常有限的区域。这一区域在地质化学、冰川学、大气化学、生态学、地震学、人类学、地理学、古生物学等多领域的巨大潜在“知识能量”远没有发挥出来，但是就在这种诸多未知基础上，人类已经决定利用其他常规性河流建坝的知识，应用到异常复杂多变的喜马拉雅和雅鲁藏布区域。

杨勇提到另一个重要事实，作为水能富集的雅鲁藏布江，在印度被称为布拉马普特拉河，当它从崇山峻岭流出，跨越大陆性冰川进入海洋性冰川的阈限之际，它的水补给情况发生重大变化。“在雅鲁藏布江中国境内的奴下站地段，多年平均径流量每秒 1 890 立方米，多年平均径流量 606 亿立方米，等到进入印度控制区，尤其是流到受海洋季风气候影响的孟加拉湾河口区域，多年平均径流量每秒 19 300 立方米，多年平均年径流量 16 000 亿立方米。”也就是说，相比较布拉马普特拉河河段的巨量径流，保护雅鲁藏布江从一开始就应该是全流域的整体设计、协调和统筹。

在印度方面，民间和政府的水电开发设计达到 168 个水电大坝之多，总量 5.7 万兆瓦，如果这些水坝都被建成，将成为中印争坝的零和博弈。对此印度退休少将维诺德(Vinod Saighal)认为，中印因为政治方面的障碍使得许多针对喜马拉雅和雅鲁藏布—布拉马普特拉河的联合科考及可行性开发研究无法进行，而两国本应该建立一个基于长远共同利益的千年平衡。“要知道历史上，中国人眼里的印度就是西天，我们两国之间具有非常深厚的文化情感和彼此认同，不应该在现代的发展至上时代变成零和博弈。”维诺德在印度的一次私人谈话中对我说道。

在一次由尼赫鲁大学、中国科学院水资源研究中心、印度非暴力选择基金会、斯德哥尔摩大学等多家机构的圆桌讨论中，独立智库自然力研究院和横断山研究会的负责人提出另一个超越零和博弈的知识融合计划。

该计划主要倡导针对喜马拉雅等山川河源地区及中下游地区进行跨学科联合科考，建立基于水话题的喜马拉雅顶尖高校水研究联盟，甚至在水源地建立实体型的一流研究型大学，同时通过独立、非党派、国际合作的方式，在水源地或中下游地带召开轮值“水峰会”，基于原创前沿科学研究，与民间机构、政府、企业、高校等共同制定全流域和跨经济区的水开发和生活方式知识解决方案。将水竞争和水资源短缺放到全球气候变化和资源环境危机的背景下考虑，而非简单关注一个具体族群、生态圈、文化带的存亡，探讨更为综合性和建设性的全息视角。对于因河流流经发达区域的经济增长方式、生活方式、能源利用模式失当所造成的不必要水电需求，应该从需求、认知模式、经济形态和结构方面进行重新设计，甚至可以通过“国际水银行”的方式来管理水储蓄、水信贷、水融资、水发展等刚性社会需求。

在西藏的民间和印度的知识界，有一种关于水、资源、环境、人的表述颇具新意，我将其大意翻译为：世为容器，载万物以宏量，事人以宽仁，我辈当慎行以报之，因为器若不存，人将安在。

此次印度考察行进至此，最深的体会是对于喜马拉雅、横断山、雅鲁藏布江等山川自然风物原生之地，必须看到命运的远处，看到这些区域的人群基于水的福祉共同体（aqua-commonwealth）。

格拉斯哥的忧伤：写在苏格兰公投之际

1996 年，因为爱德基金会的网络，我所在的大学来了好几批英国外教，可我最喜欢的一位老师是来自格拉斯哥的苏格兰人，她除了教我们英语之外，还成了文化使者：我第一次从她那里听到华莱士勇士事略（类似《勇敢的心》的故事）、扔圆木的民间游戏、Oasis 乐队的 Pub 烟酒嗓音、《宾虚传》《绿袖子》和彭斯。

有一天，旁边教室的外教来串门，她是伦敦人，寒暄游戏一番后，她转过身开玩笑地对苏格兰老师说：你应该多教教英文，而不是"苏格兰语"。这个事件，似乎对我的英语学习有影响，因为从此之后的许多英语发音练习中，苏格兰老师在语音抽查时，每次在我面露疑问神情时，都会说：放心，这个发音是对的，即使是英语里也这么说。

几年的英语本科学习，有一点颇让我的英国外教释怀，我既没有英格兰口音，也没有苏格兰口音，而是一口流利的美式口音，但是我一直觉得对苏格兰有种好感，直到 12 年之后，我才有机会去亲眼看看苏格兰。

2008 年，因为英国外交部的资助，我得以去伦敦政治经济学院学习，也就在同年的圣诞节，我特意去找爱德基金会的朋友，想托朋友找到 12 年没有联系的苏格兰老师，最后不但找到，还被邀请去她家过圣诞节。

我决定飞往格拉斯哥，并和老师去往她郊外临海的家里过节。苏格兰老师开着车子来机场接我，旁边坐着她 5 岁的女儿和 7 岁儿子。在老师张口说第一句问好的话时，我听到的苏格兰话，让我熟悉感动得鸡皮疙瘩起一层，她的女儿直接坐到我的大腿上，对她妈妈说：妈妈，为什么你的兄弟和你长得一点也不像？

格拉斯哥的建筑和景观有着非常浓重的"工业口音"，它在很多细节上让我想起 2008 年读的小说《猜火车》（Trainspotting）——这个被我称为朋克版莎士比亚和苏格兰语音革命的小说。

我在老师的车上浮草地看着格拉斯哥的街景，直接绕过主城区进入郊区沿海的小城区，冬天、节日、高寒、雨水的缘故，我看到的格拉斯哥时常透露出一丝萧条和忧郁的神色，和同样高寒地带的挪威不一样，这里的建筑不喜欢儿童积木式的几何形状和彩色布局，当地人也没有把沿海区域弄成豪华游轮进出的后工业生活方式旅游区。

隔日在老师的带领下，我和她的家人去海滩和怪石嶙峋的近海山峦里徒步，我看到的也更多是阒无一人，无风下的海水，冰寒而冷峻，像是电视机节目播放完毕的“雪花点屏幕”。

老师的丈夫是一个社区项目官员，从他的举止和神情来看，其实他有点不理解为什么太太会把我这个外国人邀请到私人化的圣诞节家宴里来，而且一住就是一个星期，最终是苏格兰的酒精帮助了我们沟通：圣诞夜，苏格兰老师、她的丈夫、她的父亲、我大概喝了 10 多瓶不同的酒，直至凌晨 4 点。

从夜里 12 点开始，老师的丈夫和爸爸已经进入沟通亢奋状态，和我谈披头士、英国电影、英格兰政客、私人生活、苏格兰足球、苏格兰的历史遭遇和独立，谈话时，他还搬出自己的各种摇滚乐唱片用音响大声播放。

这里的谈话中，他们提到最多的词汇是忧伤(sad)，无论是苏格兰的历史、苏格兰的经济、格拉斯哥工业区的萧条和犯罪、苏格兰文化里的基因和自尊，许多有关苏格兰历史的女王、征战、杀戮、臣服等故事，大量出现在日常话语的场合，而且这种表述的方式，和欧文·威尔士(Irvine Welsh)的《猜火车》叙事有着多种类似，大约是乱成一团糟(messed up)的生活里，充斥着各种猜忌、暴力、混乱、无秩序、不信任、陷阱、倒霉等。

第二天，老师的丈夫对我的态度大为改观，他邀请我自行车环城骑行，并邀请我去格拉斯哥，见他的妈妈和姐姐们，我于是得以进入一个格拉斯哥工业区家庭的圣诞聚会和家谈。

这种互动的过程让我看到苏格兰作为一个特殊政治、地理和文化区位的日常性表征，和我在威尔士、英格兰等地的观感不同，苏格兰其实一直生活在一个分离和远离的语境当中，虽然爱丁堡是极为精彩和生动的文化和历史遗产区域，但是苏格兰在文化意象、经济擘画、政治格局、国际话语等多方面与英格兰还有诸多差距——至今，苏格兰的旅游还在用一头《山海经》式的尼斯怪兽来讲故事。

作为一个文化和政治整体，苏格兰如果在思考独立，它需要仔细分析爱尔兰等邻近案例的历史经验和现实困境，同时还要反思欧洲文化地理、亚洲政治分裂、美国衰退期大格局下的各种独立新变量。

“独立”有多重意义和样式，不仅是华莱士族群团结和雪耻报仇式的自由呐喊，对历史运命和精神召唤的回应，对文化和民族大义忠顺的反清复明式复归，“上帝子民”在自明之理下对专制和压迫的杰弗逊式反抗等。独立的最大意义不是自赏、孤立茕茕、自我封闭、义无反顾和破釜沉舟，最终造成更多的困境、离散、混乱、失序、哀伤。

灾难频仍、国际整合、全球流动，现今社会的信息发达和互动增加，有时造成真知、智识、常识、共识更难出现，在此语境之下，独立的要义反而是与他人更好地相处、依赖和扶助（the essence of independence is to be more dependable），而不是滞留在忧伤的记忆当中，目睹更多的忧伤在动荡中的产生。

拯救亚洲的想象力：区域的差异与共同

2014 年 8 月底的这一周，作为自然力研究院的“不可见的海外和中国”研究计划之一，我受邀参加了泰国朱拉隆功大学的“跨越边界：区域共同体”会议，并提交了我对中国与缅甸互动在媒介方面的观察。

与中国国内用外国专家来点缀主旨演讲，其余都是中国学者的小规模聚会和茶叙不同，泰国朱拉隆功大学的知识网络在资助者成员、演讲者、听众等多方面保持了真正的国际化和多元，从澳洲、美国到德国、瑞典，东盟国家的所有成员都有学者和实践者参加。当然，我们有时并不能指望这种多元就必然带来真正的开放、兼容、建设性。在我看来，这类会议的真正局限在于它没法真正激活亚洲这个主体的想象力，而想象力、觉知、知识和洞察往往是区域共同体真正需要的核心配件。

我对缅甸昂山素季上台之后的 6 个月，缅甸多种媒体有关中国的报道为题，分析了缅甸媒体和当地政治的改革语境和红外政治现象，也就是说许多媒体在内容和报道尺度的变化，往往与现实社会中不可见的冲突形成互文。缅甸在后独裁时代的政治革新和政党势力变化与民间矛盾激荡、外来政治力量渗透、本土历史矛盾和民族冲突暗流的复苏等潜流密切相关，它往往是缅甸媒体在外在形态变革的真正动力而并非仰赖一个国家的亚洲战略，或是一位女士的晚年自由。

在我演讲的正文之前，我用毛笔画出了一个缅甸的地理草图，大致的意象是：缅甸这个国家，西北倚靠喜马拉雅山余脉，西南枕着若开山脉和孟加拉湾海浪，东北的高黎贡山与怒江如云雾屏风鼎立，下泻成为缅甸部族聚落和滋养万物的萨尔温江。我的用意是说，在使用比例尺、九分仪、聚焦和失焦（zoom in/out）的麦克马洪式和谷歌地图之前，中国与周边的诸国使用了很长一段时间的“远山无皴”地理，它作为一种审美意义的山川形势，它生产了一种气象式、远疏近亲（亲属关系式）、迁徙游耕式的地理疆域格局。我在云南片马、西双版纳、腾冲、沧源等地考察期间，当地的农民时常都会提出一个旅游项目，就是不用任何手续，带我“出国”去看他们的海外亲戚。

传统边界格局的多孔、气态、游离、模糊和动态，其实造成了许多有趣的政治学、民族学、人类学、文化学、经济学现象。它客观上也造就了一种前现代时期的共同体和自由贸易区，它的活跃性和有效性，有时候比现代高官出席、媒体见证、居民表演、商人操盘的自由贸易区要有效得多。

排除所有的藩属、帝国、控制的考虑，处在亚洲的中国，很长时间至少在心灵地理、“文化物候学”“经济气象学”等层面，是一个具有滋养功能的超大自然体，文化意义的中国，作为一种“文化水流”和“文明云团”，沿着高山、大泽、近海一路漫溯，形成一种亚洲气象，向东氤氲渲染了日本的汉唐气质（Tang Zeitgeist），从东南中国跨河入海与当地交织，形成南中国海的“文化三角洲和冲积平原”，出西南在藏南、三江并流下游和西南中国造就“山麓丛林式文化绿洲”。

与传统的“气象学”意义的中国相比，“现代中国”（中华人民共和国为其短瞬）的格局、气度、气质、功能发生了许多负面的变化，现在的中国在器物、文明、制度、法式、工具等多种维度上都发生了蜕变，它在亚洲区域的位置急转直下。中国的本我、自我和超我形成了多种层面的分裂，而这种分裂也在传染亚洲诸国，每个国家也在“我本是”“我应是”“我能是”“我要是”等层面发生了国格分裂和想象症候——在这个意义上，亚洲危机成为一场“‘是’的危机”。

从这个角度来看，亚洲在类似于东盟、亚洲共同体、区域共同、泛亚、亚细亚主义等概念上协同和愿力有限以及在诸多事务和细节的龃龉和争端，核心问题之一是想象力出现了问题，这个区域在共同远景、共同理式、共同价值等方面出现了严重问题。

以东盟为例，它是一个英文缩略语，意思是“东南亚国家协会”（ASEAN），汉语的翻译有一种是声音和意向结合，叫“亚细安”；有一种是旨趣主导的意译，叫“东盟”，而不是“东协”；也就是说，这是一种基于一种共同目的的结盟。有趣的是，同样在汉语里，还有一个叫“西盟”，它是云南省的西盟佤族自治县。而从简略的拆字法，我们看到 ASEAN 里面其实藏有三个单字：A（一个）、SEA（海洋）、N（嗯），连起来它像是在进行一个对话：A SEA（它有关一个海洋——南中国海），N（嗯）。

这种概念是一种“无机概念”，它不是东盟国家任何一个成员国的本族语，它内在有争讼（polemic）和间离（alienation）的因素，而 TPP（跨太平洋伙伴关系）更是一种有害的“无机概念”，亚洲国家如果以此为鹄的，它将客观截断亚洲在两千多年来产生的真正区域共识，而进入一个列维坦式、计算机政治编程式的“乱战国”格局。

在本土政治语言探索方面，印尼虽然在历史上存在对待中国的恶意行止，但是却贡献了几组亚洲社会可以寻找共同的几个关键词：*gotong royong*（互助）、*kekeluargaan*（家园主义）、*musyawarah-mufakat*（协商与共识）。在未来的亚洲政治互动上，真正有远见的政治人，不应只寻找亚洲所没有而想有的，更应该理解亚洲集体所拥有而正失去的，唯有此，亚洲人对于亚洲的未来，才能“拥有”而非“抱无”。

越南暴袭华企背后的中越多重矛盾

越南民间针对中国在南中国海争议区域的举动从最初的 6 000 多人游行猛增至 2 万余人，最终失控而演化成暴民针对华人企业的暴焚劫掠行为，并导致 21 人死亡。这一事件给已经深入困境的南中国海情势雪上加霜。

从路透社、新华社等中外媒体的报道来看，此次越南暴力袭击华人企业的行为虽然是一次局部的中越双边外交的恶化事件，却略带讽刺地揭示出这一区域彼此利益的相互纠缠——因为彼此相近的文化表象，新加坡、中国台湾地区、马来西亚的企业都被当作中国大陆企业受到冲击。

越南长期以来模仿中国大陆经济政策，逐渐发展成自己特色的革新开放经济，利用低廉的人工、地价、物价以及经济开发区模式，来替代中国原有但部分淘汰的劳动密集型加工者的全球分工位置，成为“越南制造”提供者，这也使得此次暴袭事件间接影响了沃尔玛、耐克、阿迪达斯等国际企业。

此次暴民袭击华企事件透露出中越积累已久的多重矛盾。2007 年，笔者曾经就大批中国边境边民逃往越南的事件对云南与越南接壤的全线进行调查，了解到中越两国在当时因为中越勘界所引发的严重对立。

越南从 20 世纪 90 年代起就在边疆农村实施免费医疗政策。具体做法是：国家每 3 年对边疆农村群众进行一次统计，对登记造册的农村群众每人发一个免费医疗证书，村民持该证到越南所有国家医院都可以享受免费医疗。越南同时对边民实行名为“第一到第十二”的学生免交学费、书费等政策，免费发放校服并补助少数民族学生一定的生活费；在就业上，只要能读到“第十二”的一律包分配。越南在老街口岸经济区还实施财政返还政策，专门用于边境口岸经济区的基础设施建设。具体是对于收入在 500 亿盾以下的，全额返还；收入在 500 亿盾以上的，除返还 500 亿盾外，其余部分返还 50%；对运作 5 年以上且年收入超过 1 000 亿盾的，按实际收入的 50%返还。

与此同时，越南方面鼓励边民到中越争议区域进行农业种植，以增加勘界时“越方一直以来占有”的具体证据。长期以来，越南针对中国边境的政策差异、民生现状、社会问题进行了有针对性的布局，客观上造成了陆地上有利于越南的勘界格局，也因此激发了中越双方在外交层面的彼此猜疑和不快。

这种领土、资源、国际空间的争夺在近些年也延伸到海上，具体表现为南中国海的争端和势力拉锯，公平来说，无论是民间还是公开的外交场合，中越在陆地、海上的界限之争都可以在时间线索上延伸到中越 1979 年的热战。

就在此次暴乱发生的前一周，大批曾经参加过中越战争的昆明退伍老兵，还自发到云南文山麻栗坡的烈士陵园祭扫，并同时抱怨这些死难的战友没有得到中国官方、媒体、民间的足够重视和相应规格纪念。

民间层面，越南处心积虑、斤斤计较、翻脸不认人、容易兵戎相见的刻板成见因此在中方形成烙印，这些情绪不仅表现在中国活跃的社会化媒体和民间语文当中，有时候也会在官方外交中体现。这都充分表明，由于中越双方缺乏对历史问题的坦诚、担当和透明，使得中越之间的互信和合作留下许多病灶和阴影。

另一方面，在历史上由于中越还存在经济和文化上的密切互动，尤其是法国殖民越南同时把中国西南纳入势力范围，造成了许多事实上的经济带和文化带，这些经济、文化、宗教等多方面的交往给两国带来诸多遗产。其中，从昆明延续至河内的中越铁路就是最有特色的一例，中国人类学界曾建议将这一线路申报联合国教科文组织的世界线路遗产，官方则希望将这一线路复兴为泛亚铁路的一部分。

历史上的经济和文化互动也带来负面资产：云南河口的越南妓女群和贩卖人口网络便是其中之一。笔者 2007 年和 2009 年的调查显示，大批越南妓女通过老街的正规通道，在一(红)河之隔的河口从事组织卖淫，堂而皇之在一栋三层楼的中越边贸大楼里卖淫，最多时达 300 多人之多，时间长达 20 多年。这里成为云南当地最为有名的“性都”之一。光顾这里的客人除了大陆各地来云南的游客，就是云南人、台湾人和部分外国人。

这种颇具后殖民主义色彩的“经济互动”，虽然带来经济收益，但是给中国造成许多负面印象，同时给越南国民带来许多隐形、难以言说的心理创伤和潜在仇恨。

从 2012 年开始，又有大批越南妇女像货品一样被中介交易，被卖给中国中西部贫困光棍群体当媳妇，其中江西接收了大批的“越南新娘”，甚至还传出淘宝上团购越南新娘的闹剧。这些越南新娘并不是通过正常的国际婚姻模式进入中国，而是通过中介、色情、人口贩卖、国际黑帮、衍生生意的形式进入中国，有时候成批进入，在结婚拿下聘礼之后又成批消失。

中越第三重矛盾随着中国资本对外扩张和走出去而逐渐萌生，因为中国海外资本整体上在投资模式、文化融入、社区服务、企业责任、危机公关、公共传播、环境影响等多方面的缺陷和不成熟——越南也不例外，造成越南当地对中国资本和中国企业的认可度低下，并伴随大量误解和误读。

这使得任何历史意义上的记忆、现实民间龃龉等新仇旧恨可以在瞬间迸发，进而造成有大批群众基础的暴民暴乱事件。这时候如果中国媒体和官方还以单方面的责怪和强烈谴责进行危机处理，势必造成这种暴力、暴乱行为转变成低烈度、常态化的排异行为，使得中国国民在海外的合法权益和生命财产安全难获保障。

文明叙事与“和魂汉韵”：东京“医乃仁术”展观后记

因为在日本召开世界人类学年会的机缘以及自然力研究院海外中国调查项目的原由，笔者在千叶、东京两地进行调查和走访，并在2014年5月20日上野樱花代谢之后的东京国立科学馆参观“医乃仁术”大型展。

这个贯穿了日本医学史和文明史的展览，以纸质文献、器物、现代医学科普、影像的形式展现了用医学来叙述的一段国家史、文明史和心路史；整个布展是线性、历时的模式，它通过交代日本医学的过往、身体观念、社会沿革、医学人类学观念，细数了日本在其崛起的重要时期所产生的重要医学人物、著作、观念和科学方式。

在展览的入口，导引员友善地提醒，所有的翻译设备租赁只有一种语言提供——那便是日语，因为展览使用的很多文献正好是中国人可以阅读的古汉语，我用中文、汉方医学常识较为顺畅地理解了日本在医学文明史前半段的艰辛、抱负和眼光。

整个展览着重提点了两个人物：一个是半牛半人的东方医神神农氏，另一个是西方医圣依卜加剌得(汉文通常译为希伯格拉底)。“医乃仁术”展介绍了日本的医学从根底和正统承袭来自中国的《神农本草经》《黄帝内经》《金匮要略》《本草纲目》等汉方医学经典，同时在近现代与西方医圣代表的实证、实验、解剖、科学脉络相合，走出了一个独立的日本医学气象。

展览中提到了即使在日本吸收中国医学经典的同时，已经在梳理发展自己的医学灵魂，例如发展自己的《人和本草》《民间备荒录》《东医宝鉴》《六物新志》《顿医抄》《腹证奇览》，与此同时，开始和西方的医学开始接轨，大量译介西洋的医学经典，解剖学《解体新书》的译出几乎成为日人理解的一件医学界划时代要事。

日本在19世纪初的西学东渐过程中，完成了民族医学的近代化和现代化革新，在药理学、解剖学、病理学、病毒学、妇科学、医学器械、医学教育、医学社会学等多方面发生了革命性变化。

然而就在展览进入疾病“可视化”革命和显微透视时代的现代医学单元之前，展览组织者又重新通过一系列书画条幅的形式，呈现了东方医学鼻祖在日本医学走向现代化的一个不变根性——“医は仁术”（医乃仁术），颇有“替往圣继绝学，为万世开太平”的气势。

以一个中国人的身份，观看这个展览，感觉五味杂陈：整个展览中的诸多细节让人看到日本作为“东方”的一体，在与西方颉颃之时，所体现出来的觉醒、奋进、振作和承续。

不可否认，在中国的中医学界，因为缺乏一个成功的现代、领先、革命、仁术的“此岸”境界，中国学者、中国民间和社会对博大精深的中医缺乏“彼岸”叙事的整体认同、未来承续和命理皈依。

中国现代的医疗体系、思维境界、社会服务水平、大众认可度都仍处在极为危机的关头，如果让中国来举办一个上下五千年的医学史展览，中国专家当然可以举出若干旷世开篇的人物、著作、器物、业绩，但是可能还不能梳理出一个清晰、既往且开来的述圣、知命、察天下的中医命运。

多年以来，日本似乎已经走出和魂汉才、和魂洋才的文化抱负、文明纠葛和身份认同之争，开始了具有中华承续、日本特征、西洋混生的“西体、和魂、汉韵”的独立医学之路。

对于一场展览而言，我对日本策展人的敬佩并不在医学文献综述和述圣记录上，而是感佩日本人在展览这个情境下表现出的日常生活和细腻情感。

安排在主要医学文献末尾的是一个用手绘漫画表现的日本女孩和她的医生妈妈的故事。故事整体上是一个妈妈作为医生一生悬壶为人治病接生，女儿从襁褓到叛逆青春期，一次因为自己晚归而与母亲龃龉，在母亲挥手打了她一巴掌后，她烧掉家人照片之后逃离，突然有一天看见心力交瘁的妈妈病倒而辞世。她抽开妈妈架上的《医乃仁术》一本集子，里面集成的都是各个时期为日本国民和家庭奋斗而恪尽职守的医者。直到这时，这个女孩看到了自己母亲作为一个仁术医者正汇入这个具有担当精神的医者群体。

日本的许多革命、神道、道统、宏大战争叙事，时常使用这种平视和微观视角，有时候甚至有从草芥的视角看宏阔生命的习惯，生命如恒河沙数，也如樱花瓣数，历史洪流裹挟下的日本生命，不怨不艾，只想一生悬命（日语努力的意思）地向前进发，亘古不变的是日本人理解的“和魂”及“社灵”。

从观展的经验说开去，在医学、社会、文明的角度上，中国和日本的差别，有时也许早已不再是正统和承续之争，而是两个国家分别在目送不同的历史背影，面向截然不同的未来景观。出现在东亚和东南亚社会的历史记忆差异或许是阻碍这个区域真正走向“和而不同”的核心问题，此视角之下，历史的旨要，不是表述，而是看见。

“后继有人，代结同心”大概是可以成为共识，也有未来之像，但是如何能从杀戮的战争历史中看出，这里透露出令人不安的历史之谶。

哥本哈根开启“碳幕”时代？

对于哥本哈根的气候会议，它最为直接的意义是开启了一种全观视角的可能性——任何一个“地球人”都可以根据他个人亲身生存经历，批判全球变暖这一事实，并通过媒体的报道，观察和猜测在哥本哈根纷繁嘈杂的气候政治细节。

实际上，哥本哈根有可能开启了一种“碳幕”(Carbon Curtain)时代，正如丘吉尔在他著名的铁幕演讲中提到的：从波罗的海的斯德丁(什切青)到亚得里亚海边的的里雅斯特，一幅横贯欧洲大陆的铁幕已经降落下来。在这条线的后面，坐落着中欧和东欧古国的都城……华沙、柏林、布拉格、维也纳、布达佩斯、贝尔格莱德、布加勒斯特和索菲亚……只不过，新的“碳幕”国家区分的是殖民史、生态学、自然地理、意识形态、文化类型等方面的差异。

我们在分析哥本哈根会议所能产生的地理学、气候学、政治学、经济学等影响时，我们应该进行历史的逆向回溯，通过知识考古理解目前我们所深陷的环境危机存在深厚的历史渊源。“碳幕”已经毫无疑问落下了，从哥本哈根会议期间的富国秘密协议、邮件泄密、联合社论、丹麦暗度陈仓、科学界共谋、中国被拒之门外等气候政治博弈细节我们可以看出，这完全不是一个“2012”式的环境主义和普世主义拯救，这是一次气候战争和“气候意识形态”较量。

如果我们对地球“碳危机”进行一次“碳14鉴定”，我们可以看出在气候变暖问题上，众人在时间、空间、逻辑、道德、知识等多方面存在不可协调的差异：对于西方国家(富国和传统工业强国)而言，所谓“铁幕”国家的“他者们”已经出现了经济学、政治学、地理学意义上的变化，但是从西方的宗教伦理来看，他们的生态观以及对全球气候变暖的态度并没有脱离新教伦理、基督教救世、宗教的生态主义、社群主义等核心精神理念，从这些精神和理念的维度延展出去的是生活方式、植物学、动物学、伦理学方面的迥异。“铁幕”另一侧的非西方国家，遵循的是自然主义、家园主义、后殖民意识形态、历史唯物主义、东方主义等思维框架，其时空(temporal and spatial)是一个被建构、被污染、被让渡、被伤害的受害者社会心理空间。

牛津大学大气物理教授、哈德利气候预测和研究中心的创始人 John Theodore Houghton 在哥本哈根会议官方网站有篇文章提到，20%的温室气体排放，是由于对热带森林的砍伐所造成的，而要解决这一问题，明确要求我们在未来 10 年或 20 年中停止砍伐。关于燃烧地下开发的燃料所产生的排放，国际能源机构(IEA)在其“能源技术展望”中已制订出详细的规划，列出了在不同的国家和行业中，要实现这些目标所需要的技术和采取的行动……不幸的是，强大的既得利益集团已花费了数百万美元来传播关于气候变化影响的错误信息。它们曾试图否认存在任何证实全球变暖的科学证据。

我们有必要重温丘吉尔铁幕演说中的原话：对于困难和危险视而不见，不能解决问题；袖手旁观，也不解决问题；采取绥靖政策，也无济于事。现在需要的是作出解决问题的安排。拖得越久，就越困难，对我们的危险也就越大……假使它们四分五裂，在自己执行职责时手软，假使让这紧要关头的几年白白混过去，那么，我们大家确实都要在浩劫中被毁灭了。

如何解释我们在哥本哈根，以一个“碳幕”他者身份看到的“气候绥靖”呢？

答案仍然在丘吉尔的演讲中：如果在美国的人口之外，再加上英语联邦的人口，再加上这种合作关系所涉及的在空中、海上、科学和工业各方面的合作，那就不会出现不稳定的、靠不住的力量均衡……对于气候变化的地位劣势国而言(经济劣势、政治劣势、意识形态劣势、生态劣势、道德劣势)，他们面前的“富国”何尝不是这样的一个空中、海上、陆地的联合体？西方的“三栖知识体”不仅占据了一种绝对意义上的策略优势，最关键的是他们在战略上更为优化，而且他们能够定义时间和空间。

作为气候变化会议中地位重要但是所处形势严峻的中国，如果真正想和各国一道为全球变暖做些什么，其努力的重点不单是瞄准规范行为、界定承诺、利益划分的哥本哈根议定书或 COP15 宣言，它需要的是思考一个“碳幕”时代的生态修辞、精神图式、政治体制和生存方式。

中国的海外丝绸之路战略需要"绿色丝绸"理念

中国国家主席习近平近期的四国行完整勾勒出中国丝绸之路经济带和文化软实力建设的战略考量和策略路径，印度之行更是此次南亚外交的点题之笔：强调宗教和文化纽带，突出彼此的经济比较优势，继续延伸旅游（中印互设旅游年）可能带来的文化和人员互动，传递基础设施建设的投资善意等。

事实上，抛开中国海外战略庞大的资金吸引力不论，中国的海外投资战略、文化软实力战略、丝绸之路经济带的复兴、不同区域的共同体建设都需要正视中国速度、中国力量、中国经济的"绿色缺陷"，如果这些经验不能在升级和改良后得以输出，将影响整体战略的现实效果。

更为关键的是，国际媒体和中国海外互动对象国在考虑与中国进行大型项目共建时，最让他们担忧的便是中国的潜在动机、文化融入和环境合规的能力。例如，在此次习近平访印时，《纽约时报》的报道就承认，美国的确不会像中国那样给予印度巨量的投资，但是印度需要美国的智慧城市理念和技术，尤其是美国军工制造的武器，影响印度在踌躇满志中崛起的不仅是民生问题，还有它长久以来就固守的国际战略空间和理想秩序设计。

习近平引用了印度总理莫迪"同一精神，两个身体"的中印关系表述，用于中印两国首脑对彼此重要性和亲近性的描述，但是在印度教和佛教占主导的印度，这并不一定指代"精神统一、同心同德、彼此连体"的中国式蕴意，相反在印度教中，即使是同一精神，也可以在不同的身体里流动——意识的身体、星象的身体、气韵的身体、物质的身体，不同的身体有着不同的层级、欲望、属性、地位。

也就是说，莫迪的这句最动听的"中印关系表述"并不一定带来协同、协和和协作——相比之下，莫迪和日本首相安倍晋三的互动被印度当地媒体称为"男闺蜜"（Bromance），这个外交场域的世俗词汇其指向性更明确而少歧义。

正如印度教中，不同身体的目标、层级、欲望、等级的差异，他们会做出完全不同的事情，灵魂和精神只不过是不同类别身体的连续介质，作为单独的人是这样，作为“国家的肉身”也是如此，中印的互动和未来仍然可能“殊途异归”，只要中印在重大战略性、本质性、核心性、基础性的事务上没有共识，其他的都可能成为表面工作。

印度教的神山之祖岗仁波齐在西藏，它是苯教、印度教、佛教共同的朝圣中心，这是真正的“同一精神”，连绵的山峦和国际河流联系着中印的身体，这比中国工厂、印度办公室的两个身体要联系得更紧密——中国已经通过打通朝圣之路来开放善意，同时邀约莫迪访问西安玄奘译经处来彰显两国的历史纽带。

如果中国和印度在其现代化和“现代性”(modernity)之路上，能真正认识到彼此共同的命运、抱负和皈依，首先能够用“同一精神”的思想框架来共同构建一个岗仁波齐式的精神共同体，对自然、宗教、人文、历史意义上具有神性的区域，坚守基本的发展观和信义观。整体反思这一区域的经济开发、水电建设、矿产发掘、基础设施铺建、生活方式改造等方面的必要性、有效性和适度性。

与此同时，中国在输出中国力量、中国经验和中国速度时，能够真正反思这些输出物的生态效果、概念缺陷、模式局限，加强对日本、以色列、美国、挪威、英国等国绿色、节能、智能、发展哲学等方面的学习和本地化。中国的丝绸之路经济带的建设者和投资者能够先从融入本地文化、地区特殊性着手，将中国经验创造性地与当地融合，才能从根本上解决当地的问题，同时解决中国自身因长期环境过度透支所造成的严重生态和民生问题。

在这个意义上，中国近期设计的丝绸之路经济带和海上丝绸之路复兴战略涉及的是一个完整而复杂的“发展进化带”和“文明症候区”，从巨量增长的超大城市集群、发展乏力和生态透支的传统文化腹地、族群特殊的生态敏感区/河流发源区、文化和文明的交融冲突区、现代化西方式国家集群，逐步进入向海洋型现代社会过渡的传统内陆型古老文明、以海洋为资源引擎的海权国家集群。

围绕这些特殊的地区，中国的“一带一路”战略只有发展成为“绿色丝绸”和“绿色海带”，才有可能成为真正激活这一历史上文明富集区域的良性现代化进程。

要创造丝绸之路的绿色前景，这些区域首先需要在精神、信任层面的互信重塑，并首先在思想界、知识界形成真正有效的知识流动和知识融合，创造基于此的民间互动、企业投资、社会建设和文化交流。

中国甚至可以联合各方倡议和发起“丝绸之路常青藤式联盟”、“海上东盟”、“大河之源文明共同体”、国际河流和水源地研究高校联盟、文明之源对话机制等新框架，至少从大江大河源头以及共享海洋这个“水纽带”着手，强调水滋养文化、文明、生活方式、生物多样性等方面的重大价值，为丝绸之路国家集群探索一个全新、开放、互动、共建、共赢的政策、传播、实践架构。

唯有此“绿色丝绸”理念，丝绸之路一带才不会进入“东看、西望、南征、北伐”的资源之争和意识形态之战，也不会因为互信缺乏而动则“割袍断绸”。

过河入海：湄公河惨案背后的地理政治

两个区域之间怎么走？这貌似是个简单几何题目——两点之间直线最短。可是现实中并不是如此。2011 年 10 月 5 日泰国清盛的湄公河惨案，表面上看是屡屡滋事的湄公河“强人”对中国商旅多年以来骚扰的突然升级，但是在实质上是中国从相对封闭的澜沧江进入湄公河区域所遭遇的地理政治。中国在湄公河区域遭遇的抱怨、敌意、怨怼、不安和仇恨，是中国在国际关系上“过河入海”（湄公河在越南注入南海）之后所面临的区域政治矛盾、族群互动、经济纷争和本土民族主义的挑战。

昆明到泰国不同的交通方式在实际操作中遭遇的困扰、阻隔、不顺畅，其实对应着国际政治和国际传播层面的多重假想镜像和联合体，即通过泛亚铁路、东南亚高铁网络、昆曼高速公路、澜湄河国际航道、东盟、大湄公河次区域、南亚、东南亚、第三亚欧大陆桥、南方丝绸之路、孟中印缅机制等政治和经济架构和设计联系起来的“地理想象体”。

需要注意的是，在泰国北部和中国西南这两个地理区域进行彼此的认知形构时，往往基于的不是冗长而拖沓的水路、飞机、公路网络，而是一种理想化、扁平化、预设型的心理地理和虚拟国际景观，正是这种认知的不对位，造成了许多传播方面的事件和不均衡。当然，这种描述并不是否定这个区域在物理上、地理上和事实上的一体和联系格局，只是这种联系和一体具体到了何种程度，牵一发而动全身的“蝴蝶效应”到底有多强，其实并没有人们想象的那样。这里所作的努力，是试图让人们从自己的思维框限中解放出来，重新观察和理解这个区域的知识共建、知识场域形变，乃至具体的民间真实互动和国际政治动态。

我们从昆明和清迈、清孔、清盛这类湄公河城市在网络社会的呈现，现实环境的使用以及物理意义上的真实联系可以觉察出，当我们试图分析一种知识的形构和相互构建过程时，必须意识到，从认知的层面来说，计算机、网络、数字化

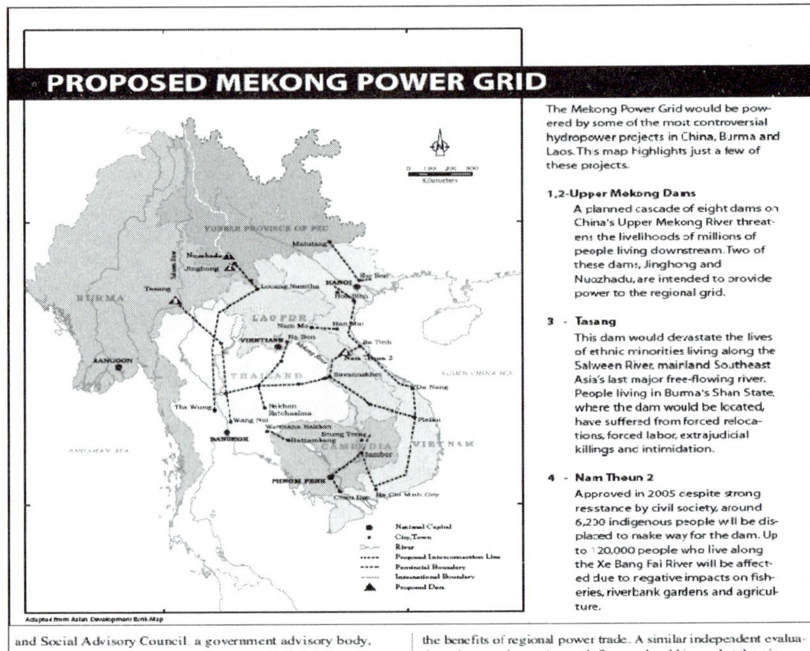

PROPOSED MEKONG POWER GRID

The Mekong Power Grid would be powered by some of the most controversial hydropower projects in China, Burma and Laos. This map highlights just a few of these projects.

1,2-Upper Mekong Dams

A planned cascade of eight dams on China's Upper Mekong River threatens the livelihoods of millions of people living downstream. Two of these dams, Jinghong and Nuozhadu, are intended to provide power to the regional grid.

3 - Tasang

This dam would devastate the lives of ethnic minorities living along the Salween River, mainland Southeast Asia's last major free-flowing river. People living in Burma's Shan State, where the dam would be located, have suffered from forced relocations, forced labor, extrajudicial killings and intimidation.

4 - Nam Theun 2

Approved in 2005 despite strong resistance by civil society, around 6,200 indigenous people will be displaced to make way for the dam. Up to 120,000 people who live along the Xe Bang Fai River will be affected due to negative impacts on fisheries, riverbank gardens and agriculture.

and Social Advisory Council, a government advisory body, examined the demand projections and concluded that power demand growth over the upcoming 13 years had potentially been over-estimated by up to 6000 MW. The Council prepared an alternative Power Development Plan which concluded that much of Thailand's new supply could be met with lower cost, lower impact and lower risk resources, avoiding the need for imported hydropower or investment in an expensive regional power grid.

Satisfying Thailand's energy needs is central to the Mekong Power Grid plan, and exaggerated forecasts result in false claims regarding the benefits of regional power trade. A similar independent evaluation of power demand growth figures should be undertaken in Vietnam, the other major consumer of energy from the grid.

NEED FOR A PARTICIPATORY PLANNING PROCESS

Despite these numerous concerns, the multi-billion dollar Mekong Power Grid initiative is being pushed forward in the absence of participation of civil society in the Mekong Basin and with no consultation with those who will be directly affected by the transmission lines or hydropower projects it would promote. Key studies sup-

在“下云南和上清迈”旅行，许多地理的认知并非绝对意义上的山川地理，而是一种被构建的“明显现实的危险”，也就是自然风物的在社会属性方面的框限，social constraints，这些因为社会、文化、历史、民族、政治等复杂原因而生成的“观念地理疆域”，已经呈现出一种独特的认知价值。从这种意义上说，我们无法离开大湄公河次区域，同时我们又对其置若罔闻。沿着澜沧江旅行，亲眼看见它变成湄公河，并与山野和丛林融合，是一种独特的心理经验和生态认同尝试。资料来源：国际河流网站，截取日期 2010 年 7 月 10 日。

生存和人体的“数字肉身化”等因素已经极大影响了当下社会的认知图景。网络社会给我带来的启示，不仅是提示我们要多关注虚拟的文本和远距离互联网传播事件，最为关键的是揭示了当下社会存在新的认知逻辑：哲学意义上的真、伪、类真、非真即伪，在虚拟环境和虚拟认知过程中发生了更为复杂的变化，形成了更为复杂的变体。

此外，人们在阅读湄公河惨案的时候还应该注意到，这里的人们对地域的语言学记忆是不同的。云南的本土学者、部分云南当地人，时常提起在中国西南崛起过的八百媳妇国，它崛起于公元 8 世纪下半叶到公元 10 世纪，中南半岛北部的泰族为了抗击南高棉人的侵扰，开始建立一些部落联盟性质的小国，较早的是公元 733 年建立的以庸那伽为中心的清盛国。清盛就是后来泰国北部清迈一带的兰那王国的前身。云南当地人认为自己曾经"统治过泰北"，因为八百媳妇国的首都在西双版纳。

在泰国人那一面，他们认为自己的兰那王国一度疆域广泛，其势力早已渗透进入西双版纳区域，所谓的西双版纳在泰语里是十二块坝子的意思，而兰那是百万个坝子，其统治层级关系不言自明。另外在泰语中，清孔、清盛、清莱的"清"，其实是一个行政化的编制 Chiang 的译音，在泰语中西双版纳首府应该念作"清洪"而不是"景洪"。

应该说，湄公河惨案只是通过一种凶残和极端行为所表现出来的湄公河政治，作为研究者，我对湄公河以及南海区域更为担心的局面是湄公河的"加沙"化，成为政治斗争、环境争议、经济摩擦、民族矛盾的河流战场。

重新思考中国的世界向度：云南例证

初中时代，我时常翻阅艾芜的《南行记》和汪曾祺对云南和西南联大的回忆。1998年，我第一次来云南，到了云南民族村，随后坐米轨铁路到开远，去游览个旧。2005年，来云南工作，4年当中从事新闻采访，几乎跑遍了整个云南。2006年，开始写滇池的人类学博士论文，2010年毕业。说这一番话，我想表达两个意思，我爱云南，我也了解它的许多片段；此外，由于常年四处游走和从事研究工作，我可以凭借一个中立者的身份说一说这里的文化，这里的人。

云南给自己的未来定位，给自己的文化"找魂"，试图寻找一个确定的发展方向，这个努力持续了很多年，争论一直不断，错误和遗憾也时而出现。犯错误，走弯路，这其实很正常，谁都不能那么肯定，自己就掌握了云南的文化之根，对它未来的各种不确定性和去向洞若观火。说实话，我们往往对既成事实进行评判很容易，预判和预言，尤其是准确的前瞻，都挺困难。

我觉得在我们探讨云南文化，文化建设，文化大省的打造这类问题时，应该首先把云南的时空向度打开，尝试用一个跨时间、跨地域、跨文化、跨思维模式的多角度思考我们熟悉的云南红土地。再反过来，我们来逐一点评那些文化建设的具体做法，某些规划的展开细节，比如一些地方发展的具体做法是否恰当，还有没有更好的策略。

首先，我们从地质生成这个角度来看看云南。要知道云南在地质生成的历史上具有非同寻常的重要地位，它是人类了解地理生成史和生物进化史的活体博物馆。我们看禄丰的恐龙、澄江的帽天山、滇西北的三江并流、横断山的植被、高黎贡山的动植物资源、西双版纳的热带雨林、丽江的玉龙雪山、滇池周边的地质岩层构造等案例，这类遗迹无论是云南本地人还是外来研究者都时常挂在嘴边，但是它背后真正的内涵，有时候并不能深刻理解。要知道，我们在进行任何一种项目运作和"文化大省打造"时，最关键的是不要一开始就把自己的文化自我矮化和窄化，无论是历史申遗，还是超大规模的商业开发。我们最重要的任务是能有一批专门化人才，集中自己的知识储备，找准云南的文化之脉。

谈到云南这类自然科学遗产，我们扪心自问一下：有没有一个集研究、旅游、文化保护、产业开发、生态保护、跨文化传播为一体的开发规划呢？我们虽然有帽天山这样世界级量级的自然遗产，现有的博物馆展示有没有挖掘到1‰的潜力呢？谈起澄江，大家多数是去那里打牌，吃铜锅鱼洋芋饭，然后在澄江边上铺上白沙，想象一个湖边上的“拉斯维加斯”和度假小城。说到大理，谁都知道大理是曾被金庸描述的古城，但大理哪是那么点历史厚度，要知道喜洲原来是个都城，大理人一度想象自己是阿育王的后裔，哪怕是一个诺邓，一个小乡村至今都残留一个完成的宗教网络，从家族构件到全木质三层的玉皇阁，结合盐业，形成一个联通了元朝的历史叙事，如今不也是躺在寂寞之境，无人问津。类似这样的文化瑰宝和历史遗存，云南数不胜数。不要总是用旅游开发，而且是大众旅游开发的模式来发展一个地方。再谈起丽江，有谁能够真正将东巴经书、东巴教、丽江自然圣境、丽江古城、白沙壁画之类的丽江历史遗产打造成一个东方版本的文化综合体，让人们理解东巴造纸就像是埃及文明的莎草纸，东巴教是类似欧洲中世纪的古老宗教，丽江文化是纳西族等多民族在几百年当中经营的滇西文化复兴，白沙壁画是存在于纳西的西斯廷壁画。我们在现实当中，将这些文化资源粗略整理，陶醉于这样几个丽江关键词：艳遇、酒吧、房地产、蟠桃。这类例子，我们可以不断罗列，关键的意思就是一个，我们目前的文化建设，由于缺乏人才、设计、观念、思维，其实将特别独特的云南文化窄化和矮化，浪费了大量的宝贵资源。

大家应该注意到，这种对云南资源的窄化和矮化，其实不仅是体现在这些实实在在的自然遗产上，还有相对无形和虚化的非自然遗产上。我们都强调云南自然的独特性，但是它在人文上又何尝不是如此？这方面我们也没有充分利用。举例来说，云南由于地理相对封闭，同时民族和文化类型众多，形成了一种异常丰富的文化堆积和文化化石现象，所以不仅是对自然科学，对于社会人文科学来说，这里是世界一流的社会科学实验室，但是我们对于云南文化的研究基本上停留在档案学和宣传的角度，按照民族识别的类别，每个民族出一套村寨调查、地方志、10年回眸、改革开放30周年纪念丛书、民族发展史这类粗略而过于宏阔的档案登记式研究，结合新技术，顶多再增加一些少数民族典籍电子化工程、少数民族网络传播、少数民族歌舞文化。你做一个勐巴拉纳西，我做一个丽水金沙，他再做一个香格里拉大型原生态歌舞。事实上，这些特点本来可以做出什么文章呢？我所知道的，澳洲国立大学等一大批澳洲高校，就专门组织过对云南和中国西南的大型研究，从多学科的角度研究中国西南以及跨文化区域的学术价值。像我们熟知的英国牛津、剑桥、伦敦政治经济学院等高校，以及美国的哈佛、哥伦比亚、普林斯顿大学有大批学者专门研究云南和中国西南的民族、种族、文化、宗教问题。这些研究造就了一大批国际顶尖的学术研究中心，对于中国西南的研究给西方的社会科学研究提供了丰富的原创理论和基础文献。这些研究进而被电影、图书、博物馆、文化创意、制药、奢侈品产业、教育、文化基金等门类衍生成网络庞大的知识生产体系和财富创造体系。

我们许多本地的云南人和本土研究精英，在进行战略框架和发展规划设计时，往往不能超越一种狭隘的家园动机，不能看到自己文化的真正时空向度，将许多文化遗产和自然遗产理解成匠气工厂式开发的原材料。要知道，我们西南中国的民族和历史文化，已经激发了许多西方主流学者的学术想象，认为其实在理解民族文化，了解东南亚、南亚、泛湄公河区域时，应该想象另外一种人群的存在，也就是 zomia 人和 zomia 文化圈。所谓的 zomia 人，就是类似云南人这样生活在山地区域、民族众多、历史纵深长，具有长期自治传统的“化外之民”。它可以让西方人重新思考有关民族、文化、历史、政治的基本含义。这里倒不是说这种看法一定正确，我只是想表达，西方人在看待中国文化遗产时，往往能使用一些全新的时空框架，看到我们熟视无睹的文化类型背后的丰富内涵和现实意义。我们目前对于云南文化的理解和文化建设，恰恰就应该在时空向度上真正开放多元，重新理解和思考自己的未来路径。

说完时空向度，我们再来看看具体的文化建设方略和实战案例。现有的文化建设方略如果非要指出其关键问题，在于其行政化、区域化、地方区隔化，许多文化建设被设计成层级式、科层式的逐级推广和案例模仿，不管一种成功模式是不是具有复制的可能性，地方的独特性没有被充分挖掘出来。此外，我们要这样看待现在的文化建设，其实从根本上，我们现有的许多文化建设战略是将文化视为一种生产资料和资源，作为一种“硬资源”（如矿产、水电、生物医药）缺乏时，不得已而生造的“软资源”。正是这种逻辑，许多的文化产业和文化建设往往特别注重资源的“硬化”，投资人和项目设计者往往特别看重具体有形的游乐园、模式僵化的博物馆、文化旅游地产、文化产品、歌舞产品、有形商品、文化归属地的设施改造，这种考虑当然可以理解，但是在现实操作中，许多对于文化建设的片面化、模式化、教条化的案例，正是这种“硬化”思维所造成的。这也就是云南为什么缺乏真正利用当地自然遗产和人文遗产的最佳案例。我们应该试图打造世界顶尖的人文科学和自然科学研究基地、文化交流中心、产业基础研发基地、现代互动博物馆群、文化展示中心、多元思想的激辩中心、亚洲的思想库。

说得更直观点，云南就光生物资源利用这一块，如果设计合理，我们可以至少成为亚洲顶尖的生物基因基础研究、研发、知识转化的中心，创造出比买卖实物产品更丰厚的利润，同时少数民族文化和自然环境也可以得到保护，而且，事物之间彼此往往产生连锁反应，正是因为这种原创观点和原创盈利模式的缺乏，造成云南过度依靠一种传统的物品经济和藩属式经济，依靠橡胶、香蕉、烟草、磷、铜、锡、三七、天麻等初级低端的原材料构建一个省的经济基础和核心支柱。对于文化模式理解方面过短的思维半径，造成云南人缺乏对传统经济反思的能力，缺少跨界的勇气和魄力。这个话表述更直接一点，可以说一个依靠烟草、橡胶，卖矿修坝盖房子的经济体，是不可能有飞翔的文化创意，也难形成文化大省。

当然，除了上述行政化和既有思维半径的局限性之外，我们还应该反思更多直观、正面，具有可操作性的思维框架。也就是说，如果这些模式有问题，还有哪些可能性？有没有一个更有意思的建设框架和系统知识论呢？

我觉得这个解决方案至少可以分为三个层次。第一个层次还是时空向度，要有一个专门的团队，通过不同学科的知识融合，以及不同民族的知识汇聚，真正形成一个基于文化和文化建设的文化共识。在进行任何文化建设和文化保护之前，首先需要一种文化的思维复兴和狂飙突进。一个良好的文化建设和文化发展机制需要一个多元和活跃文化主体，如果用书来打比方，要有文化建设的“开元盛世”，我们不仅需要《楚辞》、“四书五经”、《史记》，还要有《天工开物》《梦溪笔谈》《水经注》《茶经》。这自然而然涉及解决方案的第二个层次，就是形成社会学向度，也就是形成一个良好的文化生态，让云南的各种民族文化形成自己的“文化群落和文化植被”，不仅有黄钟大吕，也要有山野的乡俗小调。只有这样，我们才不会将文化建设搞成一种“硬化”革命，建了一堆场馆、房子、马路、机场，关键是要进入软的层面，还原、复活、繁荣一个基于乡野，通向各处，内外具有张力的有机文化环境。这种世情涌动、丰富生动、不断流动的文化生境，其本身就是文化建设和文化产业的一部分。

同样还是演戏和演艺产业，我们不仅要有杨丽萍这样的本土文化精英创制出云南映像和云南的响声，同时还要有一个层次丰富的民间展演文化演绎网络。

就像英国伦敦，虽然它处于一个在文化类型和历史纵深上没落的帝国，但是伦敦艺术馆、博物馆林立，各种层次的戏院不停上演各种实验和经典作品，我在英国留学的短短一年，花了100多英镑，就看了十几场戏，既有莎士比亚的戏，也有实验戏剧，既有皇家的演绎，也有艺术院校青年人的实验作品，甚至是高中生在专业戏院的实验作品。如果没有一个这样不断搏动的文化脉象，如何来期望一个文化之城和创意之城？

最后的一个维度涉及文化、民族、国家、政治这个四位一体的系统。有些学者会认为，极端人类学式的文化保护就是将文化琥珀化，是不人道的。一些民族文化的提法，经营不当，不但不会带来文化勃兴，反而可能滋生疆独和藏独式的极端民族情绪。这种担忧，放在民族问题复杂的中国来思考，是有意义的，但是如何把握和表述这个问题恐怕还得更为谨慎。其实，文化、民族、国家、政治这四个变量是紧密联系的，大家最为担心的是"民族文化→文化自觉→民族差异→国家认同→文化表述→民族身份强化→国家挑战→政治危机"这种逻辑关联和现实发展轨迹，因为这样一来，本来一个善意的举动，造成了现实的隔膜、决裂、斗争和破坏，得不偿失。

解决这个问题是个复杂而系统的工程，基本是几十个博士论文的题目，但是作为基本的思考逻辑，我们还是要还原上面的几个基本思维路径：第一，站在长的时空向度思考民族差异和文化特殊性，理解文化的表征，理解文化的不同表述。第二，站在现实、短暂的时空向度，思考文化表征背后的复杂系统，让文化的回归文化，让民族的回归民族，不要混同和芜杂，形成问题的多重叠加。寻找同一主题的多元表述。第三，超越时空的框限和短时局限，用"五音"和"合奏"来做文化的篇章，寻找总谱，容忍无主题变奏和即兴，偶尔众人一起赏鉴一个异见的宣叙调。第四，既然是产业和项目，它涉及专业性和知识系统，需要一个真正多元的团队和精英来设计和实施。任何文化产业的发展，不可能建立在文化单一的基础上，如果一个城市只有卡拉ok，一年几个年节，一年出一两本献礼书，几年推出一部民族电影和歌舞戏，一个民族推出一个音乐组合。除此之外是少数民族标签化，年轻人精神迷茫，缺乏目标和彼岸，社会变动剧烈乡土远离，单一城市化模式蚕食丰富的文化生境，造成许多有意思的职业不断消失。那么任何设计大师和国家团队都是不能找到云南文化大省建设的魂魄和路径。

从东盟峰会看中国亚洲战略实施的挑战

在缅甸召开的东盟(亚细安)10+3 峰会,从国际关系的角度上看,其实是多重力量寻求平衡和制衡战略的角逐之地,其中涉及美国重返亚洲再平衡战略、中国海上丝绸之路战略、日本新制衡主义战略、印度海洋战略、亚细安多国卷入的南中国海争端等方面。

中国国家总理李克强在缅甸期间发布了《关于深化两国全面战略合作的联合声明》,在明确许多传统“胞波”(缅甸语中形容兄弟关系的官方提法)修辞之外,强调了双方同意将继承和弘扬和平合作、开放包容、互学互鉴、互利共赢的丝路精神,加强海洋经济、互联互通、科技环保、社会人文各领域务实合作等新重点,同时提出建立两国政府间电力合作机制,支持两国企业本着公平、透明、安全、环保的原则开展电力项目合作。

相比较中方的政治、经济、文化三驾马车的规则外交国际修辞,美国总统奥巴马在缅甸的行程完全是政治化、意识形态和民主推广式的,奥巴马不仅选择与昂山素季(淑枝)高调会面,同时还对缅甸孟加拉交界的穆斯林人口、缅甸政治反对派、缅甸未来的民主化道路等核心政治议题进行正面回应和积极建构。

这在某种程度上暗示了缅甸问题在未来的分野:一个基于相似政治背景的中缅旧秩序和孟中印缅机制;一个多国介入,美、中、日、印、韩联合博弈的后独裁民主化浪潮新秩序,这种态势势必引发中国在东南亚整体战略在落地层面的现实挑战。

针对变化微妙但影响至深至巨的“缅甸转身”,中国不得不在东北亚因为朝鲜,在东南亚因为南中国海和缅甸,同时面临东部海岸线的两个国际关系“风暴眼”,以中国在缅甸的利益布局、政经存在和文化交融格局,中国在三个方面将面临重大挑战。

首先是中国在缅甸的经济互动模式,将从传统的中缅国家主导的“托拉斯”

黄金时代模式转变为多国介入的“缅底抽薪”态势。中国在缅甸的经济投资几乎与其他所有海外投资一样，属于文化空心和话语弱势型。中国的对外投资企业长期不注重自身非经济因素的文化智投，基本上依靠成本优势、工程体量、运行速度等方面的惯有优势进行海外拓展，缺乏对海外特殊性的考察和把握能力。

面对印度、尼泊尔、巴基斯坦、孟加拉、缅甸等在宗教形态、文化形态、政治形态相对传统的区域，中国的对外投资并没有针对这些国家的特殊文化、政治、经济议程形成独特的投资方案和文化互动方案，仍然是通过套路的基础设施、能源、矿业、旅游地产、物品贸易等方式进行，这在带来经济收益的同时，也产生了严重的城市化、生态退化、宗教世俗化、族群利益纷争等问题。

以与缅甸接壤的云南为例，中国在大量吸纳“缅甸新娘”，推动大宗玉石、木材、能源、替代种植等方面经济互动的同时，并没有关注缅甸新移民的文化融入、生态资源保护和不同族群的社区利益共享。同时，由于中国本土日益紧张的族群矛盾，正通过国际通道、国际事件、国际传播的方式产生多米诺骨牌式的影响。

在这个意义上，中国并没有利用中缅共享的漫长国境线创造新的国际治理、族群政治、经济互动、文化传播的最佳范例，当不同国家逐渐进入民主化的缅甸，势必造成中国在缅甸全境政治、经济、文化影响的式微。

其次，相比较昂山素季（淑枝）获得诺贝尔和平奖以来的长期国际关注度和反对派民主化缅甸的持久努力，缅甸在其国内、周边和海外布局了较为发达的民主推动组织、权益组织、环保组织、媒体机构和国际学人网络。这些几乎涉及军事、政治、文化、妇女权益、战争、种族、卫生、健康、艺术、媒体、环境等多方面的国际组织网络将随着缅甸民主派的上台和势力崛起，成为缅甸真正的国际交往后备军。

相较之下，中国在中缅边境的政治化、半军事化、半透明化、族群紧张态势管治之下，缺乏具有核心表达力和话语建构能力的民间社会和公民社会，这虽然会在管治意义上带来操控性，但是当中缅互动变成多国角逐、国际透明、美日强力介入的新态势，中国可能失去基于民间、个人、社群最具表达力、沟通力和斡旋力的力量阶层，一旦出现类似密松水坝、莱比塘铜矿、中缅油气管道这种国际项目争议时，中国将陷于越来越孤立的国际场域。

第三，中国在国际组织建设和国际媒体传播方面将面临更为严峻的挑战。由于中国整体上萎缩的非政府组织和民间机构网络，国际社会很难在东南亚（甚至任何中国资本聚集区域）看见基于强大学术支持、民间资金供给，且具有重要国际影响力和公信力的“中国国际组织”;同时因为中国媒体整体上的政治性,几乎没有媒体可以对国际上重要、敏感、核心议题进行持续报道和话语建构。

因此,在未来的缅甸变局、南海争端、亚洲未来海洋战略竞争态势中,中国需要思考如何培育中国的国际组织、国际媒体提供观点、思想、方法和案例,忽视这一点,在日益国际化、利益分化、价值多元化、民族主义意识觉醒的亚洲世纪将是严重的国家缺陷。

新媒体电视台与海外受众：兼谈南海局势的国际传播建设[①]

随着中国全球外交战略调整和对外投资的规模和区域逐步扩大，如何保证中国对外交往和传播的系统性和建设性，同时保证中国海外的资源性、文化性、战略性投入的近期和中远期收益，维护中国良好国际形象、形成与大国崛起相匹配的传播力和沟通力，同时通过系统的知识融合型媒体传播来维护中国海外国民、海外资产、虚拟资产的安全，成为一个重要课题。

在传统的政治治理情境下，对外传播、对外投资、文化交流、政治互动基本上是基于中国国内政治体系的利益格局展开，然后由各自政策和项目管理的归口部门单线管理，造成了许多海外项目、海外传播无法在危机时刻，第一时间集中最优质的资源进行应对。中国的海外活动往往具有连带影响和多米诺骨牌效应，例如环境类、资源类的投资，如果处置不当，会对政治、文化传播、民间交流、旅游、教育、国际协作等多方面产生负面影响；尤其是南海问题这样的复杂话题，往往涉及多个国家、多个文化类型、多种话语场域，这都需要一种新型的媒体沟通观和海外受众观。

对外宣传是外交工作的重要组成部分。让世界更好地认识中国，走近中国，需要中国媒体的积极努力。习近平主席对此曾表示新闻单位“要精心做好对外宣传工作，创新对外宣传方式，着力打造融通中外的新概念新范畴新表述，讲好中国故事，传播好中国声音。”由新华社主办的中国新华新闻电视网（CNC）英语电视台（CNC World），自建立之初就承担着“立足国际视野，传递中国声音”的对

---

① 本文与新华社 CNC World 英语台台长杨国强合作，杨国强受邀参与中国南海研究协同创新中心年会，此为会议提交的大纲，后在与之讨论后成有此稿。作为新华社长期从事对外报道的资深专家，杨国强对于海外传播和国家传播具有独特的体悟和直觉；这种基于长期实践的视角对传播学者的理论研究具有重要补充作用。

外报道任务，在多年的不懈探索和总结中，CNC 英语台通过战略转型、内容建设、创新发展等多个渠道，实践着“讲好中国故事，传播好中国声音”的重要理念，为国家对外宣传工作积累了丰富的报道经验。

一、媒体外交和政策传播学：新理论架构的国际舆论协商

在现有的国际传播格局下，我们的对外传播不仅要有大局意识、全局意识、危局意识，还要在中国对外公共政策传播的视角下开展新一轮的媒体传播工作，在此，特别需要提出政策传播学概念（Policy Communication Studies），它不仅研究政治治理视阈的“策”“权”“谋”“略”，而且首先是将政策视为一种传播现象、媒介场域、权力形态、社会语言、中介机制、社会现象和政治技术，这对任何基于理性决策、技术选择和行动预期的社会场景其实都具有启思性，以此为逻辑线索的新研究将广泛关联经济、文化、宗教、伦理、哲学、法律等旁系，创造一种新的研究机制帮助世人理解个体、主体、集体、集群、物像之间的复杂联系。

政策传播学不仅在广度上涉及族群、家庭、个体、机构、政府、组织、数字社会等多元主体和对象，通过研究政策情境、政策效果、政策对应等线索，还将在深度上创造一个理解宗教、亲属关系、社会结构、历史记忆、社会认同、国家认同、权力疆界、社会能动性、政治博弈、想象共同体等经典传播人类学议题的新路径和知识网络，有助于我们通过一系列短促、时效、剧烈、深烈度、强影响力的“传播人类学情境”，去重新反思和发现传播学阐释和实践的新可能。

在研究的现实操作方面，当中国传播学学人与媒体人研究和报道中国的政策、媒体、传播情境的同时，可以通过田野研究、比较研究、跨学科研究、历时与共时结合研究、合作研究等研究视角和数据思维方式，广泛深入分析海外政策传播学案例，甚至创建“海外传播与媒介治理数据库”“中国海外政策传播学研究数据库”“中国海外政策传播和社会协同治理报道案例库”，开展跨越单一信息搜集和集成阶段的知识融合型媒体报道。

CNC 英语台自 2010 年 7 月 1 日开播以来，本着“国际视野、中国观察、及时传播、客观表达”的办台理念，利用英语通稿线路和重大事件的及时报道，从客观上报道涉华内容，将展现中国改革开放、现代化建设成就及“中国梦”价值诉求的内容孕育于新闻报道之中。

当前国际传播舆论场中，中西方媒体的力量对比不可同日而语。西方媒体的优势主要体现在：(1) 语言优势。英语是国际通用语，中国人学会英语太难，用英语表达思维更难。(2) 受众群体规模优势。西方学中文的人数远远低于中国人学英语的人数。(3) 历史上形成的话语权垄断。媒体交流的不平衡，大大增加了我国新闻单位向海外有效、公平推介中国社会的成本。

新华社现在全球 170 多个国家和地区建立总分社、分社和记者站，而这 170 多个分社铺成了一个覆盖全球大大小小地区的新闻采集网络，从这个角度讲，CNC 电视事业在线、面上的工作有一定的优势，具体说来，包括全球覆盖的优势。

这种全球布局优势，从信息架构、地理优势、文化纵深、方法整合、视野聚合等多个方面，实际上形成了一种优于国内许多学术机构、官方传播机构、企业传播机构的系统架构，这种架构是展开整合型的中国对外政策传播和建构型海外媒体治理的基础。

根据中央要求，结合电视新媒体的最新业态，CNC 正加快从纯新闻频道向新闻文化综合频道转型，扩大环保、贫困、妇女儿童等世界性共同主题的题材选择，提高中国文化社会题材的比重，讲好中国故事，传播好中国声音。CNC 正在制订转型计划，建立“大数据云电视平台”，实现 CNC 在海内外传播的转型和突破。

除此之外，如果 CNC 能够在系统整合国内外学术、国内外智库、国内外企业型对外传播资源等元素，形成一个更为综合海外政策传播和危机争端处理媒介情境，那么将把议政厅、国际发布、战略协商、文化融通、争端解决、政策传播等传统的由各大部委和直属机关的对外沟通职能，集成为一种通过各种综合媒体方式呈现的“海外信息治理”“海外政务沟通”“海外政策传播”新形式。

例如，在习近平访问坦桑尼亚期间，英语台编辑、综发对坦桑尼亚总统的专访及广东分社的《非洲人的“中国梦”——在华非洲人热议习近平访问非洲》。同时，英语台还组织新德里、里约热内卢等与金砖国家有关的分社和华盛顿、纽约等总分社通力进行报道，使得节目体现出点多面广的特点，同时使得节目更加立体。

在政策传播学和海外信息治理的视角下，这种国家领导人的对外报道可以通过主动建构的方式，邀请对象国不同领域的领导人、专家、受众参与到不同的海外政务沟通和海外政策传播的媒介形态中来，相当于通过媒介平台搭建的会客厅、辩论室、聊天室、现场互动、部长答疑、媒体现场答问、海外政务透明化的综合形式，对海外政务传播的形态进行根本性变革。

通过重要人物、关键项目、详细细节、透明过程、现场互动、及时播发、新媒体整合传播的方式，将一个开放、建设性、务实、包容性的中国展现在世人面前，而且由于这些过程的充分开放性、多元性、互动性，可以视为相关区域共同的媒体平台和媒介资讯发布通道。

以南海为例：我们可以通过研究更多具有合作性和开放性的话题和领域，设计南海智库直播、南海媒体议政厅、南海协作辩论、南海多边媒体联动计划，在优先话题和重要共识事务上，增加南海区域的透明性、建设性、公共性。

二、新的传播、新的人：从政治型媒体到媒体型政治

从以上的理论和实务操作经验可以看出，作为一种新学科概念，政策传播学虽起步，但是具有极为迫切的社会需求和国家治理需求，作为最为典型的案例之一，随着中国国际地位的上升和海外互动日益频繁，中国的海外投资和海外政务已经进入多民族、多宗教、多族群、政治势力派系林立、国际组织多元、利益冲突尖锐的海外情境，各种社会、政治、文化、经济议题混融在一起，与各种“隐形力量”和“看不见人群”交织在一起，形成一个独特的海外治理情境（overseas governance and communication scenario）。

这时候，如果没有细致的媒介人类学、政策传播学或其他同类型的研究支撑，任何一个从属于外交部、涉外团体、企事业单位、民间团体的传统条块分割和活动单元，容易让海外治理陷入一个低效、低质的困境和循环。如果有基于海外民族志、政策传播学、传播人类学、决策科学、海外传播肌理、社群认知和应对的综合性研究，它将通过制度设计、人员管理、工作方式、传播模式、人才引入、社会杠杠使用、知识工具等多方面革新，最大限度保证中国国民的海外安全和合法利益，同时也保证中国政府各种正当海外战略的有效施行。

在这个意义上，中国传播学人和媒体人应该进一步认识到自己的身份不仅是学者、记者和网站编辑，而是媒体外交官（media diplomat or media diplomacy），只有在此视野之下研究修辞、跨文化传播、信息认知、大数据与网络化社会、数字技术与认知科学、政治传播与媒介治理，才能成为未来中国所需要的传播栋梁之材。

在国内的政治治理实践方面，政策传播学也应该承担更为严峻和紧迫的“社会策问”，例如中国老龄社会的政策人类学解读和政策应对，如何理解老龄社会与数字化社会、少子化社会、养老经济学、乡村与城市发展失衡、宗教与临终关怀等问题的相互勾连；此外无论是独生子女、失独人群、失智人群等与特殊社会、个体异变有关的疾病化社会管理，还是与中国社会文化传承、“后孔子学院”时期的海外软实力战略、丝绸之路的政策落地和传播战略、海疆等周边外交争端与跨文化传播、数字成瘾与新型毒品的人群传播机制等议题有关的政策情境都需要政策传播学的综观、深度、人文视角。

在政策传播学的研究开展和学科设问上，可以使用一种传播学式的发问方式为例来阐释政策传播学与媒介人类学的潜在应用性和重要性：谁、通过什么机制、凭借哪些主体、执行何种政策、针对什么、产生何种效果（Who，through which mechanisms，by using what entities/subjectivities，phasing in what kinds of policies and conducting what kinds of projects to whom with what effects）。

我们因此也可以看出用通俗方式所陈述的政策传播学主体研究和社会责任担当形式：

WHO——行动主体（倡导中国对内和对外政策制定的科学决策能力：研究不同主体和区域，如何协同、妥协、优化政策决策、政策执行和政策修正机制）。

WHAT ENTITIES——中国/海外社会深入社区层面的多主体介入机制研究（从不同政治治理单位去研究不同政策情境的基本调查工作、机构设计、流程设计和目标控制）。

WHICH CHANNEL——多主体介入的机制和渠道研究（分析基于项目点、决策动机、问题回应和社区层面的人力、财力、物力、智力等方面的集合模式）。

WHAT POLICIES——政策和策略的形式分析、案例分析、诊断性深度观察、介入群体的能力赋予和方式传播（以项目设计和目标优化为核心的政策人类学实地研究和诊断研究）。

TO WHOM AND WHAT EFFECT——研究不同项目/政策主体对效果的理解差异，分析差异的形成和控制/优化模式。

除了正常的学术产出，政策传播学通过媒介实验室、媒介治理大数据生成、决策社会效果计算、虚拟治理、全球治理风险预估、政策情境模拟与策略生成、政策报告、传播策略报告、政策诊断、政策传播模拟实验、政策传播公共反馈、政策传播咨询、多主体政策传播协商等方式传递政策传播学的研究成果，整体上提升中国传播学乃至世界传播学在介入重大现实性问题（communication studies of the present and contingency）的学科贡献能力和智识，以及政治型媒体到媒体型政治的革命性转变。

在这些前沿的理论和实践领域，新华社已经在进行探索性工作，例如，在中国经济增长出现减速的背景下，西方舆论出现了一些唱衰中国经济的论点。英语台策划了以“投资者撤离中国股市”的热点新闻专题《Investors withdraw from China market?》。联动亚太总分社和辽宁分社，通过采访资深经济学家和行业分析师，解读资本撤离中国股市背后的原因，客观还原中国市场动态及中国股市的未来走向，报道观点丰富平衡，及时向西方传递了真实、积极的信号，创造一种新的国际舆论。如果这类报道能够机制化、人员内嵌化、研究与报道整合化、呈现日常化，那么媒体就成为集成政府信息、学界研究、业界知识的知识融合者，自然将形成更为强势和信度的国际沟通力。

在媒体自身跨部门信息整合方面，新华社已经在尝试运用集成服务理念改造提升传统报道，即将传统的新闻采编播流程根据新媒体时代的传播规律、受众习惯进行改造，细分为 10 个流程。分别为：集成式策划、项目制运作、多媒体采集、全程式报道、双向性互动、聚合式加工、多产品推出、多媒介展示、广渠道营销和体验式反馈。

三、结论：中国海外传播和南海国际传播

——中国作为一种传播路径和方法

从中国媒体大量的对外报道经验和传播困局可以看出：中国企业和政府的海外生存真正需要进行思维范式转化，根本不是进行修辞和抗辩，关键是企业濡化和文化涵化（entrepreneurial enculturation/acculturation），学会真正从自身文化特质、文化身份的角度思考自己企业与西方企业和传统企业的不同之处，多从文化认知的角度思考自身品牌，多用创新型组织和创意传播的方式组织当地的利益协同机制，甚至开始思考中国儒商体系中的道德基因和文化基因，用于海外的智投模式和海外事务的智传（smart communication）。

以南海问题为例，2013—2014 年，作为南中国海争端云谲波诡的一年，中国

对南海的主权声索在极为复杂的国际关系和突发事态中进行：马航失联所体现的东南亚区域战略较量和协同、越南针对中国南海石油勘探的排华和骚乱、菲律宾多次严重挑衅中国在南海的正当权益和政治主权、印度与日本两国在实用主义和印日协同战略下对南海事务的深入渗透、美国在整个亚太区域的再平衡和影响力重新布局、俄罗斯在乌克兰危机遭西方围追堵截后出现的“亚太宽松”表象、英国和澳大利亚等国在美国影响下的重新返回亚太战略博弈、通过香格里拉对话展现出来的“南海鸿门宴”反华话语体系等。

在中国沟通海外政策和族群利益时，中国已经使用多重的外交组合策略，有时甚至在南海周边国家的自有媒体上形成话语上的较量，但就沟通的持续性、完整性、有效性而言，中国仍然缺乏具有海洋思维的高质量媒体集群，以及集成优质基础研究成果和战略思维的跨部门传播平台。

在此背景之下，进行媒介型政治（mediated politics）、传播型政治（communicative politics），可以把许多南海国际争端从媒体对阵和较量的僵局中解放出来，新形势下的中国和南海，需要智库型传播和公民参与型沟通（civic participation in communicative politics）。

这种语境之下的中国海外政务传播和南海媒介共同体，都是一种更富远见和实效的新型传播机制，在这种机制中，只要有“中国”两个字出现，它就不仅是一种民族主义表述，而且是一种独立性、专业性、原创性的“中国视角和立场”——这不是一种传播的民族主义，而是一种真正的反思性抱负。我们要通过中国这个研究地域，中国学者这个群体，中国经验作为一种反思路径，中文作为一种思索性语言，生产一种真正原创性，启发知识增长促进争端和分歧解决的原创力。通过这种方式来解决全球化语境中中国在知识界和传播界长期的“信息逆差”，在这种过程中，将不仅包括中国，还将把亚洲尤其是南海关涉国的各自智慧调动起来，甚至其他欧美等外围力量的非政治化、去抗争化（de-containment）的智慧调动起来，共同指向南海问题的和平解决。

“马航现象学”：失联背后的亚洲社会

为研究马航 370 失联事件，笔者于 2015 年 1 月 1 日，特别选择马来西亚航空公司的班机飞往吉隆坡，访问当地的媒体界、学术界和民间社会，试图从一个民间视角重新审视马航事件的深刻影响。

出乎笔者意料，自己所乘坐的马来西亚航空公司的乘客非常多，似乎都已经满员，乘客中有西方人面孔，也有不少马来西亚和中国乘客，大家神色如常，和中国内地“谈马色变”的飞行选择颇为不同——许多我的熟人认为笔者选择马航出行是无畏之举。

在这一意义上，登机的那一刻研究就开始了，我把马航航班现实的良好服务、相较中国国内航空更好的餐食、登机乘客神色如常毫无惧色等情形看成一种相对于“中国媒介马航呈现”的意外，也在另一个角度提醒，马航失联事件已经发生了九个多月，似乎正在被人遗忘。

坦白来说，针对马航，中国许多媒体仍然有零星而不系统的报道，所关涉多针对中国失联乘客家属悲恸和煎熬的等待和创伤化生活，除此以外，中国媒体时常会报道马航发生的各种负面新闻，同时传达某种对马来西亚政府处理这一事件的深度失望。

包括中国媒体在内的马航失语有着客观的原因：亚洲所有直接和间接关涉的媒体似乎都缺乏核心的信息源，同时也没有可以操作的调查路径，甚至可以说直到现在有关马航事件的核心信息都是缺失的——谁在何种情况下针对马航 370 做了什么？产生了何种效果？马航究竟发生了什么？它究竟在哪里？

在采访马来西亚《东方日报》执行总编陈利良时，他提到了一个重要事实，航空事件是一种特别专业的报道领域，有关航空事件处理的流程因为设计到航空业行业标准、国际政治、国家安全、信息公开程序、军事机密、国际合作等原因，它无法实现公众所要求的及时知情权。

"中国媒体在马航事件发生后曾经派出特别多的记者，这些驻扎在当地的媒体记者在连续一两周没有任何实质性调查进展的情况下，立刻慌了——因为总部每天都在催稿，以至于他们四散开去寻找各种所谓专家，到各种无关地点去挖掘新闻。"陈利良提到。

在陈利良看来，马来西亚存在媒体人才的断层，新生代记者都非常年轻，没有此类重大航空灾难报道的经验，这种情形在整个亚洲的记者圈也不同程度存在，这种媒介产业格局下的媒体机器，在信息生产方面最终很难生产出有效信息，并激发同行之间的真正合作。

马航现象学：信息暗战取代"马航去哪儿"成为"新闻主体"

马航事件让亚洲和事件关涉的其他国家看到，当世界"有事"，我们通过什么可以掌握信息并依据"大数据"来进行有效地现实干预？究竟谁在控制我们的"信息之脑"——让我们看见一些东西同时却对大量事实遮蔽不见？

任何具有信息搜索能力的人可以发现，马航事件发生的前后，国际社会有多起与信息控制和透明有关的事件，例如斯诺登事件、美国棱镜计划、某些智能手机与通讯巨头被国家主体因安全为由遭到拒绝、亚信峰会信息安全、东盟峰会海上安全合作等。这些同时或相继发生的事件成为各种马航阴谋论解释的丰富土壤，但是具有讽刺意义的是，所有流行于中国，甚至大部分亚洲区域的马航阴谋论的搜索工具和信息渠道都是使用谷歌地图、维基百科，以及部分军事爱好者通过公开搜索工具在线侦查的结果（中国人不可能通过百度搜索出任何有价值信息）。

换言之，从马航事件我们看到，公众往往成为最后的被蒙蔽者，只能通过"盲人摸象"的技术使用各种存在逻辑、技术、真实性缺陷的渠道了解我们身处的世界。与此同时，还被反过来要求为了抵抗这种信息混乱，更多地让渡个人的隐私权和质疑权。

就在笔者乘坐马航飞往吉隆坡的当日，2014 年最后一天的《纽约时报》国际版正好有一篇针对亚航和马航事件的报道，该文在讨论为了航空安全和杜绝马航事件发生，应该开放航空信息（streaming data）。

此报道正好涉及笔者在马来西亚调查时，部分当地学者和媒体人在匿名情况下的观点表述:马来西亚如果真按照"公众"要求公开自己的航空监测数据,同时其他周边国家也开放自己的数据,无疑是将自己国土安全数据、军事雷达数据、信息监测、间谍卫星技术的细节全部公之于人。

马航事件发生的马六甲海峡、南中国海、印度洋等区域是军事情报和海洋地理信息系统的"热战区",围绕寻找马航的各国军力搜索配合,事实上完成了一种因寻找马航而开展的军事演习和实战。

我们也是在这个意义上,看到亚洲各国、东盟通过马航事件表现出来的内在不信任和核心合作框架缺失。中国正在这一区域推行海上丝绸之路概念,如果没有信息安全和信息协同的基本支持,这种海上丝绸之路缺乏存在的基础。相比较传统政治学和国际关系的国土、海疆、治理权、管辖权等概念,主宰南中国海、马六甲海峡、印度洋、亚太的核心要素似乎是信息——由谁来控制信息的生产、传播和协同。在这个意义上,信息即治理(message is governance)。

马航事件背后的认知论转型

如果把马航失联事件所代表的现象当作一种现实的信息治理情境,我们似乎可以看到一种新的政治治理思维正在成型:不管是国家行为还是组织和个人行为,大家似乎都想还原事件真相,找到事件发生的核心时间和关键点,这也就是研究"系统"这一对象时的"还原论"(reductionism)。

通俗来讲,还原论就是相信在一个系统中,宏观层面的特质可以也必然能推导到微观层面。好像地上有四个不同羚羊脚印,必然可以推断,羚羊是四足动物;反过来,如果看见地面无迹可求,必然可以推断"羚羊挂角",身悬半空。

这种理论在马航事件体现得淋漓尽致,不管是官方在外表上,还是媒体和个人,都试图通过局部、全部、个别、整体的逻辑推断来分析蛛丝马迹和失联细节在哪里。

但是,笔者看到马航事件背后的另外一种认知阐释,也就是所谓的"整体论"(holism),马航事件体现了亚洲以及国际社会的一种"事件交集",而不是一个孤立事件,也就是说,和公众心焦的"马航去哪儿"问询相比;在大的国家和社群架构中还存在若干个不同的事件,他们根本不关心马航和马航事件,而是在一个相互缠绕的不同事件滚动过程中向前发展。

也就是说,呈现在公众和媒体的是一个马航失联事件,但是这个事件是由若干个不同类型的事件、自成一体的事件组织而成的；在这些事件中他们各有其阶序和程序，有时甚至不互相关联。

相比较“还原论”，马航事件被认为是一个“怀胎九月”的婴儿，大家想看这个婴儿长什么样，通过摸它的手脚鼻耳，判断长相；“整体论”视角下的马航事件是一个“各怀其胎”的孕育实验室——它是一个亚洲欲望和全球政治交叉孕育的“胚胎动物园”。

笔者认为，认知到这，马航事件的探索才可以真正开始。

附录：参考文献

第一章

Atwill, David. 2003. Blinkered visions: Islamic identity, Hui ethnicity and the Panthay rebellion in southwest China, 1856 - 1873. The Journal of Asian Studies(62,4):1079 - 1108.

Armijo, Jacqueline. 2001. Narratives engendering survival: how the Muslims of Southwest China Remember the Massacres of 1873. In"Race"Panic and the Memory of the Migration, edited by Meaghan Morris and Brett de Bary. Hong Kong: Hong Kong University Press.

Brown Radcliffe. 1952. Structure and Function in Primitive Society, New York: The Free Press.

Blum, Susan D. 2006. In and out of the ethnographer's shadow: native identity in the anthropology of China. Reviews in Anthropology(35):79 - 95.

Blum, Susan D. 2002. Margins and Centers: A Decade of Publishing on China's Ethnic Minorities. The Journal of Asian Studies(61,4):1287 - 1310.

费孝通. 1980. 关于我国民族的识别问题，中国社会科学(1).

费孝通. 1981. 迈向人民的人类学，北京：新世界出版社.

Greenwald David E. 1973. Durkheim on Society, Thought and Ritual. Sociological Analysis(34,3):157 - 168.

Gros, Stephanne. 2004. The politics of names: the identification of the Dulong of northwest Yunnan. China Information(18):275 302.

Hostetler, Laura. 2000. Qing Connections to the early modern world: ethnography and cartography in eighteenth-century China. Modern Asian Studies(34,3):623 - 662.

Hill，Ann Maxwell. 2004. Provocative behavior：agency and feuds in Southwest China. American Anthropologist(106,4)：675－686.

Lin Yue-Hwa. 1961. The Lolo of Liang Shan. New Haven：HRAF Press.

Litzinger. R. A. 2004. The mobilization of nature：perspectives from northwest Yunnan. China Quarterly(178)：488－504.

Mckhann，Charles F. 2003. Sacred trails：Genealogical mapping and the creation of historical space among the Naxi of Southwest China. manuscript. Histoire et Anthropologie Asies(2).

Muggler Erik. 2002. Dancing Fools：politics of culture and place in a "traditional nationality festival"，Modern China(28)：3－38.

Muggler Erik. 1999. Spectral Subversions：Rival Tactics of Time and Agency in Southwest China. Comparative Studies in Society and History (41,3)：458－481.

Muggler Erik. 1998. A Carceral Regime：Violence and Social Memory in Southwest China. Cultural Anthropology 13(2).

Notar，Beth. 2006. Authenticity anxiety and counterfeit confidence：outsourcing souvenirs，changing money and narrating value in reform-era China. Modern China(32,1)：64－98.

Rozik Eli. 2002. Rethinking Ritual and Other Theories of Origin：The Roots of Theatre. Iowa City：University of Iowa Press.

Schein L. 2005. Ethnoconsumerism as cultural production? Making space for Miao style. In：Jing Wang，eds. Postmodernism and the Social Sciences，New York：St. Martin's Press. 57－79.

Schein L. 2006. Translocal China：Linkages，identities，and the reimagining space. London and New York：Routledge. 213－237.

宋蜀华. 1997. 论历史人类学与西南民族文化研究——方法论的探索. 思想战线(3).

Tapp，Nicholas. 2002. In defense of the archaic：A reconsideration of the 1950s ethnic classification project in China. Asian Ethnicity(3,1)：63－84.

第二章

黄泽全. 2003. 非洲投资指南. 北京：人民日报出版社.

李安山. 2004. 非洲民族主义研究. 北京：中国国际广播出版社.

舒运国. 2004. 失败的改革——20 世纪末撒哈拉以南的非洲国家结构调整评述. 长春：吉林人民出版社.

詹姆斯·C. 斯科特. 2007. 弱者的武器. 郑广怀等译. 上海：译林出版社.

詹姆斯·C. 斯科特. 2004. 国家的视角. 王晓毅译. 北京：社会科学文献出版社.

詹姆斯·C. 斯科特. 2001. 农民的道义经济学：东南亚的反叛与生存. 程立显译. 上海：译林出版社.

周雷. 2012. 中缅油气管道的"政治生态". 南风窗(8).

周雷，亨凯. 2012-10-3. 缅甸媒体进入激变时代. 新加坡联合早报.

周雷. 2011. 公共环境运动的迷思. 南风窗(5).

周雷. 2011. 人类之城：中国的生态认知反思. 北京：北京理工大学出版社.

周雷. 2011-10-17. 过河入海：湄公河惨案背后的地理政治. 新加坡联合早报.

周雷. 2010. 生态问题背后的认知危机. 南风窗(25).

第三章

BECK，Ulrich. 1992/1986. Risk Society：towards a new modernity. London：Sage.

COLLINS，Gabe，ERICKSON，Andrew. 2012. Tilling Foreign Soil：New Farmland Ownership Laws Force Chinese Agriculture Investors to Shift Strategies in Argentina and Brazil. China SignPost(57).

FRISCHTAK，Claudio；SOARES，André，O'CONOR，Tania. 2013. Chinese Investments in Brazil from 2007-2012：a review of recent trends. China-Brazil Business Council&IDB.

GARCÍA-HERRERO，Alicia and FERCHEN，Matthew G. and NIGRINIS，Mario. 2013. Evaluating Latin America's Commodity Dependence on China. BBVA Working Paper 13/05.

GRAHAM，Laura. 2008. Wayuu and Xavante Meet in Xavante Protest over Destructive Soy Cultivation. Anthropology News(49，4)：32-33.

NIU Haibin. 2013. "Deindustrialization" and Sino-Brazilian Ties. Contemporary International Relations(CIR)(23，4)：44-57.

SUTHERLAND, Dylan, WHELAN, Glen. 2009. Corporate Social Responsibility in China's large TNCs. China Policy Institute Discussion Papers (51). Nottingham, UK: The University of Nottingham.

周雷. 中国海外疯投应转为海外智投，福布斯中文网，http://www.forbeschina.com/column/zhoulei.

周雷. 2012. 中缅油气管道的“政治生态”. 南风窗(8).

周雷. 2013. 中国投资巴西之困. 凤凰周刊(21).

第四章

Keyes, Charles F. 2002. "'The Peoples of Asia': Science and Politics in Ethnic Classification in Thailand, China and Vietnam," Journal of Asian Studies, 61.4: 1163–1203, November, 2002.

Osborne, Milton. 2000. The Mekong: Turbulent Past, Uncertain Future. New York: Grove Press.

Sato Yasuyuki. 2005. The Thai-Khmer Village: Community, Family, Ritual, and Civil Society in Northeast Thailand. Niigata University.

Tapp, Nicholas and Andrew Walker, eds. 2001. The Tai world: a digest of articles from the Thai-Yunnan Project Newsletter. Canberra: The Thai-Yunnan Project, Department of Anthropology, Research School of Pacific and Asian Studies.

詹姆斯·C. 斯科特. 2007. 弱者的武器. 郑广怀等译. 上海：译林出版社.

詹姆斯·C. 斯科特. 2004. 国家的视角. 王晓毅译. 北京：社会科学文献出版社.

詹姆斯·C. 斯科特. 2001. 农民的道义经济学：东南亚的反叛与生存. 程立显译. 上海：译林出版社.

周雷，亨凯. 2012–10–3. 缅甸媒体进入激变时代. 新加坡联合早报.

周雷. 2011. 公共环境运动的迷思. 南风窗(5).

周雷. 2011–10–17. 过河入海：湄公河惨案背后的地理政治. 新加坡联合早报.

周雷. 2010. 生态问题背后的认知危机. 南风窗.(25).

周雷. 2010–7–19. 中国应成立“精神特区”. 新加坡联合早报.

第五章

Beakeley B. and Ludlow P., eds. 1992. Philosophy of Mind: Classical

Problems/Contemporary Issues. Cambridge:MIT Press.

Block N. 1990b. Can the Mind Change the World. In:G. Boolos, ed. Essays in Honor of Hilary Putnam. Cambridge University Press.

Block N. 1986. Advertisement for a Semantics for Psychology. In: French P. A. , et al. , ed. Midwest Studies in Philosophy(X). Minneapolis:University of Minnesota Press. 615 - 678.

Block N. 1981a. Psychologism and Behaviorism. The Philosophical Review LXXXX/1/5 - 4.

Block N. 1980, 1981b. Readings in Philosophy of Psychology (1, 2). Harvard University Press.

Block N. 1978. Troubles with Functionalism. In: C. W. Savage, ed. Minnesota Studies in Philosophy of Science(IX). Minneapolis: University of Minnesota Press. 261 - 325.

说明:本文的研究语料主要基于对维基百科、《华盛顿邮报》、《纽约时报》、《卫报》、《英国每日镜报》、《曼谷邮报》、《经济学人》、《华尔街日报》、《新华社》、《人民日报》、新浪微博、《财经》、Facebook、Twitter、微信等 50 家传统媒体和社会化媒体的公开数据。主要文献列举如下,提取时间 2014 年 3 月 8 日至 6 月 18 日。

Allard, Tom. Missing Malaysia Airlines flight MH370 likely to be near Australia, says analyst. The Sydney Morning Herald.

Andy Pasztor. 2014 - 3 - 12. Missing Airplane Flew On for Hours. The Wall Street Journal.

Azharuddin Abdul Rahman. Press Conference: MH370(10 March 2014, 12:00 Noon)(PDF). Ministry of Transport.

Buncombe, Andrew; Withnall, Adam. Malaysia Airlines Flight MH370: Oil slicks in South China Sea "not from missing jet", officials say. The Independent.

Cenciotti, David. 2014 - 3 - 11. What we know and what we don't about the mysterious Malaysia Airlines MH370 disappearance. The Aviationist.

Chris Buckley and Nicola Clark. 2014 - 3 - 14. Satellite Firm Says Its Data From Jet Could Offer Location. The New York Times.

Farrel, Paul; Safi, Michael. Link to MH370 discounted after debris washes up on Western Australia coast. The Guardian.

Fernandez, Celine. 2014 - 6 - 12. Malaysia Airlines Flight 370 Families to Get $50,000 Each. The Wall Street Journal.

Hall, John. 2014 - 6 - 17. Most likely crash site of missing Malaysia Airlines flight MH370 is "stretch of Indian Ocean that is yet to be searched". Daily Mail.

Heather Saul. 2014 - 3 - 14. Missing Malaysia Airlines Flight MH370: Military radar shows jet could have been"hijacked" and then flown towards Andaman Islands. The Independent.

Hildebrandt, Amber. Malaysia Airlines Flight MH370: "Mystery compounded by mystery". CBC News.

Keith Bradsher, Edward Wong, Thomas Fuller. Malaysia Releases Details of Last Contact With Missing Plane. The New York Times.

Kemp, Stuart. 2014 - 4 - 2. Discovery Networks International Orders Special on Malaysia Flight 370. The Hollywood Reporter.

MacLeod, Calum; Winter, Michael; Gray, Allison. Beijing-bound flight from Malaysia missing. USA Today.

McDonell, Stephen. Missing Malaysia Airlines plane: Chinese satellites spot new possible debris from MH370(text&images). ABC News.

Murdoch, Lindsay. Missing Malaysia Airlines flight MH370: Floating debris spotted by Chinese satellite image. The Sydney Morning Herald.

Neuman, Scott. Search For Flight MH370 Reportedly Largest in History. The Two-way. NPR.

Orr, Bob. 2014 - 3 - 13. Did Malaysian plane fly toward Indian Ocean after last contact?. CBS News.

Pearlman, Jonathan. MH370 search becomes most expensive aviation hunt in history, yet still no clues. The Telegraph. Telegraph Media Group.

Phillips, Tom. 2014 - 6 - 24. Hunt for MH370 could take "decades", admits airline chief. The Telegraph.

Sara Sidner, Catherine E. Shoichet, Evan Perez. 2014 - 3 - 24. Source: Flight

370's altitude dropped after sharp turn. CNN.

Tasnim Lokman. MISSING MH370：Indonesia helps in search for airliner. New Straits Times.

Withnall，Adam. Malaysia Airlines flight MH370：Analysis of Indian Ocean oil slick shows it is not from missing jet. The Independent.

Withnall，Adam. Missing Malaysia flight MH370：French satellite images show possible "debris field" of 122 objects in search area. The Independent.

Flight MH370："Objects spotted" in new search area(text&images). BBC News. 2014-3-28.

Saturday，March 08，07：30 AM MYT+0800 Media Statement - MH370 Incident released at 7. 24am. Malaysia Airlines.

Saturday，March 08，09：05 AM MYT+0800 Malaysia Airlines MH370 Flight Incident - 2nd Media Statement. Malaysia Airlines.

Saturday，March 08，10：30 AM MYT+0800 Malaysia Airlines MH370 Flight Incident - 3rd Media Statement. Malaysia Airlines.

Sunday，March 09，02：00 AM MYT+0800 Malaysia Airlines MH370 Flight Incident - 6th Media Statement. Malaysia Airlines.

Malaysia Airlines MH370：Last communication revealed (text，images&videos). BBC News. 2014-3-12.

Malaysia plane search：China checks new "debris" image (text，images&video). BBC News. 2014-3-22.

Missing MH370：Search extended up to Kazakhstan，down to Indian Ocean. The Star. 2014-3-15.

Number of countries in SAR operations increases to 26. The Star. 2014-3-18.

Transcript of Press Conference，9 April 2014. Joint Agency Coordination Centre. 2014-4-9.

Why can plane transponders be turned off from the cockpit?. CBS News. 2014-3-19.

第六章

中国非洲人民友好协会. 2011. 非洲智库研究专题. 非洲(12).

香港自然力研究院. 2012 - 2013. 非洲民族志计划论文集 1—3 卷. 内部资料.

艾周昌，沐涛. 1996. 中非关系史，上海：华东师范大学出版社.

黄泽全. 2003. 非洲投资指南. 北京：人民日报出版社.

李安山. 2004. 非洲民族主义研究. 北京：中国国际广播出版社.

舒运国. 2004. 失败的改革——20 世纪末撒哈拉以南的非洲国家结构调整评述. 长春：吉林人民出版社.

周雷. 2011. 非治之治逃逸之艺：高地的佐米雅人——评詹姆斯·斯科特的《不被统治的艺术：东南亚高地无政府的历史》. 中国人类学评论(20).

第八章

Andersen, Niels Akerstrom. 2003. Discursive Analytical Strategies: Understanding Foucault, Koselleck, Laclau, Luhmann. The Policy Press.

Bauman Z. 2000. Liquid Modernity. Malden, MA: Polity Press.

Beck, Ulrich. 2005. Power in the Global Age. Maiden, MA: Polity Press.

Beck, Ulrich. 2000. What Is Globalization? London: Blackwell.

Beck, Ulrich. 1986. Risk Society: Towards a New Modernity. Thousand Oaks, CA: Sage.

Beck, Ulrich; Giddens A. and Scott Lash. 1994. Reflexive Modernization: Politics, Tradition and Aesthetics in the Modern Social Order. Stanford, California: Stanford University Press.

Beidelman, Thomas O. 1959. A Comparative Analysis of the Jajmani System. New York: Association for Asian Studies.

Berger, Peter L. and Thomas Luckmann. 1966. The Social Construction of Reality: A Treatise in the Sociology of Knowledge. New York: Doubleday.

Bernal, John Desmond. 1939. The Social Function of Science. London: G. Routledge and Sons.

Bourdieu, Pierre. 1992. Language and Symbolic Power. Edited and introduced by John B. Thompson, translated by Gino Raymond and Matthew Adamson. Polity Press.

Brosius J. P. 1999. Analyses and Interventions: Anthropological Engagements with Environmentalism. Current Anthropology 40(3): 277 - 309.

Burton M. , G. Schoepfle and M. Miller. 1986. Natural Resource Anthropology. Human Organization 45(3):261 - 269.

Cheater, Angela. 1999. The Anthropology of Power: Empowerment and Disempowerment. In Changing Structures. London:Routledge.

Croll E. and D. Parkin, eds. 1992. Bush Base, Forest Farm: Culture, Environment and Develop-ment. London:Routledge.

Ellen R. and H. Harris. 2000. Introduction. In:Ellen,R;Parkes. P and A. Bicker, eds. Indigenous Environmental Knowledge and its Transformations: Critical Anthropological Perspec-tives. Amsterdam: Harwood Academic Publishers.

Fabian,Johannes. 1984. Time and the Other:How Anthropology Makes its Object. New York:Columbia University Press.

Fischer,Edward F. and Peter Benson. 2006. Broccoli and Desire: Global Connections and Maya Struggles in Postwar Guatemala. Stanford: Stanford University Press.

Gellner,Ernest. 1983. Nations and Nationalism. Ithaca:Cornell University Press.

Giddens,Anthony. 1984. The Constitution of Society: Introduction to the Theory of Structuration. Berkeley:University of California Press.

Grafton R. , L. Robin and R. Wasson, eds. 2005. Understanding the Environment: Bridging the Disciplinary Divides. Sydney, NSW: University of New South Wales Press.

Gragson T. and B. Blount, eds. 1999. Ethno-ecology: Knowledge, Resources,and Rights. Athens,GA,USA:University of Georgia Press.

Griffiths T. 2001. Forests of Ash:An Environmental History. Cambridge: Cambridge University Press.

Head L. 2000. Cultural Landscapes and Environmental Change. London: Arnold.

Head L. , Trigger D. and E. Woodward. 2004. Nature, Culture and the Challenges of Envi-ronmental Sustainability:Bridging the Science/Humanities Divide. In:Report on ARC Research Network Special Initiative Seed Funding.

Henning A. 2005. Climate Change and Energy Use: the role for anthropological research. Anthropology Today 21(3):8 - 12.

Hirsch E. and M. O'Hanlon, eds. 1995. The Anthropology of Landscape: Perspectives on Place and Space. Oxford:Clarendon Press.

Ingold T. 2000. The Perception of the Environment:Essays on Livelihood, Dwelling and Skill. London:Routledge.

James E. Nickum. 1998. Is China Living on the Water Margin?. The China Quarterly. p. 886. Johnston, B. 1994. 'Human Rights and the Environment'. Practicing Anthropology 16(1):8 - 12.

James E. 1995. Towards an Environmental Anthropology. Practicing Anthropology 17(4):29 - 31.

Knight J., ed. 2000. Natural Enemies: People-Wildlife Conflict. In: Anthropological Perspective. London:Routledge.

Knowles J. 1997. Traditional Practices in the Tasmanian World Heritage Area:A study of five communities and their attachment to the area. Hobart, Tasmania:Unpublished Report for the Steering Committee of the Traditional Practices in the World Heritage Project.

Kottak C. 1999. The New Ecological Anthropology. American Anthropologist(101):23 - 35.

Liu Hong, Fan Lichuan and Zhang Wenge. 2007. Conceptualization: Linking 21 countries in Europe, Asia and Africa. News of Yunnan Daily, November 13th.

Li Zhang. 2006. Contesting Spatial Modernity in Late-Socialist China. Current Anthropology 47(3):June, p. 465.

Lash, Scott; Bronislaw Szerszynski and Brian Wynne. 1996. Risk, Environment and Modernity: Towards a New Ecology. London: SAGE Publication Ltd.

Mundell R. 1963. Capital mobility and stabilization policy under fixed and flexible

exchange rates. Canadian Journal of Economics 29, 475 - 485.

Steven Lukes. 2005. Power:A Radical View. Second expanded edition. New

York:Palgrave Macmillan.

第十七章

方伟，陈德州. 2011. 试论非洲非政府组织的起源与现状. 德宏师范高等专科学校学报(4).

贺宝玉，严磊. 2011. 中非关系的发展与展望. 忻州师范学院学报(6).

贺文萍. 2009. 论中非关系中的软实力建设. 西亚非洲(7).

胡美，刘鸿武. 2012. 中国援非 50 年与中国南南合作理念的成长. 国际问题研究(1).

黄昭宇. 2009. 中国对非洲关系的世界性建构意义. 国际论坛(7).

李青. 2009. 新现实主义视角下的中非能源外交分析. 连云港职业技术学院学报(6).

李泽华，赵贤. 2009. 西方对中国在非洲活动的指责、影响及我国的对策建议. 思想战线(2).

罗建波. 2012. 如何认识 21 世纪上半叶非洲在中国外交战略中的重要地位. 西亚非洲(2).

罗建波. 2009. 中国与西方国家的对非洲外交：在分歧中寻求共识与合作. 世界经济与政治(4).

马燕坤. 2010. 认同的力量：新中国成立以外中非关系持续推进何以成为可能. 山东省青年管理干部学院学报(11).

舒剑超，黄大熹. 2011. 从援助效应看中非经贸合作区建设. 浙江师范大学学报(4).

孙保红. 2011. 中非关系与中国企业的决策选择. 国际经济合作(6).

王学军. 2012. 中国参与非洲和平与安全建设的回顾与反思. 国际问题研究(1).

王新影. 2011. 印非关系新发展及其中印在非洲的合作. 和平与发展(6).

王慧芳. 2008. 中国在非洲的软实力建设及其对中国的影响. 渤海大学学报(5).

温国砫，苏亦煌，王学军. 2011. 中国在非洲国家利益的拓展及其国家效应. 中共浙江省党报(2).

杨洁篪. 2012. 2011 年的中国外交. 国际问题研究(1).

张宏明. 2011. 中国的非洲研究发展述要. 西亚非洲(5).

张瑾. 2010. 中国与纳米比亚经济合作：现状与启示. 上海商学院学报(9).

张象. 2009. 论中非关系的演变：历史意义、经验与教训. 西亚非洲(5).

张忠祥. 2011. 中非经贸合作区：中非经贸关系新的增长点. 西亚非洲(2).

周海金，刘鸿武. 2011. 论文化的互通性与差异性对中非关系的影响. 浙江社会科学(6).

第二十三章

Caglar Keyder and Ravi Arvind Palat. 2013. Geopolitics and New Spatial Imaginaries. Critical Asian Studies(45，3)：393 - 396.

Fridtjof Nansen. 2008. Farthest North：The Epic Adventure of Visionary Explorer. New York：Skyhorse Publishing.

郭剑. 2014. 澳大利亚在南中国海利益构成与策略. 历史教学(12).

Michael Mann. 2012. The Sources of Social Power，volume 2：the rise of classes and states，1760 - 1914. 2nd edition. Cambridge：Cambridge University Press.

沈固朝. 2013. 南海研究：以国家重大需求为导向. 中国社会科学报.

朱锋. 2014. 中国未来十年的战略机遇期：我们必须做出新的选择吗?. 国际政治研究(2).

朱锋. 2014. 东亚安全新态势：海洋领土争议与大国权力竞争. 当代世界(4).

后　记

一、“西”的智慧：未来中国的“新五行”

我并非专业的阴阳家和道教术士，这里的新“五行”也并非新“迷信”，试图讲述一些神秘谶纬之术。我在思考西部边疆以及“西”这个向度的时候，仍然是遵循人类学训练给我的直觉——那便是回到客体、原生、本土的语境，去理解人类学家在田野调查中遭遇到的异文化，体会当地人给我的另一种文化提示和知识。

严格意义上的“西部”（西部作为一个词语通常是“西部欠发达”），我去过新疆、甘肃、西藏、四川、云南、贵州、广西。我的出生地在江西，那里被称为中西部，我记得自己在念高中的时候，因为江西省从“政治学”意义上修改自己的方位，得以进入西部大开发的盘子，当地的媒体很兴奋，憧憬着可以依靠各种国家政策以发展经济。我在北京工作的时候，在石景山住过一段时间，那是北京的西部。我目前生活的上海，浦西是代表权力、财富的方向，浦东则很长一段时间以来是落后、次优、下风水的坐向。在20世纪30年代的中国“镀金年代”，西方的投机者把上海称为远东，他们的财富标尺如果一路向西滑动，会掠过“中国西部”，成为近东、中东。

以上的描述表明，西部和西方其实是一个相对概念，而且有一定的时间维度，这告诉我们，当思考现今“发展”语境之下的生态局限和环境风险时，应该经常进行思维的“方向跳转”——为什么我们追逐西方和西化，但是却把中国的西部和西方当作一个累赘、包袱、鸡肋和冗余，通过“东方、南方”来抵达“西方”？如何解释这种中国政治经济学和经济人类学意义上的“西辕东辙”？

典型的“小市民汉人”（指的是通过新闻联播、《环球时报》、《参考消息》、广场招贴、猫扑新闻、微信互动来了解中国和世界的现实主义群体）一般认同中国的西部有资源，但是人不好相处，西部的人总体来说更容易出现在“惹是生非或犯罪”的新闻里或是在节日的晚会上唱歌跳舞。

回到主题，在金木水火土的意义上，如果我们通俗且简单地理解金为金属类矿藏，木为森林草本资源，水为水利资源，火为煤炭石油等能源，土为稀土、农业垦殖类资源，我们会发现我们这些“中国东方人”想要的东西，几乎都在西部，有些部类的资源，西部几乎为其渊薮（例如水）。

我本人向来是厌恶资源这个字眼，正如我们在日常生活中会用“你在利用我”（you are using me）来表达一种对虚伪朋友的极致否定。因为我觉得在现实社会中，“资源”被人更多理解成一种可快速兑现、持续或非持续的物质性收益，而这恰恰是“中国东方人”对西部边疆的误判和短视。在我看来，西部最为重要的“价值”在于它人文、精神、认知论、宇宙观意义上的稀缺性、元典性和独特性。

常识就告诉我们，昆仑、华夏、《山海经》这些文化元典性概念就与中国的“西方”密切相关，而不是与苏州园林、黄浦江、珠三角有关。我们在讨论云南昆明的跨区域调水、安宁炼化和PX工厂、橡胶种植扩大化等问题时，时常关注的仍是经济学、生态学、政治学、发展学意义的利弊，而极少有人关注这些区域的神话学、哲学、宗教学、人类学意义上的价值。

我们在“西化”“现代化”“发展”的过程中，只有真正观照自己文化语境的东方和西方，才不会方向迷失；只有了解不同民族和地域的训诫和自然箴言，才能减少“发展的恶果”。

昆明和云南的发展（乃至许多“西部省份”），一直有个“西部的井底隐喻”，“西部人”一方面觉得自己生活在“边疆”，同时也处在发展机遇的“井底”，所以很多战略性的决断都是以此为破题。目前云南的走出去、桥头堡、泛亚、湄公河次区域等都是在扩展云南的物理半径，试图“从西（部）走到东（部）再到西（方）”，但是，云南的周边其实一直在发生变化，和云南边境相接壤的国家和部族处在一个激烈的动荡当中，滇云的四周争讼不断，兵戈气象，湄公河惨案就是典型事例。云南在一个四处异动的当下，不断桥头堡，想着走出去，将不断遭遇血光之灾。多年以来，云南发展都在竭水利而求金，掘金而克木，克木而离火，使得山河五行错乱。可以说，西南旱，始于金，克于木，显于火。唯独的方略是归土，让山川休息，复归草莽。

谈及西部、边疆、少数民族等概念，特别是他们给我们的生态智慧，我想以云南的大理为例来展开，看看大理在“五行之水”上，有哪些生态提示。作为最为重要的经验，我将“大理”诠释为如下几个字：一生“洱”，“洱”生二，二生三，三生万物，是为大理。

二、“杲米苴”的智慧：大理洱海之生态《九歌》

2013年初，我为了理解云南大理的生态隐忧，特意从文化意义上，去重观一些“民俗”的生态价值，采访了村落里对农事熟悉的村民、熟悉古船营造法式的民间工艺师傅、唱喏道教经典的专家、喜欢从事新型文化旅游事业的外国人、将大理视为世界文明源头研究的民间学者、经年累月与洱海打交道而逐渐白发苍苍的“洱海人”，以及来自大理环保、文化保护、历史研究、宗教研究的学者和专家。

在这些讨论和交流中，许多大理人告诉我一个知识，那就是一直以来，白语将洱海周边的人称作“生活在湖泊的人”，或是“以海为生的人”。大理本土学者施立卓特别介绍，云南一些属于藏缅语族的少数民族，对洱海乃至其他湖泊均称之为“杲”“赫”“沽”等。古白语称呼洱海边的土著居民为“杲米苴”，相对于被同化为白族的汉人为“接骨白”。杲米苴意思是湖边的人，在彝语中，昆明一词同样是“湖边之地”的意思。昆明人是湖边的民族，古代云南的湖泊比现在要多。从地理地貌来看，在古代很多云南坝区几乎都有湖泊。居住在湖泊周围的人既从事以水稻为主的农业生产，又进行畜牧业甚至游牧。洱海边上的邓川一带的奶牛放牧和剑湖周围的牧马业仍很发达。

这个知识告诉我们，对于大理乃至云南来说，水对于他们的重要性。如果我们把这种生存智慧提示推广开来，我们所有的人都是“杲米苴”，依靠江河湖海生活的人群。对于依靠“洱海清，大理兴”这句发展圭臬兴盛的大理人而言，这更是应该是一条发展箴言。

大理名士徐嘉瑞曾写道：大理山川明秀，云霞变幻，城郭滨海，人在镜中，其人民富于想象，神话之优美，可继《九歌》。我从这首取自大理自然文化生境的“九首歌诗”——《九歌》中，看到了更多发展以及与自然共处的提示。

《九歌·绕三灵》

红男绿女喜春游，山麓海滨绕一周。廿四已过人影散，归家返道事田畴。

南乡北去北乡南。月届清和廿四三。一样时装新装束，来朝相约拜伽蓝。

金钱鼓子霸王鞭，双手推敲背转旋。最是小姑歌白调，声声唱入有情天。

对于大理和洱海来说，风花雪月等自然风物，固然是大理的象征物，但是大理之所以是大理，这里的民俗、文化、乡土景观、民间歌谣、社群交往方式、敬畏自然、迎神娱神等文化现象也是让大理大气明理的重要元素。对此，我们当对这些文化元素给予更多的保护和传承，而不是在单一、规模化、刻板的城市化过程中丧失自己的文化之魂。

从另一个方面来说，产自民间、乡土、洱畔的民俗和宗教信仰本身，就是对洱海最为真诚、持续、有效的保护机制。它是我们的“文化水土”，不能让它因“现代”和“发展”四个字而流失。

《九歌·三月街》

乌绫帕子凤头鞋，结队相携赶月街。
观音石畔烧香去，世祖碑前买货来。

博友九姜，在深度旅游大理之后，对洱海的祭海和迎神的传统记忆犹新，他写道：环海的居民，都靠着洱海为生，对洱海自然“一往情深”。简单地说，当地人对洱海，既敬又畏。畏，洱海虽不是海，但也常起风浪，渔人捕鱼的安危全系于此；敬，洱海带给当地人取之不尽、用之不竭的生存资源，他们心怀感恩，所以，每逢年节，白族人都对洱海敬畏有加。

洱海当地有个传说，说观世音曾解救过南诏国，所以当地人几乎都信佛。年节，他们要做的重要的一件事就是接佛，把佛从寺庙请至村中，全村祭拜；还有重要的一件，接本主。相传洱海边有四大本主，据说是镇海神灵，当地人相信，只有敬本主、敬洱海，来年才能风调雨顺、平平安安。

我在调研的时候还了解到一个传说，讲到在白族《白古记》中，传说洱海出现蛇精，名叫薄劫，百姓段赤诚身上捆满尖刀只身与蛇搏斗，人蛇同归于尽，蒙氏国王从蛇腹中取出骸骨，修坟建塔，妖蛇同党每年驱动狂风试图解救薄劫，后当地人在苍山脚下修建龙王庙，内供洱河龙王段赤诚。

这些故事都告诉我们洱海对于当地人而言，具有神性、灵性、人性、佛性，我们从这个角度来看，民间的本主祭拜、观音朝圣、三月街的聚会、世祖碑前的买货等行为，都是在保护一个文化意义上的洱海。生态性、工程性的湖泊我们容易感知，而对于虚拟、抽象的文化之海，我们容易忽视。也就是说，未来的洱海保护，从虚到实都不能偏废，不应把传统知识，简单贴上落后、迷信的标签。

《九歌·山花碑》

苍洱境锵观不足，造化工迹在阿物，南北金锁把天关，镇青龙白虎。山侵河处河镜倾，河侵山处山岭绕，屏面西来十八溪，补东洱九曲。伽蓝殿阁三千堂，兰若宫室八百谷，雪染点苍冬头白，洱河秋面皱。五华侣你历霄充，三塔侣你穿天腹，凤羽山高凤凰栖，龙关龙王宿。夏云佉玉局山腰，春柳垂锦江道途，四季山花阿园园，风雨阿触触。跳仙人出克游遨，胜姮娥入宫伽舞，薮压蜀锦出名香，呗崀无价宝。夺西天南国趣陶，占东土北阙风物，华雀赏景鸣喳喳，蝉吟声欲欲。金乌驱散天上星，玉兔打开霄面雾，黄鸳白鹤阿双双，对飞喀啄啄。钟山川俊秀贤才，涵乾坤灵胎圣种，曾登位守道结庵，度生死病老。尽日勤功把节操，连夜观参修求好，大夫在处栽松柏，君子种梅竹。方丈丘烧三戒香，觉苑中点五更烛，云窗下诵大乘经，看公案语录。煴煊茶水些呼着，直指心宗些付嘱，菩提达摩做知音，迦叶做师主。盛国家覆世功名，食朝廷尊贵爵禄，慈悲治理众人民，才等周文武。恭承敬当母天地，孝养干子孙释儒，念礼不绝钟磬声，消灾难长福。行仁义礼上不轻，凶恶弊逆上不重，三教经书接推习，漕溪水阿嘛。长寻细月白风清，不贪摘花红柳绿，用颜回道谑浮身，得尧天法度。游玩在屏山绝壁，有去在威仪模草，风化经千古万代，传万代千古。阿部遇时宜心欢，阿部逢劫催浪秃，天堂是荣华新鲜，漂散成地狱。分数哽侔土成金，时运车舛金成土，聚散侣浮云空花，实阿苶不无。有之识景上头多，但于知心上头少，杨黼我拿空赞空，寄天涯地角。

杨黼的山花体苍洱诗，在诗歌和文化的意义和价值上已有公论，但是从城市治理、生态保护的意义上，我们讨论或许不多。在我看来，杨黼这里提到的许多内容应该成为大理和洱海保护的“生态共识”，这种共识无论“东西”，都应借鉴：

第一，如诗所言：“苍洱境锵观不足，造化工迹在阿物，南北金锁把天关，镇青龙白虎。山侵河处河镜倾，河侵山处山岭绕，屏面西来十八溪，补东洱九曲。”应该从天地造物的角度看苍洱的胜景，这里隐藏着决定大理发展和龙脉的青龙白虎——大理文化的心灵地理；大理的十八溪，不只是·种生态源头或者“口感较好的桶装水”，它最大的价值在于维系洱海周边三岛、四洲、五湖、九曲的生态整体系统。

第二，如诗所述：“伽蓝殿阁三千堂，兰若宫室八百谷，雪染点苍冬头白，洱河秋面皱。五华侣你历霄充，三塔侣你穿天腹，凤羽山高凤凰栖，龙关龙王宿。”大理和洱海的自然风物造就了大理的妙香佛国，大理在思想史、文化史、宗教史上的独特性和丰富性，是一部贯通上古史的宏大史诗。现实层面的任何城市化和区域发展规划应该首先体会到这种精神源流的独特性。

第三，如诗所言：“盛国家覆世功名，食朝廷尊贵爵禄，慈悲治理众人民，才等周文武。恭承敬当母天地，孝养千子孙释儒，念礼不绝钟磬声，消灾难长福。”大理和洱海一带的任何文化治理和政治管理，应当在慈悲、孝悌、礼义的传统文化福报的框架内，勇于创造但不逾矩。

第四，杨黼“长寻细月白风清，不贪摘花红柳绿，用颜回道谑浮身，得尧天法度”的字句，告诫我们在现代社会最应该守成的一种大理之美，那就是节俭、克制、大度、风清的颜回品格。不贪求各种规模、名号的花红柳绿。“尽日勤功把节操，连夜观参修求好，大夫在处栽松柏，君子种梅竹”的字句，更是昭示了大理文化和大理人优秀的文化品性和生活品格，在当下浮躁的社会风气之下，这种“不言大理”弥足珍贵。

最后，仿照屈原《九歌》，写几段有关“不言大理”的残句，作为小结，期待更多的讨论。同时这种仿照和改写，不仅是一种语言游戏，更在于模拟眼前的大理风物，在传统的语句和调式中，所能散发的独特美感。无论是楚辞体、诗经体、山花体，还是大本曲等民间调式，但凡是遵循文化大义，地理秩序的情景呈现，都会有独特的美感。

南诏兮辰良，穆将愉兮蒙舍；
抚苍山兮玉洱，璆锵鸣兮琳琅；
大鹏驾兮帝服，聊翱游兮周章；
览四洲兮有余，横五湖兮焉穷；
驾飞龙兮洱源，邅吾道兮漾濞；

罗汉松兮蕙郁，雪素兮兰旌；
望海西兮极浦，横九曲兮扬灵；
石濑兮浅浅，飞龙兮翩翩；
袅袅兮秋风，叶榆波兮木叶下；
登箩莳兮骋望，与莲花兮翕张；

葶溟兮远望，观绿玉兮潺湲
麋何食兮白石，蛟何为兮霞移
朝驰茫涌兮青碧，灵泉兮莫残
筑室兮水滨，葺之兮四合；
荪壁兮紫坛，播芳椒兮天井；
桂栋兮兰橑，辛夷楣兮三坊；
翠竹兮为墙，疏石兰兮为壁；
大理不言兮骤得，任逍遥兮澄溪！

图书在版编目(CIP)数据

出中国记：乘桴崛起：海外十国考察及策论/周雷著. —上海：上海社会科学院出版社，2015

ISBN 978-7-5520-0784-8

Ⅰ.①出... Ⅱ.①周... Ⅲ.①国际政治—文集 Ⅳ.①D5-53

中国版本图书馆 CIP 数据核字(2015)第 025524 号

出中国记：乘桴崛起——海外十国考察及策论

著　　者：周　雷
责任编辑：林凡凡
封面设计：黄婧昉
出版发行：上海社会科学院出版社
上海淮海中路 622 弄 7 号　电话 63875741　邮编 200020
http://www.sassp.org.cn　E-mail:sassp@sass.org.cn
排　　版：南京展望文化发展有限公司
印　　刷：上海新文印刷厂
开　　本：710×1010 毫米　1/16 开
印　　张：20.75
字　　数：350 千字
版　　次：2015 年 4 月第 1 版　　2015 年 4 月第 1 次印刷

ISBN 978-7-5520-0784-8/D·312　　定价：59.80 元